日本語能力試験 N1 に出る

日本語単語 スピード マスター

Quick mastery of vocabulary

In preparation for
the Japanese Language Proficiency Test

ADVANCED
2800
英・中・韓 訳付き

倉品　さやか
Kurashina　Sayaka

Jリサーチ出版

はじめに

「もっと単語を知っていたらいろいろ話せるのに」「問題集もしてみたけど、もっともっと単語を増やしたい！」……と思ったことはありませんか。

　この本は、シリーズ前編の『日本語単語スピードマスターBASIC1800』、『日本語単語スピードマスター STANDARD2400』、そして『日本語単語スピードマスター INTERMEDIATE2500』に続く、さらに一つ上のレベルの単語集です。単語は、以前の日本語能力試験の出題基準、新しい日本語能力試験の問題集、上級のテキストなど、さまざまな資料を参考に、生活でどのように使われているかを考えて選びました。

　この本では、一つ一つの言葉をばらばらでなく、テーマごとに整理しながら覚えていきますので、興味のあるユニットから始めてください。それぞれの語についても、意味だけでなく、例文やよく使われる表現、対義語や類義語など関係のある言葉なども一緒に学べるようにしています。

　例文は、会話文を中心に、日常よく使われる表現を紹介しています。覚えたら、生活の中ですぐ役立つことでしょう。これらの例文が2枚のCDに収められていますので、単語や表現を覚えながら、聞き取りや発音の練習もできます。移動の電車で、また寝る前などに使うのもいいでしょう。どんどん活用してください。たくさんの単語を取り上げたかったので、この本には練習問題はありませんが、赤いシートを使ってどれだけ覚えたか確認しながら勉強することもできます。覚えたら、単語の隣にある□にどんどんチェックを入れていきましょう。

　この本でたくさんの言葉を覚えたら、どんどん使ってみてください。

倉品さやか

この本の使い方

How to use this book ／本书的使用方法／이 책의 사용법

覚えておきたい基本語に□をつけています。
A □ mark has been placed next to important basic words and expressions. ／想要记住的基本词汇脱口而出。／외워 두어야 할 기본어에 □을 달았습니다.

❸ □ 大気 (atmosphere／大气／대기)

▶ 大気中には、さまざまな有害物質も含まれている。
(The atmosphere also contains many harmful substances. ／大气中含有各种有害物质。／대기 중에는 각종 유해 물질도 포함되어 있다.)

▷ 大気汚染　atmospheric pollution／大气污染／대기오염

例文や熟語の例などを紹介します。
Example sentences, idioms and phrases will be introduced. ／介绍例句和熟语等。／예문이나 숙어의 예등을 소개합니다.

▶は、CDに音声が収録されています（▷は音声なし）。
A recording of ▶ is available on the CD (▷ is not recorded). ／▶收录在 CD 里。（▷没有声音）。／▶는 CD 에 음성이 수록되어 있습니다. (▷는 음성 없음)

☐で示した言葉と同じグループの言葉などを紹介します。
Words marked with a ☐ will be introduced along with other words in the same group. ／介绍☐所表示的词语和与其同一组的词语。／☐ 에서 표시한 말과 같은 그룹의 말들을 소개합니다.

同	同義語	Synonym ／同义词／비슷한 말
対	対義語	Antonym ／反义词／반대말
類	類義語	Synonym ／近义词／비슷한 말
自	自動詞	Intransitive verb ／自动词／자동사
他	他動詞	Transitive verb ／他动词／타동사
話	会話で多い言い方	Commonly used conversational expressions ／口语中经常使用的说法／회화에서 많이 쓰는 어법
て	ていねいな言い方	Polite forms ／礼貌的说法／정중한 말투

もくじ Contents／目录／목차

はじめに Preface／前言／머리말	2
この本の使い方 How to use this book／本书的使用方法／이 책의 사용법	3
もくじ Contents／目录／목차	4

PART 1 テーマ別で覚えよう、基本の言葉 … 7
Basic words –memorizing by theme／基本单词-按话题分类记忆／테마별로 외우자, 기본적인 말

UNIT 1 時間・時 Time／时间・时候／시간・시	8
UNIT 2 衣類 Clothing／衣服／의류	20
UNIT 3 食 Food／食／식	22
UNIT 4 交通・移動 Transportation, movement／交通・移动／교통・이동	24
UNIT 5 建物・設備 Building, facility／建筑物・设施／건설・설비	27
UNIT 6 体・健康・治療 Body, health, medical care／身体・健康・治疗／몸・건강・치료	30
UNIT 7 お金 Money／金钱／돈	38
UNIT 8 地球・自然 The Earth, nature／地球・自然／지구・자연	42
UNIT 9 動物・植物 Animals, plants／动物・植物／동물・식물	46
UNIT 10 学校・教育 Schools, education／学校・教育／학교・교육	48
UNIT 11 音楽・美術・文学 Music, art, literature／音乐・美术・文学／음악・미술・문학	53
UNIT 12 スポーツ Sports／运动／스포츠	57
UNIT 13 職業・身分・立場 Jobs, status, position／职业・身份・立场／직업 신분・입장	59
UNIT 14 原料・材料 Raw materials, ingredients／原料・材料／원료・재료	64
UNIT 15 テクノロジー Technology／技术／테크놀로지	65
UNIT 16 メディア・報道 Media, news report／媒体、报道／미디어・보도	66
UNIT 17 政治・行政 Politics, public administration／政治・行政／정치・행정	68
UNIT 18 国際 International relations／国际／국제	71
UNIT 19 法・ルール Law, rules／法律・规定／법・룰	73

UNIT 20	司法・裁判	Justice, trials／司法・审判／사법・재판	78
UNIT 21	グループ・組織	Groups and organizations／团体・组织／그룹・조직	81
UNIT 22	仕事・ビジネス	Work and business／工作・生意／일・비즈니스	83
UNIT 23	商品・サービス	Products and services／商品・服务／서비스	91
UNIT 24	読む・書く・聞く・話す	Reading, writing, listening, speaking／读・写・听・说／읽다・쓰다・듣다・말하다	94
UNIT 25	本	Book／书／책	101
UNIT 26	自然科学	Natural science／自然科学／자연과학	103
UNIT 27	宗教・信仰	Religion and faith／宗教・信仰／종교・신앙	105
UNIT 28	場所・位置・方向	Place, position, direction／场所・位置・方向／장소・위치・방향	108
UNIT 29	範囲	Realm／范围／범위	111
UNIT 30	形式・スタイル	Form, style／形式・式样／형식・스타일	113
UNIT 31	順序・プロセス	Order, process／顺序・过程／순서・프로세스	116
UNIT 32	手続き	Procedures／手续／수속	118
UNIT 33	頻度	Frequency／频度／빈도	120
UNIT 34	物の形・状態	Forms and states of things／物体的形态・状态／사물의 형태・상태	122
UNIT 35	増減・伸縮	Fluctuations, expansion and contraction／增减・伸缩／증감・신축	125
UNIT 36	二つ以上のものの関係	Relationships between two or more things／两种以上事物的关系／두 개 이상인 것의 관	127
UNIT 37	人	People／人／사람	134
UNIT 38	人と人	Interpersonal relations／人与人／사람과 사람	139
UNIT 39	見る・見せる	To look, to show／看・给看／보다 보이다	148
UNIT 40	わかる	To understand／知道、懂得／알다	150
UNIT 41	言う	To say／说／말하다	152
UNIT 42	意見・考え	Idea, concept／意见・想法／의견 생각	154
UNIT 43	性格・態度	Personality, attitude／性格・态度／성격・태도	162
UNIT 44	気持ち・心の状態	Feelings & state of mind／心情・心理状态／기분 몸의 상태	174
UNIT 45	評価	Evaluation／评价／평가	185
UNIT 46	言葉	Words／词语／말	192

UNIT 47	パソコン・IT	PC, IT／电脑・IT／컴퓨터・IT	194
UNIT 48	問題・トラブル・事故	Problems, troubles, accidents／問题、纠纷、事故／문제・트러블・사고	197
UNIT 49	数量・程度	Quantity, degree／数量・程度／수량・정도	205

PART 2 大小のカテゴリーに分けて覚えよう、基本の言葉 … 207
Let's group words by category, basic vocabulary／分大小组来记, 基本词汇／크고 작은 카테고리로 나누어서 외우자, 기본적인 말

UNIT 1	"何"を含む表現	Expressions that contain "nani"／包含"何"的表达方式／"何"를 포함하는 표현	208
UNIT 2	前に付く語	Prefixes／前缀语／앞에 붙는 말	211
UNIT 3	後ろに付く語	Suffix／后缀词／접미어	212
UNIT 4	同じ漢字を持つ語	Words Containing the Same Kanji／拥有同样汉字的词语／같은 한자를 가지는 말	215
UNIT 5	動詞＋動詞（複合動詞）	Complex verb／复合动词／복합동사	221
UNIT 6	いろいろな意味を持つ言葉	Words with many meanings／意思不同的词语／여러가지 의미를 가지는 말	232
UNIT 7	言葉のいろいろな形	Various forms of words／词语的各种形式／말의 여러 형태	235
UNIT 8	連語・短い句	Phrases and short sentences／惯用短语・短句／이어진 말・짧은 어구	237
UNIT 9	体に関する言葉を使った慣用句	Common phrases that use words related to the body／关于身体的惯用语／신체와 관련된 말을 사용한 관용구	241
UNIT 10	四字熟語	Four character idioms／四字熟语／사자숙어	250
UNIT 11	動詞	Verbs／动词／동사	251
UNIT 12	する動詞	する-Verbs／する-动词／する-동사	267
UNIT 13	自動詞・他動詞	Intransitive and Transitive Verbs／自动词・他动词／자동사・타동사	281
UNIT 14	名詞	Nouns／名词／명사	284
UNIT 15	形容詞	Adjectives／形容词／형용사	302
UNIT 16	副詞など	Adverbs／副词／부사	310
UNIT 17	擬音語・擬態語	Mimetic expressions／拟声词・拟态词／의성어・의태어	315
UNIT 18	カタカナ語	Katakana words／外来语／카타카나 어	319
UNIT 19	対義語	Antonym／反义词／반대말	327
UNIT 20	意味の近い言葉	Synonyms, words with close meaning／类似意思的词／의미가 가까운 말	329

さくいん　Index／索引／색인 …… 333

PART 1

テーマ別で覚えよう、基本の言葉

Basic words – memorizing by theme
基本单词-按话题分类记忆
테마별로 외우자, 기본적인 말

★ 例文は会話表現が中心で、短縮や変形など、話し言葉の特徴はそのままにしています。
　The example sentences focus mainly on conversational expressions. Abbreviations, spoken variations and other distinctive features of spoken Japanese are left as is. ／例句是以口语表达方式为中心，其省略、变形以及口语本身的特点无任何变化。／예문은 회화 표현이 중심이고 단축이나 변형등，회화체의 특징은 그대로 두고 있습니다．

★ 表記については、漢字とひらがなを厳密に統一していません。
　Orthography (whether a word is written in kanji or hiragana) has not been strictly standardized. ／关于书写方式，没有将汉字和假名进行那个严密的统一。／표기에 대해서는 한자와 히라가나를 엄밀하게 통일하지는 않았습니다．

UNIT 1

時間・時 (じかん・とき) (Time／时间・时候／시간・시)

❶ □ 未明 (みめい) (before dawn／黎明／미명)

▶〈ニュース〉今朝未明、車2台が衝突する事故がありました。
(<news> An accident involving a collision between two cars occurred this morning before dawn.／〈新闻〉今早黎明时分发生了两辆汽车相撞事故。／〈뉴스〉오늘 아침 미명에 자동차 두 대가 충돌하는 사고가 있었습니다.)

❷ □ 連休 (れんきゅう) (long weekend／连休／연휴)

▶今度の連休は、何か予定はありますか。
(Do you have any plans for the next long weekend?／这次的连休有什么打算吗？／이번 연휴는 무언가 예정이 있습니까?)

❸ □ 連日 (れんじつ) (every day／连日／연일)

▷期間中は連日大勢の客で賑わった。
(The venue was packed with huge crowds of visitors every day throughout the duration.／这些天，连日来大批的游客非常热闹。／기간중은 연일 많은 손님으로 흥청거렸다.)

❹ □ 隔〜 (かく) (every other 〜／隔〜／격〜)

▶隔週で社内のトイレ掃除当番が回ってきます。
(Toilet cleaning duty at our office rotates every other week.／隔一周公司内打扫厕所的当班就会轮回来。／격주로 사내의 화장실 청소 당번이 돕니다.)
▶隔月で集会を開いています。
(We hold a gathering every other month.／隔一个月召开集会。／격월로 집회를 열고 있습니다.)

❺ □ 長期 (ちょうき) (long term／长期／장기)

▷長期的な目標 (long term objectives／长期目标／장기적인 목표)

❻ □ 短期 (たんき) (short term／短期／단기)

▷短期アルバイト (temporary part-time job／短期打工／단기 아르바이트)

❼ □ **日取り** (date／日期／정한 날짜)
　ひど

▷ 結婚式の日取りを決める
　けっこんしき　　　き
　(to decide on a date for the wedding ceremony／决定结婚典礼的日期／결혼식 일정을 정하다)

❽ □ **瞬く間に** (in the wink of an eye／转眼间／눈 깜짝할 사이)
　またた　ま

▷ この活躍で、彼は瞬く間にヒーローになった。
　　かつやく　かれ
　(With this successful showing, he became a hero in the wink of an eye.／这次的活跃表现，让他一瞬间成为英雄。／이 활약으로 그는 순식간에 영웅이 되었다.)

❾ □ **つかの間** (passing moment／一瞬间／잠깐 사이)
　　　ま

▷ つかの間の夢 (short-lived dream／一瞬间的梦想／한순간의 꿈)
　　　ゆめ

▷ 彼にとってはこの二日間が、つかの間の休息となった。
　かれ　　　　　ふつかかん　　　　　　　　きゅうそく
　(These two days have been a fleeting moment of rest for him.／对他来说这两天是一瞬间的休息。／그에게 있어 이 이틀간이 잠깐의 휴식이 되었다.)

❿ □ **あっという間** (in a flash／一瞬间／순식간)
　　　　　　ま

▶ ２年間の留学はあっという間に終わってしまった。
　ねんかん　りゅうがく　　　　　　　　　お
　(Two years of studying abroad went by just like that.／两年的留学生活一晃就结束了。／２년간의 유학은 순식간에 끝나 버렸다.)

⓫ □ **合間** (interval／空闲时间／사이)
　あいま

▶ 家事の合間に勉強を続けて資格を取った人もいる。
　かじ　　　　　べんきょう　つづ　　しかく　と　　ひと
　(Some people got their certification by studying in the intervals between housework and chores.／在做家务的空隙中，也有人持续坚持学习取得了各种资格。／가사를 하는 틈틈히 공부를 계속하여 자격을 딴 사람도 있다.)

▷ 合間を縫う (in a gap between／抽空／짬을 내다)
　　　　ぬ

▶ 忙しい合間を縫って、友達が見舞いに来てくれた。
　いそが　　　　　　　　ともだち　みま
　(My friend came to see me in hospital during a gap in her schedule.／朋友抽空来看我。／바쁜 짬을 내어 친구가 병문안을 와 주었다.)

⓬ □ **しばし** (a while／暂时／잠시)

▷ しばしの別れ (a temporary farewell／短暂的离别／잠시의 이별)
　　　　わか

▷ その女の子は、しばし不思議そうに私の顔を見つめていた。
　　おんな　こ　　　　　　　ふしぎ　　　わたし　かお
　(That girl stared at me in disbelief for a while.／那个女孩，时不时地用不可思议的眼神看着我。／그 여자아이는 잠시 신기한듯이 내 얼굴을 들여다 보았다.)

⑬ ☐ **一時** (temporary／一时、临时／일시)
　　いちじ

▷ 一時停止のボタン (temporary stop button／临时停止的按钮／일시 정지 버튼)
　　　ていし

▷ 雷のため、試合は一時中断した。
　　かみなり　　しあい　　　　ちゅうだん
　(The match was temporarily halted due to the lightning.／因为打雷，比赛暂时中断。／벼락 때문에 시합은 일시 중단되었다.)

▶ 彼の作品には一時の勢いが見られない。
　かれ　さくひん　　　　　　いきお　　　み
　(The former intensity can't be seen in his works.／他的作品里看不到一个时期的气势。／그의 작품에는 한때의 기세를 볼 수 없다.)

▶〈天気予報〉あすは一時雨でしょう。
　　てんきよほう　　　　　　あめ
　(<weather forecast> There will be some showers tomorrow.／〈天气预报〉明天会短时间下雨吧。／< 일기예보 > 내일은 한 때 비가 오겠습니다.)

⑭ ☐ **久しい** (long／好久、许久／오래되다)
　　ひさ

▷ 男女平等が言われるようになって久しい。
　　だんじょびょうどう　　い
　(It's been a long time since they called for equality of the sexes.／说男女平等已经说了很久了。／남녀평등이 말해진지 오래되었다.)

▶ 彼とは久しく会ってない。
　かれ　　　ひさ　　あ
　(I haven't met him in a long time.／和他很久没有相遇了。／그와는 오랫동안 만나지 않았다.)

⑮ ☐ **長らく** (for a long time／长久、长时间／오랫동안)
　　なが

▶〈公演で〉長らくお待たせしました。これから講演会を始めたいと思います。
　　こうえん　　なが　　ま　　　　　　　　　　　　こうえんかい　はじ　　　　　おも
　(<at a performance> Sorry to keep you waiting all this time. We'd like to get started with the lecture now.／〈公演〉让大家久等了。讲演会现在开始。／< 공연에서 > 오랫 동안 기다리게 하였습니다. 지금부터 강연회를 시작하겠습니다.)

⑯ ☐ **日に日に** (with each passing day／逐日／날마다)
　　ひ　　ひ

▷ 政府の方針への反対の声は、日に日に激しさを増している。
　せいふ　ほうしん　　はんたい　こえ　　ひ　ひ　はげ　　　　　ま
　(Opposition against the government's plans has been getting more and more intense with each passing day.／针对政府方针的反对声音，一天天地不断激烈起来。／정부의 방침에 반대하는 소리는 날마다 심해지고 있다.)

⓱ 常時 (always／平常、平时／상시)
じょうじ

▷ 深夜の警備は、常時二人で行っている。
しんや　けいび　　　　ふたり　おこな
(Late night security is always carried out by two people.／深夜的保安,平时都是两人一组进行。／심야의 경비는 항상 두사람이 하고 있다.)

▷ このパソコンは、常時、インターネットに接続している。
せつぞく
(This computer is always connected to the internet.／这台电脑平时都接着网络。／이 컴퓨터는 상시 인터넷에 접속되어 있다.)

⓲ 随時 (occasionally／随时／수시)
ずいじ

▶ アルバイトは随時募集しています。
ぼしゅう
(We occasionally require part-time help.／随时募集打工人员。／아르바이트는 수시 모집하고 있습니다.)

⓳ 適宜 (arbitrarily／适宜／적당함)
てきぎ

▶ 長時間の作業ですから、適宜、休憩をとってください。
ちょうじかん　さぎょう　　　　　　　　きゅうけい
(The work is going to take a long time, so please take breaks accordingly.／这是长时间的工作,要适宜地休息。／장시간의 작업이니까 적당히 휴식을 취해 주세요.)

⓴ 日頃 (routinely, regularly／平时／평소)
ひごろ

▶ 日頃お世話になっている人にお土産を買いました。
せわ　　　　　　　　　みやげ　か
(I bought some souvenirs for those who help me out routinely.／为平时照顾自己的人买了土特产。／평소 신세를 진 분에게 선물을 샀습니다.)

㉑ 毎度 (each time／每次／매번)
まいど

▶ 毎度ご利用いただき、ありがとうございます。
りよう
(Thank you for your continued patronage.／感谢您每次都光临本店。／매번 이용을 해 주셔서 감사합니다.)

㉒ 例年 (average year／例年／예년)
れいねん

▷ 例年通り (as it has been in the past／很往年一样／예년대로)
どお

▶ 例年に比べ、今年は雨が少なかった。
くら　ことし　あめ　すく
(Compared with an average year, there was little rain this year.／与往年相比, 今年的雨水少。／예년에 비해 올해는 비가 적었다.)

㉓ ☐ 平年 (ordinary year／常年、往年／평년)
へいねん

▶ 今年も平年並みの来場者が予想されています。
ことし　　　へいねん な　　　らいじょうしゃ　よそう

(This year we expect as many visitors as usual.／预想今年来场的人数也和往年一样。／올해도 평년정도의 손님이 예상되고 있습니다.)

㉔ ☐ 平常 (usual／平时／평상)
へいじょう

▷ 平常心を失う (to lose one's nerve／失去冷静／평상심을 잃다)
へいじょうしん　うしな

▶ 年末年始も平常通り営業します。
ねんまつねんし　　へいじょうどお　えいぎょう

(We are open for business as usual even during the year end holidays.／年始年末都和平常一样营业。／연말연시도 평소대로 영업을 합니다.)

㉕ ☐ 時折 (once in a while／有时候／때때로)
ときおり

▶ 時折、昔が懐かしくなって、古いアルバムを見ることがあります。
ときおり　むかし　なつ　　　　　　ふる　　　　　　　　　み

(Sometimes I get nostalgic for the past and look at my old albums.／有时候会怀念过去，看看旧相册。／때때로 옛날이 그리워져서 오래된 앨범을 볼 때가 있습니다.)

㉖ ☐ 始終 (all the time／原委、自始自终／시종)
しじゅう

▷ 一部始終を話す (to tell the whole story／述说全部经过／자초지종을 말하다)
いちぶしじゅう　はな

▷ 監督は始終、選手たちに怒鳴っている。
かんとく　しじゅう　せんしゅ　　　　どな

(The coach was yelling at the athletes from start to finish.／教练一直都在斥责队员们。／감독은 시종 선수들에게 고함을 치고 있다.)

㉗ ☐ 終始 (from start to finish／始终、从头到尾／시종)
しゅうし

▶ 会は終始、和やかな雰囲気でした。
かい　しゅうし　なご　　　　ふんいき

(The party was quiet and subdued from start to finish.／会议始终都处于很和谐的气氛。／모임은 시종 온화한 분위기였습니다.)

㉘ ☐ 日夜 (day and night／日夜／밤낮)
にちや

▶ 彼らはここで、日夜、研究に励んでいます。
かれ　　　　　　　にちや　けんきゅう　はげ

(They devote themselves to research here day and night.／他们在这里日以继日地进行研究。／그들은 여기에서 밤낮으로 연구에 노력하고 있습니다.)

❷❾ ☐ **従来**　(in the past／以前、过去／종래)
　じゅうらい

　▷ 従来通り　(as it was／一如既往／종래대로)
　　　　どお

　▶ 従来の製品に比べ、消費電力がかなり少なくなりました。
　　せいひん　くら　しょうひでんりょく　　　　　　　すく
　　(Compared with products from the past, power consumption has decreased considerably.／与过去的商品相比，消耗的电力变得少多了。／종래의 제품과 비교해 소비전력이 상당히 적어졌습니다.)

❸⓪ ☐ **予め**　(in advance／预先／미리)
　　あらかじ

　▶ 商品は売り切れになる場合もあります。予めご了承ください。
　　しょうひん　う　き　　　　　ばあい　　　　　　　　　りょうしょう
　　(Some products may be sold out. Thank you for your understanding in advance.／商品有时会全部售完。还请大家事先原谅。／상품은 매진이 되는 경우도 있습니다. 미리 양해해 주십시오.)

❸❶ ☐ **かねがね**　(for some time／很久以前／전부터)

　▶ お噂はかねがね伺っております。
　　うわさ　　　　　うかが
　　(I've heard so much about you.／久闻大名。／소문은 전부터 듣고 있습니다.)

❸❷ ☐ **かねて（から）**　(before, for some time／早先、事先／전부터)

　▶ かねて聞いていたとおり、田中さんが新代表になった。
　　き　　　　　　　　　たなか　　　しんだいひょう
　　(Tanaka-san has become the new president, just as I'd previously heard.／就跟早先听到的一样，田中先生当上了新的代表。／전부터 듣던 대로 다나카 씨가 신대표가 되었다.)

❸❸ ☐ **かねてより**　(for a long time／很久以前／전부터)

　▶ 駐車スペースの不足は、かねてより問題になっていた。
　　ちゅうしゃ　　　　　ふそく　　　　　　　もんだい
　　(The shortage of parking spaces has long been a problem.／停车位的不足，很久以来就是个问题。／주차 스페이스의 부족은 전부터 문제가 되어 있다.)

❸❹ ☐ **未然に**　(before something happens／未然／미연에)
　　みぜん

　▷ 事故を未然に防ぐ方法はなかったのだろうか。
　　じこ　　みぜん　ふせ　ほうほう
　　(Wasn't there a way we could have prevented the accident in advance?／没有防止事故发生的办法吗？／사고를 미연에 막는 방법은 없었을까.)

㉟ ☐ **一頃**(ひとごろ) (once／前些日子／한때)
▶ 一頃はこの話題ばかりだったのに、今では誰も口にしなくなった。
(There was a time when everyone was talking about this topic, but nobody mentions it anymore.／前些日子净是这个话题了，现在谁都不提了。／한때는 이 화제뿐이었는데 지금은 아무도 입밖에 내지 않는다.)

㊱ ☐ **元来**(がんらい) (originally／原来／원래)
▶ 元来勉強好きだった弟は、結局、学者になりました。
(My younger brother, who has always enjoyed studying, eventually became a scholar.／原本喜欢学习的弟弟，最终当上了学者。／원래 공부를 좋아했던 남동생은 결국 학자가 되었습니다.)

㊲ ☐ **未だ(に)**(いま) (still, as yet／还，仍然／아직)
▶ 彼があんなことを言うなんて、未だに信じられない。
(I still can't believe that he would say such a thing.／他说那样的话，直到现在我都不敢相信。／그가 그런 것을 말하다니 아직도 믿을 수 없다.)
▷ 住民同士のトラブルは未だ続いている。
(Problems among the residents continue to persist.／居民之间的矛盾还在持续着。／주민끼리의 트러블은 아직 계속되고 있다.)
▶ そんなやり方、未だかつて聞いたことがない。
(I've never heard of such a method.／那种做法，还从来没听说过。／그런 방법 지금까지 일찍이 들은 적이 없다.)

㊳ ☐ **直ちに**(ただ) (right away／立刻、立即／즉시)
▶ 危険ですので、ここから直ちに避難してください。
(It's dangerous – evacuate this place right away.／太危险了，请立刻离开这里去避难。／위험하니까 여기에서 즉시 피난해 주세요.)

㊴ ☐ **速やか(な)**(すみ) (swift／迅速地／신속함)
▶ 計画は、速やかに実行に移してほしい。
(I want you to move towards implementing this plan quickly.／希望计划能迅速地实施。／계획은 신속하게 실행으로 옮겼으면 한다.)

㊵ ☐ **即座に**(そくざ) (immediately／立刻、即刻／즉석에)
▶ このシステムを使えば、どの商品が売れているか、即座にわかります。
(Using this system will tell you immediately which product is selling well.／如果使用这种系统，立刻就能知道哪种商品畅销。／이 시스템을 사용하면 어느 상품이 팔리는지 즉시 알 수 있습니다.)

❹❶ □ **即刻** (instantly／即刻、立即／즉시)
　　そっこく

▶ そんなことを社長に言ったら、即刻クビになるよ。
　　　　　　　しゃちょう　い

(You'll get fired instantly if you say something like that to the boss.／那件事对社长说的话，马上就会被解雇哟。／그런 것을 사장에게 말하면 즉시 해고된다．)

❹❷ □ **直前** (right before／即将、……之前／직전)
　　ちょくぜん

▶ 海外旅行保険は、出発直前に申し込むことが多い。
　かいがいりょこうほけん　　しゅっぱつ　　　もう　こ　　　　　おお

(Most people apply for overseas travel insurance right before they leave.／国外旅行保险，在出发前申请的比较多。／해외 여행보험은 출발 직전에 신청하는 경우가 많다．)

❹❸ □ **間際** (at the last minute, on the verge of／正要…的时候／직전)
　　まぎわ

❹❹ □ **じき（に）** (soon／立刻、马上／곧)

▶ にわか雨だから、じきに晴れるでしょう。
　　　　　　あめ　　　　　　　　　は

(It's a rain shower, so it'll probably clear up soon.／这是阵雨，马上就会天晴吧。／소나기이니까 곧 개겠지요．)

❹❺ □ **突如** (suddenly／突然／갑자기)
　　とつじょ

▶ 突如、計画の中止が発表され、皆、驚いた。
　とつじょ　けいかく　ちゅうし　はっぴょう　　みな　おどろ

(The suspension of the plan was suddenly announced, so everyone was shocked.／突然发布计划终止的消息，大家都吃了一惊。／갑자기 계획 중지가 발표되어 모두 놀랐다．)

❹❻ □ **不意に** (by surprise／忽然、想不到／돌연히)
　　ふ　い

▶ 社長は不意に店に現れて、いろいろチェックすることがある。
　しゃちょう　　　　みせ　あらわ

(The president showed up at the store by surprise, and check on various things.／有时候社长会突然出现在店里，进行各种检查。／사장님은 갑자기 가게에 나타나 여러가지 체크하는 일도 있다．)

❹❼ □ **早急（な）** (prompt, immediate／紧急、火速／급함)
　　そうきゅう／さっきゅう

▶ 重要なことなので、早急に対応してください。
　じゅうよう　　　　　　　　　　　　たいおう

(It's an important matter, so please deal with it promptly.／这是很重要的事情，请火速应对。／중요한 일이니까 빨리 대응해 주세요．)

❹❽ □ **いつの間にか** (somewhere along the line／不知不覚／어느 사이에)

▶ いつの間にか眠っていたらしく、気づいたら朝だった。
(It looks like I fell asleep at some point, and when I realized what had happened, it was morning.／好像不知不觉地就睡着了，醒来一看都早上了。／어느 사이에 잠이 든 것 같아 정신을 차리니 아침이었다.)

❹❾ □ **今さら** (now (after all this while)／现在才、事到如今／새삼스럽게)

▶ 今さら言ったって、もう遅いよ。なんでもっと早く言わなかったの？
(It's too late for those words now. Why didn't you say so earlier?／现在才说，太晚了吧。怎么不早点儿说呢？／이제 와서 말해도 이미 늦어. 왜 좀 더 빨리 말하지 않았니?)

❺⓿ □ **〜最中** (in the middle of／正在……之中／~ 한창일 때)

▶ この暑い最中に外で作業させるなんてひどいよ。
(It's cruel of you to make him work outside, when the temperature is at its peak.／这么热的天，让人在室外作业，真是太过分了。／이 더위 속에서 밖에서 작업을 시키다니 너무하다.)

❺❶ □ **〜最中** (height of／正在……的时候／~ 한창일 때)

▶ 会議の最中に電話が鳴ってしまって、焦った。
(I got anxious when the phone rang right in the middle of the meeting.／正在开会的时候，电话响了，真让人着急。／회의 중에 전화가 울려서 조바심이 났다.)

❺❷ □ **目下** (presently／目前、眼下／현재)

▶ 目下のところ、計画は順調に進み、特に問題はない。
(Presently, the plans are going ahead smoothly, and there are no problems in particular.／目前计划正顺利进行，没什么问题。／현재 계획은 순조롭게 진행되어 특별히 문제는 없다.)

▶ スタッフの増員については、目下、検討中です。
(We're currently reviewing the need to increase the number of staff.／关于工作人员的增加，眼下正在商谈之中。／스탭의 증원에 대해 현재 검토중입니다)

❺❸ □ **近年** (in recent years／近年／근년)

▷ 近年、インターネットの世界に依存する若者が増えている。
(The number of young people who rely on the world of the Internet has increased in recent years.／近年来，依赖网络世界的年轻人增加了。／요 몇년 사이 인터넷 세계에 의존하는 젊은이가 늘고 있다.)

❺ ☐ 先に (previously／以前、以往／먼저)

▶ 先にご案内した通り、この建物内は全面禁煙になっております。
(As mentioned previously, all areas inside this building are non-smoking.／刚才告诉过大家，这栋建筑物内完全禁烟。／앞서 안내한 대로 이 건물내는 전면 금연입니다.)

❺❺ ☐ 先だって (the other／……之前／전번에)

▶ 先だって行われた市長選挙で、一部に違反行為があったようだ。
(It seems there were illegal practices carried out at some of the previous mayoral elections.／之前举行的市长选举中，有一部分违反规定的行为发生。／전번에 있었던 시장선거에서 일부 위반행위가 있었던 모양이다.)

❺❻ ☐ 先頃 (recently／刚才／일전)

▶ 先頃発売されたＡＢＣ５は、すでに在庫がなくなりかけているそうだ。
(Stocks for the recently released ABC5 are already almost sold out.／刚才出售的 ABC5 已经快卖光了。／전번에 발매된 ABC5 는 이미 재고가 없어지고 있다고 한다.)

❺❼ ☐ 先延ばし (defer, delay／推迟／연기함)

▶ 忙しかったこともあって、つい返事を先延ばしにしてしまった。
(I've been busy, so I couldn't help putting off the reply until recently.／也因为有些忙，不知不觉就推迟了回信。／바쁜 일도 있어 자기도 모르게 대답을 미루어 버렸다.)

❺❽ ☐ 先行き (future／将来、前途／장래)

▶ このままでは会社の先行きが不安だ。
(The future of the company is uncertain if things carry on like this.／长此下去的话，公司的前途让人担心。／이대로는 회사의 장래가 불안하다.)

❺❾ ☐ 前途 (outlook, future／前途／전도)

▶ ここに集められたのは、皆、前途有望な若い選手ばかりです。
(The people gathered here are all young athletes with a promising future.／这里聚集的各位都是前途有望的年轻队员们。／여기에 모인 사람은 모두 전도유망한 젊은 선수뿐입니다.)

▷ 前途多難 (rough, rocky／前途多难／전도다난)

▷ 新政府は前途多難なスタートを切った。
(The new government got off to a rocky start.／新政府开始迎接充满着艰难险阻的未来。／신정부는 전도다난한 스타트를 끊었다.)

❻⓪ □ 今に (at any moment／至今／곧)
いま

▶ このまま治療を続ければ、今によくなります。
　　　ちりょう　つづ

(If the treatment continues like this, it could get better any moment now.／就这样进行治疗的话，马上就会好的。／이대로 치료를 계속하면 곧 좋아집니다.)

❻① □ 時点 (point in time／时候、时间／시점)
じてん

▶ 問い合わせをした時点では、席はまだ残っていました。
　　と　あ　　　　　　　　　　せき　　　　のこ

(There were still seats available when I inquired about them.／询问的时候，还留有席位。／문의한 시점에서는 자리는 아직 남아있었습니다.)

▶ 現時点で言えることは、それだけです。
　げんじてん　い

(That's all we can say at this point in time.／如今能说的就只有这些。／현시점에서 말할 수 있는 것은 그것 뿐입니다.)

❻② □ 初期 (early period／初期／초기)
しょき

▷ 江戸時代初期 (early Edo period／江户时代初期／에도시대 초기)
　えどじだい

▶ バンド活動を始めた初期の頃は、方向性もはっきりしていなかった。
　　　　かつどう　はじ　　　　ころ　　ほうこうせい

(We didn't have a clear direction when we first started playing as a band.／乐队刚成立的初期，没有非常明确的方向性。／밴드 활동을 시작한 초기에는 방향성도 확실하지 않았다.)

❻③ □ 旬 (seasonal／应时／제철)
しゅん

▶ 旬の野菜をたくさん使ったサラダが女性に人気です。
　　　やさい　　　　　　つか　　　　　　じょせい　にんき

(Salads with lots of seasonal vegetables are popular with women.／使用大量应时蔬菜的色拉很受女性朋友们的喜爱。／제철 야채를 많이 사용한 샐러드가 여성에게 인기입니다.)

❻④ □ (夜が)更ける (to get late／深、阑／깊어지다)
　　よる　　ふ

▷ 夜更け (late at night／夜深、夜阑／심야)
　よ

▶ だいぶ更けてきましたね。そろそろ失礼します。
　　　　　ふ　　　　　　　　　　　　しつれい

(It's getting really late. I should get going.／夜深了。我该告辞了。／밤이 무척 깊어졌군요. 슬슬 실례하겠습니다.)

❻⑤ □ 経る (to go through／经过／지나다)
へ

▶ 長い年月を経て、ようやく完成した作品です。
　なが　ねんげつ　へ　　　　　　かんせい　さくひん

(This is a work that I finally completed after many months and years.／这是经过了长年累月的努力才完成的作品。／긴 세월을 거쳐 드디어 완성된 작품입니다.)

❻❻ ☐ **経過(する)** (to pass／经过、过程、情况／경과)

▶ 手術後の経過は問題ないようです。
(The post-operation transition seems to be problem-free.／手术后的情况好像没有任何问题。／수술 후의 경과는 문제가 없는것 같습니다.)

▶ 事故から３年が経過したが、補償の問題はまだ解決されていない。
(Three years have passed since the accident, but the issue of compensation still hasn't been resolved.／事故发生以来已经过了三年，但是赔偿的问题至今还没解决。／사고로부터 3 년이 경과 하였지만 보상 문제는 아직 해결되지 않았다.)

❻❼ ☐ **延長(する)** (to extend／延长／연장)

▷ 試合／営業時間を延長する
(to extend the match/business hours／延长比赛／延长营业时间／시합 / 영업시간을 연장하다)

❻❽ ☐ **古代** (antiquity／古代／고대)

▷ 古代エジプト、古代史
(ancient Egypt, ancient history／古代埃及、古代史／고대 이집트 , 고대사)

❻❾ ☐ **中世** (medieval times／中世纪／중세)

★封建制度を基礎とする時代。日本では、鎌倉時代から室町時代までの間。
Era when feudal systems were the norm. In Japan, this refers to the Kamakura through Muromachi periods.／以封建制度为基础的时代。在日本是指从镰仓时代到室町时代的时期。／봉건제도를 기초로한 시대. 일본에서는 가마쿠라 시대부터 무로마치까지의 사이.

❼⓪ ☐ **近世** (modern era／近代／근세)

★概ね、ルネサンスから産業革命までの間。日本では、安土・桃山時代から江戸時代の終わりまでの間。
Roughly the period between the Renaissance and the Industrial Revolution. In Japan, this refers to the Azuchi-Momoyama through late Edo periods.／大约是在文艺复兴时期到产业革命的时期。在日本是指从安土・桃山时代到江户时代为止期间。／대강 르네상스부터 산업혁명까지의 사이 . 일본은 아즈치모모야마시대부터 에도시대의 말기까지의 사이 .

UNIT 2

衣類 いるい (Clothing／衣服／의류)

---

❶ ☐ 衣類 いるい (clothes／衣服／의류)

▶ 脱いだ衣類はそれぞれロッカーに入れてください。
ぬ　　　　　　　　　　　　　　　　　　　　い
(Please put each of the garments you have removed into the lockers.／脱下的衣服请放入各自的储物柜里。／벗은 옷은 각각 로커에 넣어 주세요.)

---

❷ ☐ 衣料 いりょう (clothing／衣服和衣料／옷・옷의 재료)

▷ 衣料品店 ひんてん (clothing store／衣服店／옷・옷 재료 가게)

---

❸ ☐ 衣装 いしょう (costume, outfit／服装／의상)

▷ 花嫁衣装、民族衣装
はなよめ　　　　みんぞく
(bridal costume, folk costume／新娘装、民族服装／신부의상, 민족의상)

---

❹ ☐ 普段着 ふだんぎ (casual wear／便装／평상복)

▶ 気軽なパーティーですから、普段着で来てください。
きがる　　　　　　　　　　　　　　　　　　　　き
(It's going to be a casual party, so just come in casual wear.／这是很轻松的宴会，穿平时的衣服来就可以了。／가벼운 파티이니까 평상복으로 오세요.)

---

❺ ☐ 古着 ふるぎ (secondhand clothes／旧衣服／헌 옷)

▷ 古着屋 や (secondhand clothing store／旧衣服店／헌 옷가게)

---

❻ ☐ 織物 おりもの (textiles／纺织品／직물)

▷ 絹織物、織物工場
きぬ　　　　こうじょう
(silk garments, textile factory／丝织品、纺织工厂／견직물, 직물가게)

---

❼ ☐ 帯 おび (sash／腰带／허리띠)

▷ 帯状の雲 じょう　くも (ribbon-shaped clouds／带状云／허리띠 모양의 구름)

❽ ☐ **ファスナー**（zip／拉链／지퍼）　　　　　　　　　　　　同 ジッパー

❾ ☐ **すそ**（cuff, hem／下摆、裤脚／옷자락）

▶ スカートの裾に泥がちょっと付いている。
(There's some mud on the hem of your skirt.／裙子的下摆沾了点儿泥。／스커트 자락에 흙이 조금 묻어 있다.)

❿ ☐ **身なり**（outfit, getup／装束、服饰、打扮／옷차림）

▷ きちんとした身なり（proper attire／正规的装束／말쑥한 옷차림）

▷ 身なりで人を判断してはいけない。
(You shouldn't judge people based on their appearance.／不能仅靠衣装来判断一个人。／옷차림으로 사람을 판단해서는 안된다.)

⓫ ☐ **だぶだぶ**（baggy／又肥又大／헐렁헐렁）

▶ これは男ものだから、だぶだぶで着れないんです。
(This piece is for men, so I can't wear it baggy.／这是男式的，太肥大，穿不了。／이것은 남자용이니까 헐렁헐렁해서 입을 수 없습니다.)

UNIT 3

食 しょく （Food／食／식）

❶ □ 香辛料 こうしんりょう （spices, condiments／佐料、香辣调味料／향신료）

❷ □ 香ばしい こう （fragrant／芳香／구수하다）
▶ どこからかバターの焼けた香ばしい匂いがする。
や　　　　　　　　　　　　　　　　　　　　　　　にお
(The fragrant smell of roasted butter is coming from somewhere.／从哪里传来烧黄油的香味儿。／어디에선가 버터가 타는 구수한 냄새가 난다)

❸ □ こってり （rich／浓厚的／맛이 진한）
▶ こっちのスープは肉も入っていて、味がこってりしている。
　　　　　　　　　　　　　　　　　　あじ
(The soup here has meat in it, too, so the taste is rich.／这种汤有肉，味道浓厚。／이쪽의 수프는 고기가 들어 있어 맛이 진하다)

❹ □ 対 あっさり （light／清淡的／清淡的）

❺ □ 味覚 みかく （taste／味觉／미각）
▷ 秋の味覚を楽しむ
あき　　　　たの
(to enjoy the taste of autumn／享受秋天的美味／가을의 미각을 즐기다)
▶ 風邪で味覚がおかしくなったかもしれない。あまり味を感じない。
かぜ　　　　　　　　　　　　　　　　　　　　　　　あじ　かん
(I think my cold has messed up my sense of taste. I can't really taste anything.／因为感冒尝不出味道。嘴里没味儿。／감기로 미각이 이상해졌는지도 모르겠다. 별로 맛을 느끼지 못하겠다.)

❻ □ 脂肪 しぼう （fat／脂肪／지방）
▷ 低脂肪牛乳 ていしぼうぎゅうにゅう （low fat milk／低脂肪牛奶／저지방 우유）

❼ □ 主食 しゅしょく （staple food／主食／주식）
▷ 日本人の主食である米の消費量がまた少し減っている。
にほんじん　　しゅしょく　　こめ　しょうひりょう　　すこ　へ
(The consumption of rice, a staple food for the Japanese, has again decreased slightly.／作为日本人主食的米，其消费量有些减少。／일본인의 주식인 쌀의 소비량이 또 약간 줄었다.)

❽ □ **熱湯**（boiling water／热水／뜨거운 물）
ねっとう

▷〈カップラーメンの作り方〉熱湯を注ぎ、ふたを閉めて、３分待ちます。
(<how to make cup ramen> Pour boiling water into the cup, close the cover, and wait 3 minutes.／（杯面的做法）倒入热水，盖上盖子，等三分钟。／< 컵라면 만드는 법 > 뜨거운 물을 붓고 뚜껑을 덮고 3분 기다립니다.)

❾ □ **水気**（moisture／水分／물기）
みずけ

▶洗ったら、レタスの水気をよく切ってください。
(Please drain the moisture from the lettuce after you wash it.／洗好后，甩干生菜的水。／씻었으면 양상추의 물기를 잘 빼 주세요.)

❿ □ **舐める**（to lick／舔、尝／핥다）
な

▷アイス/飴をなめる (to lick an ice cream/candy／冰棍/舔糖果／아이스크림 / 사탕을 빨다)
あめ

⓫ □ **満腹**（full stomach／吃饱／만복）
まんぷく

▶満腹でもう何も入らない。
(I'm stuffed – I can't eat anything more.／吃饱了，什么都吃不下了。／배가 불러 이제 아무것도 들어가지 않는다.)

⓬ □ 対 **空腹**（empty stomach／空腹／공복）
くうふく

⓭ □ **賞味期限**（expiration date／保鲜期／맛있게 먹을 수 있는 기한）
しょうみきげん

▷消費期限 (use-by date／保质期／소비기한)
しょうひきげん

▶賞味期限が近いから、そろそろ食べたほうがいい。
ちか   た
(The expiration date is coming up, so we'd better eat it soon.／保鲜期要到了，快吃了吧。／유통기한이 가까우니까 슬슬 먹는 편이 좋다.)

⓮ □ **味わい**（flavor／味道／맛, 묘미）
あじ

▷味わい深い作品 (outstanding work／意味深长的作品／묘미가 있는 작품)
ぶか さくひん

▶すっきりした味わいのワインです。
(This wine is crisp and refreshing.／味道清淡的红酒。／산뜻한 맛의 와인입니다.)

交通・移動

(Transportation, movement／交通・移动／교통・이동)

❶ □ **車両** (train car／车厢／차량)
   ▷ 〈電車〉女性専用車両 (train cars for women only／女性专用车厢／여성전용 차량)
   ▶ この通りは、トラックやバスなどの大型車両は通れません。
   (Large trucks and cars can't go down this street.／这条路不让卡车和公共汽车等大型车辆通行。／이 거리는 트럭이나 버스 등의 대형 차량은 지나갈 수 없습니다.)

❷ □ **両** (vehicle／厢／량 (전차 객실의 차량))
   ▶ 〈放送〉次の成田行きは8両編成で参ります。
   ((announcement) The next Narita-bound train is composed of eight cars.／(广播) 下一趟去成田的8车厢列车即将进站。／<방송> 다음 나리타행은 8칸 편성으로 오겠습니다.)
   ▶ じゃ、前から2両目に乗るね。
   (OK. I'll get on the second car from the front.／那么，我就坐从前面数过来第二节车辆吧。／자, 앞에서 두 번째 칸에 탈게.)

❸ □ **網棚** (baggage rack／网架／그물로 된 선반)

❹ □ **車窓** (train window／车窗／차창)
   ▶ 車窓から望む富士山にちょっと感動しました。
   (I was a little impressed by Mt. Fuji, which I could see from the train window.／从车窗望出去的富士山有些让人感动。／차창에서 바라보이는 후지 산에 조금 감동했습니다.)

❺ □ **歩行者** (pedestrian／行人／보행자)
   ▷ 歩行者優先 (priority to pedestrians／行人优先／보행자 우선)
   ▶ この通りは土日は歩行者天国になる。
   (This street becomes a pedestrian paradise on Saturdays and Sundays.／这条路星期六日是行人的天堂。／이 길은 토요일과 일요일은 보행자 천국이 된다.)

❻ □ **歩道橋** (pedestrian overpass／天桥／보도교)

❼ □ **標識** (signal, sign／标识／표식)
   ▷ 道路標識 (road sign／道路标识／도로 표식)

❽ □ 駐輪(する) (to park a bike／停车／자전거 주차)
　ちゅうりん

　▷ 駐輪場 (bicycle parking area／停车场／자전거, 오토바이 주차장)
　　　じょう

　▶ 自転車やバイクの利用者の数に対して、駐輪スペースが圧倒的に不足している。
　　　じてんしゃ　　　　　　りようしゃ　かず　たい　　　　　　　　　　　　あっとうてき　ふそく

　　(There are nowhere near enough parking areas for the number of people using bikes and motorcycles.／对于自行车和摩托车的利用人数来说，停车场的空间绝对不够。／자전거나 오토바이의 이용자 수에 비해 주차 공간이 압도적으로 부족하다.)

❾ □ 運輸 (transportation／运输／운수)
　うんゆ

　▷ 運輸局、運搬車両
　　きょく　うんぱんしゃりょう

　　(Department of Transportation, transport vehicle／运输局、运输车辆／운수국, 운반차량)

❿ □ 運搬(する) (to transport／运送／운반)
　うんぱん

⓫ □ 運行(する) (to run／运行／운행)
　うんこう

　▶ 電車各線は平常通り運行しております。
　　でんしゃかくせん　へいじょうどお

　　(All of the train lines are running on schedule.／电车的各条线都和平时一样运行。／전차 각 선은 평소대로 운행하고 있습니다.)

⓬ □ ダイヤ (rail timetable／行车时间表／열차 시간표)

　▷ 運行ダイヤ (train schedule／列车运行时间表／운행 시간표)
　　うんこう

　▶ 台風の影響で、ダイヤが大幅に乱れています。
　　たいふう　えいきょう　　　　　　おおはば　みだ

　　(The trains are running far behind schedule owing to the typhoon.／因为受到台风影响，列车的运行时间大幅度被打乱。／태풍의 영향으로 열차 시간에 큰 폭으로 변동이 있습니다.)

⓭ □ 運休 (suspension of (train/bus) service／停开／운행정지)
　うんきゅう

⓮ □ 徐行(する) (to go slowly／慢行／서행)
　じょこう

　▶〈放送〉強風のため、現在、徐行運転をしています。
　　ほうそう　きょうふう　　　げんざい　じょこううんてん

　　((Announcement) Traffic is running slowly right now owing to strong winds.／(广播) 由于强风，现在是列车实施慢行。／<방송> 강풍 때문에 현재 서행운전을 하고 있습니다.)

⓯ □ 沿線 (along the rain line／沿线／연선)
　えんせん

　▶ 輸送客が増え、沿線の地価も上昇している。
　　ゆそうきゃく　ふ　　えんせん　ちか　じょうしょう

　　(Passengers have increased and land prices along the rail line have gone up.／运送的客人增多，沿线的地价也上涨了。／수송객이 늘어 선로 주변의 지가도 상승하고 있다.)

⑯ □ ローカル線 (local train／支线／로컬선)
　　　　せん

⑰ □ 待合室 (waiting room／候车室／대기실)
　　まちあいしつ

⑱ □ 旅客機 (passenger plane／客机／여객기)　　　　　　類 飛行機
　　りょかくき

⑲ □ 離陸(する) (to take off／起飞／이륙)
　　りりく

⑳ □ 欠航(する) ((flight) cancellation／停航／결항)
　　けっこう

㉑ □ 時差 (time difference／时差／시차)
　　じさ
　▶ 日本とフランスでは約8時間の時差がある。
　　にほん　　　　　　　やく　じかん
　　(There is about an eight-hour time difference between France and Japan.／日本和法国的大约是8小时的时差。／일본과 프랑스에서는 약 8시간의 시차가 있다.)

㉒ □ 時差ぼけ (jet lag／倒时差／시차로 리듬에 이상이 생김)
　▶ 時差ぼけで体がだるい。
　　　　　　からだ
　　(I'm all dragged out from jet lag.／受到时差影响，身体疲惫。／시차의 영향으로 몸이 나른하다.)

UNIT 5 建物・設備 たてもの・せつび

(Building, facility／建筑物・设施／건설・설비)

❶ □ 民家（folk dwelling／民家／민가）
みんか
▶ 通りの反対側は、民家が少しあるだけだった。
とお はんたいがわ みんか すこ
(There were just a few folk dwellings on the opposite side of the road.／道路的相反一侧，只有一些民家。／도로 반대 측은 민가가 조금 있을 뿐이었다.)

❷ □ 屋敷（mansion／房屋／저택）
やしき
▶ そこは高級住宅街のようで、立派な屋敷が建ち並んでいた。
こうきゅうじゅうたくがい りっぱ やしき た なら
(It looks like a high-class residential area, and there are many mansions.／那里就像高级住宅区，矗立着很多漂亮的建筑物。／거기는 고급 주택가인 것 같아 훌륭한 저택이 줄지어 있었다.)

❸ □ 豪邸（palatial residence／豪宅／호화저택）
ごうてい

❹ □ 賃貸（lease／租赁／임대）
ちんたい
▷ 賃貸マンション（lease apartment／租赁公寓／임대아파트）

❺ □ 物件（property／房地产／물건）
ぶっけん
▶ この不動産屋は取り扱い物件が多い。
ふどうさんや と あつか ぶっけん おお
(This real estate agency is dealing with many properties.／这家房地产公司所经营的租赁房屋很多。／이 복덕방은 취급하는 물건이 많다.)

❻ □ 間取り（layout／房间布局／방의 배치）
まど
▶ 今日見た物件は、広かったけど、間取りがあまりよくなかった。
きょう み ぶっけん ひろ まど
(The house that we saw today was spacious, but the layout was not so good.／今天见到的房屋虽然宽敞，但是房间布局不太好。／오늘 본 물건은 넓었지만 방의 배치가 별로 좋지 않았다.)

❼ ☐ **収納** (storage space／收纳／수납)
　ふうのう

▶〈不動産屋〉ここはどうでしょう。リビングが広くて、収納もたくさんありますよ。
　　ふどうさんや　　　　　　　　　　　　　　　　ひろ

(<Real estate agency> How about this? The living room is spacious and there are a lot of storage space.／〈房地产商〉这里怎么样？客厅宽敞，还有很多能收纳的地方。／〈복덕방〉이 곳은 어떻습니까? 거실이 넓고 수납도 많이 있습니다.)

❽ ☐ **浴室** (bathroom／浴室／욕실)
　よくしつ

❾ ☐ **照明** (lightning／照明／조명)
　しょうめい

▶この店は照明が明るすぎて、ちょっと落ち着かない。
　　　みせ　　　　　あか　　　　　　　　　　　お　つ

(The lightning is too bright in this shop. I feel restless.／这家店照明太强, 有些让人静不下心来。／이 가게는 조명이 너무 밝아서 조금 안정이 안 된다.)

❿ ☐ **下駄箱** (shoe cupboard／鞋柜／신발장)
　げ　た　ばこ

⓫ ☐ **郵便受け** (mailbox／信箱／편지함)
　ゆうびん　う

⓬ ☐ **花壇** (flowerbed／花坛／화단)
　か　だん

⓭ ☐ **土台** (foundation／根基／토대)
　ど　だい

▶土台がしっかりしてないと、その上に何を建ててもだめだよ。
　　どだい　　　　　　　　　　　　　　うえ　なに　た

(If foundations are unstable, you can't build anything on it.／根基不稳的话, 在上面建什么都不行。／토대가 확실하지 않으면 그 위에 무엇을 세워도 안 된다.)

⓮ ☐ **建造(する)** (build／建造／건조)
　けんぞう

▷船を建造する、歴史的建造物
　ふね　けんぞう　　れきしてき　けんぞうぶつ

(build a ship, historic building／建造轮船、历史性的建筑物／배를 건조하다, 역사적인 건조물)

⓯ ☐ **スタンド** (stands／看台／스탠드)

▶スタンドは3階席までほぼ満席です。
　　　　　　　　がいせき　　　　まんせき

(Stands are almost full to the third floor.／从看台到三楼的观众席几乎都是满员。／스탠드는 3층 석까지 거의 만석입니다.)

❶❻ ☐ **非常口**(ひじょうぐち) (emergency exit／非常出口／비상구)

❶❼ ☐ **手すり**(て) (handrail／扶手、栏杆／ 난간)
　▶ 危(あぶ)ないから手すりにちゃんとつかまって。
　　(It's danger. Hold on the handrail.／危险, 好好抓紧扶手／위험하니까 난간을 제대로 잡아..)

❶❽ ☐ **化粧室**(けしょうしつ) (bathroom／化妆室／화장실)

❶❾ ☐ **更衣室**(こういしつ) (dressing room／更衣室／탈의실)

❷⓿ ☐ **控室**(ひかえしつ) (waiting room／休息室／대기실)
　▷ 選手(せんしゅ)の控室 (waiting room for players／选手的休息室／선수 대기실)

❷❶ ☐ **スタジオ** (studio／播音室／스튜디오)
　▷ 録音(ろくおん)/撮影(さつえい)スタジオ (recording / shooting studio／录音棚/摄影棚／녹음/촬영 스튜디오)

❷❷ ☐ **個室**(こしつ) (private room／单间、包间、包房／독실)
　▶ その中華(ちゅうか)レストランには個室もあった。
　　(That Chinese restaurant has private rooms, too.／这家中国餐馆也有包间。／그 중화 레스토랑에는 독실도 있었다.)

UNIT 6 体・健康・治療
からだ・けんこう・ちりょう
(Body, health, medical care／身体・健康・治疗／몸・건강・치료)

❶ □ 手の平 (palm／手掌／손바닥)
　　てのひら

❷ □ かかと／踵 (heel／脚跟／발꿈치)
　　　　　かかと

❸ □ つま先 (toe／脚尖／발끝)
　　　　さき

❹ □ 内臓 (viscera／内脏／내장)
　　ないぞう

❺ □ 腸 (intestine／肠／장)
　　ちょう

❻ □ 肝臓 (liver／肝脏／간장)
　　かんぞう

❼ □ 血管 (blood vessel／血管／혈관)
　　けっかん

❽ □ 大柄(な) (big／身材高大／몸집이 큼)
　　おおがら
　▷ 大柄な人 (person of large build／大个子的人／몸집이 큰 사람)
　　　　ひと
❾ □ 対 小柄(な) (petite／身材娇小／몸집이 작음)
　　　こがら

❿ □ たくましい (strong／魁梧的、顽强的／다부지다)
　▷ たくましい腕/体 (strong arms/body／有力的手腕/魁梧的身体／다부진 팔/몸)
　　　　　　うで からだ
⓫ □ 対 貧弱(な) (poor, frail／柔弱的／빈약)
　　　ひんじゃく
　▷ 貧弱な体 (poor, frail-bodied／柔弱的身体／빈약한 몸)

❷ □ 健やか（な） (healthy／健康的／건강함)
　すこ

▶ 子供たちが健やかに育つようお祈りしました。
　こども　　　　すこ　　　そだ　　　　　　いの
（I prayed that the children would grow up healthily.／祈祷孩子们能健康地成长。／아이들이 건강하게 자라도록 기도를 하였습니다.）

❸ □ くたくた (dead tired／疲惫不堪／녹초가 됨)

▶ 丸一日彼女の買い物に付き合ったら、くたくたになった。
　まるいちにちかのじょ　か　もの　つ　あ
（Having had to accompany her all day for shopping, I'm dead tired.／和她去买了一天的东西，非常疲惫不堪。／하루 종일 그녀의 쇼핑에 따라다녔더니 녹초가 되었다.）

❹ □ げっそり (haggard／消瘦、瘦弱／살이 쏙 빠짐)

▷ げっそりやせる (skin and bones／消瘦、瘦弱／살이 쏙 빠져 마르다)

▶ 森さん、病気で入院してたんでしょ？　—うん。げっそりしてたよ。
　もり　　びょうき　にゅういん
（Wasn't Mori-san hospitalized? —Yeah. He was skin and bones, you know.／森生病住院了吧？—嗯，瘦了好多。／모리 씨, 병으로 입원했죠? —응, 살이 쭉 빠졌어.）

❺ □ ばてる (done in／累垮／지치다)

▷ 夏バテ (summer doldrums／中暑／더위에 지침)
　なつ

▶ 練習がハードで、10分でばててしまった。
　れんしゅう　　　　　　　　　ぷん
（The practice was so hard that I was done in for ten minutes.／练习太艰苦，10分钟就累垮掉了。／연습이 세서 10분으로 지쳐버렸다.）

❻ □ 疲労 (fatigue／疲劳／피로)
　ひろう

▶ 疲労がたまっているみたいで、体がずっとだるい。
　　　　　　　　　　　　　からだ
（I seem to be overly fatigued; I have no energy.／好像疲劳累积起来，身体非常疲惫。／피곤이 쌓인 모양이어서 몸이 계속 노곤하다.）

❼ □ 対 過労 (overwork／过于疲劳／과로)
　　　か

▷ 過労死 (death from overwork／过劳死／과로사)
　　　し

▶ 過労でダウン寸前だよ。
　　　　　　　　すんぜん
（I'm about to collapse from overwork.／过于疲劳，都快倒下了。／피로로 다운 직전이다.）

⑱ ☐ **体調を崩す** (become ill／搞垮身体／몸의 상태가 나빠지다)
たいちょう くず

▶ 急に寒くなったから、体調を崩さないようにしてください。
きゅう さむ
(It's suddenly gotten cold so please don't get sick.／突然冷下来了，注意别搞垮身体。／갑자기 추워졌으니까 몸의 상태가 나빠지지 않도록 하세요.)

⑲ ☐ **病む** (suffer／生病／병들다)
や

▷ 気に病む (anxious／担心、惦念／몹시 걱정하다)
き や

▶ 病んでる人が多いんだね。変な事件ばかりだよ。
や ひと おお へん じけん
(Many people are suffering. There are lots of weird incidents.／精神烦恼的人真多啊。净是些奇怪的事件。／병든 사람이 많군. 이상한 사건뿐이다.)

▶ 注意されたからって、そんなに気に病まないほうがいいよ。
ちゅうい き や
(You shouldn't be so anxious just because you were warned.／被别人提醒了，也别那么担心嘛。／혼났다고 해서 그렇게 그렇게 걱정하지 않는 편이 좋아.)

⑳ ☐ **苦痛** (pain／痛苦／고통)
く つう

▶ またあの苦痛を味わうくらいなら、検査なんかしなくていい。
くつう あじ けんさ
(If I have feel that much pain again, I don't need to have the exam.／要是还要我体验那种痛苦的话，我宁愿不去检查了。／또 저 고통을 맛봐야 한다면 검사따위 하지 않아도 돼.)

㉑ ☐ **寒気** (chill／发冷／한기)
さむ け

▶ さっきから寒気がする。
さむけ
(I've had the chills for a while now.／刚才就感到身体发冷。／아까부터 한기가 돈다.)

㉒ ☐ **微熱** (slight fever／低烧／미열)
び ねつ

㉓ ☐ **下痢** (diarrhea／泻肚／설사)
げ り

▷ 下痢止めの薬 (anti-diarhheal medicine／止泻药／설사를 멈추게 하는 약)
げ り ど くすり

㉔ ☐ **嘔吐** (vomiting／呕吐／구토)
おう と

㉕ ☐ 発作(ほっさ) (spasm／发作／발작)

▷ 心臓発作(しんぞう) (heart attack／心脏病发作／심장발작)

▶ いつ発作が起(お)きるかわからない。
(I don't know when I'll have an attack.／不知道什么时候发作。／언제 발작이 일어날지 모른다.)

㉖ ☐ しびれ (numbness／发麻／저림)

㉗ ☐ まひ／麻痺(まひ) (paralysis／麻木、瘫痪／마비)

▷ 都市機能(としきのう)の麻痺 (urban functions are paralyzed／都市技能瘫痪／도시기능의 마비)

▶ 手足(てあし)がまひしている。
(My hands and feet are paralyzed.／手脚麻木了。／손발이 마비돼 있다.)

㉘ ☐ かゆみ (itch／痒／가려움)

㉙ ☐ 湿疹(しっしん) (eczema／湿疹／습진)

㉚ ☐ 腫瘍(しゅよう) (tumor／肿瘤／종양)

▶ 腫瘍(しゅよう)を取(と)り除(のぞ)く手術(しゅじゅつ)を行(おこな)った。
(I had an operation to remove a tumor.／进行了割除肿瘤的手术。／종양을 제거하는 수술을 했다.)

㉛ ☐ ぜんそく (asthma／哮喘／천식)

㉜ ☐ 肺炎(はいえん) (pneumonia／肺炎／폐렴)

㉝ ☐ 伝染病(でんせんびょう) (epidemic／传染病／전염병)　　　　動 伝染(する)

㉞ ☐ ばい菌(きん) (bacteria／细菌／세균)

▶ ばい菌(きん)が入(はい)るから、ちゃんとふた閉(し)めて。
(Bacteria will get in so be sure to close the lid.／细菌会进去的，盖好盖吧。／세균이 들어가니까 제대로 뚜껑을 덮어.)

33

㉟ ☐ 重症 (serious illness／重症／중증)
じゅうしょう

▶ 重症患者を先に避難させた。
かんじゃ さき ひなん
(They evacuated the heavily wounded first.／先让重症病人避难。／중증 환자를 먼저 피난시켰다.)

㊱ ☐ 重傷 (serious injury／重伤／중상)　　　　　　　　　　　　　対 軽傷
じゅうしょう　　　　　　　　　　　　　　　　　　　　　　　けいしょう

▶ 運転手は重傷を負った模様だ。
うんてんしゅ じゅうしょう お もよう
(The driver had signs of sustaining a serious injury.／司机好像受了重伤／운전사는 중상을 입은 모양이다.)

㊲ ☐ 危篤 (critical condition／生命垂危／위독)
きとく

▶ 患者は危篤状態です。
かんじゃ きとくじょうたい
(The patient is in critical condition.／患者处于生命垂危状态。／환자는 위독 상태입니다.)

㊳ ☐ 慢性 (chronic／慢性／만성)
まんせい

▶ 放っておくと、慢性になるよ。
ほう まんせい
(If you just leave it, it will become a chronic condition.／置之不理的话就会变成慢性的哟。／내버려두면 만성이 된다.)

㊴ ☐ 対 急性 (acute／急性／급성)
きゅうせい

▷ 急性胃炎 (acute gastritis／急性胃炎／급성 위염)
きゅうせいいえん

㊵ ☐ こじらせる (make worse／使复杂／악화시키다)

▷ 問題をこじらせる (make a problem worse／使问题复杂／문제를 악화시키다)
もんだい

▶ ちゃんと休まないと、風邪をこじらせるよ。
やす かぜ
(If you don't get some rest, you'll make your cold worse.／不好好休息的话，就是让感冒加重哟。／제대로 쉬지 않으면 감기를 악화시킨다.)

㊶ ☐ ノイローゼ (neurosis／神经衰弱／노이로제)

▶ 上の階の騒音で、ノイローゼになりそう。
うえ かい そうおん
(I feel like I'll end up with neurosis, what with the noise upstairs.／楼上的噪音，都让我快患上神经衰弱了。／위층의 소음으로 노이로제가 될것 같아.)

❷ □ **生理** (physiology, (one's)period／生理／생리)
せいり

▷ 生理学的な観点 (physiological perspective／生理学的观点／생리학적인 관점)
  がくてき かんてん

▶ これは単なる生理現象で、普通のことです。
       たん   げんしょう ふつう

(This is just a physiological phenomenon; it is quite normal.／这是单纯的生理现象，很普通。／이것은 단순한 생리현상으로 보통 있는 일입니다.)

❸ □ **便秘** (constipation／便秘／변비)
べんぴ

❹ □ **貧血** (anemia／贫血／빈혈)
ひんけつ

▶ 貧血気味なので、朝は苦手なほうです。
  き み   あさ にがて

(I tend to be anemic so I have a hard time getting up in the morning.／有些贫血, 早上最难受。／빈혈 기가 있어서 아침은 잘 못일어 나는 편입니다.)

❺ □ **瞬き** (blink／眨眼／눈을 깜박임)
まばた

▶ 彼は嘘をついているとき、瞬きが多くなる。
  かれ うそ

(He blinks more when he's lying.／他撒谎的时候, 眨眼次数增多。／그는 거짓말을 할 때 눈 깜빡임이 많아진다.)

❻ □ **瞬く間** (in a blink of an eye／一瞬间／눈을 깜짝할 사이)
またた ま

▶ 瞬く間に勝負がついた。
          しょうぶ

(The game was over in a flash.／一瞬间就定下了胜负。／눈 깜짝할 사이에 승부가 결판났다.)

❼ □ **近視** (myopia／近视／근시)
きんし

❽ □ **目がかすむ** (eyes get bleary／眼睛模糊／눈이 흐릿하다)
め

▶ パソコンを長時間使うと目がかすんでくる。
      ちょうじかんつか   め

(When I use the PC for many hours my eyes get bleary.／长时间地使用电脑会让眼睛模糊。／컴퓨터를 장시간 사용하면 눈이 부옇게 보인다.)

㊾ ☐ **介護**(する) (to care for／护理／병간호)
　　かいご

　　▷ 介護士 (caregiver／护士／노인 양호사)
　　▶ 寝たきりの祖母を介護するため、母はパートを辞めた。
　　　ね　　　　　そぼ　　　　　　　　　　はは
　　　(My mother quit her part-time job to take care of my grandmother, who is bedridden.／为了照顾一直躺着的祖母,母亲辞掉了零工。／누워지내는 할머니의 병구완을 위해 엄마는 아르바이트를 그만두었다.)

㊿ ☐ **介抱**(する) (to nurse the sick／看护／병구완)
　　かいほう

　　▶ 一人暮らしの難点は、病気になったときに介抱してくれる人がいないことです。
　　　ひとりぐ　　　　なんてん　　びょうき　　　　　　　　　　　　　　　　　　ひと
　　　(The difficult part about living alone is that there is no one to take care of you when you are sick.／一个人生活的难处是生病的时候,没人照顾自己。／혼자서 생활하는 난점은 병에 걸렸을 때 병구완해주는 사람이 없는 것입니다.)

(51) ☐ **処置**(する) (to deal with／处置／처치)
　　しょち

　　▷ 応急処置 (emergency measures／应急处置／응급조치)
　　　おうきゅう
　　▶ 処置が遅れていたら、助からなかったでしょう。
　　　しょち　おく　　　　　　たす
　　　(If treatment had been any later, he probably wouldn't have been saved.／如果处置太晚的话,就不会得救吧。／처치가 늦어졌으면 살지 못했을 겁니다.)

(52) ☐ **診療**(する) (to examine／诊疗、诊察／진료)
　　しんりょう

　　▷ 診療時間 (consultation hours／诊疗时间／진료시간)
　　　　　　じかん
　　▶ こんな山の中に診療所がある。
　　　　　やま　なか　しんりょうじょ
　　　(There's a clinic way up here in the mountains.／在这样的山里也有诊所。／이런 산속에 진료소가 있다.)

(53) ☐ **処方**(する) (to prescribe／处方／처방)
　　しょほう

　　▶ これは強い薬なので、医者に処方してもらわなければなりません
　　　　　つよ　くすり　　　　いしゃ　しょほう
　　　(This is strong medicine so you must have a doctor's prescription.／这是药性强的药,必须要有医生的处方。／이것은 강한 약이어서 의사에게 처방받지 않으면 안 됩니다.)

(54) ☐ 処方せん (prescription／药方／처방전)

(55) ☐ **錠剤** (tablet／药片／정제)
　　じょうざい

❺❻ ☐ カプセル （capsule／胶囊／캡슐）

❺❼ ☐ 服用（ふくよう） （medicine dose／服用／복용）

❺❽ ☐ 副作用（ふくさよう） （side effects／副作用／부작용）
　▶ 薬(くすり)の副作用で眠(ねむ)くなることがあります。
　（This drug can cause drowsiness as a side effect.／由于药的副作用，会犯困。／약의 부작용으로 졸리는 경우가 있습니다.）

❺❾ ☐ 麻酔（ますい） （anesthesia／麻醉／마비）

❻⓿ ☐ 免疫（めんえき） （immunity／免疫／면역）

❻❶ ☐ 安静(な)（あんせい） （rest(ful)／安静／안정）
　▶ 医者(いしゃ)に絶対(ぜったい)安静って言(い)われた。
　（I was told by the doctor that I must be in bed.／被医生提醒必须绝对安静。／의사가 절대 안정이라고 했다.）

❻❷ ☐ 失神(する)（しっしん） （to faint, swoon／不省人事／실신）

UNIT 7 お金 (Money／金钱／돈)

❶ ☐ 安価(な) (cheap／价格便宜的／쌈)　　　　　　　　**対 高価(な)**

▷ 安価な製品が多く出回るようになった。
(Many cheap products have been appearing on the market.／便宜的产品很多都上市了。／싼 제품이 많이 나돌게 되었다.)

❷ ☐ 均一 (flat／均一／균일)

▷ 100円均一、均一料金
(100 yen store, flat fee／100日元均一、均一金额／100엔 균일, 균일 요금)

❸ ☐ 税込(み) (tax included／含税／세금 포함)

▷ 税込価格 (tax-included price／含税价格／세금이 포함된 가격)

❹ ☐ 対 税抜(き) (tax excluded／不含税／세금 제외)

❺ ☐ 生計 (to make a living／生计／생계)

▶ 彼は今、農業で生計を立てています。
(He's making his living as a farmer.／他现在用农业维持着生计。／그는 지금 농업으로 생계를 세우고 있습니다.)

❻ ☐ 賃金 (wages／工资／임금)

▷ 賃金のアップを要求する
(to require raise in wages／要求提高工资／임금 인상을 요구하다)

❼ ☐ 賞与 (bonus／奖金／상여 (보너스))　　　　　　　　**同 ボーナス**

❽ ☐ 手取り (take-home pay／净收入／실수령액)

▶ 1カ月の収入は、手取りでどれくらいですか。
(How much is your take-home pay per month?／一个月的净收入是多少呢？／한 달의 수입은 실수령액으로 얼마 정도 입니까?)

❾ □ 報酬 (reward／报酬／보수)
ほうしゅう

▶報酬はいりません。何かお手伝いをしたいだけなので。
　なに　　　てつだ

(I don't need a reward. I just want to help you with something.／不需要报酬。我只想帮忙。／보수는 필요 없습니다. 무언가 돕고 싶을 뿐이니까.)

❿ □ 無償 (free／无偿／무상)
むしょう

▶ボランティアなので、もちろん無償です。

(I'm working as a volunteer, so of course it's free.／因为是志愿者，所以是无偿的。／자원봉사이어서 물론 무상입니다.)

⓫ □ 利子 (interest／利息／이자)
りし

▷利子がつく (bear an interest／带有利息／이자가 붙다)

⓬ □ 金利 (interest rates／利息／금리)
きんり

⓭ □ 利息 (interest／利息／이자)
りそく

▷利息を払う (pay interest／支付利息／이자를 내다)
　　　はら

⓮ □ 残高 (balance／余额／잔액)
ざんだか

▷口座の残高 (the balance at the bank account／帐户余额／계좌의 잔액)
　こうざ

⓯ □ 外貨 (foreign currency／外币／외화)
がいか

▷外貨を稼ぐ (earn foreign currency／赚取外汇／외화를 벌다)
　　　かせ

⓰ □ 所得 (income／收入／소득)
しょとく

▷国民所得、所得税 (the national income, income tax／国民收入、所得税／국민소득, 소득세)
　こくみん　　　ぜい

▶これらの書類は、所得の申告の際に必要です。
　　　　　しょるい　　しょとく しんこく さい　ひつよう

(These documents are necessary to declare income.／这些文件在申报收入时需要提交。／이들 서류는 소득 신고할 때 필요합니다..)

⓱ □ 収支 (income and expenditure／收支／수지)
しゅうし

▷収支のバランス (the balance of income and expenditure／收支平衡／수지의 밸런스)

❶⑱ ☐ 債権 (credit／债权／채권)
　▷ 債権者 (creditor／债权人／채권자)

⑲ ☐ 対債務 (debt／债务／채무)

⑳ ☐ 資産 (property／资产／자산)
　▷ 資産運用、資産家
　　(asset management, property owner／运用资产、资本家／자산 운용, 자산가)
　▶ 経営を立て直すため、会社は資産を処分することにした。
　　(To reorganize the management, a company has decided to unload properties.／为了恢复经营，公司决定处理资产。／경영을 다시 세우기 위해 회사는 자산을 처분하기로 했다.)

㉑ ☐ 運用(する) (manipulate／运用／운용)
　▷ 資金を運用する (to manipulate funds／运用资金／자금을 운용하다)

㉒ ☐ 財源 (financial resources／财源／재원)
　▶ 事業計画は承認されたが、問題は財源をどう確保するかだ。
　　(The business plan has approved, but the problem is how to earn financial resources.／事业的计划被认可了，但是问题是怎么确保财政来源。／사업 계획은 승인되었지만 문제는 재원을 어떻게 확보할까이다.)

㉓ ☐ 融資(する) (to give a loan to／融资／융자)
　▶ 銀行から融資を受けられることになった。
　　(I can get a loan from the bank.／得到银行的融资。／은행에서 융자를 받을 수 있게 됐다.)

㉔ ☐ 倹約(する) (to tighten one's belt／勤俭节约／검약)
　▶ 高い買い物をした後なので、しばらく倹約することにした。
　　(It's right after buying an expensive thing, so I decided to tighten my belt.／买了贵重东西之后，决定节俭。／비싼 물건을 산 후여서 한동안 검약하기로 했다.)

㉕ ☐ 精算(する) (to pay off／核算／정산)
　▷ 借金を精算する (to pay off debts／结算借款／빚을 정산하다)

❷⓺ □ **決済(する)** (to make payment／結算／결제)
　　けっさい

▶ 決済方法には、銀行振込やカード払いなど、いくつかあります。
　　　　ほうほう　　　ぎんこうふりこみ　　　ばら

(There are several ways to make payments such as bank transfer or credit card payment.／结算方法可以通过银行汇款和银行卡支付,有几种方式。／결제 방법으로는 은행 불입이나 카드지불 등 몇 가지 있습니다.)

❷⓻ □ **徴収(する)** (to collect／征收／징수)
　　ちょうしゅう

▷ 会費を徴収する、税の徴収
　　かいひ　　　　　　　ぜい

(to collect membership fees, collection of tax／征收会费、税的征收／회비를 징수하다, 세금 징수)

❷⓼ □ **実費** (actual expense／实际费用／실비)
　　じっぴ

▶ 交通費などの実費は後で精算します。
　　こうつうひ　　　　　　あと　せいさん

(Actual expense such as transportation fee will be reimbursed later.／实际花费的交通费过后核算。／교통비 등의 실비는 나중에 정산하겠습니다.)

❷⓽ □ **家計** (family finances／家计／가계)
　　かけい

▶ 家計はいつも苦しいです。
　　　　　　　　くる

(I'm always struggling with the family finances.／家庭生计总是很困难。／가계는 항상 괴롭습니다.)

❸⓪ □ **浪費(する)** (to waste／浪费／낭비)
　　ろうひ

▷ 浪費癖、時間を浪費する
　　　へき　じかん

(extravagant spending habits, to waste time／浪费癖好、浪费时间／낭비벽, 시간을 낭비하다)

▶ ずいぶんお金を浪費してしまったと、後で後悔しました。
　　　　　　　かね　　　　　　　　　　　　あと　こうかい

(I regretted later as I used up too much money.／后来有些后悔自己浪费了很多钱。／꽤 돈을 낭비 썼다에게 나중에 후회했습니다.)

❸① □ **内訳** (breakdown／内含／내역, 명세)
　　うちわけ

▷ 費用の内訳 (breakdown of the cost／费用的内含／비용의 명세)
　　ひよう

UNIT 8

地球・自然 (The Earth, nature／地球・自然／지구・자연)
ち きゅう　し ぜん

---

❶ □ 気象 (weather／气象／기상)
　き しょう

▷ 気象予報士、異常気象
　よ ほう し　 い じょう き しょう
(weather forecaster, abnormal weather／天气预报员、异常气候／기상예보사, 이상기상)

---

❷ □ 晴天 (clear weather／晴天／맑은 하늘)
　せい てん

▶ 晴天に恵まれた中、いよいよ決勝戦を迎えます。
　　　　 めぐ　　　なか　　　　　　　けっしょうせん　　むか
(We're going into the finals at last blessed by clear weather.／受惠于大晴天之下，终于迎来了决赛。／맑은 날씨 속에 드디어 결승전을 맞이하였습니다.)

---

❸ □ 雨天 (rainy weather／雨天／우천)
　う てん

▷ 雨天決行
　　　けっこう
(rain-or-shine event／风雨无阻照常进行／우천결행)

▶ 日曜日の国際フェアは雨天決行なんだって。
　にちようび　 こくさい
(The international fair on Sunday will happen come rain or shine.／听说星期天的国际展销会风雨无阻照常举行。／일요일의 국제전시회는 비가 와도 한대.)

▶ 雨天の場合、試合は翌週に順延となります
　　　　　 ば あい　 し あい　 よくしゅう
(In case of rain, the game will be postponed until next week.／如果下雨，比赛顺延到下周。／우천의 경우 시합은 다음 주로 순연되겠습니다.)

❹ □ 雷雨 (thunderstorms／雷雨／뇌우)
　らい う

❺ □ 土砂降り (downpour／暴雨／억수 같은 비)
　ど しゃ ぶ

▶ わー、土砂降りだね。ちょっと弱まってから行こうか。
　　　　　　　　　　　　　　　 よわ　　　　　　　 い
(Wow, it's pouring. Shall we go after it calms down a bit?／哇，下暴雨了。等雨小点儿再去吧。／와, 비가 억수로 쏟아지네. 조금 약해진 후에 갈까.)

---

❻ □ 降水量 (amount of rainfall／降水量／강수량)
　こうすいりょう

---

❼ □ 霞む／かすむ (to grow hazy／有雾／안개가 끼다)
　　　 かす

▶ 霞んでるから遠くの方が全然見えない。
　かす　　　　　　 とお　　　 ほう　 ぜんぜん み
(It's hazy, so I can't see far into the distance at all.／起雾了，一点儿都看不见远处。／부옇게 보여 먼 곳이 전혀 보이지 않는다.)

❽ ☐ 大気(たいき) (atmosphere／大气／대기)

▶ 現在、大気の状態が不安定で、突然の雷雨のおそれもあります。
(げんざい、たいきのじょうたいがふあんていで、とつぜんのらいう)
(The atmosphere is unstable at the moment, so it's possible that there might be a thunderstorm.／现在大气的状态不稳定，恐怕会突然下雷阵雨。／현재 대기의 상태가 불안정하여 갑자기 뇌우가 올 우려가 있습니다.)

❾ ☐ 紫外線(しがいせん) (UV rays／紫外线／자외선)

❿ ☐ 北半球(きたはんきゅう) (northern hemispherel／北半球／북반구)

⓫ ☐ 南半球(みなみはんきゅう) (southern hemisphere／南半球／남반구)

⓬ ☐ 噴火(する)(ふんか) (to erupt／喷火／분화)

⓭ ☐ 溶岩(ようがん) (lava／岩浆／용암)

⓮ ☐ 海流(かいりゅう) (ocean current／海流／해류)

⓯ ☐ 沖(おき) (open sea／海面、洋面／앞바다)

⓰ ☐ 沿岸(えんがん) (coast／沿岸／연안)

▷ 太平洋沿岸(たいへいようえんがん) (Pacific coast／太平洋沿岸／태평양연안)

⓱ ☐ 浜辺(はまべ) (beach／海滨／바닷가)

⓲ ☐ 岬(みさき) (cape／海角／갑)

⓳ ☐ 潮(しお) (tide／潮水／해류)

▷ 潮が引く、高潮(しおがひく、たかしお) (tide ebbs, high tide／退潮、高潮／조류가 빠지다, 해수면이 높아짐)
▷ 潮の流れが変わった。(しおのながれがかわった。)
(The flow of the tide has changed.／潮水的流向改变了。／조류의 흐름이 변했다.)

43

❷⓪ ☐ **河川**（かせん）(rivers／河川／하천)

▷ 河川工事（こうじ）(waterway construction／河岸工程／하천 공사)

▶ 県では河川の管理区分を大きく３つに分けている。
（けん）　　（かせん）（かんりくぶん）（おお）　　　（わ）
(Rivers in this prefecture have been classified into three broad categories.／县里将河川的管理区分为三大部分。／현에서는 하천의 관리구분을 크게 3개로 나누고 있다.)

❷① ☐ **土手**（どて）(bank／堤防／둑)

▶ 夏はよく、この川の土手に座って花火を見ました。
（なつ）　　　　（かわ）（どて）（すわ）（はなび）（み）
(In summer, I often sat on the banks of this river to watch the fireworks.／夏天，经常坐在河边的堤坝上看烟花。／여름에는 자주 이 하천의 둑에 앉아서 불꽃놀이를 보았습니다.)

❷② ☐ **上流**（じょうりゅう）(upstream／上游／상류)

▷ 川の上流、上流階級
（かわ）（じょうりゅう）（じょうりゅうかいきゅう）
(upper reaches of the river, the upper crust／河的上游、上层阶级／강의 상류, 상류계급)

❷③ ☐ **下流**（かりゅう）(downstream／下游／하류)

▶ 下流の方は、やはり水が汚い。
（かりゅう）（ほう）　　　　（みず）（きたな）
(As you might expect, the water is dirtier downstream.／下游的水还是脏。／하류 쪽은 역시 물이 더럽다.)

❷④ ☐ **頂**（いただき）(summit／山頂／정상)　　　　　同 **頂上**（ちょうじょう）※文語的（ぶんごてき）

▶ 山の頂には、誰もいない小さな小屋が一つあるだけだった。
（やま）（いただき）（だれ）　　（ちい）　（こや）（ひと）
(All there was on the summit of the mountain was a small hut with nobody inside.／山顶上只有一间无人居住的小屋。／산꼭대기에는 아무도 없는 오두막이 하나 있을 뿐이었다.)

❷⑤ ☐ **崖**（がけ）(cliff／悬崖／절벽)

❷⑥ ☐ **内陸**（ないりく）(inland／内陆／내륙)

▶ 内陸部は空気がかなり乾燥している。
（ないりくぶ）（くうき）（かんそう）
(The air in the inland areas can be quite dry.／内陆的空气非常干燥。／내륙부는 공기가 꽤 건조하다.)

❷⓻ ☐ **天体**（heavenly body／天体／천체）
　　ゝ　てんたい

　▷ 天体観測（astronomical observation／天体观测／천체관측）
　　　てんたいかんそく

　▷ 望遠鏡（telescope／望远镜／망원경）
　　　ぼうえんきょう

　▷ 天体望遠鏡（astronomical telescope／天文望远镜／천체 망원경）
　　　てんたいぼうえんきょう

❷⓼ ☐ **惑星**（planet／行星／행성）
　　　わくせい

❷⓽ ☐ **火星**（Mars／火星／화성）
　　　か

❸⓿ ☐ **木星**（Jupiter／木星／목성）
　　　もく

❸⓵ ☐ **土星**（Saturn／土星／토성）
　　　ど

❸⓶ ☐ **衛星**（satellite／卫星／위성）
　　　えいせい

　▷ 人工衛星（manmade satellite／人工卫星／인공위성）
　　　じんこう

　▶ ここで、通信衛星の軌道を正確に記録している。
　　　　　　つうしん　えいせい　きどう　せいかく　きろく
　　（This is an accurate record of the orbit of our communications satellites.／这里正确地记录着通信卫星的轨道。／여기에서 통신위성의 궤도를 정확하게 기록하고 있다.）

❸⓷ ☐ **彗星**（comet／慧星／혜성）
　　　すいせい

❸⓸ ☐ **太陽系**（solar system／太阳系／태양계）
　　　たいようけい

❸⓹ ☐ **銀河**（Milky Way／银河／은하）
　　　ぎんが

UNIT 9 動物・植物 (Animals, plants／动物・植物／동물·식물)

❶ □ 哺乳類 (mammals／哺乳类／포유류)

❷ □ ひな (chick／雏鸟；雏鸡／새끼 새)

❸ □ ふ化(する) (hatching／孵化／부화)
▷ 卵からひながふ化する
(chick hatching from an egg／从蛋孵化为雏鸟／알에서 새끼가 부화하다)

❹ □ 飼育(する) (to breed, rear／饲养／사육)
▷ 動物園の飼育係、カメの飼育方法
(animal breeder at a zoo, how to rear tortoises／动物园的饲养员、饲养乌龟的方法／동물원의 사육담당, 거북이의 사육방법)

❺ □ 野生 (wild／野生／야생)
▶ この団体では、保護した動物を野生に返す活動をしている。
(This group of activists works to return animals in shelters to the wild.／这个团体进行着将野生动物回归到大自然的活动。／이 단체에서는 보호한 동물을 야생으로 되돌리는 활동을 하고 있다.)

❻ □ 獲物 (prey／猎物／사냥감)
▶ トラは草の陰からゆっくりと獲物に近づいた。
(The tiger slowly approached its prey from behind the grass.／老虎从草丛背后慢慢地接近猎物。／호랑이는 풀에 숨어서 천천히 먹잇감에 다가갔다.)
▷ 逃した獲物は大きい。
(We let a big one get away.／逃走的猎物很大。／놓친 먹이는 크다.)

❼ □ 恐竜 (dinosaur／恐龙／공룡)

❽ ☐ **翼**(つばさ) (wing／翅膀／날개)
　▷ 主翼(航空機)(しゅよく こうくうき) (main wings／主翼／주날개)

❾ ☐ **昆虫**(こんちゅう) (insects／昆虫／곤충)
　▷ 昆虫図鑑(こんちゅうずかん) (encyclopedia of insects／昆虫图鉴／곤충도감)

❿ ☐ **咲き乱れる**(さ みだ) (to bloom everywhere／盛开／어우러져 만발하다)
　▶ 丘(おか)には赤(あか)や黄色(きいろ)の花(はな)が咲き乱れていた。
　　(Red and yellow flowers were in bloom all over the hill.／丘陵上盛开着红色和黄色的花儿。／언덕에는 빨갛고 노란 꽃이 어우러져 피어있다.)

⓫ ☐ **樹木**(じゅもく) (trees and shrubs／树木／수목)

⓬ ☐ **果実**(かじつ) (fruit／果实／과실)
　▷ 果実酒、果実店(かじつしゅ、かじつてん) (fruit wine, fruit shop／果子酒、水果店／과실주, 과일가게)
　★「果実」の一般的な言い方が「果物」。
　▶ 秋(あき)はさまざまな果物(くだもの)(果実(かじつ))の収穫時期(しゅうかくじき)です。
　　(Autumn is the harvest period for many types of fruits.／秋季是各种果实的收获季节。／가을은 여러 과일의 수확시기입니다.)

⓭ ☐ **害虫**(がいちゅう) (pest／虫害／해충)

⓮ ☐ **微生物**(びせいぶつ) (microbe／微生物／미생물)

⓯ ☐ **獣**(けもの) (beast, animal／兽／짐승)

⓰ ☐ **狩る**(か) (to hunt／狩猎／사냥하다)
　⓱ ☐ 狩り(か) (hunting／狩猎／사냥)

UNIT 10 学校・教育(がっこう・きょういく)

(Schools, education／学校・教育／학교・교육)

❶ □ 予備校(よびこう) (prep school／补习学校／대입학원)

▶ 大学受験(だいがくじゅけん)に失敗(しっぱい)したので、1年間(ねんかん)予備校で勉強(べんきょう)することになった。
(I failed the university entrance exams, so I've decided to study at a prep school for a year.／高考落选了，在补习学校补习了一年。／대학입시에 실패해서 1년간 입시학원에서 공부하게 되었다.)

❷ □ 文系(ぶんけい) (humanities／文科／문과)

★ 人間を主な研究対象とした学問の系統。／Disciplines that focus mainly on human beings as a subject of research.／以人为主要研究对象的学问系统。／인간을 주된 연구대상으로 한 학문 계통

❸ □ 理系(りけい) (sciences／理科／이과)

★ 自然を主な研究対象とした学問の系統。／Disciplines that focus mainly on nature as a subject of research.／以自然为主要研究对象的学问系统。／자연을 주된 연구대상으로 한 학문 계통

❹ □ 進路(しんろ) (career options／去向／진로)

▶ 息子(むすこ)は、進学(しんがく)か就職(しゅうしょく)かで進路を迷(まよ)っている。
(My son can't decide if he should do more school or get a job.／儿子对于将来的去向是升学还是就职有些犹豫。／아들은 진학인가 취직인가로 진로를 고민하고 있다.)

❺ □ 講座(こうざ) (course／讲座／강좌)

▷ 通信(つうしん)講座、講座を開(ひら)く
(correspondence course, to give a course／函授讲座，举办讲座／통신강좌 , 강좌를 열다)

▶ 市が主催(しゅさい)するパソコン講座を受(う)けることにした。
(I've decided to take a computer course organized by the town office.／我决定参加由市里面主办的电脑讲座。／시가 주최하는 컴퓨터 강좌를 수강하기로 했다.)

❻ □ セミナー (seminar／讲座／세미나)

❼ □ 受講(する) (to take a course／听课／수강)
　ふじゅこう

▷ セミナーを受講する (to take a seminar／听研讨会／세미나를 수강하다)

❽ □ 聴講(する) (to audit／旁听、听讲／청강)
　ちょうこう

▷ 聴講生 (auditor／旁听生／청강생)
　　せい

❾ □ 必修(する) (compulsory／必修／필수)
　ひっしゅう

▷ 必修科目 (compulsory subject／必修科目／필수과목)
　　　かもく

❿ □ 養成(する) (training／培养／양성)
　ようせい

▶ この分野の専門家を養成する機関が不足しています。
　　ぶんや　せんもんか　　　　　きかん　ふそく
(There is a shortage of institutions that can train specialists in this field.／培养此领域专家的机构数量不足。／이 분야의 전문가를 양성하는 기관이 부족합니다.)

⓫ □ 出題(する) (to set questions／出题／출제)
　しゅつだい

▶ 同じような問題が過去にも出題されていた。
　おな　　　もんだい　かこ　　しゅつだい
(A similar question appeared on the test before.／同样问题过去也出现过。／같은 문제가 과거에도 출제되었다.)

⓬ □ 実技 (practical／实际技能／실기)
　じつぎ

▷ 実技試験 (practical exam／实际技能考试／실기시험)
　　　しけん

▶ このコースでは、講義に加えて、実技指導も行います。
　　　　　　　こうぎ　くわ　　　じつぎしどう　おこな
(In this course, we will have practical instruction in addition to lectures.／这个课程既有课堂讲座，也有实际技能的指导。／이 코스는 강의와 함께 실기지도도 하고 있습니다.)

⓭ □ 先行(する) (to go first／先行、领先／선행)
　せんこう

▷ 先行研究 (previous research／先行研究／선행연구)
　　　けんきゅう

▶ イメージが先行しているが、本当においしいのか、実際に食べてみないとわからない。
　　　　　　　　　　　　　　　ほんとう　　　　　　　　　じっさい　た
(Your image of something comes first, but what's funny is that you never know until you actually eat it and see.／给人印象很好，不过是否真的好吃，不尝一下是不知道的。／이미지가 앞서지만 정말로 맛있는지는 실제로 먹어보지 않고는 모른다.)

❹ ☐ **理論** (theory／理论／이론)
　　りろん

　▷ 理論的(な) (theoretical／理论性的／이론적인)
　　　　てき
　▶ 理論的には可能だけど、制作には莫大なコストがかかる。
　　　てき　　　　かのう　　　　　せいさく　　　ばくだい
　　(It's possible in theory, but the production costs would be huge.／理论上是可能的，但实际制作会耗费巨大的成本。／이론적으로는 가능하지만, 제작에는 막대한 비용이 든다.)

❺ ☐ **仮説** (hypothesis／假说／가설)
　　かせつ

　▶ 教授は宇宙の誕生について、新しい仮説を唱えた。
　　きょうじゅ　うちゅう　たんじょう　　　　あたら　　　かせつ　　とな
　　(The professor advocated a new hypothesis about the birth of the universe.／关于宇宙的诞生，教授提出了新的学说。／교수는 우주 탄생에 대해 새 가설을 주장했다.)

❻ ☐ **学説** (theory／学说／학설)
　　がくせつ

　▶ この問題については、主に３つの学説がある。
　　　　もんだい　　　　　　　おも　　　　がくせつ
　　(There are three main theories about this problem.／关于这个问题，主要有三个学说。／이 문제에 대해서는 주로 3개의 학설이 있다.)

❼ ☐ **観点** (perspective／观点／관점)　　　　　　　　　　　類 視点
　　かんてん　　　　　　　　　　　　　　　　　　　　　　　　　　　してん

　▶ 医学的な観点から言うと、このダイエット法には効果がありません。
　　いがくてき　かんてん　い　　　　　　　　　　　　　ほう　　こうか
　　(From a medical perspective, this diet has no effect.／从医学观点来说，这种减肥方式毫无效果。／의학적인 관점에서 말하면 이 다이어트법은 효과가 없습니다.)

❽ ☐ **定義(する)** (definition／定义／정의)
　　ていぎ

　▶ 同じ言葉でも、見方によって定義の仕方が異なる。
　　おな　ことば　　　　みかた　　　　ていぎ　しかた　こと
　　(Depending on how you look at it, the same word may be defined differently.／即使是同样的词语，根据看法不同，其定义的方式也不同。／같은 말이라도 보기에 따라 정의하는 방법이 다르다.)

❾ ☐ **注釈(する)** (annotation／注释／주해)
　　ちゅうしゃく

　▶ 難しい用語などには注釈を付けています。
　　むずか　　ようご　　　　　ちゅうしゃく　つ
　　(Annotations are included for difficult terms.／难懂用语等添加注释。／어려운 용어 등에는 주해를 달아 놓습니다.)

❷⓿ □ **分析(する)** (analysis／分析／분석)
　ぶんせき

▷ データの分析結果をまとめて、会議で報告した。
　　　　　けっか　　　　　　　　　　かいぎ　ほうこく

(I summarized the results of my data analysis and reported them at the conference.／总结数据的分析结果，在会议上汇报。／데이터의 분석결과를 정리해 회의에 보고했다.)

❷① □ **集計(する)** (tally, total／总计、合计／집계)
　しゅうけい

▷ アンケートの集計 (survey total／统计问卷调查／앙케트의 집계)

❷② □ **統計(する)** (statistics／统计／통계)
　とうけい

▷ 統計資料、統計を取る
　とうけいしりょう　　　と

(statistical materials, to work out statistics／统计资料、做统计／통계 자료, 통계를 내다)

❷③ □ **検証(する)** (to inspect／验证／검증)
　けんしょう

▶ この方法が有効かどうか、これから検証を行います。
　　　ほうほう　ゆうこう　　　　　　　　けんしょう　おこな

(We're soon going to verify if this method is effective or not.／这种方法是否有效，现在开始进行验证。／이 방법이 유효한지 어떤지 지금부터 검증을 하겠습니다.)

❷④ □ **実証(する)** (actual proof／证实／실증)
　じっしょう

▷ この結果によって、彼の理論が正しかったことが実証された。
　　　けっか　　　　　かれ　りろん　ただ　　　　　　　　じっしょう

(Thanks to this result, we had actual proof that his theory was correct.／根据其结果，证实了他的理论是正确的。／이 결과에 따라 그의 이론이 바르다는 것이 입증되었다.)

❷⑤ □ **考察(する)** (investigation／考察／고찰)
　こうさつ

▶ システムが環境に与える影響について、考察をします。
　　　　　　かんきょう　あた　　えいきょう　　　　こうさつ

(We will carry out an investigation into the influence exerted by the system on the environment.／关于系统给环境带来的影响，进行考察。／시스템이 환경에 주는 영향에 대해 고찰하겠습니다.)

❷⑥ □ **構築(する)** (construction／构筑／구축)
　こうちく

▷ 理論を構築する (to construct a theory／构筑理论／이론을 구축하다)
　りろん　こうちく

▶ 顧客との間で信頼関係を構築しなければならない。
　こきゃく　　あいだ　しんらいかんけい　こうちく

(You need to build a relationship of trust between you and your clients.／必须和顾客之间构筑相互的信赖关系。／고객과의 사이에 신뢰관계를 구축하지 않으면 안 된다.)

㉗ ☐ **探究**(する) (search, inquiry／探究／탐구)
   ▷ 真理／美の探求 (quest for the truth/beauty／真理/美的探求／진리/미의 탐구)

㉘ ☐ **発掘**(する) (to unearth／发掘／발굴)
   ▷ 遺跡の発掘、人材の発掘
      (unearthing of ruins, discovery of talent／遗迹的发掘、人才的发掘／유적 발굴, 인재 발굴)

㉙ ☐ **手法** (method／手法／수법)
   ▷ 新しい手法を使った実践的な研究が評価された。
      (The practical research performed using the new method was well-received.／采用新方法的实践性研究得到了好评。／새 수법을 사용한 실천적인 연구가 평가되었다.)

㉚ ☐ **アプローチ** (approach／研究、探讨／어프로치)
   ▶ この研究では、これまでとは全く違うアプローチがとられた。
      (This research employed an approach that was completely different to anything that had gone before.／这个研究采用了和过去完全不同的研究方式。／이 연구에서는 지금까지와는 전혀 다른 어프로치가 취해졌다.)

㉛ ☐ **レジュメ** (resume／摘要、梗概／요약)
   ▶ では、お配りしたレジュメに沿って話をしていきます。
      (I'm going to speak about the resume that I distributed earlier.／下面，我按照发给大家的摘要进行说明。／그럼 나누어준 요약에 따라 이야기를 해 나가겠습니다.)

㉜ ☐ **概念** (notion／概念／개념)
   ▷ この言葉は、当時の日本にはない新しい概念だった。
      (This word represented a notion that was completely new to Japan at the time.／这个词是当时日本所没有的新概念。／이 말은 당시 일본에는 없는 새로운 개념이었다.)

UNIT 11 音楽・美術・文学など
おんがく　びじゅつ　ぶんがく
(Music, art, literature etc.／音乐・美术・文学等／음악・미술・문학 등)

❶ □ 楽譜（score／乐谱／악보）
　がくふ
▶ ギターを弾きますが、楽譜は読めません。
　　ひ
(I can play the guitar, but I can't read scores.／会弹吉他,但是不会读乐谱。／기타를 칩니다만 악보는 읽지 못합니다.)

❷ □ 合唱(する)（chorus／合唱／합창）
　がっしょう

❸ □ 同 コーラス（chorus／合唱／합창）
▶ コーラスがきれいですね。
(The chorus is beautiful.／合唱得很好。／합창이 멋지군요.)

❹ □ 童謡（children's song／童谣／동요）
　どうよう

❺ □ 民謡（folk song／民歌／민요）
　みんよう

❻ □ ライブ（live (performance)／现场演唱会／라이브）
▶ 今夜は友達とライブを見に行きます。
　こんや　ともだち　　　　　　み
(I'm going to see my friend's live performance tonight.／今晚和朋友一起去看现场演唱会。／오늘 밤은 친구와 라이브를 보러 갈 겁니다.)

❼ □ デッサン(する)（sketch／素描／소묘）

❽ □ 版画（print／版画／판화）
　はんが

❾ □ 陶芸（ceramics／陶艺／도예）
　とうげい

❿ ☐ **短歌**(たんか) (tanka poem／短歌／단가)

> ★古くからある歌の形式。5・7・5・7・7の文字数による句で構成。
> Ancient verse form composed of lines containing 5, 7, 5, 7, and 7 syllables.
> ／古代的诗歌形式。由5・7・5・7・7的文字数所组成的句子构成。／
> 옛날부터 있던 노래 형식. 5・7・5・7・7의 문자 수의 구로 구성

⓫ ☐ **あらすじ** (outline, summary／梗概／줄거리)

▷ 小説(しょうせつ)のあらすじ (outline of the novel／小说的故事情节／소설의 줄거리)

⓬ ☐ **冒頭**(ぼうとう) (opening／开头／서두)

▶ この小説(しょうせつ)は、冒頭(ぼうとう)から怖(こわ)いシーンの連続(れんぞく)だ。
(This novel consists of a string of scary scenes right from the opening.／这部小说从开头就是一系列恐怖的场景。／이 소설은 서두부터 무서운 장면의 연속이다.)

▶ 会(かい)の冒頭(ぼうとう)、まず代表(だいひょう)が挨拶(あいさつ)を述(の)べた。
(The president first gave a series of opening remarks at the start of the party.／会议开始的时候，首先是代表致辞。／모임 첫머리에 우선 대표가 인사를 했다.)

⓭ ☐ **登場人物**(とうじょうじんぶつ) (cast of characters／登场人物／등장인물)

▷ 作品中(さくひんちゅう)の登場人物(とうじょうじんぶつ)
(cast of characters that appear in the work／作品中的登场人物／작품 중의 등장인물)

⓮ ☐ **主人公**(しゅじんこう) (main character／主人公／주인공)

▷ ドラマの主人公(しゅじんこう) (hero of the drama／电视剧的主人公／드라마의 주인공)

⓯ ☐ **オペラ** (opera／歌剧／오페라)

⓰ ☐ **戯曲**(ぎきょく) (theater, drama／戏曲／희곡)

❼ ☐ **演じる／演ずる** (to perform, play／演出／연기하다)
　　えん

▶ 彼は今回、弁護士の役を演じている。
　かれ こんかい べんごし やく えん
(He's playing the role of a lawyer this time.／这次他扮演律师的角色。／그는 이번에 변호사 역을 연기하고 있다.)

▶ この問題の解決のために、日本は中心的な役割を演じるべきだ。
　　もんだい かいけつ にほん ちゅうしんてき やくわり えん
(Japan ought to play a central role in order to resolve this problem.／要解决这个问题，日本应该扮演主要角色。／이 문제의 해결을 위해 일본은 중심적인 역할을 해야 한다.)

⑱ ☐ **出演（する）** (to appear／出演／출연)
　　しゅつえん

▷ 映画／テレビに出演する
　えいが しゅつえん
(to appear in a movie/on TV／出演电影／出演电视剧／영화／텔레비전에 출연하다)

⑲ ☐ **主役** (leading role／主角／주역)
　　しゅやく

▶ 彼女は、今回初めて主役の座をつかんだ。
　かのじょ こんかいはじ しゅやく ざ
(This is the first time she managed to land a leading role.／这回她第一次抓住了主角的位置。／그녀는 이번에 처음으로 주역의 자리를 맡았다.)

⑳ ☐ **脇役** (supporting role／配角／조역)
　　わきやく

▷ 脇役を務める (to work in a minor role／饰演配角／조역을 하다)
　わきやく つと

㉑ ☐ **せりふ** (lines／台词／대사)

▷ 有名なせりふ (famous lines／有名的台词／유명한 대사)
　ゆうめい

▶ もうそのせりふは聞き飽きたよ。言い訳ばっかりして。
　　き あ い わけ
(I'm sick of hearing those lines. All you do is keep making excuses.／这种台词已经听腻了。净是借口。／이제 그 대사는 많이 들어서 지겹다. 변명만 하고.)

㉒ ☐ **台本** (script／脚本、剧本／대본)
　　だいほん

▶ 番組の中のやりとりも、ほとんど台本に書かれているそうだ。
　ばんぐみ なか だいほん か
(Almost all the dialogue in the program seems to be written into the script.／听说节目中的各种演出，几乎都在剧本上写着。／방송 중의 대화도 거의 대본에 쓰여 있다고 한다.)

㉓ ☐ **脚本** (screenplay／脚本、剧本／각본)
　　きゃくほん

▷ 脚本家 (screenwriter／剧本家／각본가)
　　か

55

❷④ ☐ シナリオ (scenario／剧本／시나리오)

▶ 首相が描くシナリオのようには、事は進まないだろう。
(Things are not going to unfold like a scenario written by the prime minister.／就像首相所描绘的设想一样,事情毫无任何进展吧。／수상이 그리는 시나리오처럼은 일이 진행되지 않을 것이다.)

❷⑤ ☐ シーン (scene／场面／신)

▷ 映画の名シーン (famous scene from a movie／电影的著名场面／영화의 명장면)

❷⑥ ☐ 脚色(する) (adaptation／改编／각색)

▶ この映画は事実に基づいて作られたが、ところどころ脚色がされている。
(This film was made based on real events, but it has been adapted in places.／这部电影是根据事实而制作的,到处都被改编过。／이 영화는 사실에 기초해 만들어졌지만 곳곳이 각색되어 있다.)

❷⑦ ☐ 本番 (the real thing／正式演出／본방송)

▶ 本番を明日に控え、少し緊張しています。
(I'm a bit nervous before the real thing tomorrow.／面临明天的正式演出,有些紧张。／본방송을 내일로 앞두고 조금 긴장하고 있습니다.)

❷⑧ ☐ 創作(する) (to create／创作／창작)

▶ 彼女は結婚後も、創作活動を続けている。
(She continues to create work even after getting married.／她结婚后, 继续进行着创作活动。／그녀는 결혼 후에도 창작활동을 계속하고 있다.)

❷⑨ ☐ 古典 (classic／古典／고전)

▷ 古典文学、古典芸能
(classics of literature, traditional Japanese arts／古典文学, 古典艺术／고전문학, 고전예능)

❸⓪ ☐ 作家 (artist, author／作家／작가)

▶ 将来は作家(＝小説家)になりたい。
(I want to become a writer in the future.／将来我想当作家。／장래는 작가가 되고 싶다.)

▶ 展覧会の会場には、作家(＝創作活動をする人)本人もいた。
(The artist herself was at the exhibition hall.／作家本人也在展览会的会场。／전람회의 회장에는 작가 본인도 있었다.)

UNIT 12 スポーツ (Sports／运动／스포츠)

❶ □ 決勝（けっしょう） (final match／决赛／결승)

▷ 決勝戦、準決勝、決勝に進む
(finals, semifinals, to advance to the final／决赛、半决赛、进入决赛／결승전, 준결승, 결승에 진출하다)

❷ □ 勝利（する）（しょうり） (victory／胜利／승리)　　対 敗北（する）

▷ 試合に勝利する (to win the match／赢得比赛／시합에 승리하다)

❸ □ 敗北（する）（はいぼく） (loss, defeat／败北／패배)　　対 勝利（する）

▷〈選挙〉多くの議席を失った自由党は、敗北を認めた。
(<election> The LDP, which lost many seats in parliament, admitted defeat.／〈选举〉失去多数议席的自民党承认了失败。／〈선거〉많은 의석을 잃은 자유당은 패배를 인정했다.)

❹ □ 敗退（する）（はいたい） (to be knocked out／败退／패퇴)

▶ 残念ながら、予選で敗退してしまった。
(Unfortunately, we were knocked out in the qualifying round.／真遗憾, 在预选中败退下来。／유감스럽게도 예선에서 패퇴해버렸다.)

❺ □ 敗れる（やぶれる） (to lose／失败／지다)

▶ 敗れはしたが、よく頑張ったと思う。
(Although we lost, I think we put up a good fight.／虽然失败了, 但是我认为自己努力过。／졌지만 잘 싸웠다.)

❻ □ 作戦（さくせん） (game plan／作战／작전)

▷ 作戦を立てる
(to develop a game plan／制定作战计划／작전을 세우다)

▶ 監督は、今日のために用意した作戦を選手に伝えた。
(The coach told the athletes the game plan that he had developed for today.／教练把为了今天而准备的作战计划告诉了队员。／감독은 오늘을 위해서 준비한 작전을 선수들에게 전했다.)

❼ □ 守備 (defence／防守、防备／수비)
　　しゅび

　▷ 守備を固める (to strengthen one's defence／加强防守／수비를 굳게 지키다)
　　　　かた

❽ □ 対攻撃(する) (to attack／攻击／공격)
　　　こうげき

❾ □ 反撃(する) (counterattack／反击／반격)
　　はんげき

　▶ 相手が強くて、反撃のチャンスすらなかった。
　　あいて　つよ
　　(Our opponents were so strong that we didn't even have the chance to counterattack.／对手太强，就连反击的机会都没有。／상대가 강해서 반격의 기회조차 없었다.)

❿ □ 反則(する) (foul play／犯规／반칙)
　　はんそく

　▶ この審判はすぐ反則を取る。
　　　しんぱん
　　(This referee is quick to call foul play.／这个裁判马上裁定对方犯规。／이 심판은 금방 반칙을 준다)

⓫ □ 声援(する) (cheering／声援／성원)
　　せいえん

　▶ 客席のあちこちから「がんばれ」という声援が飛んだ。
　　きゃくせき　　　　　　　　　　　　　　　　と
　　(Cheers from the crowd encouraging the team could be heard here and there.／观众席上到处交织着"加油"的声援声音。／객석 여기저기에서 "화이팅"하는 성원이 들려왔다.)

⓬ □ プレー(する) (play／比赛／플레이)

　▷ 見事なプレー (outstanding play／出色的比赛／훌륭한 플레이)
　　みごと

　▶ 彼は日本を離れ、海外でプレーすることを選んだ。
　　かれ　にほん　はな　　かいがい　　　　　　　　　えら
　　(He decided to leave Japan and play abroad.／他离开日本，选择了加入国外的球队。／그는 일본을 떠나 해외에서 플레이하는 것을 선택했다.)

⓭ □ 制する (to control, dominate／赢得、夺取／제압하다)
　　せい

　▶ どのチームが大会を制するか、全く予想がつかない。
　　　　　　　　たいかい　　　　　まった　よそう
　　(I have no idea which team will dominate the tournament.／哪个队伍会赢得比赛的胜利，完全预想不到。／어느 팀이 대회를 제압할지 전혀 예상을 못 하겠다.)

⓮ □ 健闘(する) (to put up a good fight／奋斗／건투)
　　けんとう

　▷ 選手の健闘を称える
　　せんしゅ　　　　たた
　　(to praise an athlete for his good showing／表彰运动员的奋斗精神／선수의 건투를 칭송하다)

　▶ いよいよ明日ですね。健闘を祈ってます。
　　　　　　　あした　　　　　　　　　　いの
　　(So the match is just a day away. I pray you'll put up a good fight.／终于要到明天了！希望大家加油。／드디어 내일이군요. 건투를 빕니다.)

UNIT 13 職業・身分・立場
しょくぎょう　　みぶん　　たちば
(Jobs, status, position ／职业・身份・立场／직업・신분・입장)

1. ☐ 外交官 (diplomat／外交官／외교관)
   がいこうかん
2. ☐ 検事 (prosecutor／检察官／검사)
   けんじ
3. ☐ 裁判官 (judge／法官／재판관)
   さいばんかん
4. ☐ 建築士 (architect／建筑师／건축사)
   けんちくし
5. ☐ 介護士 (caregiver／看护人员／간호인)
   かいごし
6. ☐ 介護福祉士 (welfare caregiver／看护福利人员／간호복지사)
   かいごふくしし
7. ☐ パイロット (pilot／飞行员／파일럿)
8. ☐ カメラマン (cameraman／摄影家／카메라맨)
9. ☐ コンサルタント (consultant／咨询师／컨설턴트)
10. ☐ ミュージシャン (musician／音乐家／뮤지션)
11. ☐ 警備員 (security guard／保安／경비원)
    けいびいん
12. ☐ 大工 (carpenter／木匠／목수)
    だいく
13. ☐ 料理人 (cook／厨师／요리사)
    りょうりにん
14. ☐ 実業家 (entrepreneur／实业家／실업가)
    じつぎょうか
15. ☐ 職人 (craftsman／工匠／장인)
    しょくにん
    ▷ 家具／ガラス職人 (furniture/glass artisan／家居工匠／玻璃手艺人／가구／유리공예장인)
    かぐ

❶❻ ☐ **オーナー** (owner／店长、经理／오너)

▷ 店/ホテル/会社のオーナー
(owner of a shop/hotel/company／店长/酒店经理/公司经理／가게/호텔/회사의 오너)

❶❼ ☐ **幹部** (top official／干部／간부)
かんぶ

▷ 将来の幹部候補
しょうらい こうほ
(future candidate for executive officer positions／将来的干部候选人／장래의 간부 후보)

▶ 幹部によると、不正が行われた事実はないということだ。
ふせい おこな じじつ
(Top officials deny the corruption charge.／据干部们说，没有事实证明是有过不正当行为。／간부에 의하면 부정이 행해진 사실은 없다고 한다.)

❶❽ ☐ **取締役** (director／董事／임원)
とりしまりやく

▷ 代表取締役 (president／董事长／사장)
だいひょう

❶❾ ☐ **役職** (appointment, post／管理职／직위)
やくしょく

▶ うちの会社では、課長や部長など役職名で呼ぶことが多い。
かいしゃ かちょう ぶちょう やくしょくめい よ おお
(At our company, we usually address people by their professional titles.／我们公司用科长和部长等管理职位称呼的较多。／우리 회사에서는 과장이나 부장 등 직위로 부르는 경우가 많다.)

❷❿ ☐ **中堅** (middle ranking／中坚／중견)
ちゅうけん

▶ 経験も積んだし、これから会社の中堅として頑張ってください。
けいけん つ かいしゃ ちゅうけん がんば
(You've accumulated some experience, so I hope you carry on working for the company as middle management.／经验也积累了，这以后要作为公司的中坚力量加油啦。／경험도 쌓았고 지금부터 회사의 중견으로서 열심히 해 주세요.)

❷❶ ☐ **主任** (chief, head／主任／주임)
しゅにん

▷ 調理場の主任 (head of the kitchen／厨房的主任／조리장의 주임)
ちょうりば

❷❷ ☐ **マネージャー** (manager／经理／매니저)

▷ サッカー部のマネージャー、販売マネージャー
ぶ はんばい
(manager of a soccer team, sales manager／足球部的经纪人、销售经理／축구부의 매니저, 판매매니저)

❷❸ □ **アシスタント** （assistant／助手／어시스턴트）
▷ 青木さんの下で約5年間、撮影アシスタントを務めてきました。
（I worked as a photographer's assistant under Aoki-san for five years.／我在青木先生手下,作为摄影助理,工作了五年的时间。／아오키 씨의 밑에서 약 5년간 촬영보조를 맡아왔습니다.）

❷❹ □ **常勤**（する） （full-time／专职／상근）
▷ 常勤のアルバイト （full-time temporary job／专职打工／상근 아르바이트）
❷❺ □ **非常勤** （part-time／非专职／비상근）
▷ 非常勤講師 （part-time lecturer／非专职讲师／시간 강사）

❷❻ □ **肩書き** （title／头衔／직함）
▷ 肩書なんか関係ありません。大事なのはその人がどういう人か、ということです。
（It's got nothing to do with their professional title. What matters is what sort of person someone is.／跟头衔无关。重要的是那个人是个什么样的人。／직함 따위 상관없습니다. 중요한 것은 그 사람이 어떤 사람인가 하는 것입니다.）

❷❼ □ **所属**（する） （to belong／所属／소속）
▷ 会社の野球チームに所属しています。
（I belong to our company's baseball team.／我所属的是公司的棒球队。／회사의 야구팀에 소속해 있습니다.）

❷❽ □ **ポスト** （post／职位／지위）
▷ ポストが空く （post becomes available／职位有空／자리가 비다）
▷ あの人はいずれ重要なポストに就くでしょう。
（That person will probably assume some important post in the future.／那个人什么时候会就任于重要职位的吧／저 사람은 머지않아 중요한 지위에 취임하겠지요.）

❷❾ □ **後任** （successor／后任／후임）
▷ 田中さんが辞めた後、後任には誰がなるんだろう。
（I wonder who will succeed Tanaka-san after he quits.／田中辞职后,后任者会是谁呢？／다나카 씨가 그만둔 후, 후임으로는 누가 될까.）
❸❿ □ **欠員** （vacant position／空缺／결원）
▷ 欠員補充 （filling vacant positions／补充空缺／결원보충）

㉛ ☐ 異動(する) (to transfer／调动／이동)
▷ 9月から広報部に異動することになりました。
(I'm going to be transferred to the PR department starting in September.／从九月份起，我调到宣传部。／9월부터 홍보부로 이동하기로 되었습니다.)

㉜ ☐ 配属(する) (posting, assignment／分配／배속)
▷ 営業部への配属が決まりました。
(They decided to post me to the sales department.／决定把我调到营业部。／영업부로 배속이 정해졌습니다.)

㉝ ☐ 経歴 (career background／经历／경력)
▷ 実は、彼女は変わった経歴の持ち主です。
(Actually, she has a rather unusual career background.／实际上，她是个有着奇怪经历的人。／실은 그녀는 특이한 경력을 가졌습니다.)

㉞ ☐ キャリア (career／职业经历／커리어)
▷ 通訳としてのキャリアを積む、キャリアアップ
(to build a career as an interpreter, step up in one's career／积累当翻译的经理、增强职场经历／통역으로서의 커리어를 쌓다 , 커리어 업)

㉟ ☐ 人材 (human resources／人才／인재)
▷ 人材を育てる (to nurture talent／培养人才／인재를 기르다)
▷ 優秀な人材を確保しようと、どの企業も必死だ。
(All companies are desperately trying to ensure that they'll have outstanding talent.／哪个企业都拼死地要确保优秀人才。／우수한 인재를 확보하려고 어느 기업도 필사적이다.)

㊱ ☐ あっせん／斡旋(する) (to mediate, fix up／斡旋／알선)
▷ 留学 / 就職を斡旋する
(to help someone study abroad/find a job／介绍留学 /介绍就职／유학 / 취직을 알선하다)

㊲ ☐ 雇用(する) (to employ／雇用／고용)
▷ 雇用契約、終身雇用
(employment contract, lifetime employment／雇佣协议、终身雇用／고용계약 , 종신고용)

㊳ ☐ 解雇(する) (to fire, dismiss／解雇／해고)

❸❾ □ **エリート** (elite／精英／엘리트)
▷ エリート意識を持つ
(to be conscious that one is elite／拥有精英意识／엘리트 의식을 갖다)

❹⓪ □ **庶民** (common people／平民／서민)
▶ 議員の人たちは私たち庶民とは感覚が違うんでしょう。
(The feelings of those in parliament are different from what we commoners feel.／议员们和我们平民所感受的不一样吧。／국회의원인 사람들은 우리들 서민들과는 감각이 틀리겠지요.)

❹❶ □ **現役** (active service／現役／현역)
▷ 現役を引退する (to retire／現役引退／현역을 은퇴하다)
▶ 祖母は70歳を過ぎても、まだ現役で働いている。
(My grandmother is past 70 and she's still working at her job.／祖母过了七十岁都还在工作岗位工作。／할머니는 70 살이 넘어서도 아직 현역으로 일하고 있다.)

❹❷ □ **新卒** (fresh graduate／应届毕业生／신규 졸업)
▶ 今回の募集は新卒の方のみが対象となります。
(This position is only open to new graduates.／这次的招聘只限应届毕业生。／이번 모집은 신규 졸업하는 분만이 대상이 되겠습니다.)

❹❸ □ **ニート** (NEET (not in employment, education or training)／无职业者；啃老族／니트족)

★学校に通うことも就職活動をすることもない若者。／Young people who are not attending school or engaged in looking for work.／既没有上学也没有进行就职活动的年轻人。／학교에 다니지도 취직활동을 하지도 않는 젊은이

❹❹ □ **内定** (unofficial job offer／内定／내정)
▶ 先日面接を受けた会社から内定をもらえた。
(I got an unofficial offer from the company I interviewed at the other day.／从前几天面试的公司里拿到了内定。／일전에 면접을 본 회사에서 내정을 받을 수 있었다.)

UNIT 14

原料・材料
げんりょう　ざいりょう
(Raw materials, ingredients／原料・材料／원료・재료)

❶ ☐ **鋼鉄** (steel／钢铁／강철)
　　こうてつ
▶ この床の部分は鋼鉄でできている。
　　　ゆか　ぶぶん
(This part of the floor is made from steel.／这个地板部分是钢铁做的。／이 바닥 부분은 강철로 되어있다.)

❷ ☐ **鉄鋼** (steel／鉄鋼／철강)
　　てっこう
▷ 鉄鋼メーカー (iron and steel manufacturer／钢铁工厂／철강 제조회사)

❸ ☐ **鉛** (lead／铅／납)
　　なまり

❹ ☐ **発砲スチロール** (styrofoam／泡沫苯乙烯／발포 스티롤)
　　はっぽう

❺ ☐ **産出(する)** (to produce／生产／산출)
　　さんしゅつ
▷ 石油の産出量 (volume of oil production／石油的生产量／석유의 산출량)
　　せきゆ　　さんしゅつりょう

❻ ☐ **肥料** (fertilizer／肥料／비료)
　　ひりょう
▷ 化学肥料 (chemical fertilizer／化学肥料／화학비료)
　　かがく

❼ ☐ **繊維** (fiber／纤维／섬유)
　　せんい
▷ 化学繊維 (artificial fiber／化学纤维／화학 섬유)
　　かがく
▶ 服などの細かい繊維も、これでよく拭き取ることができます。
　　ふく　　こまかい　せんい　　　　　　　　ふ　と
(With this, you can wipe things off even clothes with fine and delicate fibers.／衣服等的细小纤维也能用这个擦拭。／옷 등의 가는 섬유도 이것으로 잘 닦을 수 있습니다.)

UNIT 15 テクノロジー (Technology／技术／테크놀로지)

❶ ☐ 原子力発電／原発 (nuclear power generation／原子能发电／核电／원자력발전)
げんしりょくはつでん　げんぱつ

❷ ☐ 放射能 (radiation／放射能、核能／방사능)
ほうしゃのう

❸ ☐ 太陽光発電 (solar power generation／太阳能发电／태양열발전소)
たいようこうはつでん

❹ ☐ 省エネルギー／省エネ (energy-saving／省能源／에너지 절약)
しょう

❺ ☐ テクノロジー (technology／技术／테크놀로지)

❻ ☐ バイオテクノロジー (biotechnology／生物工程／바이오 테크놀로지)

❼ ☐ 先端技術 (cutting-edge technology／尖端技术／첨단기술)
せんたんぎじゅつ

❽ ☐ 仕組み (mechanism／构造／구조)
しく

▶ この機械はどういう仕組みで動いてるんでしょう？
きかい　　　　　　　　　　　　うご
(I wonder what sort of mechanism this machine runs on?／这台机器是以什么样的构造来运作的？／이 기계는 어떤 구조로 움직이는 걸까요？)

❾ ☐ 制御（する）(to control, regulate／控制／제어)
せいぎょ

▶ この列車は、緊急時にはスピードが自動的に制御されるようになっている。
れっしゃ　きんきゅうじ　　　　　　　　　　　じどうてき
(The speed of this train is automatically regulated in the event of an emergency.／这辆列车在紧急时刻其速度是能自动控制的。／이 열차는 긴급 시에는 스피드가 자동적으로 제어되게 되어있다.)

❿ ☐ 出力（する）(output／输出／출력)　対 入力（する）
しゅつりょく　　　　　　　　　　　　　　　　　　　にゅうりょく

▶ パソコンからテレビに出力することもできます。
(You can also connect the computer to output to a TV.／从电脑输出到电视机也可以。／컴퓨터에서 텔레비전으로 출력할 수도 있습니다.)

⓫ ☐ フィルター (filter／过滤网／필터)

▷ フィルターを掃除する (to clean the filter／打扫过滤网／필터를 청소하다)
そうじ

UNIT 16 メディア・報道 (Media, news report／媒体、报道／미디어, 보도)

❶ ☐ **メディア** (media／媒体／미디어)

▶ この新サービスは、さまざまなメディアに紹介された。
(This new service has been publicized in a variety of media.／这项新服务被各种各样的媒体所报道。／이 신 서비스는 각종 미디어에 소개되었다.)

❷ ☐ **マスメディア** (mass media／媒体／매스미디어)

❸ ☐ **報道(する)** (to report／报道／보도)

▷ 報道機関 (news agency／报道机构／보도기관)

▶ テレビや新聞で報道されていない事実もある。
(There are also facts not reported on television or in the newspapers.／在电视和报纸上没有报道出来也是事实。／텔레비전이나 신문에 보도되지 않은 사실도 있다.)

❹ ☐ **報じる** (to report／报道／보도하다)

▶ 事件は海外のメディアでも大きく報じられた。
(The incident was also widely reported in overseas media.／事件在国外媒体中也大肆报道了。／사건은 해외 미디어에서도 크게 보도되었다.)

❺ ☐ **速報** (news flash／快速报道／속보)

▶〈テレビ〉今入った速報です。政府は…
((TV) We've just received this news flash. The government…／(电视)现在刚收到一条快报。政府……／＜텔레비전＞ 지금 들어 온 속보입니다. 정부는…)

❻ ☐ **警報** ((weather) warning／警报／경보)

▷ 津波警報 (tsunami warning／海啸警报／해일경보)

❼ ☐ **注意報** (watch／警报／주의보)

▷ 大雨洪水注意報 (heavy rain and flood warning／大雨洪水警报／홍수 주의보)

❽ □ **中継(する)** (to relay／直播／중계)
　▶〈ニュース〉事故現場からの中継です。
　((News) We relay (our regular broadcasting) with a report from the scene of the accident.／(新闻) 这是从事故现场发来的直播报道。／< 뉴스> 사고 현장에서 중계입니다.)

❾ □ **取材(する)** (to collect information／取材／취재)
　▶ちゃんとした取材に基づいた記事です。
　(This article is based on proper news investigation.／这是基于正规取材的新闻报道。／제대로 된 취재에 바탕을 둔 기사입니다.)

❿ □ **特集(する)** (to feature／特集／특집)
　▷雑誌の特集 (special feature in a magazine／杂志的特集／잡지의 특집)

⓫ □ **コラム** (column／栏目／칼럼)
　▷新聞のコラム (newspaper column／报纸栏目／신문 칼럼)

⓬ □ **掲載(する)** (to publish／登载／게재)
　▷記事を掲載する (to carry an article／登载报道／기사를 게재하다)
　▶この店はよく雑誌に掲載される。
　(This restaurant is often publicized in magazines.／这家店经常上杂志。／이 가게는 자주 잡지에 게재된다.)

⓭ □ **連載(する)** (to serialize／连载／연재)
　▶これは雑誌に連載されていたエッセイをまとめた本です。
　(This book is a collection of essays that were serialized in a magazine.／这本书汇集了杂志上连载的随笔。／이것은 잡지에 연재되던 에세이를 모은 책입니다.)

⓮ □ **世論** (public opinion／舆论／여론)
　▷世論調査、国際世論
　(public opinion poll; international opinion／舆论调查、国际舆论／여론 조사 , 국제여론)
　▶相変わらず、世論を無視した政治が行われている。
　(As usual, politics ignores public opinion.／还是施行的是无视舆论的政治。／변함없이 여론을 무시한 정치가 이루어지고 있다.)

UNIT 17 政治・行政

(Politics, public administration／政治・行政／정치・행정)

❶ ☐ **内閣** (Cabinet／内阁／내각)
　▷ 内閣の改造 (reform of the Cabinet／改造内阁／내각 개조)

❷ ☐ **政権** (political power, regime／政权／정권)
　▷ 政権をとる (to take power／取得政权／정권을 잡다)
　▶ この問題は、現政権の不安材料となっている。
　　(This issue has become a source of anxiety for the current regime.／这个问题成为影响现在政权的不安因素。／이 문제는 현 정권의 불안재료가 되고 있다.)

❸ ☐ **立法** (legislation／立法／입법)
　▶ 国会は国の立法機関です。
　　(The Diet is the national legislative institution.／国会是国家的立法机构。／국회는 국가의 입법 기관입니다.)

❹ ☐ **衆議院** (House of Representatives／众议院／중의원)

❺ ☐ **参議院** (House of Councillors／参议院／참의원)

❻ ☐ **与党** (ruling party／在朝党／여당)

❼ ☐ **対野党** (opposition party／在野党／야당)

❽ ☐ **保守** (conservatism／保守／보수)
　▷ 保守勢力 (conservative influence／保守势力／보수세력)

❾ ☐ **保守的(な)** (conservative／保守的／보수적)
　▷ 保守的な考え方 (conservative way of thinking／保守的想法／보수적인 생각)

❿ ☐ 対**革新** (innovation／革新／혁신)
かくしん
  ▷ **革新派** (reformist group／革新派／혁신파)
    は

⓫ ☐ **革新的**(な) (innovative／革新性的／혁신적)
  ▷ **革新的なデザイン** (innovative design／革新性的设计／혁신적인 디자인)

⓬ ☐ **資本主義** (capitalism／资本主义／자본주의)
しほんしゅぎ

⓭ ☐ **社会主義** (socialism／社会主义／사회주의)
しゃかい

⓮ ☐ **共産主義** (communism／共产主义／공산주의)
きょうさん

⓯ ☐ **公約**(する) (to pledge／公约／공약)
こうやく
  ▶ 民主党は減税を公約に掲げた。
    みんしゅとう げんぜい かか
    (The DPJ pledged to reduce taxes.／民主党将减税写入公约。／민주당은 감세를 공약으로 내걸었다.)

⓰ ☐ **政策** (policy／政策／정책)
せいさく
  ▷ **経済政策** (economic policy／经济政策／경제정책)
    けいざい
  ▶ 政治家には、政策についてもっと議論をしてほしい。
    せいじか せいさく ぎろん
    (I want our politicians to have more debate over policies.／希望政治家们多讨论一下政策。／정치가는 정책에 대해 좀 더 논의를 했으면 한다.)

⓱ ☐ **統治**(する) (to rule／统治／통치)
とうち
  ▶ 現在、この地域は国連の統治下にある。
    げんざい ちいき とうちか
    (This region is currently under the jurisdiction of the UN.／现在这个地区由国联治理。／현재 이 지역은 국제연합의 통치하에 있다.)

⓲ ☐ **介入**(する) (to intervenue／介入／개입)
かいにゅう
  ▷ 他国の軍事介入
    たこく ぐんじ
    (military intervention by other countries／对他国进行军事介入／타국의 군사개입)
  ▶ このまま円高が続けば、政府が市場介入するかもしれない。
    えんだか つづ せいふ しじょう
    (If the strong yen persists, the government may intervene in the market.／照这样日元持续升值的话, 政府可能要介入市场。／이대로 엔고가 계속되면 정부가 시장 개입을 할지도 모른다.)

- ⑲ ☐ **行政** (government／行政／행정)
  ぎょうせい
  ▷ 国の行政機関、地方行政
  くに　　ぎょうせいきかん　　ちほう
  (state administrative institutions, regional government／国家的行政机构、地方行政／국가의 행정기관 , 지방행정)

- ⑳ ☐ **福祉** (welfare／福利／복지)
  ふくし
  ▷ 福祉国家 (welfare state／福利国家／복지국가)
  こっか

- ㉑ ☐ **財政** (finance／财政／재정)
  ざいせい
  ▷ 財政赤字 (financial deficit／财政赤字／재정적자)
  あかじ
  ▶ 市の財政は破綻寸前だ。
  し　ざいせい　はたんすんぜん
  (The city's finances are close to collapse.／市里的财政濒临破产。／시의 재정은 파탄 직전이다.)

- ㉒ ☐ **官僚** (bureaucracy／官僚／관료)
  かんりょう

- ㉓ ☐ **自治** (self-governance／自治／자치)
  じち
  ▷ 学生の自治会 (student self-governing body／学生自治会／학생 자치회)
  がくせい　　　じちかい

- ㉔ ☐ **自治体** (local government／自治体／자치 단체)
  じちたい
  ▷ 地方自治体 (local municipal government／地方自治体／지방 자치 단체)
  ちほう

- ㉕ ☐ **税務署** (tax office／税务署／세무서)
  ぜいむしょ

- ㉖ ☐ **独裁(する)** (dictatorship, tyranny／独裁／독재)
  どくさい

- ㉗ ☐ **天下り** (retired bureaucrats getting cushy jobs／高官下凡／퇴직 관료 등이 민간 기업으로 옮겨 오는 것)
  あまくだ
  ▷ 官僚の天下り
  かんりょう　あまくだ
  (cushy bureaucratic position／高级官僚退任后转到民间任要职／관료가 고위직으로 부임함)

国際 こくさい (International relations／国际／국제)

❶ □ 国連／国際連合 (United Nations／国联／国际联合／국제연합)
こくれん　こくさいれんごう

❷ □ 加盟(する) (to become a member／加盟／가맹)
かめい

▶ 現在、国連には200近くの国が加盟している。
げんざい　こくれん　ちか　くに　かめい
(Nearly 200 countries are currently members of the United Nations.／有近200个左右的国家加入到国联。／현재 국제연합에는 200 가까운 나라가 가맹해 있다.)

❸ □ 調印(する) (to sign／签署／조인)
ちょういん

▷ 条約に調印する、調印式
じょうやく　ちょういん　ちょういんしき
(to sign a treay, signing ceremony／签署条约、签约仪式／조약에 조인하다、조인식)

❹ □ 先進国 (developed country／发达国家／선진국)
せんしんこく

❺ □ 首脳 (head of state／首脑／수뇌)
しゅのう

▶ 先進国の首脳が集まって、3日間会議が行われる。
せんしんこく　しゅのう　あつ　かかんかいぎ　おこな
(The heads of state of all the developed countries will gather for a three-day conference.／发达国家的首脑们聚到一起，进行了三天的会议。／선진국의 수뇌가 모여 3일간 회의를 한다.)

❻ □ (発展)途上国 (developing country／发展中国家／개발 도상국)
はってん　とじょう

❼ □ 国土 (national territory／国土／국토)
こくど

▷ 災害から国土を守る
さいがい　まも
(to protect the country from natural disasters／从自然灾害中保卫祖国／재해로부터 국토를 지키다)

❽ □ 領土 (territory／领土／영토)
りょうど

❾ □ 領海 (territorial waters／领海／영해)
りょうかい

❿ □ 植民地 (colony／殖民地／식민지)
しょくみんち

- ⓫ ☐ **母国**(ぼこく) (motherland／祖国／모국)
  - ▷ 母国語(ぼこくご) (mother tongue／母语／모국어)

- ⓬ ☐ **愛国心**(あいこくしん) (patriotism／爱国心／애국심)

- ⓭ ☐ **隣国**(りんごく) (neighboring countries／邻国／이웃 나라)

- ⓮ ☐ **国交**(こっこう) (diplomatic relations／国家邦交／국교)
  - ▶ 特(とく)にこの20年間(ねんかん)、両国(りょうこく)は国交を深(ふか)めてきた。
    (The two countries have improved their diplomatic relations particularly over the last 20 years.／特别是这二十年间，两国加深了邦交。／특히 이 20년간 양국은 국교를 돈독히 해 왔다.)

- ⓯ ☐ **侵略(する)**(しんりゃく) (to invade／侵略／침략)
  - ▶ 豊(ゆた)かな自然(しぜん)に恵(めぐ)まれたこの国(くに)は、幾度(いくど)となく他国(たこく)の侵略を受(う)けてきた。
    (This country, blessed with rich natural resources, has been invaded by other countries countless times.／有着丰富自然资源的这个国家曾经也受到过其他国家的侵略。／풍요로운 자연의 혜택을 받은 이 나라는 몇 번이나 타국의 침략을 받아 왔다.)

- ⓰ ☐ **紛争**(ふんそう) (conflict／纷争／분쟁)
  - ▷ 国際紛争(こくさい) (international conflict／国际纷争／국제분쟁)
  - ▶ 国境(こっきょう)付近(ふきん)では今(いま)も紛争が続(つづ)いている。
    (Conflicts continue to erupt near the national borders.／国境附近至今还有纷争。／국경 부근에서는 지금도 분쟁이 계속되고 있다.)
  - ▶ 土地(とち)の利用(りよう)をめぐって、国(くに)と住民(じゅうみん)との間(あいだ)で紛争が生(しょう)じている。
    (Conflicts have arisen between the state and the residents over how this land will be used.／围绕着土地利用，国家和当地居民之间发生了纷争。／토지 이용을 둘러싸 국가와 주민 간에 분쟁이 생겼다.)

- ⓱ ☐ **内戦**(ないせん) (civil war／内战／내전)

- ⓲ ☐ **難民**(なんみん) (refugee／难民／난민)

UNIT 19 法(ほう)・ルール (Law, rules／法律・規定／법・룰)

❶ □ 規定(する) (きてい) (to regulate／規定／규정)
▷ 罰則規定、服装の規定
(penal regulation, dress code／惩罚规定、服装规定／벌칙규정, 복장 규정)

❷ □ 規約 (きやく) (terms／条款／규약)
▷ サービス利用規約 (terms of service／服务利用条款／서비스 이용규약)

❸ □ 規格 (きかく) (specification／規格／규격)
▷ 規格外 (out of specification／規格外／규격 외)
▶ 国によって規格が異なるので、海外で使えないことがある。
(As there are specification differences in each country, it might be impossible to use it overseas.／国家不同规格不同，有些不能在国外使用。／국가에 따라 규격이 달라서 해외에서 사용할 수 없는 경우가 있다.)

❹ □ 規範 (きはん) (norm／規範／규범)
▷ 社会規範、規範意識
(social norm, social morality／社会规范、规范意识／사회규범, 규범의식)

❺ □ 秩序 (ちつじょ) (order／秩序／질서)
▷ 秩序を守る、秩序を保つ
(to keep order, to preserve order／遵守秩序、保持秩序／질서를 지키다, 질서를 유지하다)

❻ □ 掟 (おきて) (rule／規定／규정)
▷ 掟を破る (to break a rule／破坏规定／규칙을 깨다)

❼ ☐ **法的(な)** (legal／法律性的／법적)
　ほうてき
　▷ 法的秩序、法的根拠
　　　ちつじょ　　こんきょ
　　(legal order, legal basis／法律秩序、法律根据／법적 질서, 법적 근거)

❽ ☐ **法案** (bill／法案／법안)
　ほうあん
　▷ 法案を提出する (to submit a bill／提出法案／법안을 제출하다)
　　　　ていしゅつ

❾ ☐ **可決(する)** (to approve／通过／가결)
　かけつ
　▶ 法案は可決される見通しだ。
　　　　　　　　　みとお
　　(The bill will be expected to be approved.／据说法案通过了。／법안은 가결될 전망이다.)

❿ ☐ **条約** (treaty／条约／조약)
　じょうやく
　▷ 条約を結ぶ (to conclude a treaty／缔结条约／조약을 체결하다)
　　　　むす

⓫ ☐ **条例** (ordinance／条例／조례)
　じょうれい
　▷ 市の条例に違反する
　　し　　　　いはん
　　(violation of a city ordinance／违反城市条例／시의 조례를 위반하다)

⓬ ☐ **制定(する)** (to establish／制定／제정)
　せいてい
　▷ 憲法を制定する (to establish a law／制定宪法／헌법을 제정하다)
　　けんぽう

⓭ ☐ **施行(する)** (to be enforced／施行／시행)
　しこう
　▶ 来月から新しい法律が施行される。
　　らいげつ　あたら　　ほうりつ
　　(This new law will be enforced from next month.／下个月实施新的法律。／다음 달부터 새 법률이 시행된다.)

⓮ ☐ **改正(する)** (to amend／改正／개정)
　かいせい
　▷ 法律を改正する (to amend a law／改正法律／법률을 개정하다)
　　ほうりつ

⓯ ☐ **改定(する)** (to revise／改定／개정)
　かいてい
　▷ 料金を改定する (to revise rate／改定费用／요금을 개정하다)
　　りょうきん

⑯ ☐ 廃止(する) (to abolish／废止／폐지)

▷ ルール／制度を廃止する
(to abolish a rule / a system／废止规定/废止制度／룰/제도를 폐지하다)

⑰ ☐ 破棄(する) (to breach／毀掉／파기)

▷ 契約を破棄する (to breach a contract／毀约／계약을 파기하다)

▶ 訂正したものをお送りしますので、前の書類は破棄してください。
(I will send you a correct version, so please destroy the previous documents.／我会送订正好的资料给您的，以前的资料就毁掉吧。／정정한 것을 보내드리겠으니 전의 서류는 파기해 주세요.)

⑱ ☐ 取り締まる (to control／取缔、管理／단속하다)

▷ 飲酒運転を取り締まる (to control drunk drive／取缔饮酒驾驶／음주운전을 단속하다)

▷ 取り締まり (control／取缔、管理／단속)

⑲ ☐ 違法(な) (illegal／违法／위법)

▷ 違法駐車、違法行為、違法な取引
(illegal parking, illegal action, illegal transaction／违法停车、违法行为、违法的交易／위법주차, 위법행위, 위법 거래)

⑳ ☐ 犯す (to break／违犯／범하다)

▷ 法を犯す、犯罪を犯す
(to break a law, to commit a crime／犯法、犯罪／법을 어기다, 범죄를 저지르다)

▶ 罪を犯した以上、罰を受けるのは当然だ。
(It is proper that one should be punished if he / she commits a crime.／既然犯了罪，接受惩罚是应该的。／죄를 범한 이상 벌을 받는 것은 당연하다.)

㉑ ☐ 侵害(する) (to violate／侵害／침해)

▷ 権利の侵害 (violation of the rights／权利的侵害／권리의 침해)

❷❷ ☐ **保障(する)** (to guarantee／保障／보장)
ほしょう

▷ 権利を保障する、安全保障
　けんり　　　　　　　　　　　あんぜん
(to guarantee the rights, guarantee of security／保障权利、安全保障／권리를 보장하다)

❷❸ ☐ **人権** (human rights／人权／인권)
じんけん

▷ 人権侵害、人権を守る
　　　しんがい　　　　　まも
(human rights violation, to protect human rights／侵犯人权、保护人权／인권침해, 인권을 지키다)

❷❹ ☐ **原則** (general rule／原则／원칙)
げんそく

▶ 館内の喫煙は、原則禁止です。
　かんない　きつえん　　　　　　きんし
(Smoking inside the building is prohibited as a general rule.／馆内的吸烟，原则上是禁止的。／관내 금연은 금지가 원칙입니다.)

❷❺ ☐ **罰則** (punishment／惩罚条例／벌칙)
ばっそく

▶ ルール違反には罰則が設けられています。
　　　　いはん　　　　　　　もう
(There is a punishment for breaking a rule.／违反规定中被设有惩罚条例。／규칙 위반에는 벌칙이 만들어져 있습니다.)

❷❻ ☐ **処罰(する)** (to inflict／处罚／처벌)
しょばつ

▶ 犯罪を犯した者への処罰の方法がここに書かれている。
　はんざい　おか　もの　　　　　　ほうほう
(The way of inflictions to those who committed a crime is written here.／对犯罪者进行处罚的方式写在这里。／범죄를 범한 사람의 처벌방법이 여기에 적혀 있다.)

❷❼ ☐ **処分(する)** (penalty／处分／처분)
しょぶん

▶ 違反者に対する処分は厳しいものになるだろう。
　いはんしゃ　たい　　　　　きび
(A penalty for an offender will be strict.／对违反者进行处分是很严的。／위반자에 대한 처분은 엄격한 것이 될 것이다.)

❷❽ ☐ **制裁(する)** (to punish／制裁／제재)
せいさい

▷ 掟を破った者には制裁が加えられた。
　おきて　やぶ　もの　　　　　　くわ
(Those who broke the rule are punished.／破坏规定的人要加以制裁。／규정을 깬 자에게는 제재가 가해졌다.)

㉙ ☐ 規制(する) (to restrict／限制／규제)
　き せい

▷ 輸入を規制する (restrict imports／限制进口／수입을 규제하다)
　ゆにゅう

㉚ ☐ 緩和(する) (to relax／缓和／완화)
　かん わ

▷ 規制を緩和する (relaxation of regulations／缓和限制／규제를 완화하다)

㉛ ☐ 移行(する) (to transit／转移／이행)
　い こう

▷ 移行期間 (transitional period／转移期间／이행기간)
　 き かん

▶ 新システムに移行するまでの間、ご不便をおかけします。
　しん　　　　　　　　　　　　　　あいだ　　　ふ べん

(It will cause an inconvenience during a transition to the new system.／转移到新系统期间，会给大家带来不便。／신시스템으로 이행하는 동안 불편을 끼쳐드리게 됐습니다.)

㉜ ☐ 制約(する) (to limit／制约／제약)
　せいやく

▶ 時間の制約もあるので、どこまでできるかはわかりません。
　じ かん

(There is a time limit, so I don't know how far I can do.／有时间的制约，不知道能完成多少。／시간 제약도 있기 때문에 어디까지 할 수 있을지는 모르겠습니다.)

㉝ ☐ 所定 (designated／所规定的／소정)
　しょてい

▶ 所定の用紙にご記入ください。
　　　　ようし　　 きにゅう

(Please fill out the designated form.／请记入规定用纸上。／소정의 용지에 기입해 주세요.)

㉞ ☐ (〜は)禁物 (shouldn't do~／禁忌的事物／금물)
　　　　きんもつ

▶ 熱があるんだから、激しい運動は禁物だよ。
　ねつ　　　　　　　　はげ　　　うんどう

(You shouldn't do strenuous exercise with that fever.／发烧了，不要剧烈运动。／열이 있으니까 격한 운동은 금물이다.)

UNIT 20 司法・裁判 (Justice, trials／司法・审判／사법·재판)

❶ □ 司法 (justice／司法／사법)
  ▷ 司法当局 (judicial authorities／司法当局／사법당국)
  ▷ 司法の独立は保たれているか。
    (Is the judiciary maintaining its independence?／保持着司法的独立吗？／사법의 독립은 지켜지고 있는가.)

❷ □ 法廷 (court／法庭／법정)

❸ □ 裁判官 (judge／法官／재판관)

❹ □ 検事 (prosecutor／检查官／검사)

❺ □ 原告 (plaintiff／原告／원고)

❻ 対被告 (defendant／被告／피고)

❼ □ 弁護(する) (to defend／辩护／변호)
  ▶ 彼を弁護するつもりはないが、報道が一方的だと思う。
    (I don't mean to defend him, but the press reports have been rather one-sided.／我没打算为他辩护，但是报道也只是单方面的。／그를 변호할 생각은 없지만 보도가 일방적이라고 생각한다.)

❽ □ 容疑者 (suspect／疑犯／용의자)

❾ □ 逮捕(する) (to arrest／逮捕／체포)
  ▷ 容疑者を逮捕する (to arrest the suspect／逮捕嫌疑犯／용의자를 체포하다)

❿ □ 証人　(witness／証人／증인)
　　しょうにん

⓫ □ 証言(する)　(to testify／作証／증언)
　　しょうげん
　▶ 犯人を見たという証言が取れた。
　　はんにん　み　　　　　しょうげん　と
　　(We got a testimony from someone who said he saw the criminal.／有证明说看到过犯人。／범인을 보았다는 증거를 잡았다.)

⓬ □ 証拠　(evidence／证据／증거)
　　しょうこ
　▶ 犯人の特定に結びつく証拠は見つかっていない。
　　はんにん　とくてい　むす　　　　しょうこ　み
　　(We haven't found evidence linked to a specific suspect.／找不到和犯人相关的证据。／범인 특정과 연결되는 증거는 발견되지 않았다.)

⓭ □ 訴訟　(lawsuit／诉讼／소송)
　　そしょう
　▷ 訴訟問題　(lawsuit problems／诉讼问题／소송문제)
　　　　もんだい
　▶ こうしたトラブルが訴訟に至ることも珍しくはない。
　　　　　　　　　　　そしょう　いた　　　　　めずら
　　(It's not uncommon for this sort of trouble to end in a lawsuit.／这样的纠纷提交诉讼是很少见的。／이런 트러블이 소송까지 가는 경우도 드물지는 않다.)

⓮ □ 告訴(する)　(to charge, file a suit／控告／고소)
　　こくそ
　▷ 告訴を取り下げる　(to withdraw a charge／取消诉讼／고소를 취하하다)
　　こくそ　と　さ
　▶ 被害を受けた客5人がA社を告訴した。
　　ひがい　う　　　きゃく　にん　　しゃ　　こくそ
　　(The five guests who were hurt filed a suit against Company A／受害的五位客人控告了A公司。／피해를 당한 손님 5명이 A사를 고소했다.)

⓯ □ 賠償(する)　(to compensate／赔偿／배상)
　　ばいしょう
　▷ 損害賠償を請求する
　　そんがい　ばいしょう　せいきゅう
　　(to seek compensation for damages／请求损害赔偿／손해배상을 청구하다)
　▶ 被害者に対し、A社は1000万円の賠償金を支払った。
　　ひがいしゃ　たい　　しゃ　　　　まんえん　ばいしょうきん　しはら
　　(Company A paid the victims 10 million yen in damages／对于受害者，A公司支付了1000万日元的赔偿金／피해자에 대해 A 사는 1000 만 엔의 배상금을 지불했다.)

⓰ □ 和解(する)　(compromise, reconciliation／和解／화해)
　　わかい
　▷ 二度目の話し合いを経て、両者は和解に至った。
　　にどめ　はな　あ　　へ　　りょうしゃ　わかい　いた
　　(After discussing the matter for the second time, the two parties reached a compromise.／通过第二次的商谈，双方决定和解。／두 번째의 대화를 거쳐 양자는 화해에 이르렀다.)

⑰ ☐ **自首(する)** (to surrender／自首／자수)
じしゅ

⑱ ☐ **有罪** (guilty／有罪／유죄)
ゆうざい
▷ 有罪の判決が下る (to be given a guilty verdict／有罪判决／유죄 판결이 내리다)
はんけつ　くだ

⑲ ☐ 対 **無罪** (innocent／无罪／무죄)
むざい
▶ 彼は一貫して無罪を主張している。
かれ　いっかん　　　　　　　しゅちょう
(He's been insisting on his innocence all along.／他一贯主张无罪／그는 일관하여 무죄를 주장하고 있다.)

⑳ ☐ 対 **無実** (innocent／冤枉／억울하게 죄를 씀)
むじつ
▶ 彼は無実の罪を着せられたんです。
つみ　き
(He was unfairly accused of an innocent crime.／他被冤枉有罪。／그는 무고한 죄를 뒤집어썼습니다.)

㉑ ☐ **刑** (sentence／量刑／형)
けい
▷ 実刑判決が出る
じっけい はんけつ　で
(to be given an actual prison sentence／出了服刑判决／실형 판결이 나오다)

㉒ ☐ **懲役(刑)** (imprisonment／徒刑／징역)
ちょうえき けい
▷ 懲役3年の刑
ねん
(3 year prison sentence／判刑三年／징역 3년 형)

㉓ ☐ **死刑** (death sentence／死刑／사형)
しけい

㉔ ☐ **刑法** (penal code／刑法／형법)
けいほう

㉕ ☐ **執行(する)** (to execute／执行／집행)
しっこう
▷ 死刑を執行する (to execute a death sentence／执行死刑／사형을 집행하다)
しけい

UNIT 21 グループ・組織 (Groups, organizations／団体・组织／그룹・조직)

❶ □ 法人 (corporation／法人／법인)
ほうじん

▷ 財団法人、宗教法人、法人税
ざいだん しゅうきょう ほうじんぜい

(foundation, religious institution, corporate tax／财团法人、宗教法人、法人税／재단법인, 종교법인, 법인세)

▶ この団体も法人扱いを受けるそうです。
だんたい ほうじんあつか う

(It seems that this group will also be treated like a corporation.／听说这个团体被看作是法人。／이 단체도 법인 취급을 받는다고 한다.)

❷ □ 部門 (branch／部门／부문)
ぶもん

▷ IT部門、教育部門
きょういく

(IT department, education department／IT部门、教育部门／IT부문, 교육부문)

▶ 今後は開発部門に力を入れていきたい。
こんご かいはつ ちから い

(I'd like us to devote more energy to our development branch from now on.／今后会将实力倾注于开发部门。／앞으로는 개발부문에 주력해 가고 싶다.)

❸ □ 部署 (department／部署／부서)
ぶしょ

▶〈受付で〉部署はわからないのですが、原まり子さんにお会いする約束で参りました。
うけつけ はら こ あ やくそく まい

(<at the reception> I'm not sure what department she's in, but I've come with an appointment to meet Mariko Hara.／〈接待处〉我不知道是哪个部门，我是约了原麻里子女士过来的。／< 접수에서> 부서는 모르겠습니다만, 하라 마리코 씨와 만날 약속으로 왔습니다.)

❹ □ 機構 (organization／机构／기구)
きこう

▷ 官僚機構 (bureaucracy／官僚机构／관료기구)
かんりょう

▷ 国の機構改革に伴い、事業は廃止された。
くに かいかく ともな じぎょう はいし

(The project was halted following reforms to national organizations.／随着国家机构的改革，一些事业被废止。／국가의 기구개혁에 따라 사업은 폐지되었다.)

❺ ☐ **連盟** (league, federatio／联盟／연맹)
　れんめい

▷ 国際連盟 (League of Nations／国际联盟／국제 동맹)
　こくさい

▶ 試合のルールに不満があれば、連盟に意見を出してください。
　しあい　　　　　　ふまん　　　　　れんめい　いけん　だ

(If you are dissatisified with the rules of the game, please make your opinions known to the league.／如果对比赛规则有不满意之处，可以向联盟提意见。／시합의 규칙에 불만이 있다면 연맹에 의견을 제출해 주세요.)

❻ ☐ **連合** (union／联合／연합)
　れんごう

▷ 国際連合 (United Nations／联合国／국제 연합)
　こくさい

▶ 競争を避けるため、企業連合が形成されそうだ。
　きょうそう　さ　　　　きぎょうれんごう　けいせい

(It seems a syndicate will be formed to prevent competition.／为避免竞争，看来要成立企业联合会。／경쟁을 피하기 위해 기업연합이 형성될 것 같다.)

❼ ☐ **協会** (association／协会／협회)
　きょうかい

▶ 協会には、15の団体と200人を超える個人が属している。
　きょうかい　　　　だんたい　　　にん　こ　　こじん　ぞく

(Some 15 groups and over 200 individuals belong to this association.／有十五个团体和超过两百人的个人所属于这个协会。／협회에서는 15 개의 단체와 200 명이 넘는 개인이 속해 있다.)

❽ ☐ **同好会** (club／俱乐部／동호회)
　どうこうかい

▶ 父は手品の同好会に入っている。
　ちち　てじな　どうこうかい　はい

(My father is a member of the magic club.／父亲是加入了魔术俱乐部。／아버지는 마술 동호회에 들어 있다.)

❾ ☐ **世帯** (household／家庭／세대)
　せたい

▷ 世帯主 (head of household／户主／세대주)
　　　ぬし

▶ 一世帯当たりの収入は、前年とほぼ同じです。
　いっ　あ　　　しゅうにゅう　ぜんねん　　おな

(Income per household is about the same as last year.／一个家庭的收入，大致上和前年相同。／한 세대당 수입은 전년과 거의 같습니다.)

UNIT 22 仕事・ビジネス (Work, business／工作・生意／일・비즈니스)

❶ □ 出社(する) (to go to work／上班／출근)

▶ 田中さんは？ ― まだ出社してないようです。
(Where's Tanaka-san? —He's not in yet.／田中呢？ — 好像还没上班呢。／다나카 씨는? —아직 출근하지 않은 모양입니다.)

❷ □ 退社(する) (① to go home／下班／퇴근 ② to quit／退職／퇴사)

▶ ①田中さんはいますか。―今日はもう退社しました。
(Is Tanaka-san here? —He's already gone home for the day.／田中在吗？—今天已经下班了。／다나카 씨는 계십니까? — 오늘은 이미 퇴근했습니다.)

▶ ②田中さんは先月、退社しました。
(Tanaka-san quit the company last month.／田中上个月退职了。／다나카 씨는 지난달, 퇴직했습니다.)

❸ □ 就業(する) (work, employment／就业／취업)

▷ 就業規則 (employment laws／工作守则／취업규제)

❹ □ 従事(する) (pursuit (of work)／从事／종사)

▷ 農業/研究に従事する (to engage in agriculture/research／从事农业/从事研究／농업/연구에 종사하다)

▶ 3年ほど、ウェブシステムの開発業務に従事していました。
(I was involved in web system development for three years.／我从事了三年多的网页系统开发工作。／3년 정도 웹 시스템의 개발업무에 종사했었습니다.)

❺ □ 赴く (to go, travel to／奔赴／향하여 가다)

▷ 現地に赴く (to travel to the site／奔赴当地／현지로 향하다)

▷ 彼はその後、従軍記者として戦地に赴いた。
(After that, he traveled to the war zone as a war correspondent.／这之后，他作为随军记者奔赴前线。／그는 그 후 종군기자로서 전지에 부임했다.)

❻ □ 赴任(する) (to take on a post／赴任／취임)

▷ 海外赴任、単身赴任 (overseas assignment, job transfer without family／去国外工作，单身赴任／해외부임, 단신부임)

▶ 来月から大阪に赴任することになった。
(I'll be posted to Osaka starting next month.／下月被调往大阪工作。／다음 달부터 오사카에 부임하게 되었다.)

❼ □ **携わる** (to be involved／从事／종사하다)
　　たずさ

▷ 教育に携わる (to be involved in education／从事教育工作／교육에 종사하다)
　きょういく

▶ 以前、テレビの仕事に携わったことがあります。
　いぜん　　　　　　しごと

(I've been involved in TV work before.／以前，我从事过电视台的工作。／이전에 방송일에 종사한 적이 있습니다.)

❽ □ **手がける** (to handle／亲手制作／직접 다루다)
　　て

▷ 監督はこれまでに20本以上の映画を手がけた。
　かんとく　　　　　　ほんいじょう　えいが　て

(The director has previously handled more than 20 movies.／导演至今亲自只做了二十多部电影。／감독은 지금까지 20개 이상의 영화를 만들었다.)

❾ □ **業務** (work／业务／업무)
　　ぎょうむ

▷ 業務命令、業務用の冷蔵庫
　めいれい　　よう　れいぞうこ

(work orders, refrigerator for professional use／工作命令、批发用冷库／업무명령，업무용 냉장고)

▶ 〈アナウンス〉本日の業務は終了しました。
　　　　　　　　ほんじつ　　　　しゅうりょう

(<announcement> We are closed for today.／(广播) 今天的工作到此结束。／< 방송 > 오늘 업무는 종료하였습니다.)

▶ 日常業務をこなすだけでやっとで、余裕は全くありません。
　にちじょう　　　　　　　　　　　　　　よゆう　まった

(It's all I do to carry out my daily duties ― I can't manage anything else.／仅仅是做日常的业务已经是很不容易的了，完全没有余地做其他事情。／일상 업무를 처리하는 것이 겨우이고 여유는 전혀 없습니다.)

❿ □ **職務** (duties, tasks／职务／직무)
　　しょくむ

▶ まず、各人が自分の職務を果たすことが大切です。
　　　　かくじん　じぶん　　　　は　　　　　　たいせつ

(First of all, it's important that each person fulfills his or her own duties.／首先，每个人完成自己分内的工作是非常重要的。／우선 각자가 자신의 직무를 다 하는 것이 중요합니다.)

⓫ □ **任務** (role, mission／任务／임무)
　　にんむ

▷ 新しい任務に就く (to assume a new role／从事新任务／새 임무를 맡다)
　あたら　　　　つ

▷ 危険な任務だったが、彼は自ら名乗り出た。
　きけん　　　　　　かれ　みずか　なの　で

(It was a dangerous mission, but he stepped up to the challenge.／虽然是一项很危险的任务，但他自己亲自说要做。／위험한 임무였지만 그는 스스로 자기 이름을 댔다.)

❶❷ ☐ **ノルマ** (quota／标准／노르마)

▷ ノルマを課(か)す (to impose a quota／设定标准／노르마를 부과하다)

▶ 今月(こんげつ)は何(なん)とか売上(うりあげ)のノルマを達成(たっせい)できそうだ。
(It looks like we'll achieve our sales quota somehow this month.／看来这个月总算能够达到标准的销售额。／이번 달은 어떻게 하든 매상의 노르마를 달성할 것 같다.)

❶❸ ☐ **実務**(じつむ) (practice／实际业务／실무)

▶ 実務の経験(けいけん)はありますか。
(Do you have any practical experience?／有实际工作的经验吗？／실무 경험은 있습니까?)

❶❹ ☐ **業績**(ぎょうせき) (performance, results／业绩／업적)

▷ 業績不振(ふしん) (poor performance／业绩不振／업적부진)

▶ 彼(かれ)はまだ若(わか)く、特(とく)に目立(めだ)った業績は上(あ)げていない。
(He's still young, and hasn't shown any outstanding results yet.／他还很年轻，没有非常突出的业绩。／그는 아직 젊고 특히 눈에 띄는 업적은 이루지 못했다.)

▷ 彼女(かのじょ)は音楽(おんがく)の世界(せかい)で数々(かずかず)の業績を残(のこ)した。
(She made several international achievements in the music world.／她在音乐世界里留下了数不胜数的成果。／그녀는 음악 세계에서 여러 가지 업적을 남겼다.)

❶❺ ☐ **成果**(せいか) (results／成果／성과)

▶ このやり方(かた)で６カ月(げつ)続(つづ)けてきたが、まだ成果は上(あ)がっていない。
(I carried out with this method for six months, but with no results yet.／用这种方法持续了六个月，但是还没有任何效果。／이 방법으로 6개월 계속해 왔지만 아직 성과는 나지 않았다.)

❶❻ ☐ **採算**(さいさん) (profit／核算／채산)

▷ 独立(どくりつ)採算制(せい) (financially independent／独立核算制／독립채산제)

▶ 経費(けいひ)がかかりすぎて、これではとても採算が合(あ)わない。
(The costs are too high. This makes no business sense at all.／经费花销太大，这样也不合算。／경비가 너무 들어 이것으로는 도저히 채산이 맞지 않는다.)

❶❼ ☐ **分散**(ぶんさん)(する) (to disperse, distribute／分散／분산)

▷ リスクを分散する (to distribute risk／分散危机／위험을 분산하다)

⓲ ☐ **待遇**(たいぐう) (treatment／待遇／대우)
▶ やはり大企業(だいきぎょう)の方(ほう)が待遇が良(よ)さそうだ。
(The package at big companies seems better, as I expected.／看来还是大企业的待遇比较好。／역시 대기업이 대우가 좋은 것 같다.)

⓳ ☐ **勤務時間**(きんむじかん) (working hours／工作时间／근무시간)

⓴ ☐ **福利厚生**(ふくりこうせい) (benefits, welfare／福利保险／복리후생)
▷ 福利厚生が充実(じゅうじつ)した会社(かいしゃ)
(company with attractive benefits／福利卫生保险充实的社会／복리후생이 충실한 회사)

㉑ ☐ **有給休暇**(ゆうきゅうきゅうか) (paid leave／带薪休假／유급휴가)
▷ 有休を取(と)る (to take paid leave／取得带薪休假假期／유급휴가를 얻다)

㉒ ☐ **定年**(ていねん) (retirement age／退休年龄／정년)
▷ 定年になる、定年退職(たいしょく)
(to reach retirement age, mandatory retirement／到了退休年龄、退休／정년이 되다, 정년퇴직)

㉓ ☐ **正規**(せいき) (regular, legal／正规／정규)
▷ 正規採用(さいよう) (regular employment／正轨录用／정규채용)

㉔ ☐ 対 **非正規**(ひ) (irregular／非正规／비정규)
▷ 非正規雇用(こよう) (irregular employment／非正规雇用／비정규고용)

㉕ ☐ **共稼ぎ**(ともかせぎ) (working together／共同挣钱／맞벌이)

㉖ ☐ 同 **共働き**(ともばたらき) (dual income／共同工作／맞벌이)

㉗ ☐ **分担(する)**(ぶんたん) (to share, divide／分担／분담)
▷ 役割(やくわり)を分担する (to share the role／分担角色／역할을 분담하다)
▶ 料理(りょうり)は私(わたし)、掃除(そうじ)は夫(おっと)というように家事(かじ)を分担しています。
(We split the housework so that I do the cooking while my husband does the cleaning.／做饭是我，打扫卫生是丈夫，我们俩像这样分担家务事。／요리는 나, 청소는 남편, 이런 식으로 가사를 분담하고 있습니다.)

㉘ □ 手配(する) (arrangements／安排／수배)
　　てはい

▷ 旅行の手配 (travel arrangements／旅行的安排／여행수배)
　　りょこう

▶ お客様がお帰りのようだから、タクシーを手配してくれる？
　　きゃくさま　　かえ
(Our customers seem to be leaving soon, can you arrange for a taxi?／客人好像要回去了，能帮我安排一下出租车吗？／손님이 돌아가시는 것 같으니까 택시를 불러줄래?)

㉙ □ 委託(する) (consignment, commission／委托／위탁)
　　いたく

▷ 販売委託 (sale by consignment／销售委托／판매위탁)
　　はんばい

▶ 当社は美術館からの委託を受けて、美術品の運搬をしています。
　　とうしゃ　びじゅつかん　　　　　　　　　　　　びひん　うんぱん
(Our company is commissioned by museums to transport artworks.／本公司接受美术馆的委托，负责搬运美术品。／우리 회사는 미술관의 위탁을 받아 미술품의 운반을 하고 있습니다.)

㉚ □ 整備(する) (to maintain／维修／정비)
　　せいび

▷ 車の整備、道路を整備する
　　くるま　　　　　どうろ
(car maintenance, to upgrade roads／维修汽车、整修道路／자동차의 정비, 도로를 정비하다)

▶ まず、道路や水道、電気などのインフラを整備しなければならない。
　　　　　　　　すいどう　でんき
(First, we need to upgrade the infrastructure, including the roads, water pipes and electrical systems.／首先，必须完善道路、自来水和电气等基础设施。／우선 도로와 수도, 전기 등의 인프라를 정비하지 않으면 안된다.)

㉛ □ 承諾(する) (to accept, consent／答应、承诺／승낙)
　　しょうだく

▶ 未成年の場合、アパートを借りるときに親の承諾が必要です。
　　みせいねん　ばあい　　　　　　　　か　　　　　　おや　　　　　　ひつよう
(Parental consent is required for minors when renting an apartment.／未成年借公寓必须得到父母的允许。／미성년자의 경우, 아파트를 빌릴 때에 부모님의 승낙이 필요합니다.)

㉜ □ 目途／目処 (prospect, outlook／头绪、眉目／목표, 전망)
　　めど　　めど

▶ 時間がかかったが、やっと解決の目処が立った。
　　じかん　　　　　　　　　　かいけつ　　　　　た
(It took some time, but a solution is finally within sight.／花费了时间，终于找到了解决的头绪。／시간이 걸렸지만, 간신히 해결의 전망이 보였다.)

㉝ □ はかどる (to make progress／进展／진척되다)

▶ 朝早い時間の方が仕事がはかどる。
　　あさはや　じかん　ほう　しごと
(I get more work done early in the morning.／早上时间比较早的话，工作进展得快。／이른 아침 시간 쪽이 일이 잘된다.)

❹ ☐ 折り返す (to get back to／折返／반복하다)

❺ ☐ 折り返し (by return／折返、立即／되돌아옴)
  ▶ 田中が戻りましたら、折り返しお電話するように申し伝えます。
  (I'll tell Tanaka to return your call when he gets back.／田中回来的话,我立即转告他给您电话。／다나카 씨가 돌아오시면 이쪽에서 전화하도록 전달하겠습니다.)

❻ ☐ 追って (to follow with／随后／추후에)
  ▶ 詳細は追ってご連絡します。
  (I'll follow up and contact you with the details soon.／详细事项随后联络。／상세한 내용은 추후에 연락하겠습니다.)

❼ ☐ 使命 (mission, calling／使命／사명)
  ▷ 使命感、報道の使命
  (sense of mission, mission of the press／使命感、报道的使命／사명감 , 보도의 사명)

❽ ☐ 手作業 (manual labor／手工作业／수작업)
  ▶ 一つ一つ手作業で色を付けています。
  (Colors are applied one by one by manual labor.／一个个地通过手工作业来上色。／하나하나 수작업으로 색을 칠하고 있습니다.)

❾ ☐ 手数 (trouble, hassle／麻烦／수고)
  ▶ お手数をおかけして、申し訳ありません。
  (I'm sorry to trouble you with all these things.／给您添麻烦了, 真对不起。／수고스럽게 해서 죄송합니다.)

❿ ☐ 手数料 (handling charge／手续费／수수료)

⓫ ☐ 労力 (labor／劳动力／노동력)
  ▶ この企画は、労力がかかる割には、あまりお金にならない。
  (This project isn't going to generate much money relative to the labor that's involved.／这项企划,既花费了劳动力,还不能挣钱。／이 기획은 힘이 드는 것치고는 별로 돈이 되지 않는다.)

❷ □ **手際**　(skill, finesse／手法、技巧／솜씨)
　　てぎわ

　▷ 手際がいい　(well-crafted／手法好／솜씨가 좋다)

　▶ 手際よくやらないと、焦げちゃいますよ。
　　(If you don't do it deftly, it's going to burn.／掌握得不好，就会烤焦的哟。／솜씨 좋게 하지 않으면 타 버립니다.)

❸ □ **手回し**　(preparation／准备、布置／준비)
　　てまわ

　▶ 彼女は手回しがいいね。もうほとんど準備が整っている。
　　かのじょ　　　　　　　　　　　　　　　　じゅんび　ととの
　　(She's very well prepared. Almost all the preparations are complete.／她安排得很好。几乎都已经准备好了。／그녀는 준비성이 좋군. 벌써 거의 준비가 됐다.)

❹ □ **根回し(する)**　(to build consensus／疏通／사전공작)
　　ねまわ

　▶ 会議がうまくいくよう、関係者に根回ししておこう。
　　かいぎ　　　　　　　　　かんけいしゃ
　　(Let's lay the groundwork among those involved so that the meeting will go well.／为了让会议圆满进行，先疏通好有关人员吧。／회의가 잘되도록 관계자에게 사전공작을 해 두자.)

❺ □ **(お)使いを頼む**　(to send on an errand／拜托跑腿／심부름을 부탁하다)
　　　　つか　　たの

　▶ 卵を買い忘れたので、子供にお使いを頼んだ。
　　たまご　か　わす　　　　　こども
　　(I forgot to buy eggs, so I asked my kid to get some.／忘记买鸡蛋了，让孩子去买了。／계란 사는 것을 잊어버려서 아이에게 심부름을 시켰다.)

❻ □ **顧客**　(customer／顾客／고객)
　　こきゃく

　▷ 顧客名簿　(customer mailing list／顾客名单／고객명부)
　　　　めいぼ

❼ □ **得意先**　(valued customer／客户／단골)
　　とくいさき

　▶ 午後は得意先を回ってきます。
　　ごご　　　　まわ
　　(I will visit our clients this afternoon.／下午是拜访客户。／오후에는 단골을 돌고 오겠습니다.)

❽ □ **大手**　(major／大型／큰)
　　おおて

　▷ 大手企業　(major corporation／大型企业／대기업)
　　　　きぎょう

　▶ 得意先は、大手をはじめ、全国数十社に上ります。
　　とくいさき　　　　　　　　　　ぜんこくすうじゅっしゃ　のぼ
　　(We have forty to fifty regular customers all over the country, including major corporations.／客户是以大公司为首，还增加到了全国数十家公司。／단골은 대기업을 비롯해 전국 수십 개사에 이릅니다.)

㊾ ☐ **小売**(こうり) (retail／零售／소매)
  ▷ 小売店(てん)、小売業(ぎょう) (retail outlet, retail industry／小卖部、零售业／소매점, 소매업)

㊿ ☐ **業者**(ぎょうしゃ) (contractor／经营者／업자)
  ▷ 配送業者(はいそう) (delivery company／配送公司人员／배송업자)
  ▶ ミスが続(つづ)いたので、ほかの業者に変(か)えることにした。
  (There was a string of mistakes, so I decided to change to another contractor.／这个公司持续不断地犯错，我们决定换成其他的公司。／실수가 이어져서 다른 업자로 바꾸기로 하였다.)

51 ☐ **下請け(する)**(したうけ) (to subcontract／转包、分包／하청)
  ▷ 工事(こうじ)を下請けする (to subcontract the construction work／转包工程／공사를 하청하다)
  ▶ A自動車(じどうしゃ)は、部品製造(ぶひんせいぞう)のほとんどを下請けに出(だ)している。
  (A Motors subcontracts the production of almost all its component parts.／A 汽车的零件制造几乎都转包给了其他公司。／A자동차는 부품제조를 거의 하청을 주고 있다.)

52 ☐ **設立(する)**(せつりつ) (to establish／设立／설립)
  ▷ 会社(かいしゃ)を設立する (to establish a company／设立公司／회사를 설립하다)

53 ☐ **提携(する)**(ていけい) (to partner with／提携／제휴)
  ▶ お互(たが)いにメリットがあれば、他社(たしゃ)と提携してもいい。
  (I don't mind partnering with another company if there are benefits for both parties.／如果对相互都有益处，那和其他公司互相提携也可以。／서로에게 메리트가 있으면 타사와 제휴를 해도 좋다.)

54 ☐ **合併(する)**(がっぺい) (to merge／合并／합병)

55 ☐ **新規**(しんき) (new／新开／신규)
  ▷ 新規開店(かいてん)、新規採用(さいよう)
  (opening of a new store, hiring of new employees／新开店、新人采用／신규개점, 신규채용)

56 ☐ **特許**(とっきょ) (patent／专利／특허)

UNIT 23 商品・サービス（しょうひん）

（Products, services／商品・服务／상품・서비스）

❶ □ 仕入れる（しい）（to buy in a stock／采购、买进／사들이다）
▶ 新鮮な魚を毎日市場から仕入れています。（しんせん さかな まいにち いちば）
(We buy in a stock of fresh fish every day from the market.／每天从市场上采购新鲜的鱼／신선한 생선을 매일 시장에서 사들이고 있습니다.)

❷ □ 仕入れ（buying／采购、买进／사들임）

❸ □ 伝票（でんぴょう）（chit, sales slip／记账单／전표）

❹ □ 入荷（する）（にゅうか）（to arrive／进货／입하）
▶ こちらの商品は明日、入荷の予定です。（しょうひん あした よてい）
(This product is scheduled to arrive tomorrow.／这种商品预定明天进货。／이 상품은 내일 입하 예정입니다.)

❺ □ 購入（する）（こうにゅう）（to purchase／购入／구입）
▷ ネットで購入する (to purchase by internet／网购／인터넷으로 구입하다)
▷ マンションを購入する際は、次の点に注意してください。（さい つぎ てん ちゅうい）
(When you purchase an apartment, please pay attention to the following things.／购买公寓时，请注意以下几点。／아파트를 구입할 때는 다음의 점에 주의하세요.)

❻ □ 配送（する）（はいそう）（to deliver／配送／배송）
▷〈広告〉全国どこでも配送します。（こうこく ぜんこく）
(We deliver anywhere all over the country.／(广告)全国都能配送。／<광고> 전국 어디라도 배송합니다.)

❼ □ 陳列（する）（ちんれつ）（display／陈列／진열）
▷ 商品を棚に陳列する（しょうひん たな）
(to display products on a shelf／将商品成列在货架／상품을 선반에 진열하다)

❽ □ 流通（する）（りゅうつう）（to be distributed／流通／유통）

91

❾ ☐ **販促(する)／販売促進** (promotion／sales promotion／促销／판촉／판매촉진)
　　はんそく　　　　はんばいそくしん

▷ 販促キャンペーン (sales promotion campaign／促销宣传活动／판촉 캠페인)

❿ ☐ **通販／通信販売** (mail order／邮购／통판 / 통신판매)
　　つうはん　　つうしんはんばい

▷ 通販のカタログ (mail order catalog／邮购目录／통신 판매의 카탈로그)

⓫ ☐ **量販店** (volume retailer／量贩店／대량 판매점)
　　りょうはんてん

▷ 家電量販店 (electronics retail store／家电量贩店／가전 대량 판매점)
　　かでん

⓬ ☐ **品質** (quality／品质／품질)
　　ひんしつ

▷ 品質管理、品質の向上に努める
　　かんり　　　　こうじょう　つと
(quality control work hard to improve quality control and the quality／致力于品质管理、努力提高品质／품질 관리, 품질 향상에 노력하다)

▶ 当社では、品質維持のため、何重にもチェックをします。
　とうしゃ　　　いじ　　　　　なんじゅう
(In our company, to maintain the quality, we check the items for many times.／本公司为了维持产品质量,进行了多重检查。／우리 회사에서는 품질유지를 위하여 몇 번이나 체크를 합니다.)

⓭ ☐ **保険** (insurance／保险／보험)
　　ほけん

▷ 保険をかける、生命保険、火災保険、健康保険、社会保険
　　　　　　せいめい　　　　かさい　　　けんこう　　　しゃかい
(to insure, life insurance, fire insurance, health insurance, social insurance／上保险、生命保险、火灾保险、健康保险、社会保险／보험을 걸다, 생명보험, 화재보험, 건강보험, 사회보험)

▶ いざというときのために、保険に入っておいたほうがいい。
　　　　　　　　　　　　　　　　　　はい
(Just in case, it's better to get an insurance.／为了预防万一,加入保险为好。／만일을 위해서 보험에 드는 편이 좋다.)

⓮ ☐ **補償(する)** (to compensate／补偿／보상)
　　ほしょう

▷ 損害補償 (compensation for a damage／损害赔偿／손해 배상)
　　そんがい

▷ 事故の被害者に対し、国はしっかりと補償をすべきだ。
　　じこ　　ひがいしゃ　たい　　くに
(The nation should properly compensate to the victims of the accident.／对于事故的受害者,国家进行坚决补偿。／사고의 피해자에 대해 국가는 제대로 보상을 해야 한다.)

⓯ ☐ **特典** (privilege／特别优惠／특전)
　　とくてん

▷ 会員特典 (member privilege／会员特别优惠／회원 특전)
　　かいいん

❶❻ ☐ **まける／負ける** (to get a discount／输／싸게 하다) 類 **値引き(する)**

▶ この服、ちょっと傷がついてたから、500円負けてもらった。
(This dress was a bit damaged, so I got 500 yen discount.／这件衣服有些破了，让别人便宜了500日元。／이 옷, 조금 흠이 있어서 500엔 싸게 해 주었다.)

❶❼ ☐ **おまけ(する)** (to get a free thing／附贈品／덤)

▶ 今、このチョコを買うと、おまけが付いている。
(If you buy this chocolate now, you can get a free gift.／现在买这种巧克力，附带赠品。／지금 이 초콜릿을 사면 덤이 달려있다.)

▶ 10個買うから、1個おまけしてよ。
(I'll buy 10, so please give me one more.／买十个，就给一个附赠品。／10개를 살 테니까 1개 덤으로 줘요.)

❶❽ ☐ **値切る** (to beat down the price／讲价／값을 깎다)

▶ あそこの魚屋は、値切ったら負けてくれるよ。
(If you try to beat down the price, that fish shop will give you a discount.／那里的卖鱼的店，要是讲个价会便宜卖的。／저곳의 생선 가게는 값을 깎으면 싸게 해준다.)

❶❾ ☐ **アフターサービス** (after-sales service／售后服务／애프터 서비스) 類 **アフターケア**

❷⓿ ☐ **ニーズ** (demand／需求／니즈)

❷❶ ☐ **〜用品** (commodity, supplies, goods／用品／〜용품)

▷ 事務用品、生活用品、スポーツ用品店
(office supplies, daily commodities, sporting goods／办公用品、生活用品、体育用品店／사무용품、생활용품、스포츠 용품)

❷❷ ☐ **品数** (variety of goods／商品种类／물건의 수, 종류)

▶ この店は品数が豊富です。
(This store has a wide variety of goods.／这个商店商品种类丰富。／이 가게는 물건의 종류가 풍부합니다.)

UNIT 24 読む・書く・聞く・話す
(Reading, writing, listening, speaking／读・写・听・说／읽다・쓰다・듣다・말하다)

❶ □ 記す (to write down／记载、记入／기록하다)

▶ 具体的な条件は、すべて契約書の中に記してある。
(The concrete conditions are all written down in the contract.／具体条件都记载在契约书中。／구체적인 조건은 모두 계약서 속에 쓰여 있다.)

❷ □ 記載(する) (to record／记载／기재)

▷ 記載事項 (items mentioned／记载事项／기재사항)

▶ パスポートに記載されている住所は以前のものです。
(The address entered into the passport is the same as before.／护照上所记载的地址是以前的。／패스포트에 기재되어 있는 주소는 이전 것입니다.)

❸ □ 記述(する) (to describe／记述／기술)

▷ 記述問題 (essay question／记述问题／기술문제)

▶ 古い資料にそれに関する記述があった。
(There was a description about that in the ancient records.／古老的资料中有关于此事的描述。／오래된 자료에 그것에 관한 기술이 있었다.)

❹ □ 描写(する) (to portray／描写／묘사)

▶ 主人公の心の動きが細かく描写されている。
(The motivations of the protagonist were portrayed in detail.／细微地描写了主人公内心的波动。／주인공의 심리가 자세하게 묘사되어 있다.)

❺ □ 要約(する) (to summarize／归纳／요약)

▶ 次の文章を400字以内に要約してください。
(Please summarize the following composition within 400 Japanese characters.／请在400字以内归纳以下文章的主要内容。／다음 문장을 400자 이내로 요약해 주세요.)

❻ □ 箇条書き（かじょうがき）(bulleted list／逐条写／조목별로 씀)
▶ 箇条書きでいいので、改善案を提出してください。
（A bulleted list is good enough, so please submit an improvement plan.／逐条写就可以了，请提一下改善意见。／조항별로 쓴 것으로 되니까 개선안을 내 주세요.）

❼ □ 前述（する）（ぜんじゅつ）(to mention above／前述／전술)
▶ 前述の通り、状況は改善されていません。
（As mentioned above, the conditons have not improved.／如前所述，状况没有得到任何改善。／전술한 대로 상황은 개선되지 않았습니다.）

❽ □ 対 後述（する）（こうじゅつ）

❾ □ 誇張（する）（こちょう）(to exaggerate／夸张／과장)
▶ 話がちょっと誇張されていると思う。実際は普通だったよ。
（I think that's an exaggeration; it was actually quite normal.／说得有些夸张。实际上非常普通。／이야기가 조금 과장되었다고 생각한다. 실제는 보통이었다.）

❿ □ 音色（ねいろ）(tone／音色／음색)
▶ チェロの美しい音色に気分も和らいだ。
（My mood mellowed listening to the beautiful tones of the cello.／大提琴美丽的音色能让心情缓和。／첼로의 아름다운 음색에 기분도 잔잔해졌다.）

⓫ □ 視聴（する）（しちょう）(to view, watch／视听／시청)
▶〈テレビ〉視聴者の皆様にプレゼントをご用意しました。
（We have prepared presents for our (TV) viewers.／(电视) 我们为各位观众准备了礼物。／<텔레비전> 시청자 여러분에게 선물을 준비했습니다.）

⓬ □ 雑談（する）（ざつだん）(to chat／闲聊／잡담)
▶ ちょっとした雑談から新しいアイデアが生まれることも多いです。
（Often new ideas come from having a small chat.／人们从很小的闲聊中经常能产生新的点子。／사소한 잡담에서 새로운 아이디어가 생기는 경우도 많습니다.）

⓭ □ 質疑（する）（しつぎ）(to cross-examine／质疑／질의)
▷ 国会で質疑を行う（こっかい・おこな）(cross-examine at the Diet／在国会进行质疑／국회에서 질의하다)

⓮ ☐ 質疑応答 (questions and answers／回答质疑／질의응답)
　　しつぎおうとう

▶発表の後に10分間の質疑応答があります。
　はっぴょう　あと　　　ふんかん
(There will be a ten-minute question-and-answer session after the presentation.／发表之后有十分钟的回答提问时间。／발표 후에 10분간의 질의응답이 있습니다.)

⓯ ☐ 釈明(する) (to explain／解释说明／해명)
　　しゃくめい

▶事故について、社長による釈明が行われた。
　じこ　　　　しゃちょう　　　　　　　おこな
(An explanation was given by the company president about the accident.／关于事故，由社长进行解释说明。／사고에 대해 사장님에 의한 해명이 있었다.)

⓰ ☐ 祝辞 (congratulatory speech／祝辞／축사)
　　しゅくじ

▶結婚式で祝辞を述べることになった。
　けっこんしき　　　の
(I'm expected to give a congratulatory speech at the wedding.／在结婚典礼上进行祝辞。／결혼식에서 축사를 말하게 되었다.)

⓱ ☐ 趣旨 (gist／宗旨／취지)
　　しゅし

▷会／活動の趣旨
　かい　かつどう
(gist or purport of a meeting/activity／会议主旨／活动宗旨／모임／활동의 취지)

▶お話の趣旨はわかりましたが、具体的に私は何をすればいいですか。
　はなし　　　　　　　　　　ぐたいてき　わたし　なに
(I understood the gist of what you're saying, but what exactly is it you want me to do?／我知道您说的意思了，但是让我具体怎么做好呢？／말씀의 취지는 알겠습니다만 구체적으로 나는 무엇을 하면 됩니까?)

⓲ ☐ 主題 (theme／主题／주제)　　　　　　　　　　　　　　同テーマ
　　しゅだい

▷主題歌 (theme song／主题歌／주제가)
　　　か

▶作品の主題は、家族の愛です。
　さくひん　　　　　　かぞく　あい
(The theme of the production is familial love.／作品的主题是家人的爱。／작품의 주제는 가족의 사랑입니다.)

⓳ ☐ 本題 (main topic／正题／본제)
　　ほんだい

▶そろそろ今日の本題に入りたいと思います。
　　　　　きょう　　　　はい　　　おも
(Now I would like to begin talking about today's main topic.／我想即将要进入今天的正题了。／슬슬 오늘의 본제에 들어가겠습니다.)

❷⓪ ☐ 説得(する) (to persuade／说服／설득)

▶ 警察の説得に応じ、中から犯人が出てきた。
(The criminal came out in response to police persuasion.／听了警察的劝告，罪犯从里面出来了。／경찰의 설득에 응해 안에서 범인이 나왔다.)

▷ 説得力 (persuasiveness／说服力／설득력)

▶ 経験者だけに、彼女の話には説得力がある。
(As she is an experienced person, her explanation has persuasiveness.／正因为是经验者，所以她的话很有说服力。／경험자인 만큼 그녀의 말에는 설득력이 있다.)

❷① ☐ 説く (to explain／解释、说明／설명하다)

▶ 彼は以前から原発の危険性を説いている。
(He has been explaining about the dangers of nuclear power plants for a long time.／他从以前开始就一直在解释核电站的危险性。／그는 이전부터 원자력 발전의 위험성을 설파하고 있다.)

❷② ☐ 討論(する) (to debate／讨论／토론)

▷ 討論会 (debate session／讨论会／토론회)

▶ 各分野の代表が集まって、この問題について討論した。
(Representatives from diverse fields got together and debated this problem.／各个领域的代表们聚集到一起，一起商讨这个问题。／각 분야의 대표가 모여 이 문제에 대해 토론했다.)

❷③ ☐ 協議(する) (to deliberate／商议／협의)

▷ 協議を重ねる (hold various talks／不断协议／협의를 반복하다)

▶ 審判員が協議した結果、今のゴールは無効になりました。
(As a result of the referees' deliberations, the goal was declared invalid.／裁判们审议的结果，一致裁定刚才的进球无效。／심판원이 협의한 결과 지금의 골은 무효가 되었습니다.)

❷④ ☐ 対談(する) (to converse／对谈／대담)

▶ 二人の対談記事を見たことがあります。
(I've seen their dialogue reported in an article in the paper.／我看过两人对谈的报道。／두 사람의 대담기사를 본 적이 있습니다.)

㉕ □ **交渉(する)** (to negotiate／交涉／교섭)
　▷ 値段交渉 (price negotiations／价格交涉／가격교섭)
　▶ 交渉すれば、もうちょっと安くしてくれるかもしれない。
　　(They might reduce the price a little if we negotiate.／如果交涉一下的话，可能可以更便宜一些。／교섭을 하면 좀 더 싸게 해 줄지도 모른다.)

㉖ □ **回答(する)** (to reply／回答／회답)
　▶ メールで問い合わせたら、丁寧な回答をもらった。
　　(When I made an inquiry by email, I received a polite response.／通过邮件咨询了一下，得到了认真的回复。／메일로 문의를 했더니 정중한 답을 받았다.)

㉗ □ **沈黙(する)** (to fall silent／沉默／침묵)
　▷ 沈黙を守る (keep silent／守住沉默／침묵을 지키다)
　▶ 長い沈黙を破って、彼女が話し始めた。
　　(Breaking a long silence, she began speaking.／打破了长期的沉默，她开始娓娓道来。／긴 침묵을 깨고 그녀가 말하기 시작했다.)

㉘ □ **無言** (without a word／无言以对／무언)
　▶ 記者が質問したが、大臣は無言のまま車に乗った。
　　(The journalist asked a question, but the minister got into his car without a word.／记者们提了很多问题，大臣一句话也没说就坐上了车。／기자가 질문을 했지만 장관은 무언인 채로 자동차에 올라 탔다.)

㉙ □ **無口(な)** (taciturn／沉默寡言／과묵함)　　　　対 おしゃべり(な)
　▶ 父は普段から無口で、機嫌が悪いわけじゃありません。
　　(My father is usually taciturn; it's not that he's in a bad mood.／父亲平时就沉默寡言，也不是心情不好。／아버님은 평소부터 말수가 적고 기분이 나쁜 것은 아닙니다.)

㉚ □ **内緒** (secret／秘密／비밀)
　▷ 内緒話 (confidential disclosure／秘密的事情／비밀 이야기)
　▶ 今の話は内緒にしてください。
　　(Please keep what I just said a secret.／刚才说的事情请保密。／지금의 이야기는 비밀로 해 주세요.)

㉛ ☐ 訛り (accent／口音／사투리)
　　　なま

▶ 彼は東北出身で、ちょっと訛りがある。
　　かれ　とうほくしゅっしん

(He's from Japan's northeast so he has a slight accent.／他是东北出身的，有些乡音。／그는 동북출신으로 조금 사투리가 있다.)

㉜ ☐ 前置き (introduction／开场白、前言／서문, 머리말)
　　　まえお

▶ 前置きはこれぐらいにして、本題に入りたいと思います。
　　まえお　　　　　　　　　　ほんだい　はい　　　　おも

(That's enough for the introduction. I would like to get into the main issue now.／开场白就说到这里，现在进入正题。／서두는 이 정도로 하고 본제로 들어가겠습니다.)

㉝ ☐ イントネーション (intonation／语调／억양)

㉞ ☐ 相槌を打つ (give prompting response／帮腔、附和／맞장구를 치다)
　　　あいづち　う

▶ 彼女はよく相槌を打つけど、ちゃんと聞いてないことが多い。
　　かのじょ　　　あいづち　う　　　　　　　　　き　　　　　　　　　おお

(She often gives prompting responses, but often isn't properly listening.／她经常随声附和，很多时候并没有注意听。／그녀는 맞장구를 잘 치지만 제대로 듣지 않는 경우가 많다.)

㉟ ☐ 朗読(する) (to read aloud／朗读／낭독)
　　　ろうどく

▷ 詩の朗読 (read poetry aloud／诗的朗读／시의 낭독)
　　し

㊱ ☐ 熟読(する) (to read carefully／熟读／숙독)
　　　じゅくどく

▶ 大事なところなので、熟読しておいてください。
　　だいじ　　　　　　　　じゅくどく

(This is an important section so please read it carefully.／这是重要的地方，请一定熟读。／중요한 곳이니까 숙독해 주세요.)

㊲ ☐ 言及(する) (to refer to／言及／언급)
　　　げんきゅう

㊳ ☐ 部首 (kanji radical／部首／부수)
　　　ぶしゅ

㊴ ☐ 送り仮名 (kana declensions／送假名／오쿠리가나)
　　　おく　かな

❹⓪ ☐ かっこ（ ） (parentheses／括号／괄호)
　▷ かっこで括る (enclose in parentheses／用括号括起来／괄호로 묶다)

❹① ☐ かぎかっこ「 」 (brackets／引号／낫표)

❹② ☐ 句点 (period／句号／마침표)

❹③ ☐ 読点 (comma／逗号／쉼표)
　▷ 句読点（＝句点と読点）

UNIT 25

本（Book／书／책）
ほん

❶ ☐ **刊行(する)**（to publish／出版、发行／간행）
かんこう
　▷ 定期刊行物（regular publication／定期出版物／정기간행물）
　　ていきかんこうぶつ

❷ ☐ **初版**（first edition／初版／초판）
しょはん

❸ ☐ **改訂(する)**（To revise／修订／개정）
かいてい
　▷ 改訂版（revised edition／修订版／개정판）
　　かいていばん
　▶ この辞書は10年ぶりに改訂されることになった。
　　じしょ　　　　ねん　　　　　かいてい
　　(This dictionary will be revised for the first time in ten years.／隔了十年，对这本辞典进行了修订。／이 사전은 10년 만에 개정되게 되었다.)

❹ ☐ **著書**（book／著作／저서）
ちょしょ
　▶ これは彼女の代表的な著書です。
　　　　かのじょ だいひょうてき ちょしょ
　　(This is one of her major works.／这是她的代表著作。／이것은 그녀의 대표적인 저작입니다.)

❺ ☐ **著作権**（copyright／著作权／저작권）
ちょさくけん
　▷ 著作権の侵害（infringement of copyright／对著作权的侵害／저작권의 침해）
　　　　　　しんがい

❻ ☐ **書評**（book review／书评／서평）
しょひょう
　▷ 新聞の書評欄（book review column of a newspaper／报纸的书评栏目／신문의 서평란）
　　しんぶん　　　らん

❼ ☐ **ベストセラー**（bestseller／畅销书／베스트셀러）

❽ ☐ **文芸**（literature／文艺／문예）
ぶんげい
　▷ 文芸作品（literary work／文艺作品／문예작품）
　　　　さくひん

❾ ☐ **随筆**（essay／随笔／수필）
ずいひつ
　▷ 同エッセイ（essay／随笔／에세이）

❿ ☐ 長編　(feature length／长编／장편)　　　　　　　　　　　　　　対 短編
　　ちょうへん　　　　　　　　　　　　　　　　　　　　　　　　　　　　　たんぺん

　▷ 長編小説 (feature length novel／长编小说／장편소설)
　　　　しょうせつ

⓫ ☐ 教材　(educational materials／教材／교재)
　　きょうざい

⓬ ☐ 書物　(book／书籍／서적)
　　しょもつ

　▷ 当時は、彼らを中心に古い書物の研究が盛んに行われていた。
　　とうじ　　かれ　　ちゅうしん　ふる　　　　　　けんきゅう　さかん　おこな
　　(At the time, a lot of research on old books was being carried out mainly by them.／当时,盛行着以他们为中心进行古老书籍的研究。／당시는 그들을 중심으로 옛 서적 연구가 활발히 이루어졌었다.)

⓭ ☐ 章　(chapter／章／장)
　　しょう

　▷ 序章 (prologue／序章／서장)
　　じょしょう

　▶ どういう章立てにするか、考えているところです。
　　　　　　しょうだ　　　　　かんが
　　(I'm currently thinking about what sort of chapter I should make it.／正在思考章节结构怎样构成？／어떤 목차로 구성할지 생각하는 중입니다.)

⓮ ☐ 節　(passage, stanza／节／절)
　　せつ

　▷ 第1章第2節 (the second section in the first chapter／第1章第2节／제 1 장 제 2 절)
　　だい　しょう

　▶ これは『源氏物語』の有名な一節です。
　　　　　　げんじものがたり　　ゆうめい　いっせつ
　　(This is a famous passage from the Tale of Genji.／这是《源氏物语》中著名的一个章节。／이 것은 [켄지모노가타리] 의 유명한 일절입니다.)

⓯ ☐ 大意　(drift, outline／大意／대의)
　　たいい

　▷ 大意をつかむ (to catch the drift／抓住大意／대의를 파악하다)

⓰ ☐ 付録　(appendix／附录／부록)
　　ふろく

⓱ ☐ 購読(する)　(subscription／订阅／구독)
　　こうどく

UNIT 26 自然科学 しぜんかがく (Natural science／自然科学／자연과학)

❶ □ たんぱく質／蛋白質 (protein／蛋白质／단백질)
　▷ 高たんぱく (high protein／高蛋白／고단백)

❷ □ でんぷん (starch／淀粉／전분)

❸ □ 分子 ぶんし (molecule／分子／분자)
　▷ 分子構造 (molecular structure／分子构造／분자구조)

❹ □ 電子 でんし (electron／电子／전자)

❺ □ アルカリ (alkali／碱／알칼리)
　▷ アルカリ電池 (alkali battery／碱性电池／알칼리성 건전지)

❻ □ アルカリ性 (alkaline／碱性／알칼리성)

❼ □ 酸性 さんせい (acidic／酸性／산성)

❽ □ 酸化(する) さんか (to oxidize／氧化／산화)
　▶ 鉄製なので、酸化して錆びないよう、手入れが必要です。
　　(It's made of iron, so maintenance is necessary in order to prevent oxidation and rusting.／因为是铁质的，容易氧化，为了不让其生锈，需要保养。／철제이어서 산화해 녹슬지 않도록 손질이 필요합니다.)

❾ □ 有機 ゆうき (organic／有机／유기)
　▷ 有機栽培 (organic cultivation／有机栽培／유기재배)

❿ □ 化合物 かごうぶつ (compound／化合物／화합물)
　▷ 有機化合物 (organic compound／有机化合物／유기화합물)

❶ □ 物質 (material／物质／물질)
　　ぶっしつ

❷ □ 物体 (object／物体／물체)
　　ぶったい
　▷ 謎の飛行物体 (unidentified flying object／谜一样的飞行物／의문의 비행물체)
　　なぞ　ひこう

❸ □ 加速(する) (to accelerate／加速／가속)
　　かそく
　▶ モーターの回転速度をさらに加速させてみた。
　　　　かいてんそくど
　　(I tried increasing the rotating speed of the motor.／更加加速了马达的运转速度。／모터의 회전속도를 더욱 가속해 보았다.)

❹ □ 重力 (gravity／重力／중력)
　　じゅうりょく

❺ □ 法則 (law／法则／법칙)
　　ほうそく
　▷ 遺伝の法則 (laws of heredity／遗传的规律／유전 법칙)
　　いでん

UNIT 27 宗教・信仰 しゅうきょう・しんこう （Religion, faith／宗教、信仰／종교・신앙）

❶ □ 教義(きょうぎ)　(doctrine, gospel／教义／교의)

❷ □ 教え(おし)　(teachings／教义／가르침)
　▷ 教えを説く(おし・と)　(to preach the faith／说教／가르침을 설명하다)

❸ □ 教祖(きょうそ)　(guru／教祖／교조)

❹ □ 教徒(きょうと)　(believer／教徒／교도)
　▷ 仏教徒、異教徒(ぶっきょうと、いきょうと)　(Buddhists, pagans／佛教徒、异教徒／불교도, 이교도)

❺ □ 信者(しんじゃ)　(adherent／信者／신자)

❻ □ 信仰(する)(しんこう)　(to have faith／信仰／신앙)
　▷ 信仰心(しん)　(devotion／信仰之心／신앙심)

❼ □ 礼拝(する)(れいはい)　(worship／礼拜／예배)
　▷ 礼拝堂(どう)　(chapel／礼拜堂／예배당)
　▶ ここには大勢の人が礼拝に訪れます。(おおぜい・ひと・れいはい・おとず)
　　(Many people come here to worship.／很多人来这里做礼拜。／여기에는 많은 사람들이 예배로 방문합니다.)

❽ □ 巡礼(する)(じゅんれい)　(pilgrimage／巡礼／순례)
　▷ 巡礼の旅(たび)　(religious pilgrimage／巡礼之旅／순례 여행)

❾ □ 懺悔(する)(ざんげ)　(repentance／忏悔／참회)
　▶ 経営責任者は、まず事故の被害者に対して懺悔すべきだ。(けいえいせきにんしゃ・じこ・ひがいしゃ・たい)
　　(Those responsible for running it should first express repentance towards the victims of the accident.／经营责任人应该首先对事故的被害人进行忏悔。／경영책임자는 우선 사고 피해자에 대해 참회해야 한다.)

❿ □ 聖書(せいしょ)　(bible／圣书／성서)
　▷ 新約聖書、旧約聖書(しんやく・きゅう)
　　(New Testament, Old Testament／新约圣书、旧约圣书／신약성서 , 구약성서)

⑪ ☐ 神聖(な) (holy, sacred／神圣／신성)
   しんせい

⑫ ☐ 敬虔(な) (pious, devout／虔诚／경건)
   けいけん
   ▷ 敬虔な祈りを捧げる (to offer a devout prayer／进行虔诚的祈祷／경건한 기도를 올리다)
     いの   ささ

⑬ ☐ 不吉(な) (inauspicious／不吉利／불길)
   ふきつ
   ▶ どうも不吉な予感がする。
                  よかん
     (Somehow, I feel like something ominous is going to happen.／好像有不吉利的预感。／아무래도 불길한 예감이 든다.)

⑭ ☐ 災い (misfortunee／灾难／재앙)
     わざわ
   ▷ 災いを招く女として、彼女は村を追放された。
     わざわ   まね おんな   かのじょ むら ついほう
     (She was expelled from the village for bringing disaster to them.／她被当做招致灾难的女人，被村子里的人们给驱逐。／재앙을 부르는 여자로 그녀는 마을을 추방당했다.)

⑮ ☐ 縁起 (origin, luck／吉凶之兆／길흉의 조짐)
     えんぎ
   ▶ ツルやカメは長生きなので、昔から縁起のいい動物とされています。
                 ながい   むかし えんぎ   どうぶつ
     (Animals like cranes and turtles have a long lifespan, so they have long been regarded as auspicious animals.／仙鹤和乌龟都是长寿的动物，一直以来就是非常吉祥的动物。／학과 거북은 장수하기 때문에 옛부터 길한 동물로 되어 있습니다.)
   ▷ 縁起を担ぐ (superstitious／祈祷好事／길흉을 따지다)
     えんぎ かつ

   ★物事に対して、それがこれからいいことが起こるしるしなのか、その逆なのかと、気にすること。／Used to describe people who are concerned about whether something is a harbinger of good (or bad) things.／对于某些事情，很在意其之后是发生好事的先兆，还是发生坏事的兆头。／사물에 대해 그것이 지금부터 좋은 일이 일어날 조짐일지 아닌지 신경을 쓰는 것.

⑯ ☐ 住職 [寺] (head priest／住持／주지 스님)
     じゅうしょく てら

⑰ ☐ 神主 [神社] (Shinto priest／主祭、神官／신관)
     かんぬし

⑱ ☐ 神父 [カトリック] (Catholic priest／神父／신부)
     しんぷ

⑲ ☐ 牧師 [プロテスタント] (pastor (Protestant)／牧师／목사)
     ぼくし

⑳ ☐ 仏像 (image of Buddha／佛像／불상)
     ぶつぞう

❷❶ ☐ **鳥居［神社］** (shrine gate／鸟居／신사의 붉은 문)
とりい　　じんじゃ

❷❷ ☐ **伝説** (legend／传说／전설)
てんせつ

▶ この池には、古くから伝わる伝説がある。
　いけ　　　ふる　　　つた
(There are legends about this lake that date from ancient times.／关于这个池塘，有着流传至今的古老传说。／이 연못은 예로부터 전해지는 전설이 있다.)

❷❸ ☐ **怪物** (monster／怪物／괴물)
かいぶつ

★理解を越えた不気味な生き物。／Strange creature that defies understanding.／超越理解的恐怖生物。／이해할 수 없는 기분 나쁜 생물.

❷❹ ☐ **化け物**
ばけもの

★人間以外のものが、人間の姿をして現れたもの。／Non-human entities who appear in the form of a human.／不是人的东西以人的姿态而出现。／인간 이외의 것이 인간의 모습을 하고 나타난 것.

❷❺ ☐ **鬼**
おに

★①人に災いをもたらす怪物。②程度がはなはだしい様子。／① Monster who brings misfortune to humans.／给人们带来灾难的怪物。／사람에게 재앙을 가져오는 괴물.
② To an excessive, extreme degree.／程度很严重的样子。／정도가 심한 모습.

▶ ②彼女、最近、鬼のように練習しているね。
　　かのじょ　さいきん　おに　　　　れんしゅう
(②She's been practicing like a demon recently.／她最近像魔鬼一样地进行练习。／그녀는 최근에 마음을 독하게 먹고 연습하고 있다.)

❷❻ ☐ **〜の鬼**（例：仕事の鬼）
　　　　　れい　しごと

★〜について全力かつ厳しい姿勢で行っていること。／To do something with all one's energy, and with a stern, rigorous atttitude.／关于〜,尽心尽力地以严峻的姿势进行。／〜에 대해 전력을 다하는 동시에 엄격한 자세로 행하는 것.

UNIT 28 場所・位置・方向
(ばしょ・いち・ほうこう)

(Place, position, direction／场所・位置・方向／장소・위치・방향)

❶ □ **先端**（point, tip／尖端／첨단）
　　せんたん

▷ ナイフの先端、先端技術
　　　　　　　ぎじゅつ
(tip of a knife, cutting-edge technology／刀子的尖端、尖端技术／칼끝．첨단기술)

▶ 彼女はもちろん、流行の先端を行っているつもりです。
　かのじょ　　　　　りゅうこう
(She naturally intends to stay at the cutting edge of trends.／她当然是准备走在时代尖端的。／그녀는 물론 유행의 첨단을 가고 있다고 생각합니다.)

❷ □ **縁**（frame／边缘／테두리)
　　ふち

▷ 眼鏡の縁（spectacle frame／眼睛的边缘／안경 테두리)
　めがね

▶ このグラス、縁の部分がちょっと欠けてる。
　　　　　　　ふぶん　　　　　か
(The rim of this glass is slightly chipped.／这个玻璃杯边缘有个缺口。／이 컵, 테두리 부분이 조금 깨져있다.)

❸ □ **側面**（side, aspect／侧面／측면)
　　そくめん

▷ 側面の（lateral／侧面的／측면의)

▶ いつも大人しい友人の意外な側面を見た。
　　　　おとな　　ゆうじん　いがい　　　　み
(She is always quiet, but I saw an unexpected side of of her.／看到了向来诚实的朋友。／항상 얌전한 친구의 의외의 면을 보았다.)

❹ □ **斜面**（gradient, incline／斜面／사면)
　　しゃめん

▷ 急な斜面（steep incline／陡的斜面／급한 사면)
　きゅう

▷ 山の斜面に畑が作られている。
　やま　　　　はたけ　つく
(Fields have been built along the slope of the mountain.／山的斜面用作旱田。／산의 사면에 밭이 만들어져있다.)

❺ □ **溝**（ditch, trough／沟／도랑)
　　みぞ

▶ 道の両側に幅50センチくらいの溝がある。
　みち　りょうがわ　はば
(There are ditches about 50cm wide on both sides of the road.／道路的两旁各宽为50厘米的沟。／길 양쪽에 폭이 50센티 정도의 도랑이 있다.)

❻ □ かたわら／傍ら (beside／旁边／곁)
　かたわら
▶ 道のかたわらに小さな案内板が置かれていた。
　みち　　　　　　　ちい　　あんないばん　お
(Small information boards were placed beside the road.／道路旁边放着小小的指示牌。／길옆에 작은 안내판이 놓여 있었다.)

❼ □ 類脇 (beside／旁边／옆)
　　　わき
▶ テーブルの脇に立ってください。
　　　　　　　た
(Please stand beside the table.／请站在桌子旁边。／테이블 옆에 서주세요.)

❽ □ 手元 (in hand／手头／손이 닿는 거리)
　　てもと
▶ お手元の資料をご覧ください。
　　てもと　しりょう　　らん
(Please look at the materials in front of you.／请大家翻看一下手上的资料。／앞에 있는 자료를 보십시오.)

❾ □ 前方 (ahead／前方／전방)
　　ぜんぽう
▷ 前方不注意 (not looking ahead carefully／前方不注意／전방 부주의)
　ふちゅうい

❿ □ 対 後方 (behind／后方／후방)
　　　こうほう

⓫ □ 道なり (along a road／顺道／길이 난 대로 따라감)
　　みち
▶ このまま道なりに行くと、角に銀行があります。
　　　　　　　　　　　い　　　かど　ぎんこう
(If you go along this road, there'll be a bank on the corner.／就这样顺着道路走，拐角处就有银行。／이대로 길을 따라가면 모퉁이에 은행이 있습니다.)

⓬ □ ところどころ (here and there／到处／곳곳)
▶ あの看板は、ところどころ字が消えていて、読みづらい。
　　　かんばん　　　　　　　　　　じ　き　　　　　　　よ
(Some of the words on that signboard have faded away, so it's difficult to read.／写在这块告示牌各处的字都不见了，很难看懂。／저 간판은 곳곳에 글자가 지워져 있어 읽기 어렵다.)

⓭ □ いたるところ (everywhere, all over／到处／가는 곳마다)
▶ 異常気象は、世界のいたるところで見られます。
　いじょうきしょう　　せかい　　　　　　　　　み
(Abnormal weather can be seen all over the world.／能在世界各地看到异常的气候现象。／이상기상은 세계 곳곳에서 볼 수 있습니다.)

⑭ □ 目と鼻の先 (just around the corner／近在咫尺／바로 코앞)

▶ 目と鼻の先にコンビニがあるので、便利です。

(There's a convenience store just around the corner from here, so it's really convenient.／便利店就近在咫尺，非常方便。／바로 코앞에 편의점이 있어서 편리합니다.)

⑮ □ 日なた (sunny place／向阳处／양지)

▶ 寒いから日なたに移ろう。

(It's cold, let's move to a sunny place.／挺冷的，搬到向阳处吧。／추우니까 양지로 옮기자.)

⑯ □ 対日陰 (shade／阴凉处／그늘)

▷ 日陰で休む (to rest in the shade／在阴凉处休息／그늘에서 쉬다)

⑰ □ 内部 (internal／内部／내부)

▶ これは内部の事情に詳しい人に聞いた話です。

(This is what I have heard from a person familiar with internal circumstances.／这是从熟悉内部情况的人那里听说的事情。／이것은 내부 사정을 잘 아는 사람에게들은 이야기입니다.)

UNIT 29 範囲 はんい (Realm／范围／범위)

❶ □ **領域** りょういき (area／领域／영역)
▷ 研究領域 けんきゅう (an area of study／研究领域／연구영역)

❷ □ **エリア** (area／地区／지역)
▷ 配達可能なエリア はいたつかのう (possible delivery area／可以配送地区／배달 가능한 지역)

❸ □ **カテゴリー** (category／范畴／카테고리) 類 ジャンル
▶ 商品カタログで探したほうが早いよ。カテゴリー別になっているから。
しょうひん さが はや べつ
(It's faster to find in a product catalog, as it's shown by category.／通过商品目录来找的话快一些。因为是分类的。／상품 카탈로그로 찾는 편이 빠르다. 카테고리별로 되어 있으니까.)

❹ □ **枠** わく (frame／框架、限制／틀)
▷ 窓の枠 まど (a window frame／窗户的外框／창틀)
▶ 予算の枠内なら、買ってもいいですよ。
よさん
(Within the limits of budget, you can buy it／在预算范围之内的话，可以买。／예산 범위 안이라면 사도 괜찮습니다.)

❺ □ **一帯** いったい (all over／一带／일대)
▷ 関東一帯 かんとう (all over Kanto district／关东一带／관동 일대)
▶ 山のふもと一帯にブドウ畑が広がっていた。
やま ばたけ ひろ
(The vineyard was stretching out all over the foot of the mountain.／山脚下一带都是葡萄园。／산기슭 일대에 포도밭이 펼쳐져 있다.)

❻ ☐ **権限** (authorization／权限／권한)
　　けんげん

▷ 顧客データへのアクセス権限
　　こきゃく
(access authorizations to customers' data／对顾客的数据进行点击限制／고객 데이터로 액세스할 권한)

▶ 入院した社長に代わって、副社長にすべての権限が与えられた。
　にゅういん　しゃちょう　か　　　　ふく　　　　　　　　　　　　　あた
(On behalf of the president staying at a hospital, all the authorizations is given to the vice president.／副社长代替住院的社长，被给与了所有的权限。／입원한 사장님을 대신하여 부사장님에게 모든 권한이 주어졌다.)

❼ ☐ **現行** (existing／现行／현행)
　　げんこう

▷ 現行法 (existing law／现行法律／현행법)
　　　ほう

▶ 現行のシステムでは、同時に申し込みをすることはできません。
　　　　　　　　　　　　どうじ　もう　こ
(With an existing system, you cannot apply at the same time.／先行的系统是不能同时进行申请的。／현행의 시스템에서는 동시에 신청할 수는 없습니다.)

❽ ☐ **専用** (only, own／专用／전용)
　　せんよう

▷ 女性専用車両、自分専用の棚
　じょせい　しゃりょう　じぶん　　　　たな
(women-only car, my own shelf／女性专用车厢、自己专用的架子／여성 전용 차량, 자기 전용 선반)

❾ ☐ **及ぶ** (widespread／波及／미치다, 달하다)
　　およ

▷ この大雨で広範囲に及ぶ被害が出た。
　　　おおあめ　こうはんい　　　　ひがい　で
(This heavy rain caused widespread damage.／这次的大雨波及到大范围的地区受灾。／이 큰비로 광범위한 피해가 났다.)

▷ 会議は深夜にまで及んだ。
　かいぎ　しんや
(The meeting continued till midnight.／会议持续到深夜。／회의는 심야까지 이르렀다.)

❿ ☐ **及ぼす** (cause／影响到／끼치다)

▷ 台風は各地に大きな被害を及ぼした。
　たいふう　かくち　おお
(The typhoon caused a lot of damage to each place.／台风引起各地受灾。／태풍은 각지에 큰 피해를 끼쳤다.)

⓫ ☐ **許容(する)** (to permit／允许／허용)
　　きょよう

▶ 少し予算オーバーだけど、まあ、許容範囲です。
　すこ　よさん　　　　　　　　　　　　きょようはんい
(It's a little bit above the budget, but it's within a permissible range.／有点儿超出了预算，但还是在允许范围之内。／조금 예산 오버지만 뭐 허용 범위입니다.)

UNIT 30 形式・スタイル けいしき

(Form, style／形式・式样／형식・스타일)

❶ □ **本格**(ほんかく) (authentic, full-fledged／地道、正宗／본격)

▷ 本格派(ほんかくは)のオペラ歌手(かしゅ)
(professional opera singer／正宗的歌剧歌手／본격파인 오페라가수)

▷ 新(しん)システムは来月(らいげつ)から本格導入(ほんかくどうにゅう)される。
(The new system will be fully implemented from next month.／新系统从下月起正式导入。／신시스템은 다음 달부터 본격 도입된다.)

❷ □ **本格的**(ほんかくてき)**(な)** (authentic, seriously／地道的、正宗的／본격적인)

▷ 本格的(ほんかくてき)なフランス料理(りょうり)
(authentic French food／正宗的法国菜／본격적인 프랑스요리)

▶ これから本格的(ほんかくてき)に中国語(ちゅうごくご)を勉強(べんきょう)するつもりです。
(I will study Chinese seriously from now on.／我准备从现在开始正式学习汉语。／지금부터 본격적으로 중국어를 공부할 생각입니다.)

❸ □ **正規**(せいき) (regular／正规／정규)

▷ 正規雇用(せいきこよう)、正規(せいき)の手続(てつづ)き
(regular employment, regular procedure／正规雇佣、正规的手续／정규고용 , 정규 수속)

❹ □ **体裁**(ていさい) (format／形式、体面／체재)

▶ 内容(ないよう)はこれでいいから、あとは企画書(きかくしょ)として体裁(ていさい)を整(とと)えて。
(The content is fine, and then just care about a format as a project proposal.／内容就这些可以了，剩下的就是整理好作为企划书的形式了。／내용은 이것으로 됐으니까 이제 기획서로서 모양을 갖추도록 해.)

❺ □ **様式**(ようしき) (style／样式／양식)

▷ 建築様式(けんちくようしき)、生活様式(せいかつようしき)
(architectural style, life style／建筑样式、生活方式／건축양식 , 생활양식)

113

❻ ☐ 形態 (type／形态／형태)
　　けいたい

▷ 演奏形態 (music performance type／演奏形态／연주형태)
　えんそう

▶ 近年、日本でもさまざまな雇用形態が見られるようになった。
　きんねん　にほん　　　　　　　　　　こよう
(Recently, in Japan, many types of employment has been existing.／近年来，在日本能看到各种各样雇用形式。／최근 몇 년 일본에서도 여러 고용형태를 볼 수 있게 되었다.)

❼ ☐ 事項 (item／事项／사항)
　　じこう

▷ 特記事項 (special instruction／特别记载事项／특기사항)
　とっき

▶ 注意事項をよく読んでからお使いください。
　ちゅうい　　　　よ　　　　　つか
(Please use this after reading warning instructions.／请认真看注意事项，再使用。／주의사항을 잘 읽고 사용해 주세요.)

❽ ☐ 方式 (method／方式／방식)
　　ほうしき

▷ 採点方式 (grading method／得分方式／채점방식)
　さいてん

▶ これはA社独自の生産方式です。
　　　　　しゃどくじ　せいさん
(This is an original production method to A company.／这是A公司特有的生产方式。／이것은 A사 독자적인 생산방식입니다.)

❾ ☐ 立体 (three-dimension, many angles／立体／입체)
　　りったい

▷ 立体映像、立体的に描く
　　えいぞう　　てき　えが
(three-dimensional vision, draw from many angles／立体映像、立体的描写／입체영상. 입체적으로 그리다)

❿ ☐ 階級 (class／阶级／계단)
　　かいきゅう

▷ 中産階級、上流階級
　ちゅうさん　じょうりゅう
(middle class, upper class／中产阶级、上流社会／중산계급, 상류계급)

▶ 次の大会では、階級を1つ下げて出場することにした。
　つぎ　たいかい　　　　　　　　　　しゅつじょう
(I have decided to lower one class and participate in the next tournament.／在下次的大会中，决定降一级出场。／다음 대회에서는 급을 하나 낮추어서 나오기로 했다.)

⓫ ☐ 名簿 (a list of name／名册／명부)
　　めいぼ

▷ 会員名簿 (a list of members／会员名册／회원명부)
　かいいん

❶❷ ☐ **同上** (the same as above／同上／위와 같음)
　　どうじょう

　▶ A欄と同じ場合は「同上」と書いてください。
　　らん　おな　ばあい　　　　　　　　　　　か
　(If it's the same as column A, please write "the same as above".／与A栏相同的时候，请写上"同上"／A란과 같은 경우는 "위와 같음"이라고 써 주세요.)

❶❸ ☐ **下記** (as follows／下记／하기)
　　か　き

　▷ 日程は下記の通りです。
　　にってい　　　　　とお
　(The schedule is as follows.／日程安排如下所示。／일정은 하기와 같습니다)

❶❹ ☐ **口頭** (oral／口头／구두)
　　こうとう

　▷ 口頭試験、口頭で注意する
　　　　しけん　　　　　ちゅうい
　(oral examination, warn verbally／口试、口头注意／구두시험, 구두로 주의하다)

❶❺ ☐ **簡易**(な) (simple (simplified)／简易的／간이)
　　かん　い

　▷ 簡易書留、簡易ベッド、簡易な手続き
　　　　かきとめ　　　　　　　　　　てつづ
　(recorded delivery, cot, simplified proceeding／简易挂号信、简易床、简易的手续／간이등기, 간이침대, 간단한 절차)

❶❻ ☐ **兼用**(する) (convertible／兼用／겸용)
　　けんよう

　▷ 男女兼用、晴雨兼用の傘
　　だんじょ　　　せい う　　　　かさ
　(unisex, umbrella for both in fine and rainy weather／男女兼用、晴雨两用伞／남녀겸용, 비오는 날과 맑은 날 겸용)

順序・プロセス じゅんじょ (Order, process／順序・過程／순서・프로세스)

❶ □ 先行(する) せんこう (precedence (precede)／先行／선행)

▷ 先行研究、先行販売
けんきゅう　はんばい
(preceding studies, advance sale／先行研究、先行販卖／선행연구, 선행판매)

▶ ファンクラブの会員は、チケットの先行予約ができます。
かいいん　　　　　　　　　　よやく
(Members of a fan club can reserve tickets by an advance reservation.／粉丝俱乐部的会员能够提前预约演唱会的票。／팬클럽 회원은 티켓을 미리 예약을 할 수 있습니다.)

❷ □ 手順 てじゅん (procedure／順序／수순)

▶ 説明書の手順通りにやったらすぐできた。
せつめいしょ　　　どお
(Following the procedures in the instruction manual, I could do it easily.／按照说明书的顺序做立刻就行。／설명서의 순서대로 했더니 금방 할 수 있었다.)

❸ □ 手はず／手筈 てはず (arrangement／步骤、程序／절차, 준비)

▷ 手はずを整える (arrange／准备步骤／준비를 갖추다)
ととの

▶ 15日に関係者が集まる手はずになっています。
にち　かんけいしゃ　あつ
(It is arranged as participants will gather on the 15th.／15日是安排有关人员聚在一起开会。／15일에 관계자가 모일 계획이 되어 있습니다.)

❹ □ 段取り だんどり (organize／安排、程序、步骤／일을 해가는 순서)

▶ 段取りが悪いから残業が多くなるんだよ。
わる　　　ざんぎょう　おお
(You're not well-organized, so that's why you have to overwork.／程序没有安排好，所以加班多了。／일을 해가는 순서가 나빠서 잔업이 많아진다.)

❺ □ プロセス (process／過程／프로세스)

▶ 結果も大事だけど、そこに至るプロセスも大事です。
けっか　だいじ　　　　　　いた
(A result is important, but also a process to achieve there is important.／结果重要，但是，要达到这种结果的过程也很重要。／결과도 중요하지만 거기에 이르는 프로세스도 중요합니다.)

❻ □ 前倒し（する） (move up／提前执行／앞당겨 시행함)

▶ 来月から準備を始める予定でしたが、前倒しして今月下旬から始めることにしました。

(It is scheduled to start preparation from the next month, but I have decided to move up the schedule and start from the end of this month.／本来预定从下月开始准备实施，但又从本月下旬开始提前执行了。／다음 달부터 준비를 시작할 예정이었습니다만 앞당겨 이번 달 하순부터 시작하기로 했습니다.)

❼ □ 後回し (postpone／推迟、缓办／뒤로 미룸)

▶ それは急がないから、後回しでいいよ。

(It's not so urgent, so you can postpone it.／这个不着急，推迟办也行。／그것은 서두르지 않으니까 나중에 해도 된다.)

❽ □ 並行（する） (do at the same time／并行／병행)

▶ 二つの作業を並行して進めることになります。

(I will do two works at the same time.／决定两种工作同时并进。／두 개의 작업을 병행해 진행하게 됩니다.)

❾ □ 交替（する） (take somebody's place／交替／교대)

▶ 午後の受付を青木さんに交替してもらった。

(Ms. Aoki took my place for the reception in the afternoon.／下午的接待工作和青木换了。／오후의 접수를 아오키 씨와 교대했다.)

❿ □ 交互（に） (alternately／轮流、相互交替／번갈아)

▶〈体操〉これを左右交互にやってください。

(<Exercise> Please do this left and right alternately.／(体操)这个左右交替进行。／<체조> 이것을 좌우 교대로 해 주세요.)

⓫ □ 代わる代わる (one after another／交替、轮流／교대로)

▶ 代わる代わる学生が質問に来て、お昼はまだ食べていません。

(Students come one after another to ask questions, so I haven't had lunch yet.／学生们轮流来问问题，还没吃午饭呢。／교대로 학생이 질문하러 와서 점심은 아직 먹지 못했습니다.)

⓬ □ あべこべ (other way around／颠倒、相反／뒤바뀜)

▶ これじゃ、順序があべこべだ。

(This has the order all inverted.／这样一来，顺序就会颠倒。／이것으로는 순서가 거꾸로 이다.)

UNIT 32 手続き（てつづき） (Procedures／手续／수속)

❶ ☐ **申請（する）**（しんせい） (to apply for／申请／신청)
  ▷ パスポートを申請する、休暇（きゅうか）を申請する
  (to apply for a passport, to apply for leave／申请护照、申请休假／여권을 신청하다 , 휴가를 신청하다)

❷ ☐ **交付（する）**（こうふ） (to deliver／交付、发给／교부)
  ▶ 日本（にほん）では、免許証（めんきょしょう）は警察（けいさつ）で交付されます。
  (In Japan, licenses are issued at the police station.／在日本，由警察发给驾照。／일본에서는 면허증은 경찰에서 교부합니다.)

❸ ☐ **戸籍**（こせき） (family register／户口／호적)

❹ ☐ **原本**（げんぽん） (original copy／原件／원본)　　　　　対 **複写**（ふくしゃ）、コピー
  ▷ 契約書（けいやくしょ）の原本 (original copy of a contract／合同的原件／계약서의 원본)

❺ ☐ **期限**（きげん） (time limit, deadline／期限／기한)
  ▷ 支払（しはらい）／返却（へんきゃく）／提出（ていしゅつ）期限、賞味（しょうみ）期限
  (deadline for payment／return／submission, expiry date／支付／返还／提交期限、保质期／지불／반납／제출기한、유통기간)

❻ ☐ **有効（な）**（ゆうこう） (valid／有效的／유효)　　　　　対 **無効（な）**（むこう）
  ▷ 有効期限（きげん） (valid until／有效期限／유효기한)

❼ ☐ **無効（な）**（むこう） (invalid／无效的／무효)
  ▶ 期限（きげん）までに入学金（にゅうがくきん）を収（おさ）めないと、合格（ごうかく）が無効になる。
  (If you don't pay the entrance fee by the deadline, your acceptance will be voided.／在期限之内，如果不交入学金的话，合格就会无效。／기한까지 입학금을 내지 않으면 합격이 무효가 된다)

❽ ☐ 効力（えふぃcacy／效果、効力／효력）
   ▷ 薬の効力（efficacy of a medication／药的效果／약의 효력）
   ▶ 本人のサインがなければ、法的には効力を持ちません。
   (It won't have any legal force without the person's signature.／如果没有本人的签名，法律上就无任何效力。／본인의 사인이 없으면 법적으로는 효력을 갖지 못합니다.)

❾ ☐ 公募（する）（to seek publicly／公开征集／공모）
   ▷ 橋の名前を公募する
   (to solicit names for a bridge／公开征集大桥的名称／다리 이름을 공모하다)

❿ ☐ 免除（する）（to exempt／免除／면제）
   ▷ 学費の免除、試験の免除
   (exemption from school fees, exempt from taking an exam／免除学费、免试／학비 면제, 시험 면제)

⓫ ☐ 控除（する）（to deduct／扣除／공제）
   ▶ 次のどれかに該当する場合、所得税の一部が控除されます。
   (A partial deduction from income tax will be made if one of the following conditions apply.／如果附和下面其中一项，就要扣除所得税的一部分。／다음 어느 것에 해당하는 경우 소득세의 일부가 공제됩니다.)

⓬ ☐ 照合（する）（to cross-check／对照核查／대조하여 확인함）
   ▶ 紙の資料とパソコン上のデータを照合する作業をしています。
   (I'm cross-checking the paper documents and the computer data.／在进行纸上资料和电脑数据的核对工作。／종이 자료와 컴퓨터 상의 데이터를 조회하는 작업을 하고 있습니다.)

⓭ ☐ 多数決（majority vote／多数表决／다수결）

⓮ ☐ 踏む（to execute／履行／밟다）
   ▶ ちゃんと手続きを踏んで申し込んでください。
   (Please complete all the procedures properly before applying.／请通过手续进行申请。／제대로 수속을 밟아 신청해 주세요.)

UNIT 33 頻度(ひんど) (Frequency／频度／빈도)

❶ □ しばしば (frequently／经常／자주)
▶ 国際結婚でしばしば問題になるのが、子供の国籍です。
(こくさいけっこん　　　　　もんだい　　　　　こども　こくせき)
(The problem that frequently arises in international marriages is the children's nationality.／国际婚姻中经常成为问题的就是孩子的国籍问题。／국제결혼에서 자주 문제가 되는 것이 아이의 국적입니다.)

❷ □ しょっちゅう (often／经常／항상, 언제나)
▶ 東京には仕事でしょっちゅう行くので、地理は大体わかります。
(とうきょう　　しごと　　　　　　　　　　　　　　ちり　だいたい)
(Since I often go to Tokyo to work I know the geography fairly well.／由于工作原因经常去东京，所以地理位置大概知道。／동경에는 일로 항상 가기 때문에 지리는 대강 압니다.)

❸ □ ちょくちょく (now and then／时常、常常／가끔)
▶ 友達がちょくちょく見舞いに来てくれるので、寂しくはありません。
(ともだち　　　　　　　　みま　　き　　　　　　　さみ)
(My friends come to see me sometimes in the hospital, so I'm not lonely.／朋友们时常来看我,我一点儿都不孤独。／친구가 가끔 병문안을 와 주어서 외롭지는 않습니다.)

❹ □ 頻繁(な) (frequent／频繁的／빈번한)
(ひんぱん)
▶ 人が頻繁に出入りするので、このドアは開けっぱなしにしているんです。
(ひと　　　　　で　い　　　　　　　　　　　　あ)
(People come through here frequently so we keep the door open.／人们经常频繁出入, 这里的门总是开着的。／사람들이 빈번히 출입하기 때문에 이 문은 항상 열어 놓습니다.)

❺ □ 再三 (again and again／再三／여러 번)
(さいさん)
▶ 再三注意しているのに、彼は今日も遅刻してきた。
(ちゅうい　　　　　　　　かれ　きょう　ちこく)
(Even though I have warned him time and again, he was late today, too.／虽然再三让他注意,但他今天还是迟到了。／여러 번 주의했는데 그는 오늘도 지각해서 왔다.)

❻ □ 幾度となく (countless times／几次／여러 번)
(いくど)
▶ 彼には幾度となく期待を裏切られてきた。
(かれ　　　　　　　　きたい　うらぎ)
(My expectations have been betrayed by him countless times.／他好几次都辜负了大家的期待。／그에게는 여러 번 기대를 배반당했다.)

❼ □ **相次ぐ**（one after another／相继发生／잇달다）
　あいつ

▶ 夏休みに入り、各地で海や川での事故が相次いでいます。
　なつやす　はい　かくち　うみ　かわ　じこ　あいつ
（Now that it is summer vacation, there has been one water-related casualty after another throughout the country.／进入暑假，各地相继在海里和河里发生事故。／여름 방학이 시작돼 각지에서 바다와 강의 사고가 잇따르고 있습니다.）

❽ □ **時折**（sometimes／有时／때때로）
　ときおり

▶ 今でも時折、当時のことを思い出します。
　いま　ときおり　とうじ　おも　だ
（Even now I sometimes remember those days.／直到现在，有时候还想起当时的事情。／지금도 때때로 당시의 일을 생각합니다.）

UNIT 34 物の形・状態
もの かたち じょうたい
(Forms, states of things ／物体的形态・状态／사물의 형태・상태)

❶ □ **正方形** (square／正方形／정사각형)
　せいほうけい

❷ □ **奥行** (depth／纵深／안길이)
　おくゆき
　▷ 高さ10cm×幅20cm×奥行15cmの箱、奥行きのある部屋
　　たか　　　　　　はば　　　　　おくゆき　　　はこ　　おくゆ　　　　　　　　へや
　　(a box 10cm high, 20 cm wide and 15 cm deep; a room with depth／高度10cm×宽度20cm×深度15cm的箱子、有纵深的房子／높이 10센티×폭20센티×안길이 12센티의 상자, 안길이가 있는 방)

❸ □ **起伏** (undulations／起伏／기복)
　きふく
　▷ 起伏の激しいコース (an extremely hilly course／陡峭险峻的路线／기복이 심한 코스)
　　　　　はげ
　▶ 彼女は感情の起伏が激しい。
　　かのじょ　かんじょう　　　　はげ
　　(She is very moody.／她的感情起伏激烈。／그녀는 감정의 기복이 심하다.)

❹ □ **平たい** (flat, even／平坦的／평평하다 , 넓적하다)　　話 平べったい
　ひら
　▷ 平たい箱 (a flat box／平坦的箱子／넓적한 상자)
　　　　　はこ
　▶ 昨日食べた料理は、平たく言うと、カレーです。
　　きのうた　　　りょうり　　　ひら　　い
　　(The food I ate yesterday was, to put it plainly, curry.／昨天吃的菜, 简单来说, 就是咖喱。／어제 먹은 요리는 알기 쉽게 말하면 카레입니다.)

❺ □ **光沢** (shiny／光泽／광택)
　こうたく
　▷ 光沢のある写真 (a glossy photo／有光泽度的照片／광택이 있는 사진)
　　　　　　しゃしん

❻ □ **鮮やか(な)** (vivid／鲜艳的／선명한 , 훌륭한)
　あざ
　▷ 鮮やかな色、鮮やかなゴール
　　　　　　いろ
　　(vivid colors; a brilliantly scored goal／鲜艳的颜色、漂亮的射门／선명한 색 , 멋진 골)
　▷ この本には当時の生活が鮮やかに描かれている。
　　　　ほん　　とうじ　せいかつ　　　　　　えが
　　(The lifestyle of that time is vividly depicted in this book.／这本书鲜明地描写了当时的生活。／이 책에는 당시의 생활이 선명하게 그려져 있다.)

❼ 鮮明(な) (clear／鮮明的／선명한)

▶ 20年も前のことだが、まだ鮮明に覚えている。
(It happened twenty years ago, but I still remember it clearly.／虽然是二十年前的事情，但也记得清清楚楚。／20년이나 전의 일이지만, 아직 뚜렷이 기억하고 있다 .)

❽ 淡い (pale／淡的／연하다)　　　類 薄い

▷ 淡いピンク、淡い期待
(pale pink; faint hopes／浅粉色、淡淡的期待／연한 핑크 , 희미한 기대)

❾ 澄んだ (clear, limpid／清澈的／맑은)　　　対 濁った

▷ 澄んだ水/空気、澄んだ目
(limpid water, clear air, bright eyes／清澈的水／清新的空气、清澈的眼睛／맑은 물 / 공기, 맑은 눈)

❿ あせる／褪せる (fade／褪色／퇴색하다)

▷ 色褪せた服 (faded clothing／褪色的衣服／퇴색된 옷)

⓫ 精巧(な) (exquisite／精巧的／정교한)

▷ 精巧な作り (exquisite workmanship／精巧的制作／정교한 생김새)

⓬ 硬い (hard／硬的／딱딱하다)　　　対 やわらかい

▷ 硬い肉、硬い石 (tough meat; hard rock／发硬的肉、硬的石头／딱딱한 고기, 딱딱한 돌)

⓭ ソフト(な) (soft／软的／소프트한)

▷ ソフトな色使い (soft color scheme／柔和的颜色／소프트한 색을 씀)

▶ 相手は女性なんだから、もう少しソフトな言い方はできなかったの？
(Since you were talking to a woman, couldn't you have spoken a little more gently?／对方是女性，不能用委婉的说话方式说吗？／상대는 여성이니까 좀 더 소프트한 말투로 할 수 없었니?)

❶❹ ☐ 頑丈(な) (sturdy／牢固的／튼튼한)

▷ 頑丈な箱、頑丈な体
(a sturdy box; a strong body／牢固的箱子、強狀的身体／튼튼한 상자, 튼튼한 몸)

❶❺ ☐ もろい (fragile／脆的／깨지기 쉽다)

▶ この家は建って100年もたっているから、柱とか壁がもろくなっていると思う。
(This house was built 100 years ago, so I imagine the pillars and walls have become weak.／这栋房子已经建了一百年了，柱子和墙壁都易坏。／이 집은 세운 지 100년이나 되어서 기둥이라든가 벽이 부서지기 쉽습니다.)

❶❻ ☐ 圧縮(する) (compress／压缩／압축)

▷ ファイルを圧縮する、予算を圧縮する
(shrink a file; shrink a budget／压缩文件、缩减预算／파일을 압축하다, 예산을 압축하다)

❶❼ ☐ 密度 (density／密度／밀도)

❶❽ ☐ 帯びる (tinged with／带有／띠다)

▷ 赤色を帯びる、丸みを帯びる
(tinged with red; roundish／带有红色、圆圆的／붉은색을 띠다, 둥그렇다)
▶ 夢だと思っていたことが現実味を帯びてきた。
(Something I thought was a dream took on a sense of reality.／以为是梦想的事情，带有点儿现实性了。／꿈이라고 생각했던 일이 현실미를 띠고 있다.)

❶❾ ☐ とろける (melt／融化／녹다)

▷ とろけるチーズ (melty cheese／会融化的奶酪／녹는 치즈)
▶ この肉、口の中でとろけるような柔らかさですね。
(This meat is so tender it melts in your mouth, doesn't it.／这个肉在口中有一种快要融化的柔软口感。／이 고기는 입안에서 녹을 것같이 부드럽군요.)

UNIT 35 増減・伸縮（ぞうげん・しんしゅく）

(Fluctuations, expansion and contraction／増減・伸縮／증감・신축)

❶ □ 上昇（じょうしょう）（する）(to increase／上升／상승)　対 下降（かこう）（する）、低下（ていか）（する）
   ▷ 気温が上昇する (temperature increase／气温上升／기온 상승하다)

❷ □ 下降（かこう）（する）(to decrease／下降／하강)
   ▷ 人気が下降する (decrease in popularity／人气下降／인기가 하강하다)

❸ □ 上回る（うわまわる）(to exceed／超过／웃돌다)
   ▶ 新商品は、予想を上回る売れ行きとなった。
   (Sales of the new product exceeded expectations.／新产品超出预想范围，非常畅销。／신상품은 예상을 웃도는 판매 상태이다.)

❹ □ 下回る（したまわる）(to dip below／低于／밑돌다)
   ▷ 今月の売上は、昨年の同月を下回った。
   (Sales this month dipped below those for the same month last year.／这个月的销售额比去年同月下滑。／이번 달의 매상은 작년의 같은 달을 밑돌았다.)

❺ □ 後退（こうたい）（する）(to regress／后退／후퇴)　対 前進（ぜんしん）（する）
   ▷ 景気が後退する (economy deteriorates／经济倒退／경기가 후퇴하다)

❻ □ 高騰（こうとう）（する）(to rise steeply／上涨／등귀, 고등)　類 値上がり（ねあがり）（する）
   ▷ 物価が高騰する (prices rise steeply／地价上涨／물가가 고등하다)

❼ □ 急騰（きゅうとう）（する）(to rise suddenly／暴涨／급등)
   ▷ 地価が急騰する (land prices rise suddenly／地价暴涨／지가가 급등하다)

❽ □ 下落（げらく）（する）(to drop, plunge／下落／하락)
   ▷ 物価が下落する (prices plunge／物价下跌／물가가 하락하다)

❾ □ 暴落（ぼうらく）（する）(to collapse／暴跌／폭락)
   ▷ 株価が暴落する (share prices collapse／股价暴跌／주가가 폭락하다)

❿ □ **倍増(する)** (to increase twofold／倍増／배증)
　　ばいぞう

▷ 売上が倍増する (sales double／销售额倍增／매상이 배증하다)
　　うりあげ

⓫ □ **半減(する)** (to decrease by half／减半／반감)
　　はんげん

▷ 喜びが半減する (happiness is halved／喜悦之情减半／기쁨이 반감하다)
　　よろこ

⓬ □ **縮まる** (to shrink／缩小／줄어들다)　　　　　　　　　類 縮む
　　ちぢ

▶ 最近、二人の距離が縮まったように感じる。
　さいきん　ふたり　きょり　　ちぢ　　　　　　かん
　(I feel like the distance between the two has shrunk recently.／最近，两人之间的距离好像缩小了。／최근, 두 사람의 거리가 줄어든 것같이 느낀다.)

⓭ □ **縮める** (to shrink／缩短／줄이다)
　　ちぢ

▷ 放送時間を縮める (to shorten airtime／缩短播放时间／방송시간을 줄이다)
　　ほうそうじかん　ちぢ

⓮ □ **縮れる** (to become frizzy／卷曲／쪼글쪼글해지다)
　　ちぢ

▷ 髪が縮れる (hair becomes frizzy／头发卷曲／머리카락이 오그라들다)
　　かみ　ちぢ

⓯ □ **短縮(する)** (to shorten／短缩／단축)　　　　　　　　対 延長(する)
　　たんしゅく　　　　　　　　　　　　　　　　　　　　　　　　えんちょう

▷ 営業時間を短縮する、短縮ダイヤル
　えいぎょうじかん　たんしゅく　たんしゅく
　(to shorten business hours, speed dialing／缩短营业时间、快速拨号／영업시간을 단축하다, 단축다이얼)

⓰ □ **縮小(する)** (to cut back, shrink／缩小／축소)
　　しゅくしょう

▷ 縮小コピー (scaled-down copy／缩小复印／축소복사)
　　しゅくしょう

⓱ □ **膨張(する)** (to expand, swell／膨胀／팽창)
　　ぼうちょう

▷ 空気が膨張する (air expands／空气膨胀／공기가 팽창하다)
　　くうき　ぼうちょう

⓲ □ 対 **収縮(する)** (to contract／收缩／수축)
　　しゅうしゅく

▷ 血管が収縮する (blood vessels contract／血管收缩／혈관이 수축하다)
　　けっかん　しゅうしゅく

UNIT 36 二つ以上のものの関係
(Relationships between two or more things／两种以上事物的关系／두 개 이상인 것의 관계)

❶ □ 沿う (to follow, fit／沿着／따르다)

▶ この川に沿ってしばらく行くと、駅が見えてきます。
(If you walk along this river for a bit, you'll see the train station.／沿着河边这条路走一会儿，就能看见车站。／이 강을 따라 얼마 동안 가면 역이 보입니다.)

▷ 先方の希望に沿うよう、内容を変更した。
(I changed the content to fit the demands of our client.／按照对方的要求，改变了内容。／상대편의 희망에 따르도록 내용을 변경했다.)

❷ □ 即する (to match／按照, 切合／들어맞다)

▶ 場面に即した表現を使うようにしましょう。
(Let's use an expression that matches the context.／尽量按照场合，情况来表达吧。／장면에 맞는 표현을 사용하도록 합시다.)

❸ □ 該当(する) (relevant／相当于／해당) 　　　　　　　[類] 当てはまる

▷ 該当箇所 (relevant places／该处／해당하는 곳)

▶〈アンケート〉該当する項目にチェックをしてください。
(<survey> Please check all that apply.／(问卷调查) 请在选择的项目上划上记号。／< 앙케트 > 해당하는 항목을 체크해 주세요.)

❹ □ 適応(する) (to adapt／适应／적응)

▶ 新しい環境になかなか適応できない子もいます。
(There are also kids who find it difficult to adapt to a new environment.／也有些孩子很难适应新环境。／새 환경에 좀처럼 적응할 수 없는 아이도 있습니다.)

❺ □ 適う (to suit／适合／맞다) 　　　　　　　　　　　　[類] 合う

▷ 条件に適う、理に適う
(to match the conditions, to make sense／适合条件、有道理／조건에 맞다, 이치에 맞다)

▶ 娘の理想に適う結婚相手がなかなかいないみたいで…。
(It seems like there aren't any marriage partners who match my daughter's ideals….／好像很难找到符合女儿理想的结婚对象。／딸의 이상에 맞는 결혼 상대가 좀처럼 없는 것 같아서….)

127

❻ ☐ **両立(する)** (to have it both ways／両立／양립)
　りょうりつ

▶ 結婚しても仕事は続けて、家事と仕事を両立させるつもりです。
　けっこん　　しごと　つづ　　　　かじ　　しごと

(I intend to carry on working even after I get married, and succeed at both housework and my job.／即使结了婚也想继续工作，使事业和家庭两不误。／결혼을 해도 일은 계속해서 가사와 일을 양립시킬 생각입니다.)

---

❼ ☐ **添える** (to add／添上／곁들이다)
　そ

▶ プレゼントには、カードも添えるといいと思うよ。
　　　　　　　　　　　　　　そ　　　　　　おも

(I think you should also add a card to the present.／我觉得礼物上付上卡片好。／선물에는 카드도 곁들이면 좋아.)

---

❽ ☐ **ひっつける** (to stick／吸引／딱 붙이다)

❾ ☐ 🈶 **ひっつく** (to stick／粘住／달라붙다)

▶ 服に何かが引っ付いてる。
　ふく　なに　　ひ　つ

(Something got stuck to my clothes.／衣服上有些东西粘着的。／옷에 뭔가가 달라붙은 있다.)

---

❿ ☐ **密接(な)** (close, intimate／密切／밀접)
　みっせつ

▶ 病気は、食生活や生活習慣と密接な関係があります。
　びょうき　しょくせいかつ　せいかつしゅうかん　みっせつ　かんけい

(Illnesses are closely tied to one's diet and lifestyle.／疾病与饮食和生活习惯有着密切联系。／병은 식생활이나 생활습관과 밀접한 관계가 있습니다.)

⓫ ☐ **各種** (all sorts／各种／각종)
　かくしゅ

▶ 当店では、日本酒・ワイン・ビールなどを各種取り揃えております。
　とうてん　　にほんしゅ　　　　　　　　　　　　　　と　そろ

(We stock all sorts of Japanese sake, wine and beer at our store.／本店有日本酒、红酒，啤酒等各种酒类。／우리 가게에서는 정종, 와인, 맥주 등 여러 종류를 갖추고 있습니다.)

⓬ ☐ **まちまち** (mixed, patchy／各种各样／가지각색)

▶ 初めて作ったトマトの大きさはまちまちだったがおいしかった。
　はじ　　つく　　　　　　　　おお

(The tomatoes I grew for the first time were all irregularly sized, but they were delicious.／第一次种的西红柿虽然大小不一，但味道很好。／처음 재배한 토마토의 크기는 각각 달랐지만 맛있었다.)

❸ □ **対比(する)** (to compare／对比／대비)
   ▷ この作品では、タイプの全く異なる二人の若者を対比して描いている。
   (This work is a contrastive portrayal of two young people with completely different personalities.／这部作品描写的是类型完全不同的两个年轻人。／이 작품에서는 타입이 전혀 다른 두 사람의 젊은이를 대비해서 그리고 있다.)

❹ □ **比率** (ratio／比例／비율)
   ▶ 参加者の男女の比率は、3：7だった。
   (The ratio of male to female participants was 3:7.／参加者男女比例是 3：7。／참가자의 남녀 비율은 3:7이었다.)

❺ □ **対照的(な)** (contrastive／对比性的、对照性的／대조적)
   ▶ 姉と私は、対照的な性格だとよく言われます。
   (I'm often told that my older sister and I have completely contrasting personalities.／人们都说姐姐和我的性格完全相反。／언니와 나는 대조적인 성격이라고 자주 듣습니다.)

❻ □ **対照(する)** (to compare／对照、对比／대조)
   ▷ 対照言語学 (comparative linguistics／对比语言学／대조 언어학)

❼ □ **類似(する)** (to resemble／类似／유사)
   ▶ 類似品がいろいろ出ていますが、品質はどれもよくありません。
   (There are lots of similar products available, but none of them is of good quality.／虽然出现了各种各样的仿制品，但哪个的质量都不好。／유사품이 여러 가지 나와 있습니다만 품질은 어느 것도 좋지 않습니다.)

❽ □ **混同(する)** (to mix, confuse／混同／혼동)
   ▷ 公私混同 (mixing of private and public matters／公私混同／공사혼동)
   ▶ これ、商品名がうちのと似ているから、混同されないか、心配ですね。
   (The name of this product is similar to ours, so I'm worried that they'll be confused with each other.／这个商品名跟我们公司的很像，我有些担心人们会不会混淆。／이것 상품명이 우리 것과 비슷해서 혼동되지 않을지 걱정입니다.)

⓳ ☐ **食い違い**(く ちが) (discrepancy／不同／엇갈림)　　　　　　　　　　　動 食い違う

▶ 二人(ふたり)の発言(はつげん)には、いくつか食い違いがあった。
(There were several discrepancies in the speeches by these two people.／两人的发言有些地方不一样。／두 사람의 발언은 몇 가지 엇갈렸다.)

⓴ ☐ **ずれ** (gap, slippage／出入／어긋남)　　　　　　　　　　　動 ずれる

▶ 今(いま)の政府(せいふ)は、言(い)っていることとやっていることにずれがある。
(There's a disconnect between what the current government says and what they do.／现在的政府说的和做的有些出入。／지금 정부는 말하는 것과 하는 것이 어긋난다.)

㉑ ☐ **誤差**(ご さ) (error／误差／오차)

▶ 多少(たしょう)の誤差は気(き)にしないで結構(けっこう)です。
(You don't have to be concerned about there being a certain amount of error.／多少有些误差，不用在意。／다소의 오차는 신경 쓰지 않아도 됩니다.)

㉒ ☐ **一致(する)**(いっ ち) (to be consistent／一致／일치)

▷ 意見(いけん)が一致する (opinions agree with each other／意见一致／의견이 일치하다)

▶ 〈パーティーで〉何人(なんにん)か会(あ)ったことがあるけど、顔(かお)と名前(なまえ)が一致しない。
(<at a party> I've met several of these people before, but I can't match faces to names.／(宴会)见过几个人，长相和名字对不上号。／< 파티에서> 몇 사람인가 만난 적이 있지만 얼굴과 이름이 일치하지 않는다.)

㉓ ☐ **合致(する)**(がっ ち) (to match, coincide／一致、符合／합치)

▷ 両社(りょうしゃ)の意向(いこう)が合致し、業務提携(ぎょうむていけい)をすることとなった。
(The plans of the two companies coincide with each other, so they decided to work together as partners.／两个公司的意向一致，决定互相提携业务。／양쪽 회사의 의향이 맞아 업무제휴를 하게 되었다.)

㉔ ☐ **同一**(どういつ) (identical／同一个／동일)

▷ 同一の犯人(はんにん)(同一犯) (same culprit／同一个罪犯／동일 범인)

▶ 申込者(もうしこみしゃ)と使用者(しようしゃ)が同一の場合(ばあい)も、それぞれにご記入(きにゅう)ください。
(Please fill these in separately even if the applicant and the user are the same person.／申请者和使用者是同一个人，也请分别填写。／신청자와 사용자가 동일한 경우도 각각 기재해주세요.)

㉕ ☐ **対等(な)** (equal／対等的／대등)

▷ 対等な関係 (equal relationship／対等的关系／대등한 관계)
▶ 私たちはパートナーとして対等の関係です。
(As partners, we have an equal relationship.／我们作为伙伴是平等的关系。／우리는 파트너로서 대등한 관계입니다.)

㉖ ☐ **格差** (gap, disparity／差异／격차)

▷ 男女の格差、一票の格差
(gap between the sexes, margin of one vote／男女差异、一票之差／남녀의 격차, 한 표의 격차)
▷ 競争社会では、このような経済的な格差が生まれる。
(In a competitive society, this sort of economic disparity will emerge.／竞争社会产生了像这样的经济差别。／경쟁사회에서는 이와 같은 경제적인 격차가 생긴다.)

㉗ ☐ **より** (more／更／보다)

▷〈PR文〉今後も、ご利用の皆様のため、より良いサービスを目指します。
(<PR copy> We strive to provide even better service for all our customers in the future.／(宣传)今后,我们将为顾客们提供更好的服务。／<PR 문> 앞으로도 이용하시는 모든 분들을 위해 보다 좋은 서비스를 목표로 하고 있습니다.)

㉘ ☐ **断然** (absolutely, hands down／显然、确实／훨씬)

▷ 他に比べて断然安い
(much cheaper compared with the others／与其它相比确实便宜／다른 것과 비교해 훨씬 싸다)
▶ ネットで注文したほうが断然お得ですよ。
(It's a much better deal if you order over the internet.／在网上订购显然要便宜得多。／인터넷으로 주문하는 편이 훨씬 이득입니다.)

㉙ ☐ **均衡(する)** (balance／均衡／균형)　　　　　　　　　　　同 バランス

▷ 均衡が崩れる (balance upset／打破平衡／균형이 깨지다)
▷ 現在は、二つの勢力が均衡を保っている。
(Two forces are maintaining the balance at the moment.／现在两种势力保持均衡。／현재는 두 개의 세력이 균형을 유지하고 있다.)

㉚ ☐ 調和(する) (to harmonize／调和／조화)
　ちょうわ

▶ 古いものと新しいものが調和した見事なデザインですね。
　ふる　　　　あたら　　　　　　　　　　　　　　　みごと
(It's a striking design that succeeds in fusing the old and the new.／这是新旧互相调和的优秀设计。／오래된 것과 새로운 것이 조화된 훌륭한 디자인입니다.)

㉛ ☐ 連携(する) (to work together／携手合作／제휴)
　れんけい

▶ スタッフ同士でうまく連携して、準備にあたってください。
　　　　　　どうし　　　　　　　　　　　じゅんび
(Pleae work together as staff in getting the preparations ready.／请工作人员们配合好, 做好准备。／스태프끼리 잘 연휴하여 준비를 해 주세요.)

㉜ ☐ 連帯(する) (solidarity／连带／연대)
　れんたい

▶ もちろん、失くした彼が悪いんだけど、3人で借りたものだから、ほかの人にも連帯責任がある。
　　　　　　な　　　　かれ　　わる　　　　　　　にん　か
　ひと　　　　　　れんたいせきにん
(Of course, he was wrong to lose it, but the others have a collective responsibility because the three of you borrowed it.／当然, 他丢了东西是不好, 但这是三个人借的, 其他人也应该负连带责任。／물론 잃어버린 그가 나쁘지만 3명이 빌린 것이니까 다른 사람에게도 연대책임이 있다.)

㉝ ☐ 共有(する) (to share／共有／공유)
　きょうゆう

▷ 共有財産 (common property／共有财产／공유재산)
　　　ざいさん

▷ この村では、いくつかの農家で、農業用の機械を共有している。
　　　むら　　　　　　　　　のうか　　のうぎょうよう　きかい
(Several farmers in this village share agricultural machinery between them.／这个村落的几家农家共同拥有农业用的机械。／이 마을에서는 몇 개의 농가에서 농업용 기계를 공유하고 있다.)

㉞ ☐ 結合(する) (combination, joining／结合／결합)
　けつごう

▷ 分子と分子の結合 (molecular bonding／分子与分子的结合／분자와 분자의 결합)
　ぶんし

▷ 項目を揃えて2つの表を結合した。
　こうもく　そろ　　　　　ひょう
(I lined up the items and combined the two tables.／将项目弄齐, 结合两个表格。／항목을 맞추어서 2개의 표를 결합했다.)

❸❺ □ **複合**(ふくごう) (compound／复合／복합)

▶ ここには飲食店(いんしょくてん)や映画館(えいがかん)などが入(はい)った複合施設(しせつ)ができるそうです。
(They're going to build a mixed-use facility containing restaurants and cinemas here.／听说这里要建造有餐厅和电影院等多种设施。／여기에서는 음식점과 영화관 등이 들어가 있는 복합 시설이 생긴다고 합니다.)

❸❻ □ **複合的(な)**(ふくごうてき) (multiple／复合性的／복합적인)

▷ これはそんなに単純(たんじゅん)なことではなく、複合的な要因(よういん)によるものだ。
(This isn't such a simple matter. There are multiple factors involved.／这不是那么单纯的事情，而是由于很多复杂的原因造成的。／이것은 그렇게 단순한 것이 아니라 복합적인 요인에 의한 것이다.)

❸❼ □ **総合(する)**(そうごう) (to synthesize／综合／종합)

▷ 総合成績(せいせき) (overall grades／综合成绩／종합성적)

❸❽ □ **統合(する)**(とうごう) (to integrate／合并／통합)

▷ 子供(こども)の数(かず)が減って、3つあった小学校(しょうがっこう)が1つに統合された。
(The number of children decreased, and the three schools became integrated to form a single one.／孩子们的人数减少,三所小学合并为一所了。／아이의 수가 줄어 세 개 있었던 초등학교가 한 개로 통합되었다.)

❸❾ □ **融合(する)**(ゆうごう) (to fuse／融合／융합)

▷ いろいろな文化(ぶんか)が融合して、これらの料理(りょうり)が生(う)まれた。
(This cuisine was created out of a fusion of many different cultures.／这些菜肴融合了各种文化。／여러 문화가 융합하여 이 요리들이 생겼다.)

❹❽ □ **合成(する)**(ごうせい) (to synthesize／合成／합성)

▷ 合成洗剤(せんざい)、写真(しゃしん)を合成する
(synthetic detergent, to combine photos／合成洗衣液、合成照片／합성세제, 사진을 합성하다)

 人 (People／人／사람)
ひと

❶ □ 社会人 (member of society／社会人／사회인)
しゃかいじん

> ★学生に対して、社会に出て働いている人。
> Someone who goes out and works, as opposed to a student.／
> 相对于学生来说, 走出社会, 出去工作的人。／학생에 대하여 사회에 나와 일하는 사람.

❷ □ 配偶者 (spouse／配偶／배우자)
はいぐうしゃ

> ★税務関係などの用語。
> Term used for tax and other purposes.／税务关系的用语。／세무관계 등의 용어.

❸ □ 婦人 (woman／妇人／부인)
ふじん

▷ 婦人科、婦人服 (gynecology, ladies' clothing／妇产科、女装／산부인과 , 여성복)
 か   ふく

❹ □ 若手 (young／年轻人／한창나이의 젊은이)
わかて

▶ 最近、若手もだんだん力をつけてきた。
 さいきん   ちから
(The younger ones have also been growing recently.／最近, 年轻人渐渐地有了能力。／요즘 젊은 사람도 점점 능력이 생겼다.)

❺ □ 常連 (regular customer／常客／단골)
じょうれん

▷ カウンター席には、店の常連らしき人が座っていた。
      せき   みせ   じょうれん   ひと   すわ
(There were some people who looked like regulars seated at the counter.／柜台席上, 坐着一些像店里常客的人。／카운터 좌석에서는 가게의 단골인 듯한 사람이 앉아 있었다.)

❻ □ 観衆 (audience／观众／관중)
かんしゅう

▷ 大観衆 (crowd of spectators／广大观众／대관중)
 だい

▷ 優勝パレードには、約20万人もの観衆が集まった。
 ゆうしょう   やく まんにん   あつ
(An audience of some 200,000 people came together for the victory parade.／冠军游行队伍, 大约聚集了约二十万人的观众。／우승 퍼레이트는 약 20만 명의 관중이 모였다.)

❼ ☐ **当人**(person in question／当事人／당사자)　　　　　同 本人
　とうにん　　　　　　　　　　　　　　　　　　　　　　　　　　　　ほんにん

▶あとは当人同士で話し合えばいいでしょう。
　　　どうし　はな　あ
(All that needs to be done is for the people concerned to talk to each other, right?／以后就是当事人之间商量就可以了。／다음은 당사자끼리 서로 이야기를 하면 되겠지요.)

❽ ☐ **別人**(different/changed person／其他人／딴사람)
　べつじん

▶その人に会ったけど、彼とは別人だった。
　　ひと　あ　　　　かれ
(I met that person, but it was someone different to him.／见到他了，但像变了个人。／그 사람과 만났지만 그와는 딴사람이었다.)

❾ ☐ **先方**(the other party／対方／상대편)
　せんぽう

▶まず、先方の都合を聞いてみましょう。
　　　　つごう　き
(Let's start by asking what their schedule is like.／首先，问了一下对方的时间。／우선 상대편의 사정을 들어 봅시다.)

❿ ☐ **先人**(ancestors, forerunner／古代的人／조상)
　せんじん

▷先人たちの知恵に改めて驚かされた。
　　　　　ちえ　あらた　おどろ
(I was taken aback once again by the wisdom of our forefathers.／我再次地对前人的智慧感到震惊。／조상들의 지혜에 새삼 놀랐다.)

⓫ ☐ **偉人**(great figure／伟人／위인)
　いじん

▶これは、世界の偉人の言葉を集めた本です。
　　　　せかい　　　　ことば　あつ　　ほん
(This book is a compilation of quotes from great figures around the world.／这是收集了世界名人名言的书。／이것은 세계 위인의 말을 모은 책입니다.)

⓬ ☐ **凡人**(ordinary person／凡人／범인)
　ぼんじん

▶私たちみたいな凡人には、何が何だか、さっぱりわからない。
　わたし　　　　　　　　　なに　なに
(Ordinary people like us haven't a clue what is what.／像我们这样的凡人，完全不知道发生了什么事情。／우리들 같은 범인에게는 무엇이 무엇인지 전혀 모르겠다.)

⓭ ☐ **一人前**(full-fledged／优秀的／한 사람 몫)
　いちにんまえ

▶一人前の料理人になるには、最低でも10年は修行を積まないと。
　　　　　りょうりにん　　　　　さいてい　　ねん　しゅぎょう　つ
(You need to accumulate a minimum of ten years of training in order to become a full-fledged chef.／要成为一个优秀的厨师，最低限度也要苦练十年。／한 사람 몫의 요리사가 되기 위해서는 적어도 10년은 수행을 하지 않으면 안된다.)

⓮ ☐ **著名(な)** (famous／著名的／저명)
  ▷ 著名な学者 (famous scholar／著名的学者／저명한 학자)

⓯ ☐ **自我** (self, ego／自我／자아)
  ▶ 一般的には思春期を経て、自我が確立するといわれます。
    (It's said that a firm sense of self typically emerges after puberty.／一般来说, 经过了青春期, 就会确立自我。／일반적으로는 사춘기를 지나 자아가 확립된다고 합니다.)

⓰ ☐ **自己** (self／自己／자기)
  ▷ 自己分析、自己申告
    (self-analysis, self-declaration／自我分析、自我申报／자기분석, 자기신고)
  ▶ 危険な場所に自ら行く以上、自己責任が原則です。
    (In principle, if you're going somewhere dangerous yourself, it's going to be your own responsibility.／既然自己要去危险的地方, 原则上就应该自己负责。／위험한 장소에 스스로 간 이상 자기책임이 원칙입니다.)
  ▶ あまりに間抜けな発言をしてしまい、自己嫌悪に陥りました。
    (I made a really stupid statement and started to hate myself.／发表了一些愚蠢的发言, 陷入了自我讨厌的境地。／너무나 바보 같은 발언을 해 버려 자기혐오에 빠졌습니다.)

⓱ ☐ **個性** (individual character／个性／개성)
  ▶ このスクールでは、子供の個性を生かした教育をしています。
    (This school is based on a system of education that harnesses the individual character of each child.／这个学校有着能让学生发挥其个性的教育。／이 학교에서는 아이의 개성을 살린 교육을 하고 있습니다.)

⓲ ☐ **個性的(な)** (be individual, be unique／有个性的／개성적인)

⓳ ☐ **性別** (sex／性別／성별)
  ▶ この名前だけだと、性別はわからない。
    (I can't tell the sex based on this name alone.／仅凭这个名字, 判断不出性别。／이 이름만으로는 성별은 알 수 없다.)

⓴ ☐ **胎児** (fetus, embryo／胎儿／태아)

㉑ □ **孤児** (orphan／孤儿／고아)
　こじ

▷ 孤児院 (orphanage／孤儿院／보육원)
　　いん

㉒ □ **老いる** (to age／年老／늙는다)
　　お

▶ 老いた母を一人で残すわけにはいかない。
　はは　　ひとり　のこ

(I can't leave my old mother alone by herself.／不能留下年老的母亲一个人。／늙은 어머님 혼자 남길 수는 없다.)

㉓ □ **還暦** (60th birthday／花甲／환갑)
　かんれき

★生まれてから60年たったこと。
60 years since one's birth.／
出生为止到现在,已经过了六十年了。／
태어나서 60년이 된 것.

▷ 還暦祝い (60th birthday celebration／
　　　いわ　　祝贺花甲之年／축하환갑축하)

㉔ □ **晩年** (late years／晚年／만년)
　ばんねん

▶ 晩年は故郷で過ごしたいと、父はずっと言っていました。
　　　　こきょう　す　　　　　ちち　　　　　い

(My father has always said that he wants to spend his last years in his hometown.／晚年想在家乡渡过,父亲一直在说。／만년은 고향에서 지내고 싶다고 아버님은 쭉 말씀하셨습니다.)

㉕ □ **余生** (remainder of one's life／余生／여생)
　よせい

㉖ □ **生涯** (life／一辈子／생애)
　しょうがい

▷ 彼は生涯にわたって、平和を訴え続けた。
　かれ　　　　　　　　　へいわ　うった　つづ

(He continually called for peace throughout his lifetime.／他一生都在不断地诉说着和平。／그는 생애에 걸쳐 평화를 주장해왔다.)

㉗ □ **身内** (family and relatives／亲属／친척)
　みうち

▶ 結婚式は身内だけで行うことにした。
　けっこんしき　　　　　おこな

(We've decided to have the wedding ceremony only among family and relatives.／结婚典礼只在亲属中进行。／결혼식은 집안사람만으로 치루기로 했다.)

❷❽ ☐ **身元** (identity, background／身份／신원)
　▷ 身元保証人 (personal guarantor／担保人／신원보증인)
　▶〈ニュース〉けが人が出た模様ですが、身元はまだわかっていません。
　　(<news> The injured persons have emerged, but their identity is not yet known.／〈新闻〉好像有人受伤，但还不知道具体身份。／<뉴스> 부상자가 나온 모양입니다만, 신원은 아직 알려지지 않았습니다.)

❷❾ ☐ **正体** (identity／本来面目／정체)
　▷ 正体不明 (unidentified／身份不明／정체불명)
　▶ 結局、彼は自分の正体を明かさずに帰った。
　　(In the end, he returned without revealing his own identity.／结果，他没有说明自己的来历就回去了。／결국, 그는 자신의 정체를 밝히지 않고 돌아갔다.)

❸⓪ ☐ **消息** (news／消息／소식)
　▶ 引退後の彼女の消息は誰も知らない。
　　(Nobody has had news of her after she retired.／引退后，谁都不知道她的消息。／은퇴후의 그녀 소식은 아무도 모른다.)
　▶ 漁船「さくら丸」が、15日以降、消息を絶っている。
　　(Contact with the fishing vessel Sakuramaru has stopped since the 15th.／渔船"樱花号"在15日以后就毫无音讯了。／어선"사쿠라 마루"가 15일 이후 소식을 끊고 있다.(연락이 안 된다))

❸❶ ☐ **身の上** (personal／身世／신세)
　▷ 身の上話をする、不幸な身の上
　　(to tell a personal story, unfortunate circumstances／讲述身世、不幸的身世／신상을 이야기하다, 불행한 신세)
　▶ 彼女の身の上に何があったのか、誰も知らなかった。
　　(Nobody knew what her personal circumstances were.／她的身世怎样，谁都不知道。／그녀의 신상에 무슨 일이 있었는지 아무도 몰랐다.)

❸❷ ☐ **運命** (destiny／命运／운명)
❸❸ ☐ **運命的(な)** (predestined／宿命／운명적)
　▷ その後、二人は運命的な出会いをした。
　　(After that, the two of them had a fateful encounter.／之后，两人出现了命运般的邂逅。／그 후 두 사람은 운명적인 만남을 했다.)

UNIT 38

人と人 (Interpersonal relations／人与人／사람과 사람)

❶ □ 交際(する) (to mix, associate with／交际／교제)

▷ 交際費 (expense account／交往费／교제비)

▶ 二人は大学卒業後に交際を始めました。
(The two started going out after graduating from college.／两人大学毕业后开始交往。／두 사람은 대학 졸업한 후에 교제를 시작했습니다.)

❷ □ 浮気(する) (to flirt, cheat on／见异思迁／바람)

▶ もし彼がほかの女性と浮気したら、即、離婚します。
(If he ever has an affair with another woman, I'm going to divorce him right away.／如果他喜欢上其他女性，那就立即离婚。／혹시 다른 여성과 바람을 피운다면 즉각 이혼하겠습니다.)

❸ □ 妬む (to envy／嫉妒／질투하다)　　　同 嫉妬(する)

▷ 人の才能を妬む
(to envy someone's talent／嫉妒别人的才能／타인의 재능을 질투하다)

▶ 幸せそうな人を見て妬む気持ちもわかる。
(I can see how one would be envious of people who look so happy.／看着幸福的人们，心情真是嫉妒。／행복해 보이는 사람을 보고 질투하는 마음도 이해한다)

❹ □ 脅す (to threaten／威胁／협박하다)　　　同 脅迫(する)

▶ 二人組は、店員をナイフで脅して、金を奪ったとのことです。
(A team of two people threatened the shop staff with a knife and seized some money.／据说两个人用刀子威胁店员,抢了钱。／이 인조는 점원을 칼로 위협하여 돈을 빼앗았다는 것입니다.)

❺ □ 干渉(する) (to intervene／干涉／간섭)

▶ 相変わらず、子供に干渉しすぎる親が多い。
(As always, lots of parents interfere too much in their children's lives.／干涉孩子的父母还是很多。／변함없이 아이에게 지나치게 간섭하는 부모가 많다.)

❻ ☐ 勘弁(する) (pardon／原谅／용서함)
かんべん

▶ ここで歌うんですか。それだけは勘弁してください。
(You want me to sing here? Please spare me that, at least!／在这里唱吗？这就免了吧。／여기에서 노래하는 거에요? 그것 만은 봐 주세요.)

❼ ☐ 勧誘(する) (to invite, solicit／劝诱、推销／권유)
かんゆう

▷ 保険の勧誘 (persuading someone to buy insurance／推销保险／보험 권유)
ほけん

▶ テニスのサークルに勧誘されたけど、断った。
ことわ
(I was invited to join the tennis club, but I turned them down.／被邀请参加网球俱乐部，拒绝了。／테니스 서클을 권유받았지만 거절했다.)

❽ ☐ 結成(する) (to set up／结成／결성)
けっせい

▶ 高校の時、友達とバンドを結成しました。
こうこう とき ともだち
(I formed a band with my friends in high school.／高中的时候，和朋友结成了乐队。／고등학교 때 친구와 밴드를 결성했었습니다.)

❾ ☐ 結束(する) (bond／结束／결속)
けっそく

▷ これを機に、チームの結束力はいっそう固くなった。
き りょく
(We became even more cohesive as a team as a result of this.／以此为契机，队伍的凝聚力更加增强了。／이것을 계기로 팀의 결속력은 한결 강해졌다.)

❿ ☐ 孤立(する) (isolation／孤立／고립)
こりつ

▶ 一人だけ反対意見を言ったら、クラスで孤立してしまった。
ひとり はんたい いけん い
(When just one person expressed an opinion to the contrary, the class cut him off and isolated him.／就一个人提出反对意见的话，会在班里被孤立的。／혼자만 반대 의견을 말했더니 반에서 고립되어 버렸다.)

⓫ ☐ 圧倒(する) (to overwhelm／压倒／압도)
あっとう

▶ 初めてナイアガラの滝を見た時は、その迫力に圧倒されました。
はじ たき み とき はくりょく
(I was overwhelmed by their sheer power when I saw the Niagara Falls for the first time.／第一次见到尼亚加拉大瀑布的时候，我被那魄力所压倒。／처음 나이아가라 폭포를 보았을 때 그 박력에 압도되었습니다.)

⓬ ☐ 圧倒的(な) (overwhelming／压倒性的／압도적)
てき

▷ 圧倒的な強さ (overwhelming strength／压倒性的实力／압도적으로 강함)
つよ

❸ □ 束縛(する) (to shackle, bind／束縛／속박)
　そくばく

▶ たとえ収入が良くても、仕事に束縛されることが多いようでは意味がない。
　　しゅうにゅう　よ　　　　しごと　そくばく　　　　　　おお　　　　　　　　　　いみ
(Even if the salary is good, it's meaningless because you'll be constantly shackled to your job.／即使收入可观，但被工作束缚着还是没什么意思。／설령 수입이 좋다고 해도 일에 속박되는 일이 많아서는 의미가 없다.)

❹ □ 対抗(する) (to oppose／対抗／대항)
　たいこう

▶ A社に対抗して、うちも広告に有名人を使うことになった。
　　しゃ　たいこう　　　　　　　こうこく　ゆうめいじん　つか
(In order to compete with Company A, we've decided to use someone famous for our ads, too.／为了对抗A公司，我们公司在广告中用了名人。／A사에 대항하여 우리도 광고에 유명인을 쓰게 되었다.)

❺ □ 団結(する) (to unite／団結／단결)
　だんけつ

▷ 一致団結(する) (to come together as one／団結一致／일치단결)
　いっち

▶ 全員で団結して、この土地の自然を守ろう！
　ぜんいん　だんけつ　　　　　とち　しぜん　まも
(Let's all make a united effort to protect the nature on this land!／大家团结一致齐心协力，保护好当地的大自然。／전원이 단결하여 이 땅의 자연을 지키자！)

❻ □ 指図(する) (to prescribe, dictate／指示，吩咐／지시)
　さしず

▶ 上からあれこれ指図されるとやる気がなくなるよ。
　うえ　　　　　　　さしず　　　　　　き
(You'll lose your will to act if you keep getting ordered around by the people above you.／被上面这样那样的命令，都没干劲儿了。／위에서 이것저것 지시를 받으면 할 마음이 없어진다.)

❼ □ 命じる (to order／命令／명령하다)
　めい

▶ 会社から転勤を命じられたら、従うしかない。
　かいしゃ　てんきん　めい　　　　　したが
(If your company orders a transfer, you'll have no choice but to go with it.／公司命令调动工作，只有遵从。／회사로부터 전근을 명령받으면 따를 수밖에 없다.)

47

⑱ ☐ **嘲笑(する)** (to sneer／嘲笑／조소)
　ちょうしょう

▶ おかしな発言を繰り返す大臣は、今や嘲笑の的だ。
(The minister, who made one ridiculous statement after another, became the object of scorn.／大臣重复可笑的发言，成为被嘲笑的目标。／이상한 발언을 반복하는 장관은 지금은 조소 대상이다.)

⑲ ☐ 同 **あざ笑う／嘲笑う** (to ridicule／嘲笑／비웃다)
　　　わら　　あざわら

▷ 警察をあざ笑うかのように、事件は再び繰り返された。
(This incident happened repeatedly, as if to mock and ridicule the police.／就像嘲笑警察一样，事件再次发生了。／경찰을 비웃는 듯이 사건은 다시 반복되었다.)

⑳ ☐ **サポート(する)** (to support／支持／서포트)

▷ サポートセンター (customer support center／援助中心／서포트 센터)

▶ 新人の山田さんが困ってるから、サポートしてくれる？
　しんじん　やまだ　　こま
(The newbie Yamada-san is having some trouble, can you give him some support?／新进职员山田挺为难的，能帮一下他吗？／신입인 야마다 씨가 곤란해하니까 서포트해 줄래?)

㉑ ☐ **育成(する)** (to nurture／培养／육성)
　いくせい

▶ 会社にとっては、人材の育成は常に大きな課題です。
　かいしゃ　　　　じんざい　　　　つね　おお　かだい
(Human resources development is always a big issue for companies.／对公司来说，培养人才经常是很大的课题。／회사에 있어서는 인재 육성은 항상 큰 과제입니다.)

㉒ ☐ **主導(する)** (to lead／主导／주도)
　しゅどう

▷ 主導権を握る (to seize the initiative／掌握主动权／주도권을 잡다)
　　　　けん　にぎ

▶ 計画は官僚主導で行われることになりそうだ。
　けいかく　かんりょう　　おこな
(It looks like the plan will be spearheaded by some bureaucrats.／看来计划要在官僚主导下进行。／계획은 관료 주도로 이루어지게 될 것 같다.)

㉓ ☐ **主導的(な)** (leading／主导的／주도적)
　　　てき

▷ 主導的な役割 (leading role／主导型的作用／주도적인 역할)
　　　　　やくわり

㉔ ☐ **妥協(する)** (to compromise／妥协／타협)
　だきょう

▷ 妥協案 (compromise solution／妥协方案／타협안)
　　　あん

▷ 職人らしく、彼は常に完璧を求め、妥協を許さなかった。
　しょくにん　　かれ　つね　かんぺき　もと　　　　　ゆる
(Like a proper artisan, he's always seeking perfection, and so refused to compromise.／他作为一个职业工匠，经常追求完美，不允许任何失误。／장인답게 그는 항상 완벽을 추구해 타협을 용서하지 않는다.)

❷❺ □ 説教(する) (to lecture, preach／说教／설교)
　▶こんな成績じゃ、また部長に説教されるよ。
　(With these results, you're going to get a lecture by the section chief again.／这样的成绩，会被部长说的。／이런 성적으로는 또 부장님에게 설교 당한다.)

❷❻ □ 侮辱(する) (to insult, slander／侮辱／모욕)
　▶あんな大勢の前で侮辱されたのは初めてだ。
　(This is the first time I've been insulted in front of such a large crowd.／在那么多人的面前被侮辱还是第一次。／저렇게 많은 사람 앞에서 모욕을 당한 것은 처음이다.)

❷❼ □ 中傷(する) (to malign, vilify／中伤／중상)
　▶ネットでは、他人を中傷する書き込みが平気で行われる。
　(On the internet, people have no qualms about posting things that malign others.／在网上中伤他人的帖子很普通。／인터넷에서는 타인을 중상하는 글이 아무렇지 않게 올라온다.)

❷❽ □ 譲歩(する) (to back off, concede／让步／양보)
　▶このままでは話がまとまらないから、価格面で譲歩するしかないだろう。
　(Things are not going to get settled if it goes on like this, so I guess we have no choice but to give in on the price.／这样一来的话，大家都统一不了，只能在价格方面让步了。／이대로는 이야기가 정리되지 않으니까 가격면에서 양보할 수밖에 없을 것이다.)

❷❾ □ 辞退(する) (to decline, refuse／辞退／사퇴)
　▶代表して開会の挨拶をするように言われたけど、辞退させてもらった。
　(I was told to act as a representative and give the opening address, but I declined.／让我作为代表进行开会致辞，被我推辞了。／대표로 개회 인사를 하라고 했지만 사퇴했다.)

❸⓪ □ 救援(する) (to rescue, save／救援／구원)
　▷救援物資 (emergency provisions／救援物资／구원 물자)
　▶被災者救援のための募金活動も行われている。
　(They're doing some fundraising to help the victims of the earthquake.／进行着为了救援受灾地区人们所进行的募捐活动。／이재민 구원을 위한 모금활동도 이루어지고 있다.)

㉛ □ 救済(する) (relief, salvation／救济／구제)
きゅうさい

▷ 難民の救済 (relief for refugees／救济难民／난민 구제)
 なんみん

▶ これは、ローンの返済ができなくなった人への救済措置です。
 へんさい   ひと   そち
(This is a bailout plan for people who can no longer repay their loans.／这是对没办法还贷款的人们所进行的救济措施。／이것은 부채 상환을 할 수 없게 된 사람을 위한 구제조치입니다.)

㉜ □ 救出(する) (to save／救出／구출)
きゅうしゅつ

▷ 逃げ遅れた人を救出するため、ヘリコプターが向かった。
 に おく   ひと   む
(Helicopters made their way over to save those people who didn't manage to escape.／为了救出逃晚了的人们，直升飞机飞向灾区。／미처 도망치지 못한 사람을 구출하기 위해 헬리콥터가 향해 갔다.)

㉝ □ 接待(する) (business entertainment／接待／접대)
せったい

▶ 今夜は、取引先の社長を接待しなければならない。
 こんや とりひきさき しゃちょう
(We have to entertain the president of one of our clients tonight.／今天必须接待客户方的社长。／오늘 밤은 거래처 사장님을 접대하지 않으면 안 된다.)

㉞ □ おだてる (to flatter, sweet-talk／煽动／치켜세우다)

▶ 彼しか頼める人がいないから、おだてて、やってもらうしかない。
 かれ たの   ひと
(He's the only one we can ask, so we have no choice but to butter him up and get him to do it.／只有他能拜托，努力说一下，只能让他做了。／그 밖에 부탁할 사람이 없으니까 서둘러 해 달라고 할 수밖에 없다.)

㉟ □ ごまをする (to suck up／拍马屁／아부하다)

▷ 上司にゴマをする (to suck up to the boss／拍上司马屁／상사에게 아부하다)
 じょうし

㊱ □ 争う (to quarrel, fight／争吵／다투다)
   あらそ

▶ この分野でも、外国の企業と争うようになった。
 ぶんや がいこく きぎょう あらそ
(We're now competing against foreign companies in this field as well.／即使在这个领域，也和外国的企业有着竞争。／이 분야에서도 외국 기업과 경쟁하게 되었다.)

▷ 一刻を争う事態 (urgent situation／争分夺秒的事情／일각을 다투는 사태)
 いっこく あらそ じたい

48

㊲ □ かなう／敵う (to rival／适合／대적하다)

▶ さすが。やっぱりプロには敵わないよ。

(Just as I expected. We're no match for the pros.／确实了不起，还是敌不过专业的啊。／과연. 역시 프로에게는 대적할 수 없네.)

㊳ □ 欺く (to cheat, deceive／欺骗／속이다)

▶ これも、相手を欺く一つのテクニックです。

(This is another technique for deceiving your opponent.／这也是欺负对方的一种技术。／이것도 상대를 속이는 하나의 테크닉입니다.)

㊴ □ 慕う (to yearn, long for／敬慕、仰慕／사모하다)

▶ たけしさんのことは、小さい頃から兄のように慕っていました。

(I've always looked up to Takeshi-san as an older brother since I was young.／对武先生，我从小就像哥哥一样的仰慕。／다케시 씨를 어렸을 때부터 형처럼 따랐습니다.)

㊵ □ かばう (to protect, cover up for／包庇／감싸다)　　類 擁護(する)

▶ 先生に叱られていた友達をかばおうと、嘘をついたことがある。

(I've lied to cover up for a friend who was scolded by our teacher before.／为了袒护被老师训斥的朋友，我撒过谎。／선생님께 혼나는 학생을 감싸려고 거짓말을 한 적이 있다.)

㊶ □ 急かす (to hurry someone／催促／재촉하다)

▶ あの人は急かさないと、なかなかやらないよ。

(He won't really do anything unless you prod him.／那个人不催促他，是不会做的。／저 사람은 재촉하지 않으면 좀처럼 하지 않아.)

㊷ □ 甘える (to depend on, be coddled／撒娇／응석 부리다)

▶ これまでは親に甘えてばかりでした。

(Up until now, all I did was to depend on my parents.／这以前一直是在父母的呵护下成长。／지금까지 부모님에게 응석만 부렸습니다.)

▶〈玄関で〉ちょっと上がっていってください。——そうですか。では、お言葉に甘えて。

(<at the entrance> Please come on in. ——Thank you, if you're sure it's all right.／(门口)上来吧。——是吧，那我就不客气了。／< 현관에서 > 잠깐 올라왔다가 가세요. ——그래요? 그럼 호의를 받아 들여서...)

❹❸ □ **ねだる** (to demand, extort／缠着／조르다)　　　　同 おねだりする

▶ 孫におもちゃをねだられるとつい買ってしまう。
(I can't help buying toys whenever my grandchildren pester me to buy them.／一被孙女缠着买玩具，就给她买。／손자가 장난감을 사달라고 조르면 자기도 모르게 사 버린다.)

❹❹ □ **せがむ** (to press, pester／央求、纠缠／조르다)

▶ うちの親は厳しくて、何かをせがんでも、一度も買ってくれませんでした。
(Our parents were really strict. They never bought anything for us even if we pestered them.／我父母很严厉，不管怎么缠着他们买东西，都没给我买过。／우리 부모님은 엄격해서 무언가를 졸라도 한 번도 사 주지 않았습니다.)

❹❺ □ **こね／コネ** (insider connections／关系／연줄)

▶ 彼女がＡ社に就職できたのは、親のコネがあったからだよ。
(The reason she managed to get a job with Company A is because her parents have insider connections.／她能在Ａ公司的就职，是父母的关系。／그녀가 Ａ사에 취직을 할 수 있었던 것은 부모님의 연줄이 있었기 때문이다.)

❹❻ □ **親交**（しんこう） (close friendship／深交／친교)

▶ 彼とは20年来、親交があります。
(I've had a close friendship with him for twenty years now.／和他二十年来都有深交。／그와는 20년간의 친교가 있습니다.)

❹❼ □ **親善**（しんぜん） (goodwill／亲善、友好／친선)

▷ 親善試合（しあい） (friendly match／友好比赛／친선 시합)

❹❽ □ **親密（な）**（しんみつ） (intimate／亲密的／친밀)

▶ あの二人はいつ頃から親密な関係になったんですか。
(When did the intimate relationship between those two begin?／那两人是从什么时候开始变得亲密的。／저 두 사람은 언제부터 친밀한 관계가 되었습니까?)

❹❾ □ **間柄**(あいだがら) (terms, relationship／关系／사이)

▷ 親(した)しい間柄 (close terms／亲密的关系／친한 사이)
▶ 彼とは中学(ちゅうがく)の先輩後輩(せんぱいこうはい)の間柄で、昔(むかし)からよく知(し)ってるんだよ。
(I've known him well for a long time, through my middle school relationship with my seniors and juniors.／和他是中学的学长和学弟的关系, 大家以前啊就很了解。／그와는 중학교 선후배 사이로 옛날부터 알고 있다.)

❺⓿ □ **息(いき)が合(あ)う／呼吸(こきゅう)が合う** (to work smoothly／步调一致／호흡이 맞다)

▷ 息の合った演技(えんぎ)/演奏(そう)
(acting/performance that comes together well／合拍演技/演奏／호흡이 맞는 연기/연주)
▶〈スポーツなど〉彼(かれ)らはペアを組(く)んだばかりで、まだ息が合ってない。
(<sports, etc> They've just started working as a pair, so it's not coming together smoothly yet.／(运动等) 他们刚刚组成一组, 还不是很合拍。／< 스포츠 등 > 그들은 페어가 된지 얼마 안돼 아직 호흡이 맞지 않는다.)

❺❶ □ **気(き)が置(お)けない** (easy to get along with／推心置腹、毫无隔阂／막역하다)

▶ 彼とは大学(だいがく)からの付き合いで、気の置けない友人(ゆうじん)なんです。
(I've known him since university —he's a friend I can talk to freely and easily.／和他是大学时候就认识的, 推心置腹的朋友。／그와는 대학 때부터 사귀어서 막역한 친구입니다.)

❺❷ □ **両者**(りょうしゃ) (both parties／两者／양쪽)

❺❸ □ **相性**(あいしょう) (compatibility／投缘／성질이 서로 맞음)

▶ 彼(かれ)とは相性がいいみたいです。
(It seems she's really compatible with him.／好像和他挺投缘的。／그와는 마음이 맞는 모양이다.)

見る・見せる (To look, to show／看・给看／보다・보이다)

❶ □ 覗く (peek at／窥视／들여다 보다)
▶ 窓から中を覗いてみたけど、誰もいないようだった。
(I peeked inside from the window; it looked like nobody was there.／从窗户往里瞧了瞧，好像没人。／창 안을 들여다보았지만 아무도 없는 것 같았다.)

❷ □ 展望(する) (to view／展望／전망)
▷ 展望台 (observation deck／展望台／전망대)
▶ 会の冒頭、社長が今後の展望を語った。
(At the beginning of the meeting, the president discussed the company's future prospects.／会议开头，社长谈了一下今后的展望。／모임의 첫머리에 사장님이 앞으로의 전망을 말했다.)

❸ □ 閲覧(する) (to browse／阅览／열람)
▷ 閲覧コーナー (reading corner／阅览角／열람 코너)
▶ これらの資料は館内に限り、閲覧することができます。
(You can only read these materials inside the building.／这些资料只限于馆内阅读。／이들 자료는 관내에 한해 열람할 수가 있습니다.)

❹ □ 参照(する) (to refer to／参照／참조)
▶ 添付資料を参照してください。
(Please refer to the attached documents.／请参照附加资料。／첨부 자료를 참조해 주세요.)

❺ □ 視察(する) (to inspect／视察／시찰)
▷ 工場を視察する (to inspect a factory／视察工厂／공장을 시찰하다)
▶ 森先生は、アメリカの教育現場を視察してきたそうです。
(I heard that Professor Mori visited educational sites in America.／听说森老师视察了美国的教育现场。／모리 선생님은 미국의 교육 현장을 시찰하고 왔다고 합니다.)

❻ □ **着目(する)** (to focus on／着眼／착안)
　ちゃくもく

▷ この点に着目したのが、大きな発見につながった。
　　てん　　　　　　　　　　　　おお　　はっけん
(Focusing on this point led to a great discovery.／从这一点着眼来看，与很大的发现相联系。／이 점에 착안한 것이 큰 발견으로 이어졌다.)

❼ □ **視点** (viewpoint／视点／시점)　　　　　　　　　　同 観点
　してん　　　　　　　　　　　　　　　　　　　　　　　　　　かん

▶ ちょっと視点を変えてみたほうがいいんじゃない？
　　　　　　　　　か
(Don't you think you should change your perspective a bit?／改变一下视点不是挺好的吗？／조금 시점을 바꾸어 보는 편이 좋지 않니？)

❽ □ **提示(する)** (to show／提示、出示／제시)
　ていじ

▶ 提示した金額では納得してもらえなかった。
　　　　　きんがく　　なっとく
(I couldn't convince them with the amount of money I showed them.／出示的金额让人不能理解。／제시한 금액으로는 납득하지 않았다.)

❾ □ **明示(する)** (to specify／明示／명시)
　めいじ

❿ □ **披露(する)** (to announce／展示、发布、披露／피로)
　ひろう

▷ 結婚披露宴 (wedding reception／结婚宴席／결혼 피로연)
　けっこん　えん

▷ 社長は完成したばかりの新製品を報道関係者に披露した。
　しゃちょう　かんせい　　　　　　しんせいひん　ほうどうかんけいしゃ
(The president announced the newly developed product to the press.／社长向相关媒体披露了刚刚完成的新产品。／사장님은 막 완성한 신제품을 보도 관계자에게 보여주었다.)

⓫ □ **外観** (outside appearance／外观／외관)
　がいかん

▶ 店の外観はちょっと古くさい感じです。
　みせ　　　　　　　　ふる　　かん
(From the outside, the store looks a little old.／店铺的外观给人古老的感觉。／가게의 외관은 좀 낡아 빠진 느낌입니다.)

UNIT 40 わかる (To understand／知道、懂得／알다)

❶ □ 承知(する) (to consent／知道／알고 있음)
- 田中さん、これを10部コピーして持ってきてくれる？ ―承知しました。
  (Ms. Tanaka, can you copy ten sets of these and bring them to me? Yes, sir. Of course.／田中，把这个复印10部给我拿过来吧。--- 知道了。／다나카 씨, 이것을 10부 복사해 와 줄래? - 알았습니다.)
- 親はあなたが留学することを承知しているのね？
  (Your parents have given consent for you to study abroad, right?／父母知道你留学的事情吗？／부모님께서는 네가 유학하는 것을 알고 있는 거지?)

❷ □ 了承(する) (to approve, to understand／原谅／양해, 알음)
▷ 了承済み (approved／得到原谅／알았음)
- 天候によっては延期の場合もありますので、ご了承ください。
  (There are times when there is a delay because of the weather, so please understand.／天气不好也有可能延期，请大家见谅。／날씨에 따라서는 연기하는 경우도 있으니까 양해해 주세요.)

❸ □ 究明(する) (to investigate／究明／규명)
- なぜ、このような事故が起きたのか、原因の究明が待たれます。
  (An investigation into the cause of this kind of accident is pending.／为何发生这样的事故，究其原因还未探明。／왜 이와 같은 사고가 일어나는 것일까, 원인 규명이 기다려집니다.)

❹ □ 判明(する) (to become clear／判明／판명)
- 今回の調査で新たな事実が判明した。
  (A new fact became clear through this investigation.／通过这次的调查发现了新的事实。／이번 조사에서 새로운 사실이 판명됐다.)

❺ □ 解明(する) (to determine／解明／해명)
- いずれこの病気のメカニズムも解明されるでしょう。
  (Someday the mechanism of this illness will probably be determined.／什么时候总会发现这种病病的原因的。／어차피 이 병의 메커니즘도 해명되겠지요.)

❻ □ 悟る（to realize／觉悟、领悟／깨닫다）

▶ 私には才能がないと悟った。
（I realized that I had no talent.／我觉得自己没有才能。／내게는 재능이 없다고 깨달았다.）

❼ □ 訳（reason／原因／이치, 이유）　　　　　　　　同 理由

▷ 訳がわからない（(I) don't know why／原因不明／이유를 모르겠다）

▶ どうして彼女があんなに怒るのか、訳がわからない。
（I don't know why she becomes so angry.／不知道她为什么那么生气。／왜 그녀가 저렇게 화를 내는 것인가, 이유를 모르겠다.）

UNIT 41

言う (To say／说／말하다)

❶ □ 白状(する) (to confess／坦白／자백)

▶ 容疑者は遂に白状したようだ。
(It seems that the suspect finally confessed.／疑犯已经坦白了。／용의자는 마침내 자백을 한 것 같다.)

▶ 彼女のことが好きなんでしょ？ 白状したら？
(You like her, don't you? You should fess up!／你喜欢她吧。向她告白吧。／그녀를 좋아하지? 고백하면 어때?)

❷ □ 宣言(する) (to declare／宣言／선언)

▷ 禁煙を宣言する、独立宣言
(to swear off smoking, a declaration of independence／宣布戒烟、独立宣言／금연을 선언하다, 독립선언)

▶ 3日間にわたる大会は、市長の開会宣言で始まりました。
(3 days of the contest has begun with the mayor declaring the opening.／即将召开三天的大会在市长开会宣言中开幕。／3일간에 걸친 대회는 시장의 개회선언으로 시작됐습니다.)

❸ □ 宣誓(する) (to take an oath／宣誓／선서)

▷ 選手宣誓 (athlete's oath of fair play／运动员宣誓／선수 선서)

▶ 真実のみを話すって宣誓して証言をする以上、法廷で嘘なんかつけないよ。
(I have taken an oath that I just tell the truth and give evidence, so I can't tell a lie at court.／既然宣誓说了作证时只说事实,就不会在法庭上撒谎的。／진실만을 말하겠다고 선서하고 증언을 하는 이상 법정에서 거짓말을 할 수 없다.)

❹ □ 申し出る (to offer／提议／신청하다, 자청하다)

▷ このニュースが報じられた後、寄付を申し出る人が相次いだ。
(After this news was reported, many people offered for donations one after another.／在这则消息被报道后,提出捐款的人不断增加。／이 뉴스가 보도된 후 기부를 자청하는 사람이 잇달았다.)

❺ □ 申し出 (offer／建议／자청)

▶ 知事は、他県からの援助の申し出に感謝の意を表明した。
(A governor expressed his gratitude to offers for help from other prefectures.／知事对其他县的援助表示了感谢。／지사는 다른 현의 원조 신청에 감사의 뜻을 표명했다.)

❻ □ 告げる （inform／告知／알리다）

▶ 医者に病名を告げられた時は、ショックでした。
(When a doctor informed me of the name of my disease, I was shocked.／被医生告知病名时，非常震惊。／의사에게 병명을 들었을 때는 쇼크였습니다.)

▷ 朝を告げる鳥の声が心地いい。
(Chirping of birds to tell the morning has come is very pleasant.／告知早上来到的小鸟声非常好听。／아침을 알리는 새소리가 기분이 좋다.)

❼ □ つぶやく （to mutter／抱怨／중얼거리다）

▶ 先生は何かつぶやいたけど、よく聞き取れなかった。
(The teacher was muttering something, but I couldn't catch what he said.／老师抱怨了两句，没能听懂。／선생님은 무엇인가 중얼거렸지만 잘 알아들을 수 없었다.)

❽ □ お世辞 （flattery／恭维话／인사로 하는말）

▶ 別にお世辞を言っているんじゃないですよ。本当に上手いと思ってるんです。
(I'm not flattering you. I truly think you're very good.／我并不是说恭维话，我真的认为很好。／특별히 비위를 맞추기 위한 말을 한 것이 아니에요. 정말로 잘해요.)

UNIT 42 意見・考え (Idea, concept／意见・想法／의견・생각)

❶ □ 意図(する) (to intend／有意图的／의도)

❷ □ 意図的(な) (intentional／有意图的／의도적인)
  ▶ なぜ急に賛成になったのか、彼の意図がわからない。
  (I can't understand his intention to approve it so suddenly.／为什么突然表示赞成，我不明白他的图。／왜 급하게 찬성하게 되었는지 그의 의도를 알 수가 없다.)
  ▶〈スポーツ〉今のファウルは意図的と思われてもしかたない。
  (It's very natural that people think this foul is intentional.／刚才的犯规被认为是故意的也没办法。／지금의 파울은 의도적이라고 생각되어도 할 수 없다.)

❸ □ 意向 (intention／意向／의향)
  ▷ 先方の意向に沿うよう、内容を一部変更した。
  (I changed a part of contents to follow their intention.／为了遵循对方的意见，改变了其中一部分内容。／상대방의 의향에 따르도록 내용을 일부 변경했다.)

❹ □ 確信(する) (to be confident／确信／확신)
  ▷ 確信犯 (crime of conscience／确信犯／확신범)
  ▶ その字を見て、本人が書いたものと確信しました。
  (After looking at that writing, I'm confident that the person himself wrote it.／看到那个字，确信是本人写的。／그 글씨를 보고 본인이 쓴 것이라고 확신했습니다.)

❺ □ 決意(する) (to resolve／决意／결의)
  ▷ 決意を固める、決意を語る
  (to stiffen one's resolve, to say one's resolution／坚持决心、论述决意／결의를 굳히다／결의를 말하다)
  ▷ 悩んだ末、彼は引退を決意した。
  (After thinking about it for many times, finally, he resolved to retire.／烦恼的结果，他决意引退。／고민한 결과 그는 은퇴를 결의했다.)

❻ ☐ 決断(する) (to make a decision／決断／결단)
けつだん

▷ 決断が早い/遅い
はや　　おそ
(to make a quick decision / slow decision／决断早/决断晚／결단이 빠르다/느리다)

▷ 今こそ決断の時だ。
いま　　　　とき
(Now it's time to decide.／现在才是决断之时。／지금이야말로 결단의 때이다.)

▷ トップには決断力が求められる。
りょく　もと
(The top is required to be decisive.／领导需要有决断力。／톱에는 결단력이 요구된다.)

❼ ☐ 理念 (philosophy／理念／이념)
り ねん

▷ 教育理念、経営理念を掲げる
きょういく　　けいえい　　　かか
(educational philosophy, create a management philosophy／揭示教育理念、揭示经营理念／교육 이념, 경영 이념을 들다)

❽ ☐ 構想(する) (to work over one's plan／构想、构思／구상)
こうそう

▷ 小説の構想を練る
しょうせつ　　　　ね
(to think about the plot for the novel／推敲小说的构思／소설의 구상을 다듬다)

▶ 市は、新たな住宅計画の構想を発表した。
し　　　あら　　じゅうたくけいかく　　　　はっぴょう
(The city has announced the concept of a new housing plan.／市里发飙了新住宅计划的构想。／시는 새로운 주택 계획의 구상을 발표했다.)

❾ ☐ 見込む (to except／预想／예상하다)
み こ

▷ 開店初日は1万人の来客が見込まれている。
かいてんしょにち　　まんにん　　らいきゃく　　み こ
(10000 people are expected to visit here on the first day the shop opens.／开店的第一天就预计有一万人的来客。／개점 첫날은 만 명의 내방 손님이 예상되고 있다.)

❿ ☐ 見込み (expectation／预计／전망, 예상)
み こ

▷ 見込みが外れる (guess wrong／预计落空／예상이 벗어나다)
み こ　　　　　はず

▶ あすの朝、台風15号は九州に上陸する見込みです。
あさ　たいふう　ごう　きゅうしゅう　じょうりく　　み こ
(The 15th typhoon is expected to make landfall in Kyushu tomorrow morning.／明天上午，预计十五号台风将要陆九州。／내일 아침, 태풍 15호는 규슈에 상륙할 전망입니다.)

⓫ ☐ 案の定(あんじょう) (just as expected／果然、预料之中／생각한 대로)　　　**類** やはり

▶ いやな天気だなと思っていたら、案の定、雨が降り出した。
(I thought it was a nasty weather, and just as expected, it started to rain.／想到会是让人讨厌的天气，果然，下起雨来了。／이상한 날씨라고 생각했는데 생각한 대로 비가 내리기 시작했다.)

⓬ ☐ 想定(する)(そうてい) (to suppose／设想，假想／상정, 상황을 가정함)

▶ 万一の場合を想定して、緊急の連絡方法を確認しておいてください。
(To suppose by any chance, please confirm a contact method in emergency.／设想到发生万一的场合，请确认好紧急联络方式。／만일의 경우를 가정하여 긴급히 연락하는 방법을 확인해 두십시오.)

⓭ ☐ 予想外(よそうがい) (unexpected／预想之外／예상외)

▷ 予想外の結果になる
(to get unexpected result／变成预想之外的结果／예상외의 결과가 되다)

▶ 予想外の事態に予定は大幅に狂った。
(Unexpected things happened, and the schedule has to be largely changed.／由于预料之外的事态发生，预定安排也大幅度地被打乱。／예상외의 사태로 예정은 큰 폭으로 어긋났다.)

⓮ ☐ 楽観(する)(らっかん) (to be positive／乐观／낙관)

▷ 楽観ムード (positive atmosphere／乐观情绪／낙관 무드)

▶ 決して楽観しているわけではありません。
(I'm totally not too positive.／绝不是很乐观。／결코, 낙관하는 것은 아닙니다.)

⓯ ☐ 楽観的(な)(らっかんてき) (positive／乐观的／낙관적인)　　　**対** 悲観的(な)(ひかんてき)

▶ 何とかなるだろうと楽観的に考えていたら、大変なことになってしまった。
(I was thinking positively and took things easy, but actually, it caused a lot of problems.／很乐观地认为总会有办法解决的，结果却非常糟糕。／어떻게든 될 것이라고 낙관적으로 생각하고 있었더니 큰일이 되어 버렸다.)

⓰ ☐ 悲観的(な)(ひかんてき) (pessimistic／悲观的／비관적인)　　　**対** 楽観的(な)

▶ この状況では、悲観的にならざるを得ない。(じょうきょう)
(In this situation, we can't help becoming pessimistic.／这种状况之下，不得不悲观啊。／이 상황에서는 비관적이 되지 않을 수 없다.)

❶❼ ☐ **主観**(しゅかん) (subjectivity／主观／주관)　　　　　　　　　　　　対 **客観**(きゃっかん)

▷ 主観を述(の)べる (to tell one's subjective idea／陈述主观(意见)／주관을 말하다)

❶❽ ☐ **主観的**(しゅかんてき)(な) (subjective／主观的／주관적인)

▶ 君(きみ)の主観的(しゅかんてき)な意見(いけん)はいいから、客観的(きゃっかんてき)な事実(じじつ)だけを伝(つた)えてくれ。
(I don't need your subjective idea. I just want to know the fact.／你的主观意见就不用说了，只叙述客观事实。／당신의 주관적인 생각은 됐으니까 객관적인 사실만을 전해 줘.)

❶❾ ☐ **唱**(とな)**える** (to urge／提倡、念、诵／주장하다)

▷ 増税反対(ぞうぜいはんたい)を唱(とな)える、呪文(じゅもん)を唱(とな)える
(to urge opposition to a tax increase, to chant a spell／提倡反对增税、念咒／증세반대를 주장하다, 주문을 외다)

▷ 会(かい)の決定(けってい)に異議(いぎ)を唱(とな)える者(もの)もいた。
(Some people raised objections to the committee's decision.／也有对会议的决定唱反调的人。／모임의 결정에 이의를 주장하는 사람도 있다.)

❷⓿ ☐ **提唱**(ていしょう)**(する)** (to put forward／提倡／제창)

▷ 改革(かいかく)を提唱(ていしょう)する (advocate reform／提倡改革／개혁을 제창하다)

▷ この研究(けんきゅう)分野(ぶんや)においては、教授(きょうじゅ)が20年前(ねんまえ)に提唱(ていしょう)した理論(りろん)が基礎(きそ)になっている。
(A theory put forward twenty years ago by a professor is the basis of this research field.／在这个研究领域，教授在二十年前提出的理论成为了基础。／이 연구분야는 교수님이 20년 전에 제창한 이론이 기초가 되어 있다.)

❷❶ ☐ **提言**(ていげん)**(する)** (to advocate／提议／제언)

▷ 会議(かいぎ)では、災害時(さいがいじ)の行政(ぎょうせい)の対応(たいおう)について、専門家(せんもんか)からいくつかの提言(ていげん)があった。
(There were several suggestions from experts at the meeting about the administration's response during disasters.／会议上有些专家针对灾害发生时的行政对策提出建议。／회의에서는 재해 시의 행정의 대응에 대해 전문가로부터 몇 가지 제언이 있었다.)

❷❷ ☐ **考案**(こうあん)**(する)** (to develop／设计、研究出新的方案／고안)

▶ これらは高齢者(こうれいしゃ)のために考案(こうあん)されたメニューです。
(These are the menu developed for the elderly people.／这是为了高龄者而设计的新菜单。／이것들은 고령자를 위해 고안된 메뉴입니다.)

㉓ □ 表明(する) (to express／表明／표명)
　ひょうめい

▷ 参加の意思を表明する、引退表明
　さんか　いし　　　　　　　　いんたい
(to express intent to participate; resignation notice／表明参加的意思、退役声明／참가 의사를 표명하다 , 은퇴표명)

▷ 市の決定に対し、いくつかの市民団体が反対を表明した。
　し　けってい　たい　　　　　　　　しみんだんたい　はんたい
(Several citizen groups expressed opposition to the city's decision.／对于市政府娥决定，有几个市民团体表明了反对意见。／시의 결정에 대해 몇몇 시민단체가 반대를 표명했다.)

㉔ □ 声明 (public statement／声明／성명)
　せいめい

▶ 国連は、この問題に関する新たな専門機関を設けるとの声明を発表した。
　こくれん　　　もんだい　かん　あら　せんもんきかん　もう　　　　　　　　はっぴょう
(The UN publicly announced that it is forming a new specialized agency to handle this problem.／国联发表了关于针对这个问题设立新的专业机构的声明。／국제 연합은 이 문제에 관한 새로운 전문기관을 만들겠다고 성명을 발표했다.)

▶ 犯人からマスコミ各社に声明文が届いた。
　はんにん　　　　　　　かくしゃ　ぶん　とど
(A public statement from the criminal arrived at various media companies.／犯人发出的声明到达各个媒体。／범인으로부터 매스컴 각사에 성명문이 도착했다.)

㉕ □ 代弁(する) (to speak for／代言／대변)
　だいべん

▶ この歌は若者の気持ちを代弁する歌として、当時、学生の間ですごく流行った。
　うた　わかもの　きも　　　　　　　うた　　　　　とうじ　がくせい　あいだ
　はや
(As a song that speaks for the feelings of youth, it was very popular at the time among students.／这首歌唱出了年轻人的心声，当时，在学生们之间非常流行。／이 노래는 젊은이의 기분을 대변하는 노래로서 당시 학생들 사이에서 무척 유행했다.)

㉖ □ 同感(する) (to have the same idea／赞同／동감)
　どうかん

▶ 私も高橋さんの意見に同感です。
　わたし　たかはし　　　いけん
(I have the same idea with Mr. Takahashi.／我对高桥的意见表示赞同。／나도 다카하시 씨의 의견에 동감입니다.)

㉗ □ 共感(する) (to sympathize／共同感受／공감)　　　類 共鳴(する)
　きょうかん　　　　　　　　　　　　　　　　　　　　　　　　　　　　きょうめい

▷ 共感を覚える (to sympathize with／感受相同／공감하다)
　　　　　おぼ

▶ 年が近いこともあり、彼女とは共感する点が多い。
　とし　ちか　　　　　　　かのじょ　　　　　　　てん　おお
(Because we are almost the same age, I sympathize with her thoughts in many points.／因为年龄相近，和她有共同的感受地方较多。／나이가 가까운 점도 있고 그녀와는 공감하는 점이 많다.)

❷❽ □ **共鳴**(する) (to sympathize／共鳴／공명, 동감)　　　　類 共感(する)
きょうめい　　　　　　　　　　　　　　　　　　　　　　　　　　きょうかん

▶ 番組へは、彼女の意見に共鳴した多くの人からメッセージが届いた。
ばんぐみ　　　かのじょ　いけん　きょうめい　おお　ひと　　　　　　　　　とど

(Many messages have been sent to that TV program from many people who sympathized with her idea.／和她的意见产生共鸣的人们给剧组发来了信件。／방송(프로그램)에는 그녀의 의견에 공감한 많은 사람으로부터 메시지가 도착했다.)

❷❾ □ **異論** (objection／异议／이의)
いろん

▷ 異論を唱える (to object to／阐述不同意见／이의를 주장하다)
　　とな

▶ これについて、異論のある人はいないだろう。
　　　　　　　　いろん　　　ひと

(No one will object to this idea.／对此，有不同意见的人吗？／이것에 대해 이의가 있는 사람은 없을 것이다.)

❸⓪ □ **反論**(する) (to refute／反论／반론)
はんろん

▶ 裁判では、片方の主張だけでなく、相手にも反論の機会を与えなければならない。
さいばん　　　かたほう　しゅちょう　　　　　　あいて　　はんろん　きかい　あた

(In court, opportunity must be given not just to one party to make assertions, but to the other party to make counterarguments.／审判不仅是单方面的主张，也必须给对手反驳的机会。／재판에서는 한쪽의 주장만이 아니라 상대편에게 반론의 기회도 주어야 한다.)

❸❶ □ **弁解**(する) (to excuse／辩解／변명)　　　　　　　　同 言い訳
べんかい　　　　　　　　　　　　　　　　　　　　　　　　　　い　わけ

▶ 今回のミスはすべて自分の不注意によるもので、弁解のしようがなかった。
こんかい　　　　　　　　じぶん　ふちゅうい　　　　　　　べんかい

(This mistake was a result of my own carelessness; there was no way to make excuses.／这次的失误都是自己不注意引起的，没办法辩解。／이번의 미스는 모두 나의 부주의에 의한 것으로 변명의 여지가 없었다.)

❸❷ □ **抗議**(する) (to protest／抗议／항의)
こうぎ

▷ 抗議デモ (protest demonstration／抗议游行／항의 데모)

▶ 彼は審判の判定に強く抗議した。
かれ　しんぱん　はんてい　つよ　こうぎ

(He strongly protested to the judgment of the judge.／他强烈抗议审判结果。／그는 심판의 판정을 강하게 항의했다.)

㉝ □ 非難(する) (to criticize／谴责／비난)

▷ 非難を浴びる (come under attack／遭到谴责／비난을 받다)

▷ 大臣の発言は、女性を差別したものだと激しく非難された。
(The minister's comments were heavily criticized as discriminatory against women.／大臣的发言受到严重谴责,被指歧视女性。／장관의 발언은 여성을 차별한 것이라고 몹시 비난당했다.)

㉞ □ 擁護(する) (to protect／拥护／옹호)

▷ 人権擁護団体 (human rights group／拥护人权团体／인권 옹호 단체)

▶ 政府を擁護するわけじゃないが、非難しているマスコミにも大いに責任があると思う。
(I'm not defending the government, but I think the overcritical media is largely in the wrong.／并不是拥护政府,谴责方的媒体也应该负很大的责任。／정부를 옹호하려는 것은 아니지만 비난하는 매스컴에도 큰 책임이 있다.)

㉟ □ 断言(する) (to declare／断言／단언)

▶ 証拠がない以上、あの男が犯人だと断言することはできない。
(Unless there's proof, we can't state definitively that he is a criminal.／既然没有证据,就不能断言那个男人就是犯人。／증거가 없는 이상 저 남자가 범인이라고 단언할 수는 없다.)

㊱ □ 忠告(する) (to warn／忠告／충고)

▶ 連中とは付き合わないほうがいいと彼に忠告しておきました。
(I've warned him that it's best not to associate with that lot.／我劝他不要和那帮人来往为好。／그자들과는 사귀지 않는 편이 좋다고 그에게 충고해 두었습니다.)

㊲ □ 同意(する) (to agree／同意／동의)

▷ 同意を得る (to get agreement／得到同意／동의를 얻다)

▷ 上記の内容に同意いただける場合は、「同意する」をクリックしてください。
(If you agree with the above contents, please click "I agree".／对于上述内容如果表示同意,请点击"同意"。／상기의 내용에 동의해 주실 수 있는 경우는 "동의하다"를 클릭해 주세요.)

❸❽ ☐ **本音** (true feeling／真心话／본심)
　▷ 本音を探る (guess one's true feeling／探寻真心话／본심을 살피다)
　▶ 酔うと、つい本音が出る。
　　(I'm telling my true feeling when I drink.／一醉酒, 就会吐露真心话。／취하면 자기도 모르게 본심이 나온다.)

❸❾ ☐ **建前** (pretense／场面话、原则／표면상의 원칙)　　　　　対 本音
　▶ 建前でああ言っているけど、本当は彼も行きたくないんだと思う。
　　(He said so on the pretence, but actually, I think he doesn't want to go.／场面话那样说, 其实他是不想去的。／표면상의 원칙으로 저렇게 말하고 있지만, 사실은 그도 가고 싶지 않을 거다.)

❹⓪ ☐ **察する** (to guess／推測／짐작하다)
　▶ 娘の表情から察するに、今日は負けたんじゃないかと思う。
　　(Guessing from my daughter's expression, I think she lost the game today.／从女儿的表情推测, 今天可能会输吧。／딸의 표정으로 짐작하건대 오늘은 진 것이 아닐까 한다.)
　▶ こっちの気持ちも少しは察してほしい。
　　(I just want her to take my feeling into consideration a bit more.／希望能理解一下我的心情。／이쪽의 기분도 조금은 생각해 주길 바란다.)

UNIT 43 性格・態度 せいかく・たいど

(Personality, attitude／性格・态度／성격・태도)

❶ □ 寛大（な） かんだい (lenient, generous／宽大／관대한)

▷ 寛大さ (generosity／宽大、有度量／관대함)

▶ 今回の過失について、彼には寛大な措置がなされた。
こんかい かしつ かれ かんだい そち
(He was treated leniently for this particular oversight.／关于这次的过失, 对他实施宽大的措施。／이번 과실에 대해 그에게는 관대한 조치가 행해졌다.)

❷ □ 寛容（な） かんよう (tolerance, largesse／宽容／관용)

▷ 寛容さ (generosity／宽大、有度量／관용함)

▶ 自分と反対の意見にも耳を傾ける寛容な気持ちが大切です。
じぶん はんたい いけん みみ かたむ かんよう きも たいせつ
(It's important to listen with an open mind to opinions that are the opposite of yours.／带着宽容倾听与自己相反意见的心情很重要。／자기와 반대 의견에도 귀를 기울이는 관용적인 마음이 중요합니다.)

❸ □ 柔軟（な） じゅうなん (flexible, adaptable／温和、灵活／유연한)

▶ いろいろなお客さんが来ますので、柔軟に対応してください。
きゃく き じゅうなん たいおう
(Lots of different customers are going to come, so please deal with them in a flexible way.／这里有各种各样的客人来到, 请灵活应对。／여러 손님이 오시니까 유연하게 대응해 주세요.)

❹ □ 気さく（な） き (easy to get along with／坦率、直爽／싹싹한)

▶ 社長はパートのおばさんにも気さくに声をかけます。
しゃちょう き こえ
(The boss is really friendly even to the lady who works here part-time.／社长对打工的阿姨也很亲切地打招呼。／사장님은 아르바이트 아줌마에게도 싹싹하게 말을 겁니다.)

❺ □ 大らか（な） おお (easygoing, magnanimous／大方、心胸开阔／대범하고 느긋한)

▶ 自然に囲まれていると、大らかな気持ちになります。
しぜん かこ おお きも
(I become relaxed and easygoing when surrounded by nature.／被大自然包围着, 心胸变得开阔。／자연에 둘러싸여 있으면 대범하고 느긋한 기분이 됩니다.)

❻ ☐ 明朗（な） (clear／诚实公正、公正无私／명랑한)
　▷ 明朗会計 (transparent accounting／公正无私的会计／공정한 회계)

❼ ☐ 対 不明朗（な） (dubious／不光明正大／공정하지 않은)
　▷ 不明朗なやり方 (dubious way of doing things／不光明正大的做法／불공정한 방법)

❽ ☐ 几帳面（な） (methodical, thorough／一丝不苟的／꼼꼼한) 対 大ざっぱ（な）
　▶ 几帳面な性格なもので…。少しでもずれていると気になるんです。
　(I'm a very thorough type of person —so it bothers me even if it's just a little out of place.／是一种一丝不苟的性格。有一点儿偏移也很在意。／꼼꼼한 성격이어서.... 조금이라도 어긋나면 신경이 쓰입니다.)

❾ ☐ まめ（な） (organized／认真的／바지런한)
　▶ 彼はまめだから、メールを送ったらその日のうちに必ず返事が来ますよ。
　(He's really organized —if you send him an email, you're sure to get a reply that same day.／他很认真，给他发邮件的当天，他一定会回信的。／그는 바지런하여 메일을 보내면 그날 중으로 반드시 답장이 옵니다.)

❿ ☐ 繊細（な） (delicate／纤细、敏感／섬세한)
　▶ あの子は繊細だから、ちょっとした一言ですぐ傷つくんです。
　(He's very delicate, so just a little comment can hurt his feelings.／那个孩子很敏感，稍微一句话就会伤害他。／저 아이는 섬세해서 사소한 한마디로 금방 상처를 입습니다.)

⓫ ☐ 同 デリケート（な） (delicate／纤细、敏感／델리케이트한)
　▶ 人事にかかわるデリケートな問題なので、ここではちょっと話せません。
　(This is a very delicate issue related to human resources, so I can't talk about it here.／这是关系到人事的敏感问题，在这里不能说。／인사에 관계된 델리케이트한 문제여서 여기에서는 말할 수 없습니다.)

⓬ ☐ 用心深い (careful, cautious／小心周到的、极其慎重的／주의 깊다)
　▶ 父は用心深いので、簡単にはサインしないと思います。
　(My father is very cautious, so I don't think he'll sign this easily.／父亲很慎重，不会轻易签字的。／아버지는 주의 깊은 성격이어서 간단히는 사인하지 않을 겁니다.)

⓭ ☐ 勤勉（な） (diligent／勤奋／근면한)

⓮ ☐ **実直**(な) (honest, scrupulous／耿直／올곧은)
じっちょく

▶ 明るく実直な人柄から、父は友人も多かったみたいです。
あか　　じっちょく　ひとがら　　ちち　ゆうじん　　おお

(My father is cheerful and honest, so it seems like he also had lots of friends.／父亲是个开朗耿直的人, 好像朋友挺多的。／밝고 올곧은 인품이어서 아버지는 친구도 많은 것 같습니다.)

⓯ ☐ **忠実**(な) (faithful, loyal／忠实／충실한)
ちゅうじつ

▷ 原文に忠実に訳す、基本に忠実なプレー
げんぶん　ちゅうじつ　やく　　きほん　ちゅうじつ

(to translate the original faithfully, a play that sticks to the basics／忠实于原文地翻译、基本实事求是的比赛／원문에 충실히 번역하다, 기본에 충실한 플레이)

▷ 警官は、職務を忠実に行っただけだと主張した。
けいかん　　しょくむ　ちゅうじつ　おこな　　　　　しゅちょう

(The police officer emphasized the fact that he was only carrying out his duties faithfully.／警官主张自己只不过是忠于自己的职务。／경찰관은 직무를 충실히 수행했을 뿐이라고 주장했다.)

⓰ ☐ **誠意** (good faith／诚意／성의)
せいい

▷ 誠意を示す (to express one's sincerity／表示诚意／성의를 나타내다)
　　　　しめ

▶ それで謝っているつもり？　誠意が全く感じられないんだけど。
あやま　　　　　　　　　　　　　まった　かん

(You were intending to apologize like that? I don't feel that you're being sincere at all.／那就是道歉吗？没感到一点儿诚意。／그것으로 사과했다고 생각해? 성의를 전혀 느낄 수 없는데.)

⓱ ☐ **真摯**(な) (sincere／真挚／진지한)
しんし

▶ お客様からの言葉を真摯に受け止め、改善に努めたいと思います。
きゃくさま　　ことば　しんし　う　と　　かいぜん　つと　　　　おも

(I hope to take our customers' comments seriously and work to improve our service.／我们很真挚地接受客人的意见, 努力改善服务。／손님의 말씀을 진지하게 받아들여 개선에 노력하겠습니다.)

⓲ ☐ **素朴**(な) (naive, unsophisticated／朴实／소박한)
そぼく

▷ 素朴な人柄 (artless personality／朴实的人品／소박한 인품)
　　　ひとがら

▶ そこでふと、素朴な疑問がわいた。
ぎもん

(For just an instant, a simple doubt came over me.／这时突然涌出一个朴实的疑问。／그래서 문득 소박한 의문이 생겼다.)

❶❾ ☐ **勇敢(な)** (brave／勇敢／용감한)
  ▶ 勇敢な若者が、線路に落ちた子供を助けた。
    (A brave young person helped a kid who had fallen onto the tracks.／勇敢的年轻人救助了掉到铁路线上的一个孩子。／용감한 젊은이가 선로에 떨어진 아이를 구했다.)

❷⓪ ☐ 対**臆病(な)** (cowardly／胆小／겁이 많은)
  ▶ うちの犬は臆病で、すぐ吠えるんです。
    (Our dog is a coward —he's quick to bark at people.／我家的狗很胆小，喜欢吼叫。／우리 집 개는 겁이 많아 금방 짖습니다.)

❷① ☐ **優柔不断(な)** (indecisive／优柔寡断／우유부단한)
  ▶ 彼は優柔不断だから、メニューもなかなか決まらないんです。
    (He's really indecisive —he has a hard time even deciding what to eat.／他的性格优柔寡断，就是点菜也老是决定不了。／그는 우유부단해서 메뉴도 좀처럼 정하지 못합니다.)

❷② ☐ **気まぐれ(な)** (fickle, capricious／反复无常、没准性儿／변덕스러운)
  ▶ 彼女は気まぐれだから、来ると言っても来ないかもしれない。
    (She can change at a whim, so she might not come even if she says she will.／她情绪易变，说来可能不会来。／그녀는 변덕스러워서 온다고 해도 오지 않을지도 모른다.)

❷③ ☐ **八方美人** (everybody's friend／八面玲珑／팔방미인)
  ▶ 彼女は八方美人だから、誰にでもいい顔をするんだよ。
    (She tries to please everybody, so she puts on a nice front no matter who it is.／她是个八面玲珑的人，对谁都是一副很好的样子。／그녀는 팔방미인이어서 누구에게라도 좋은 얼굴을 한다.)

❷④ ☐ **意地** (spirit, disposition／心术、用心／고집)
  ▷ 意地が悪い (cruel／用心不良／심술궂다)
  ▶ 私にも元代表選手としての意地がある。
    (I also have the spirit of a former national athlete.／我也有着作为原代表运动员的倔强。／내게도 전 대표선수로서의 오기가 있다.)

❷⑤ ☐ **意地悪(な)** (spiteful／用心不良／심술궂은)

❷⑥ ☐ **意地を張る** (to be stubborn／赌气、闹意气／고집을 부리다)
  ▶ 意地を張らないで、素直に謝ったら?
    (Why don't you stop being so stubborn and apologize honestly?／别逞强了，真诚地道个歉怎么样？／고집을 부리지 말고 순순히 사과하면 어때?)

㉗ □ **卑しい** (vulgar, coarse／卑鄙、下贱／비열하다)

▶ 最初から人の援助をあてにするなんて、考え方が卑しい。
(Aiming to rely on the support of other people from the very start —how vulgar!／最初就以别人的援助为目的, 想法很卑鄙。／처음부터 타인의 원조를 기대하다니 생각이 비열하다.)

㉘ □ **思いやる** (to think about, care／同情／배려하다)

▶ この子には、人を思いやる優しい心を持った人になってほしい。
(I want this kid to become someone with a gentle heart who cares about others.／希望这个孩子长大后, 能有一颗同情别人的心。／이 아이가 타인을 배려하는 상냥한 마음을 가진 사람이 되기를 바란다.)

㉙ □ **思いやり** (compassion, understanding／同情／다른 사람을 생각하는 마음)

▷ 思いやりの気持ち (feelings of compassion／同情之心／남을 배려하는 마음)

㉚ □ **協調性** (cooperativeness／协调性／협조성)

▶ 何かを共同で作り上げることが好きなので、協調性はあるほうだと思います。
(He likes creating things by working together with others, so I think I would have a certain cooperativeness.／喜欢和大家一起共同制作什么东西, 我想应该是比较有协调性的人。／무언가 공동으로 만드는 것을 좋아해서 협조성은 있는 편이라고 생각합니다.)

㉛ □ **自己主張** (self-assertiveness／自我主张／자기주장)

▶ 自己主張ばかりしないで、もっと全体のことを考えないと。
(You need to consider the bigger picture without asserting yourself so much.／不要总是主张自我, 要从整体来考虑全局。／자기 주장만 하지 말고 좀 더 전체를 생각하지 않으면 안 된다.)

㉜ □ **押し切る** (overcome／坚持到底／무릅쓰고 강행하다)

▶ 彼女は、親の反対を押し切って結婚したそうだ。
(I heard she overcame her parents' opposition and got married.／听说她不顾父母的反对结婚了。／그녀는 부모님의 반대를 무릅쓰고 결혼했다고 합니다.)

㉝ □ **馴れ馴れしい** (overly friendly／过分亲昵的, 熟不拘礼的／친한 것처럼 굴다)

▶ あの人、原さんに随分馴れ馴れしかったけど、彼女の知り合い?
(That person seemed overly friendly with Hara-san –does she know him?／他对小原非常亲昵的样子, 是她的熟人吗？／저 사람은 하라 씨에게 무척 친한 척 굴었는데 그녀와 아는 사이?)

❹ □ **おせっかい(な)** (meddlesome, nosy／好管闲事的／공연한 참견)

▶ あの人、聞いてもないのにいろいろ調べたりアドバイスしてきたり、ちょっとおせっかいなところがある。
(That person is a bit nosy —she'll go and look things up and give me all sorts of advice even if I didn't ask her.／他问也没问，就又调查又建议的，有些好管闲事。／저 사람은 묻지도 않는데 여러 가지 조사하거나 어드바이스 하거나 해서 좀 공연히 참견하는 데가 있다.)

❺ □ **横柄(な)** (arrogant, insolent／傲慢、妄自尊大／건방진)

▶ ここの店員は客に横柄な態度をとるから別の店にしよう。
(The staff here are really arrogant to the customers. Let's go somewhere else.／这里的店员对客人的态度很蛮横，我们去其他店吧。／이곳 점원은 손님에게 건방진 태도를 취하니까 다른 가게로 하자.)

❻ □ **勝気(な)** (strong-minded／好胜／기승스런)　　対 弱気

▶ 彼女は勝気だから、よく人と衝突する。
(She's a strong-minded type, so she often gets into conflicts with others.／她很好强，经常和人发生冲突。／그녀는 지기 싫어하는 성격이어서 자주 타인과 충돌한다.)

❼ □ **うぬぼれる** (to be conceited／骄傲自大、自负／자만하다)

▶ 賞をもらったからって、うぬぼれないでほしいよね。―そうそう。彼女はちょっと運がよかっただけだよ。
(She shouldn't be so conceited and stuck up just because she won a prize. —Yeah. It's just that she got lucky.／希望别因为得了奖，就骄傲自大啊。—是啊是啊，她只是运气稍微好点儿罢了。／상을 받았다고 해서 자만하지 말았으면 해. —그래그래. 그녀는 좀 운이 좋았을 뿐이야.)

❽ □ **うぬぼれ** (hubris, pretension／骄傲自大、自负／잘난 체함)

▷ うぬぼれが強い (to be self-conceited／自负心强／자만심이 강하다)

❾ □ **腰が低い** (humble／谦虚、和蔼／겸손하다)

▶ 中村さんは大学の偉い先生なのに、誰に対しても腰が低い。
(Nakamura-san is a high-ranking teacher at our school, but he's humble towards everyone.／虽然中村是大学里很有水平的老师，但他对谁都很谦虚和蔼。／나카무라 씨는 대학의 훌륭한 선생님인데 누구에게나 겸손하다.)

㊵ □ へりくだる (to deprecate, condescend／谦虚／겸양하다)

▷ へりくだった言い方 (condescending tone／谦虚的说法／자기를 낮추는 말투)

▶ 相手は得意先だけど、そんなにへりくだらなくてもいいんじゃないかなあ。
(They're one of our best customers, but they don't have to talk in such a condescending way.／虽然对方是客户，但也不用那么卑微啊。／상대는 단골이지만 그렇게 그렇게 자기를 낮추지 않아도 되지 않을까?)

㊶ □ 謹む（つつし-） (to refrain／谨慎／삼가다)

★「謹んで」で「敬意を持って」という意味。／「謹んで」means "with respect".／用"謹んで"表示"带有敬意"的意思。／"謹んで"로 '경의를 품고' 의 의미

▷〈年賀状〉謹んで新年のお祝いを申し上げます
(〈New Year's card〉Wishing you a happy new year!／〈贺年片〉谨祝您新年快乐。／〈연하장〉삼가 신년을 축하하옵니다.)

▶ 謹んでお詫び申し上げます。
(My humble apologies.／诚挚地向您道歉。／삼가 사과드리옵니다.)

㊷ □ 愛想（あいそ-） (congenial, friendly／待人亲切、和蔼／붙임성)

▶ あそこの店員は愛想が良くて、いつ行っても気持ちいい。
(The staff there are really friendly, so you always have a good time whenever you go.／那里的店员待人亲切，什么时候去心情都很好。／저곳의 점원은 붙임성이 좋아 언제 가도 기분이 좋다.)

▶ 彼はいつも約束を守らないからなあ。本当に愛想が尽きる。
(He never keeps his promises. I'm really fed up with him.／他总是不遵守约定。真是很讨厌啊。／그는 항상 약속을 지키지 않는군. 정말 정나미가 떨어진다.)

㊸ □ 対 無愛想（な） (abrupt, brusque／简慢、冷淡、不和气／무뚝뚝한)

▶ 無愛想な人だね。—挨拶ぐらいは普通に返してほしいよね。
(He's really brusque, isn't he. —The least he could do is return your greetings, like everyone else.／这是个冷淡的人。—打招呼什么的，还是希望能回个招呼啊。／무뚝뚝한 사람이네. —인사 정도는 보통 해 주어야지.)

㊹ □ そっけない (curt, dismissive／冷淡／무뚝뚝하다)

▶ 苦労してプレゼントを選んだのに、「あ、どうも」の一言だけ。
—それだけ？ そっけないね。
(I went to all that trouble to choose the present, and all he said was "oh, thanks". —That's it? How curt.／很辛苦地选了礼物送人，只听到一句"啊，谢谢"。— 只有这句话啊？真冷淡啊。／고생하여 선물을 골랐는데 " 아 고마워 " 한마디뿐. — 그것뿐이었어? 무뚝뚝하네 .)

❹❺ □ **揚げ足をとる** (to find fault／找碴、吹毛求疵／남의 말꼬리를 잡다)

▶人の揚げ足を取るようなことばかり言わないでほしい。
(I wish she wouldn't keep saying things that try to find fault with people.／希望別老说些找别人碴的话。／남의 말꼬리를 잡는 것 같은 말만 하지 않았으면 좋겠어.)

❹❻ □ **いやらしい**　①感じの悪い、いやな感じの　②卑猥な
(①unpleasant／感觉不好的、讨厌的／느낌이 나쁘다, 싫은 느낌의　②obscene／猥劣的／외설스런)

▶①彼は社長に気に入られようと、いい加減なことばかり言うからね。いやらしいよ。
(He'll say all sorts of irresponsible things to get into his boss' good books. How disgusting.／他为了让社长对他有好感，净说些靠不住的话。真是讨厌。／그는 사장님의 마음에 들려고 적당한 말만 하니까. 불쾌하다.)

▷②いやらしい目つき/本
(lewd look, obscene book／猥劣的眼神/下流的书／외설스런 눈초리/책)

❹❼ □ **潔い** (gracious, pure／干脆、果断、洁白／떳떳하다)

▶彼は潔く負けを認め、相手を称えた。
(He graciously admitted defeat and praised his opponent's performance.／他很干脆地承认输了,还称赞对方。／그는 떳떳이 진 것을 인정하고 상대를 칭찬했다.)

❹❽ □ **執着(する)** (to be attached, fixated／执着／집착)

▷お金に執着する (to obsess over money／对金钱执着／돈에 집착하다)

▶終わったことにいつまでも執着しないで、次に行こう。
(Let's move on to the next thing without obsessing forever over what's over and done with.／对已经结束的事情不要去追究了,进行下一步吧。／끝난 일에 언제까지나 집착하지 말고 다음으로 (넘어)가자.)

❹❾ □ **重んじる** (to respect, honor／重视／중시하다)

▷伝統を重んじる (to respect tradition／重视传统／전통을 중시하다)

▶本校では、子供の自主性を重んじた教育を行っています。
(The education at this school respects the independence of the children.／本校施行着重视孩子自主性的教育。／본교에서는 아이들의 자주성을 중시한 교육을 하고 있습니다.)

❺⓪ □ 対**軽んじる** (to treat lightly, neglect／轻视／가볍게 여기다)

▶安いからといって、決して安全性を軽んじているわけではありません。
(It may be cheap, but they definitely don't neglect the safety issues.／决不能因为便宜就轻视安全性。／싸다고 해서 결코 안정성을 가볍게 여기는 것은 아닙니다.)

(51) □ 省みる (to reflect, contemplate／反省／반성하다)
かえり

▷ 政府は自らの判断を省みる必要がある。
せいふ みずか はんだん ひつよう

(The government needs to reflect on its own judgements.／政府有必要反省一下自己的判断。／정부는 스스로 판단을 반성할 필요가 있다.)

(52) □ 疎か(な) (negligent, careless／敷衍、马虎／소홀한)
おろそ

▶ 音楽ばかりやって、勉強が疎かになってない？
おんがく べんきょう

(Aren't you focusing too much on music and neglecting your studies?／只顾搞音乐，学习就有些敷衍了。／음악만 하고 공부는 소홀히 하고 있지 않니?)

(53) □ 怠る (to skive, shirk／慵懒、疏漏／게을리하다)
おこた

▷ 確認／努力を怠る
かくにん どりょく

(to neglect to verify, make an effort／疏于确认、倦怠努力／확인/노력을 게을리하다)

(54) □ 怠慢(な) (negligent／怠慢／태만한)
たいまん

▷ 職務怠慢 (negligence of duty／职务怠慢／직무태만)
しょくむ

▶ 未だにこの問題が解決しないのは、国の怠慢だと思う。
いま もんだい かいけつ くに

(The reason why this problem hasn't been resolved yet is because the government has been negligent.／还没解决这个问题，我想是国家的怠慢。／아직 이 문제가 해결되지 않은 것은 국가의 태만이라고 생각한다.)

(55) □ 欠如(する) (to lack／缺乏／결여)
けつじょ

▷ 責任感の欠如 (lack of responsibility／缺乏责任感／책임감의 결여)
せきにんかん

▶ 彼女には人として重要な何かが欠如している気がする。
かのじょ ひと じゅうよう なに き

(I think she lacks something important as a person.／我觉得她欠缺作为人的一些重要的东西。／그녀는 사람으로서 중요한 무언가가 결여됐다는 생각이 든다.)

(56) □ 良識 (good sense／健全而卓越的见识／양식)
りょうしき

▷ 良識を疑う (to doubt someone's good sense／怀疑正确的见识／양식을 의심하다)
うたが

▶ 個人攻撃のメールを全員宛てで送るなんて、良識がある人の行動とは思えない。
こじんこうげき ぜんいんあ おく ひと こうどう おも

(You wouldn't think that sending this personal hate mail to everyone would be the act of a person with good sense.／攻击个人的邮件向全员发送这类的事情，真不是有正确见识的人的行动。／개인 공격 메일을 전원 앞으로 보내다니 양식이 있는 사람의 행동이라고는 생각할 수 없다.)

❺❼ □ **善良(な)** (good, virtuous／善良／선량)
　▷ 善良な市民 (good citizens／善良的市民／선량한 시민)
　▶ 教師だからって誰もが善良だとは限らないよ。
　　(Just because someone is a teacher doesn't mean that they're going to be virtuous.／不是因为是教师，就谁都善良。／교사라고 해서 누구나가 선량하다고는 할 수 없다.)

❺❽ □ **人情** (empathy／人情／인정)
　▶ 地元の人とのちょっとした出会いの中に、人情を感じました。
　　(I felt a certain empathy over the course of small encounters with the local people.／和当地人们那么一点点的邂逅，就感觉到人情味浓。／지역 사람과의 작은 만남 속에서 인정을 느꼈습니다.)

❺❾ □ **人情味** (human kindness／人情味／인정미)
　▶ 人情味のない人と言われて、ちょっとショックでした。
　　(I was a bit shocked to be called someone with no human kindness.／说我是没有人情味儿的人，真是有些受到了打击。／인정미가 없는 사람이라고 해서 조금 쇼크였습니다.)

❻❿ □ **義理人情** (moral obligation and human feelings／情义人情／의리인정)
　▶ 彼は義理人情に厚い人だから、きっと助けてくれるよ。
　　(He's someone with a strong sense of moral obligation and kindness, so I'm sure he'll help you out.／他是个很重人情的人，一定会帮我的。／그는 의리와 인정이 두터운 사람이니까 틀림없이 도와줄 거야.)

❻❶ □ **情け** (pity／人情、同情／정)
　▶ 先生が情けをかけてくれて、追加の試験をしてくれることになった。
　　(My teacher took pity on me and decided to let me do an additional exam.／老师同情我，决定给我补考。／선생님께서 인정을 베풀어 추가 시험을 보게 해 주시기로 했다.)

❻❷ □ **情け深い** (compassionate／富于同情心的／정이 깊다)

❻❸ □ **人望** (popularity／声望／인망)
　▷ 人望が厚い (to be popular／声望好／인망이 두텁다)
　▶ 部長は仕事ができて部下にも優しいから、人望がある。
　　(The section chief is really popular – he's both good at his work and kind to his subordinates.／部长工作能干，对部下也很好，很有声望。／부장님은 일도 잘하고 부하에게도 상냥하기 때문에 인망이 있다.)

❻❹ ☐ 意気込み (enthusiasm／干劲、热情／적극적인 마음가짐)
- ▶ 選手たちは、大会に向け、意気込みを語った。
  (The athletes talked about their enthusiasm in the runup to the big tournament.／面临大会，运动员们很振奋地说出自己的热情。／선수들은 대회에 앞서 마음가짐을 말했다.)

❻❺ ☐ 意気込む (to be enthusiastic about／振奋、鼓起干劲／분발하다)
- ▶ 必ず優勝すると意気込んだものの、結果は5位だった。
  (I was all enthusiastic about winning for sure, but I came in fifth in the end.／虽然十足地认为自己一定会拿到冠军，但结果得了第五名。／반드시 우승하겠다고 분발하였지만 결과는 5위였다.)

❻❻ ☐ せっかち(な) (rash, impatient／急躁的／조급한 성격)
- ▶ 妹はせっかちで、一緒に旅行に行くと、すぐ「次はどこ？」と聞いてくる。
  (My younger sister is really impatient. When I go on holiday with her, she's always quick to ask "where are we going next?"／妹妹有些性急，一起去旅行，总是很快就问"下面去哪里？"／여동생은 성급한 성격이어서 함께 여행을 가면 금방 "다음은 어디?"하고 물어 온다.)

❻❼ ☐ 熱意 (ambition, zeal／热情／열의)
- ▷ 熱意を買う、熱意を伝える
  (to appreciate one's enthusiasm, to convey one's zeal／赞赏热情、传达热情／열의를 인정하다, 열의를 전달하다)
- ▶ 彼の熱意に負けて、弟子にすることにしました。
  (I was won over by his ambition and zeal, and decided to make him my disciple.／败在他的诚意之下，决定收他为弟子。／그의 열의에 져서 제자로 삼기로 했습니다.)

❻❽ ☐ 根気 (patience／毅力、耐性／끈기)
- ▷ 根気よく待つ (to wait patiently／耐心等候／끈기 있게 기다리다)
- ▶ 完成までに何年もかかるから、根気のいる仕事になります。
  (It's going to take several years before it's complete —this job is going to require some patience.／到完成为止需要很多年，这是需要耐心等候的工作。／완성까지 몇년이나 걸리기 때문에 끈기가 필요한 일이 되겠습니다.)

❻❾ ☐ 心構え (mental attitude／精神准备／마음의 준비)
- ▶ 研修では、まず警察官としての心構えについての話があった。
  (During the training, they first spoke about the mental attitude that a police officer should have.／研修中，首先听到了讲述关于作为警官的思想准备的事情。／연수에서는 우선 경찰관으로서의 마음가짐에 대해 이야기가 있었다.)

❼⓪ □ 肝に銘じる (to take something to heart／铭刻在心／명심하다)
きも　めい

▶ 二度とこのようなことがないよう、肝に銘じます。
にど

(I'll make a mental note to make sure this doesn't happen again.／不要再发生第二次这样的事情，对此我铭记在心。／두 번 다시 이와 같은 일이 없도록 명심하겠습니다.)

❼① □ 人柄 (personality／人品／인품)
ひとがら

▶ 面接では、人柄を最も重視します。
めんせつ　　　　　　もっと　じゅうし

(Your personality is the biggest focus during interviews.／面试中，最重视的是人格。／면접에서는 인품을 가장 중시합니다.)

❼② □ 人格 (character／人格／인격)
じんかく

▶ そんなひどいことしたの？　彼の人格を疑うよ。
かれ　　　　　うたが

(He did a terrible thing like that? I really doubt his character.／做了那么过分的事吗？真怀疑他的人格啊。／그렇게 심한 일을 했니? 그의 인격이 의심스럽다.)

❼③ □ 気品 (style, elegance／优雅、气派、风度／기품)
きひん

▶ いかにも育ちがよさそうで、彼女には気品を感じる。
そだ　　　　　　　かのじょ　　　きひん　かん

(She seems to have been brought up well, and I feel a certain elegance in her.／看来她很有家教，感觉到她有些气质。／과연 가정환경이 좋은 것 같아 그녀에게는 기품이 느껴진다.)

❼④ □ 色気 (sex appeal／性感／성적 매력)
いろけ

▶ 彼女は顔がかわいいだけじゃなく、女性らしい色気もある。
かのじょ　かお　　　　　　　　　　　　じょせい　　　　いろけ

(Not only does she have a pretty face, she also has a very feminine glamor about her.／她不仅仅长得可爱，也很有女性的魅力。／그녀는 얼굴이 귀여운 것 만이 아니라 여자다운 색기도 있다.)

❼⑤ □ 気性 (temper／天性、秉性／타고난 성질)
きしょう

▶ 彼女は父親に似て気性が荒く、すぐかっとなる。
かのじょ　ちちおや　に　きしょう　あら

(She's like my father – they're both quick-tempered and blow up easily.／她和自己的父亲很像，性格比较暴躁，很容易生气。／그녀는 아버지를 닮아 기질이 거칠고 금방 화를 낸다.)

❼⑥ □ 気質 (mind, disposition／气质／기질)
きしつ／かたぎ

▷ 職人気質 (craftsman mentality／专家气质／장인기질)
しょくにん

▶ 北の方の人と南の方の人では、気質が違うんでしょうね。
きた　ほう　ひと　みなみ　ほう　ひと　　　　　きしつ　ちが

(Northerners and southerners have different habits and dispositions, I suppose.／北方的人和南方的人，气质不一样吧。／북쪽 사람과 남쪽 사람은 기질이 다르겠지요.)

UNIT 44 気持ち・心の状態
(き も) (こころ じょうたい)

(Feelings, state of mind／心情・心理状態／기분・몸의 상태)

---

❶ □ うんざり(する) (to feel disgust, to be sick of／膩煩、厭煩／넌더리나다)

▶ こう毎日毎日雨が続くとうんざりする。
(まいにちまいにち あめ つづ)

(I am sick of having rain every day like this.／像这样一天天地不断下雨真让人感到烦躁。／이렇게 매일매일 비가 오면 넌더리가 난다.)

---

❷ □ 悩ましい (puzzling, disturbing／烦恼的／고민스럽다)
　　　(なや)

▶ どっちの側についても問題が残るので、悩ましい選択になる。
(がわ)　　　　　　(もんだい のこ)　　　　　　(せんたく)

(It will be a difficult decision since the problems will remain no matter which side I take.／跟着哪边都有遗留问题，真是烦恼的选择。／어느 쪽에 붙어도 문제가 남기 때문에 고민스러운 선택이 된다.)

---

❸ □ 片思い (unrequited love／单相思／짝사랑)
　　　(かたおも)

▶ その人とは付き合っていたんですか。―いえ、私の片思いでした。
(ひと)　(つ あ)　　　　　　　　　　(わたし)

(Were you dating with that person?―No, it was unrequited.／您和他在谈恋爱吗？―没有，只是我的一厢情愿。／그 사람과는 사귀고 있었습니까？―아니요, 나의 짝사랑이었습니다.)

---

❹ □ 一目ぼれ (love at first sight／一见钟情／첫눈에 반함)
　　　(ひと め)

▶ パーティーで会った時に、彼女に一目惚れしてしまったんです。
(あ とき)　(かのじょ)(ひと ぼ)

(When I met her at the party, I fell in love with her at first sight.／在晚会见到她时，对她一见钟情。／파티에서 만났을 때 그녀에게 첫눈에 반해 버렸습니다.)

---

❺ □ 焼餅 (jealousy／吃醋／질투)
　　　(やきもち)

▷ 焼餅を焼く (to feel jealous／吃醋／질투하다)
　　　(や)

▶ マキさんはいつもの彼女ことを悪く言うね。―ただの焼き餅だよ。たかしさんと彼女が仲がいいもんだから。
(かのじょ)　(わる い)　　　　(や もち)
(　　　　　　　 かのじょ なか)

(Maki-san always speak badly of her. She is just jealous since she and Takashi get along so well.／玛凯总是说他女朋友的坏话啊！―他只是吃醋。因为田中和她女朋友关系好。／마키 씨는 항상 그녀를 나쁘게 말하네.―흔히 있는 질투야. 다카시 씨와 그녀가 사이가 좋으니까.)

❻ ☐ **嫉妬(する)**　(to feel jealous, to envy／嫉妒／질투)

▷ 嫉妬心　(jealousy／嫉妒心／질투심)

▶ 子供の頃は、親が妹をかわいがるのを見て、よく嫉妬していました。
(As a child, I was jealous when I saw my parents giving a lot of love to my younger sister.／小时候，看到父母宠爱妹妹，很是嫉妒。／아이 때는 부모님께서 여동생을 귀여워하는 것을 보고 자주 질투를 했었습니다.)

❼ ☐ **好意**　(affection, positive feeling／好意／호의)

▶ 彼女はずっと村田さんに好意を寄せていたようです。
(It seems that she has liked Murata for long time.／她好像一直对村田有好感。／가게 사람이 호의로 무료로 수리해 주었습니다.)

▶ お店の人の好意で、無料で修理してもらえました。
(As a favor from the store, it was fixed for free.／店里的人好意地帮我修了。／그녀는 쭉 무라타 씨에게 호의를 가지고 있었던 것 같습니다.)

❽ ☐ **好意的(な)**　(favorable, positive／好意的／호의적)

▶ 彼がチームを移ることについて、多くの人は好意的に見ている。
(Many people give favorable consideration to him going to another team.／关于他转队一事，很多人都很关注。／그가 팀을 옮기는 것에 많은 사람은 호의적으로 보고 있다.)

❾ ☐ **苦心(する)**　(to struggle／苦心／고심)

▶ いろいろ苦心して、ようやく新しいメニューを完成させました。
(I finally completed the new menu after a lot of struggles.／费尽千辛万苦，终于完成了新菜单。／여러 가지 고심해서 간신히 새 메뉴를 완성시켰습니다.)

❿ ☐ **一心(に)**　(devotedly, intently／一心／일심)

▶ 子供たちはアニメを見たい一心で宿題を終わらせた。
(The children finished their homework because they were eager to watch the animation movie.／孩子们一心想看动画片，赶紧做完了作业。／아이들은 만화영화를 보고 싶은 일심으로 숙제를 끝마쳤다.)

⓫ ☐ **心配り(する)**　(mindfulness／关心、照料／배려)

▶ 皆さんの心配りのおかげで、楽しく参加させていただくことができました。
(Thanks to great consideration of everybody, I could join in and enjoy it.／在大家的照顾下，让我愉快地参加了这次活动。／여러분의 배려 덕분으로 즐겁게 참가할 수 있었습니다.)

⓬ ☐ **心強い** (reassuring, encouraging／壮胆／마음이 든든하다)
   こころづよ

　▷ 心強い味方 (reassuring support／胆大的同伴／마음이 든든한 아군)
     こころづよ　　みかた

　▶ 〈海外出張〉今回は英語ができる吉田さんが一緒だから、心強いです。
     かいがいしゅっちょう　こんかい　えいご　　　　　よしだ　　　　いっしょ　　　　　こころづよ

　　(<overseas business trip>This time it is very reassuring to be with Yoshida because he speaks English well.／(国外出差)这次懂英语的吉田一起出去的，我就不怕了。／< 해외출장 > 이번은 영어를 할 수 있는 요시다 씨가 함께이니까 마음이 든든합니다.)

⓭ ☐ **心に刻む** (to keep ~ in one's heart／铭刻在心／마음에 새기다)
   こころ　きざ

　▶ この日の出来事を心に刻んで、これから一生懸命生きていきたいと思います。
     ひ　できごと　こころ　きざ　　　　　　いっしょうけんめいい　　　　　　　　おも

　　(I want to keep everything that happened today in my heart and embrace my life from now on.／这天发生的事情铭刻在我心里，从此以后我决定坚强地活下去。／이날의 일을 마음에 새기고 지금부터 열심히 살아가고 싶습니다.)

⓮ ☐ **心残り** (regret／遗憾、恋恋不舍／아쉬움)
   こころのこ

　▶ この島を去るにあたって心残りが全くないと言えばうそになる。
     しま　さ　　　　　　　こころのこ　まった　　　　　い

　　(It would not be true if I say I don't have any regret to leave this island.／离开这座岛的时候，要说内心完全没有遗憾，那是撒谎。／이 섬을 떠남에 있어 아쉬움이 전혀 없다면 거짓이 된다.)

⓯ ☐ **心細い** (insecure, lonely／心里没底／心里没底)
   こころぼそ

　▶ 一人で海外に行くのは心細い。
     ひとり　かいがい　い　　　こころぼそ

　　(When I go abroad alone I am insecure.／一个人去国外心里没底。／혼자 해외에 가는 것은 불안하다.)

⓰ ☐ **心を奪われる** (to be fascinated with／出神、入迷／마음을 빼앗기다)
   こころ　うば

　▷ 少年は初めて会ったその女性の美しさに心を奪われた。
     しょうねん　はじ　　あ　　　　　じょせい　うつく　　　こころ　うば

　　(The boy was fascinated with the beauty of the woman when they first met.／少年被自己第一次见到的女性迷住了。／소년은 처음 만난 그 여성의 아름다움에 마음을 빼앗겨 버렸다.)

⓱ ☐ **心情** (feeling／心情／심정)
   しんじょう

　▶ 被害者の家族の心情を察すると、言葉も出ない。
     ひがいしゃ　かぞく　しんじょう　さっ　　　　ことば　で

　　(When I understand feelings of the victim's family, I become speechless.／体会到受害人家人的心情，真是无以言表。／피해자 가족의 심정을 헤아리면 말도 안 나온다.)

⓲ ☐ 内心 (in one's heart／内心／내심)
　　　　ないしん

▶ 顔には出さなかったけど、内心怖くてしょうがなかったんだよ。
　　かお　だ　　　　　　　　　　　　ないしんこわ

(I didn't show it, but I was very scared on the inside.／虽然没表现在脸上，但是心里害怕得不得了。／얼굴에는 나타나지 않았지만 내심 무서워서 어쩔 줄 몰랐어.)

⓳ ☐ 野心 (ambition／野心／야심)
　　　　やしん

▷ 野心家、野心的な作品
　　やしんか　やしんてき　さくひん

(ambitious person, ambitious piece of work／野心家、有野心的作品／야심가, 야심적인 작품)

▶ 彼は社長になりたいなんて野心は持ってないと思いますよ。
　　かれ しゃちょう　　　　　　　　　やしん　も　　　　　おも

(I don't think that he has the ambition to become a company president.／我想他没有当社长的野心。／그는 사장이 되고 싶다는 야심을 갖고 있지는 않습니다.)

⓴ ☐ 気まずい (awkward／不融洽、有隔阂／어색하다)
　　　　き

▶ この間、彼女を怒らせちゃったから、今日会うのはちょっと気まずい感じなんです。
　　あいだ　かのじょ　おこ　　　　　　　　　　きょう あ　　　　　　　　　　　　き
　　かん

(I made her upset the other day, so I feel it is a little awkward to see her today.／上次我让她生气了，今天见面感觉有些尴尬。／일전에 그녀를 화나게 해서 오늘 만나는 것은 조금 서먹한 느낌입니다.)

㉑ ☐ 気まま(な) (carefree, footloose／任性／마음대로, 멋대로)
　　　　き

▶ 私はずっと一人暮らしで、気ままにやってます。
　　わたし　　　　ひとり ぐ　　　　　き

(I've been always single and live just as I want.／我一直一个人生活, 很自由自在。／나는 쭉 독신생활이어서 내 마음대로 하고 있습니다.)

㉒ ☐ 気兼ね(する) (to feel hesitant, to feel constraint／顾虑、拘束／눈치를 봄)
　　　　き が

▶ 個室にすれば、小さいお子さんがいても気兼ねなく食事ができますよ。
　　こしつ　　　　　　　ちい　　こ　　　　　　　き が　　　　しょくじ

(If you get a room, you can enjoy the meal with young children without feeling constraint.／如果订包间，即使有小孩，也能毫无顾忌地吃东西。／독실로 하면 작은 아이가 있어도 눈치를 보지 않고 식사를 할 수 있습니다.)

㉓ ☐ 気味(が)悪い (to feel scared, to feel creepy／恶心、令人恐怖的／징그럽다)
　　　　き み　　　わる

▶ 夜、このオフィスに一人でいると、ちょっと気味が悪い。
　　よる　　　　　　　　ひとり　　　　　　　　　　き み　わる

(I feel scared when I stay in this office alone at night.／晚上一个人在办公室待着, 还有点儿感到害怕。／밤에 이 오피스에 혼자 있으면 조금 기분이 나쁘다.)

▶社長がああいう優しい言い方をすると、気味が悪い。
(I feel weird when the company president says nice things like that.／社长说得那么温柔，真让人感到不舒服。／사장님이 저렇게 상냥한 말투이면 징그럽다.)

㉔ □ 気合い (fighting spirit／气势、鼓劲／기합)

▷気合いを入れる、気合いが足りない
(to put spirit into, not to have enough will power／拿出干劲、干劲不足／기합을 넣다，기합이 부족하다)

▶今日はみんな見に来てくれていたから、いつもより気合いが入った。
(Because everybody came to see me today, I was more motivated than usual.／今天大家都来看我，所以我比平时都更有劲儿。／의사를 목표로 하다)

㉕ □ 志す (to aim to be／志向／뜻한다)

▷医者を志す (to aim to be a doctor／志愿做医生／의사를 목표로 하다)

㉖ □ 志 (aspiration, will／志向／뜻)

▷志を高く持つ (to have a high aim／有着高远的志向／뜻을 높이 가지다.)

▷彼は志半ばで亡くなったが、彼の意志は弟子たちに引き継がれた。
(He died without accomplishing his goal, but his pupils took over his aim.／壮志未酬身先死。他的思想被弟子们继承了。／그는 뜻을 이루지 못하고 죽었지만 그의 의지는 제자들에게 계승되었다.)

㉗ □ 信念 (belief, faith／信念／신념)

▶事業を始めるなら、必ず成功するという強い信念を持つことが大切です。
(If you will start your business, it is important to have strong belief that you will be successful.／如果要开始做事业，拥有一定要成功这样的强烈愿望是很重要的。／사업을 시작한다면 반드시 성공한다는 강한 신념을 가지는 것이 중요합니다.)

㉘ □ 念願 (one's heart's desire／愿望／염원)

▶弟もやっと念願のマイホームを持つことができた。
(My younger brother finally could realize his dream of having his own house.／弟弟终于拥有了自己长久以来一直想要的房子了。／남 동생도 간신히 염원이던 마이홈을 가질 수 있었다.)

㉙ □ 無念(な) (regretful／遺憾／분함, 원통함)

▶ 優勝を狙っていたのに、初戦で負けるなんて、無念でなりません。
(Since we were aiming for the championship, I am extremely regretful that we lost the opening game.／虽然想拿冠军，但是在预选赛中输了，遗憾万分。／우승을 목표로 했었는데 첫 시합에서 지다니 분합니다.)

㉚ □ 善意 (good will／善意／선의)

▶ この活動は、多くの人の善意によって成り立っています。
(This movement is created by many people of good will.／这次活动是由很多人的善意而开展起来的。／이 활동은 많은 사람의 선의에 의해 이루어지고 있습니다.)

㉛ □ 意欲 (motivation, will／意志、热情、积极性／의욕)

▷ 意欲的(な) (motivated／热情的／의욕적)

▶ 給料は上がらない、評価もされないじゃ、働く意欲もなくなる。
(I don't get recognized and don't get a raise, so I have lost my motivation to work.／不涨工资，也不评价，都没有工作的欲望了。／월급은 오르지 않고 평가도 받지 못하면 일할 의욕도 없어진다.)

㉜ □ 動機 (motive, reason／动机／동기)

▷ 犯行の動機、志望動機
(motive for crime, reason for applying／犯罪动机、志愿动机／범행 동기, 지망 동기)

▶ 弁護士になろうと思った一番の動機は何ですか。
(What is your biggest reason to want to be a lawyer?／想成为辩护律师的最大动力是什么？／변호사가 되려고 한 첫째 동기는 무엇입니까?)

㉝ □ テンション (tension／情绪、精神状态／텐션)

▷ テンションが上がる / 下がる
(to be in high/low spirits／情绪兴奋、情绪低落／텐션이 올라가다, 내려가다)

▶ 彼女はお酒を飲むとテンションが高くなって、急におしゃべりになる。
(When she drinks, she becomes excited and starts to talk a lot.／她一喝酒就兴奋，就喜欢表达。／그녀는 술을 마시면 텐션이 올라가 갑자기 수다스러워 진다.)

㉞ ☐ 反発(する) (to object, to be defiant／反驳／반발)
　はんぱつ

▶ 昔は上司に反発してばかりだったけど、よくクビにならなかったと思う。
　むかし　じょうし　　はんぱつ　　　　　　　　　　　　　　　　　　　　　　おも
(I took a defiant attitude toward the bosses before. I can't believe that I didn't get fired.／过去总是跟上司反驳，幸好还没被解雇。／옛날에는 상사에게 반발만 했었는데 어떻게 해고되지 않았다.)

㉟ ☐ おびえる／怯える (be frightened, be intimidated／胆怯／무서워하다)
　　　　　　おび

▶ そんな怯えなくてもいいよ。この犬、すごくおとなしいから。
　　　　　　　　　　　　　　　いぬ
(You don't have to be scared. This dog is very nice.／不用害怕。这只狗很听乖。／그렇게 무서워하지 않아도 돼. 이 개, 무척 얌전하니까.)

㊱ ☐ キレる (to become out of control, to get mad too easily／生气／몹시 화를 내다)

▶ 話をしていたら、突然、彼がキレて、大声でわめきだしたんです。
　はなし　　　　　　とつぜん　かれ　　　　　おおごえ
(When we were talking, he suddenly got mad and started to yell.／说着说着，他突然生气了，大声叫嚷起来。／이야기를 했더니 갑자기 그가 화를 내며 큰 소리를 쳤습니다.)

㊲ ☐ 逆ギレ (getting angry despite one's own fault／反被倒打一钉耙／거꾸로 몹시 화냄)
　ぎゃく

▶ 騒音について注意をしに行ったら、逆ギレされたんです。
　そうおん　　　　ちゅうい　　　　　　ぎゃく
(When I went to warn him about the noise, he became angry with me.／对于噪声我提了些意见，却被对方倒打一钉耙。／소음에 대해 주의하러 갔더니 오히려 화를 냈습니다.)

㊳ ☐ いたわる (to take good care of／慰劳／돌보다, 위로하다)

▷ 高齢者をいたわる、体をいたわる
　こうれいしゃ　　　　　からだ
(to care for elderly people, to take care of one's body／照顾老年人、体恤身体／고령자를 돌보다, 몸을 소중히 하다)

▶ 子供たちには、弱者をいたわる優しい気持ちを持ってほしい。
　こども　　　　　じゃくしゃ　　　　　やさ　　きも　　　も
(I want children to be nice and care for the weak.／希望孩子们能有一颗照顾弱者的善良之心。／아이들에게는 약자를 돌보는 상냥한 마음을 가졌으면 한다.)

㊴ ☐ 配慮(する) (to have consideration／顾及／배려)
　はいりょ

▷ 配慮に欠ける (lack of sensitivity／欠缺考虑／배려가 없다)
　はいりょ　か

▶ さすが老舗の旅館だけあって、細かいところまで配慮が行き届いている。
　　　　しにせ　りょかん　　　　　こま　　　　　　　はいりょ　い　とど
(As may be expected of old established inn, everything is taken care of in detail.／正因为是历史悠久的旅馆，才在细致之处想得周到。／과연, 전통있는 여관인 만큼 자잘한 데까지 배려가 미친다.)

❹⓿ □ **実感**(する) (to realize, to feel actually／实际感觉／实际感觉)
   じっかん

  ▷ 実感をこめる (to put feeling into／有实感／有实感)

  ▶ 住んでみて初めて、この土地の冬の寒さを実感した。
    す   はじ   とち ふゆ さむ じっかん
    (I finally realized how cold it is in winter here after I settled down.／住着住着，才第一次感觉到这片土地的严冬。／살고 나서 비로서 이 땅의 겨울 추위를 실감했다.)

  ▶ 来週卒業だけど、まだ実感が沸かない。
    らいしゅうそつぎょう   じっかん わ
    (I still can't believe that I will graduate next week.／下周虽然要毕业了，但是还没有任何感觉。／다음 주에 졸업이지만 아직 실감이 나지 않는다.)

❹❶ □ **痛感**(する) (to feel keenly／痛感／통감)
   つうかん

  ▶ 初めて国際大会に出て、実力のなさを痛感した。
    はじ   こくさいたいかい で じつりょく   つうかん
    (I went to the international competition and felt keenly that I am incapable.／第一次参加国际大会，沉着地感到自己缺乏实际能力。／처음 국제 대회에 나가서 실력이 없다는 것을 통감했다.)

❹❷ □ **胸騒ぎがする** (to have a bad feeling, to feel uneasy／心惊肉跳／
   むなさわ   나쁜 일이 일어날 것 같아 가슴이 두근거리다)

  ▷ 胸騒ぎを覚える
         おぼ
    (to have a bad feeling, to feel uneasy／感觉心惊肉跳／불길한 예감으로 가슴이 두근거리다)

  ▶ 何だか胸騒ぎがしたので、家に電話をしたんです。
    なん むなさわ   いえ でんわ
    (I somehow felt uneasy and called home.／心里有些不平静，就给家里打了个电话。／왠지 불길한 예감이 들어서 집에 전화를 했습니다.)

❹❸ □ **挑む** (to challenge／挑战／도전)
   いど

  ▷ 世界新記録に挑む
    せかいしんきろく いど
    (to challenge the world record／挑战世界新纪录／세계 신기록에 도전하다)

  ▷ 多くの数学者がこの謎に挑んできた。
    おお すうがくしゃ   なぞ いど
    (a lot of mathematicians challenged this question.／很多数学家都挑战这个谜。／많은 수학자가 이 수수께끼에 도전해 왔다.)

❹❹ □ **案じる** (to be concerned／担心／걱정하다)
   あん

  ▷ 国の／子供の将来を案じる
    くに   こども しょうらい あん
    (to be concerned the future of the country/children／担心国家／孩子的未来／세나라의／아이의 장래를 걱정하다)

  ▶ 多くの人が私の身を案じてくれていたことを知って、とても嬉しかったです。
    おお ひと わたし み あん   し   うれ
    (I felt happy to know that many people were concerned about my safety.／我很欣慰，知道大家都很担心我的身体。／많은 사람이 나의 몸을 걱정해 준 것을 알고 무척 기뻤습니다.)

㊺ □ 恥じる (to feel shame／耻辱、惭愧／부끄러워하다)
  ▷ 自分の言動を恥じる
    (to be ashamed of one's behavior／对自己的言行感到惭愧／자신의 언동을 부끄러워하다)
  ▶ あなたは正しいことをしたんだから、少しも恥じることはないよ。
    (You did the right thing. You don't have to feel shame at all.／你做的是正确的嘛，不用害羞。／당신은 바른 일을 했으니까 조금도 부끄러워 할 것은 없어.)

㊻ □ 強がる (to pretend to be strong／逞强／강한 체하다)
  ▶ 彼女は強がって平気なふりをしているけど、ほんとはすごく辛いはずなんです。
    (She pretends to be strong and unaffected, but it must be very tough for her.／她逞强，一副满不在乎的样子，实际上应该非常难受。／그녀는 강한 체하여 아무렇지도 않은 척 하지만 사실은 무척 괴로울 것입니다.)

㊼ □ 懲りる (to learn one's lesson／吃过苦头／넌더리나다)
  ▶ まだ株をやってるんですか。—いえ、もう懲りました。損をするばかりで。
    (Are you still investing in stock? —No. I just lost money and learned my lesson.／还在弄股票吗？—没有，已经吃过苦头了。老是吃亏。／아직도 주식을 하고 있습니까？—아니오, 이제 넌더리가 났습니다. 손해만 보고.)

㊽ □ 快い (pleasant／高兴、爽快／기분이 좋다, 유쾌하다)
  ▷ 快い返事 (positive reply／爽快的回答／기분 좋은 대답)
  ▶ 急なお願いにも関わらず、彼女は快く引き受けてくれた。
    (She accepted my request willingly on such short notice.／尽管别人拜托得很急，但她还是很爽快地答应了。／급한 부탁임에도 불구하고 그녀는 기분 좋게 맡아 주었다.)

㊾ □ 心地いい (cozy, comfortable／愉快、畅快／기분이 좋다)
  ▷ 心地いいベッド (comfortable bed／舒适的床／기분 좋은 침대)
  ▶ 窓を開けると心地いい風が吹いてきた。
    (I felt nice breeze, when I opened the window.／一打开窗，心情舒畅的风就吹了进来。／창을 열자 기분좋은 바람이 불어 왔다.)

㊿ □ 不快(な) (unpleasant／不愉快的／불쾌한)
  ▶ 彼のあの言い方には不快感を感じる。
    (I feel discomfort in his way of saying.／对他的那种说法感到不快。／그 의 저 말투에는 불쾌감을 느낀다.)

❺ ☐ 煩わしい (bothersome／烦恼的／번거롭다)
　　　わずら

▶ 近所付き合いが煩わしく感じることもある。
　　きんじょ　あ　　　　　　わずら　　　かん
(Sometimes I feel it is bothersome to be friendly with neighbors.／有时候感到邻里交往有些麻烦。／이웃과 사귀는 것이 번거롭게 느낄때도 있다.)

▶ 煩わしい手続きは一切不要。お電話１本でOKです。
　わずら　　　てつづ　　　いっさいふよう　　でんわ　ぽん
(You don't need to go through hassle of the procedure. You can just give us a call.／繁琐的手续都不需要。只打一个电话就可以了。／번거로운 수속은 일체 불필요. 전화 한 통으로 OK 입니다.)

❺ ☐ 切実(な) (urgent, serious／切实、殷切／절실한)
　　　せつじつ

▷ 切実な訴え (emotional appeal／殷切的诉说／절실한 호소)
　せつじつ　うった

▶ 輸出産業にとって、円高は切実な問題です。
　ゆしゅつさんぎょう　　　えんだか　せつじつ　もんだい
(The appreciation of the yen is a serious problem for industries that export.／对于出口产业来说，日元升值是个迫切的问题。／수출 산업에 있어 엔고는 절실한 문제입니다.)

❺ ☐ のどか(な) (peaceful, tranquil／舒服／한가로운)

▷ 電車を降りると、のどかな田園風景が広がっていた。
　でんしゃ　お　　　　　　　　でんえんふうけい　ひろ
(When I got off the train, I saw a tranquil rural landscape.／下了电车，美丽舒适的田园风景映入眼帘。／전철을 내리자 한가로운 전원풍경이 펼쳐졌다.)

❺ ☐ 呆然 (stunned-looking／发呆／어리둥절함)
　　　ぼうぜん

▶ 恩師の急死の知らせを聞き、呆然としてしまった。
　おんし　きゅうし　し　　　き　　ぼうぜん
(I was shocked when I heard that my former teacher passed away suddenly.／听到恩师突然去世的消息，他呆若木鸡。／은사의 갑작스런 죽음을 듣고 어리둥절해 버렸다.)

❺ ☐ 切ない (wistful, heartrending／难受、苦闷／애달프다)
　　　せつ

▶ この映画は、愛し合っても結ばれない、切ない恋の物語なんです。
　　えいが　あい　あ　　むす　　　　せつ　　こい　ものがたり
(This movie is about a bittersweet impossible love.／这部电影讲述的是一个互相爱慕，但最后没能结合，看了还让人感到难过的恋爱故事。／이 영화는 서로 사랑해도 맺어지지 않는 애달픈 사랑 이야기입니다.)

❺ ☐ 空しい (empty, hollow／空虚／공허하다)
　　　むな

▶ 今までの努力が無駄だったとわかり、空しくなった。
　いま　　　どりょく　むだ　　　　　　　むな
(I found out my sustained effort was futile and I felt empty.／知道至今为止的努力都是白费后，让人感到空虚。／지금까지의 노력이 헛된 것을 알고 공허해졌다.)

(57) □ きまり(が)悪い(わる) (to feel awkward, to feel embarrassed／不好意思／한면목이 안 서다)

▶ たくさん釣(つ)ってくると言(い)ったのに２匹(ひき)しか釣れなくて、父(ちち)はきまり悪(わる)そうだった。

(My father said he would catch a lot of fish, but he could only catch two fish and looked embarrassed.／虽然说了多钓点儿，但只钓到了两条鱼，父亲有些惭愧。／많이 잡았다고 하더니 2 마리 밖에 잡지 못해 아버지는 면목이 안 서는 것 같았다.)

(58) □ 恥(はじ)をかく (to humiliate oneself, to embarrass oneself／耻辱／창피를 당하다)

▶ 小学校(しょうがっこう)で習(なら)う漢字(かんじ)なんだから、書(か)けないと恥をかくよ。

(You would feel embarrassed if you can't write elementary school level kanji.／小学学的汉字都写不出来，真有些丢脸啊。／초등학교에서 배운 한자이니까 쓸지 못하면 창피를 당한다.)

(59) □ 自尊心(じそんしん) (Self-esteem, pride, confidence／自尊心／자존심)

▶ みんなの前(まえ)で恥(はじ)をかかされて、自尊心を傷(きず)つけられた。

(I was humiliated in public and it destroyed my confidence.／在大家面前丢丑了，自尊心受到伤害。／여러 사람 앞에서 창피를 당해서 자존심에 상처를 받았다.)

(60) □ 郷愁(きょうしゅう) (nostalgia／乡愁／향수)

▶ どこか郷愁(きょうしゅう)を感(かん)じる町並(まちな)みにひかれました。

(I was attracted by the somewhat nostalgic view of the town.／被有些让人感到乡愁的城镇吸引了。／어딘가 향수를 느끼게하는 거리 풍경에 이끌렸습니다.)

(61) □ 息(いき)が詰(つ)まる (choking, suffocating／呼吸困难、窒息／숨이 막히다)

▶ 会議(かいぎ)はずっと重苦(おもくる)しい雰囲気(ふんいき)で、息が詰まりそうだった。

(The meeting was oppressing and I felt suffocated.／会议一直是很压抑的气氛，让人感到窒息。／회의는 쭉 무거운 분위기여서 숨이 막힐 것 같았다.)

(62) □ 劣等感(れっとうかん) (inferiority complex／自卑情绪、自卑感／열등감)

▷ 彼(かれ)は劣等感をばねに頑張(かんば)った。

(He used his inferiority complex as a springboard to work hard.／他以自卑感为动力在加油。／그는 열등감을 거름 삼아 노력했다.)

UNIT 45 評価(ひょうか) (Evaluation／评价／평가)

❶ □ 実績(じっせき) (performance, achievement／实际成绩／실적)
▶ 研究実績(けんきゅうじっせき)が認(みと)められ、彼女(かのじょ)は教授(きょうじゅ)になった。
(Her research performance was positively evaluated and she became a professor.／研究实际成绩被认可，她当上了教授。／연구 실적이 인정되어 그녀는 교수가 되었다.)

❷ □ 功績(こうせき) (achievement, merit／功绩／공적)
▶ 彼(かれ)は報道分野(ほうどうぶんや)での長年(ながねん)の功績(こうせき)が認(みと)められ、表彰(ひょうしょう)された。
(His journalistic achievements over many years were recognized and he received an award.／他在报道领域的常年功绩被认可，得到了表彰。／그는 보도 분야에서 오랜 세월의 공적이 인정되어 표창받았다.)

❸ □ 名誉(めいよ) (honor／名誉／명예)
▷ 名誉(めいよ)ある地位(ちい) (honorable position／有名誉的低位／명예 있는 지위)
▷ 記事(きじ)で名誉(めいよ)を傷(きず)つけられたと、彼女(かのじょ)は出版社(しゅっぱんしゃ)を訴(うった)えた。
(She sued the publishing company as her reputation was damaged by their article.／在报道中她受到名誉伤害，她控告了出版社。／기사로 명예를 훼손당했다고 그녀는 출판사를 고소했다.)

❹ □ 名高(なだか)い (famous／著名的／유명하다)
▶ 竜安寺(りょうあんじ)は、美(うつく)しい庭(にわ)があることで名高(なだか)いお寺(てら)です。
(Ryuanji temple is famous for their beautiful garden.／龙安寺是由于拥有美丽的庭院而出名的著名寺院。／류안지는 아름다운 정원으로 유명한 절입니다.)

❺ □ 偉大(いだい)(な) (great／伟大的／위대한)
▷ 偉大(いだい)な人(ひと) (great person／伟大的人／위대한 사람)
▷ 偉大(いだい)な功績(こうせき)を残(のこ)した人(ひと)の名前(なまえ)がここに書(か)かれている。
(The names of people who had great achievement are written here.／留下伟大功绩的人们的姓名都刻在这里。／위대한 공적을 남긴 사람의 이름이 여기에 쓰여 있다.)

❻ ☐ **称える** _{たた} (praise, applaud, honor, conglatulate／称赞／칭찬하다)

▶両チームは、お互いの健闘を称えて握手をした。
(Players from both teams shook hands to congratulate each other.／两支队伍相互称赞对方的拼搏精神，相互握手。／양 팀은 서로의 건투를 칭찬하며 악수를 했다.)

❼ ☐ **値する** _{あたい} (to deserve, to be worthy／值得／가치가 있다)

▶まさに称賛に値する演技だった。
(The performance deserved admiration.／确实是值得称赞的演技。／정말로 칭찬할 가치가 있는 연기였다.)

❽ ☐ **利点** _{りてん} (merit, advantage, benefit／有利之处／이점)

▶通信販売の一番の利点は、家にいながら買い物ができることです。
(The great advantage of mail-order sale is that you can shop at home.／邮购最大的优点就是足不出户就能买到东西。／통신 판매의 가장 이점은 집에 있으면서 쇼핑을 할 수 있는 점입니다.)

❾ ☐ 同 **メリット** (merit, advantage／优点／장점)

▶彼に協力しても、私には何のメリットもない。
(There is no merit in helping him.／帮助他，对我来说没有任何好处。／그에게 협력해도 내게는 어떤 메리트도 없다.)

❿ ☐ 対 **デメリット** (demerit, disadvantage, downside／缺点／결점)

▶この料金プランにした場合のデメリットは何ですか。
(If I choose this rate plan, what is the downside?／变成这种收费方案的缺点是什么？／이 요금 플랜으로 했을 경우의 결점은 무엇입니까?)

⓫ ☐ **辛い** _{から} (bitter, negative／辛辣／가혹하다)

▷この映画に対する彼の評価は少々辛いものだった。
(His comments on this movie were a little negative.／他对这部电影的评价有些辛辣。／이 영화에 대한 그의 평가는 약간 가혹한 것이었다.)

⓬ ☐ **審査(する)** _{しんさ} (to judge／审查／심사)

▷審査員 _{いん} (judge／审查员／심사원)

▶審査結果が間もなく発表されます。
(The judge's final decision will be announced soon.／审查的结果不久之后发表。／심사결과가 곧 발표됩니다.)

⓭ □ 審議(する) (to discuss, to deliberate／审议／심의)

▶ 市議会で、来年度の予算案の審議が行われる。
(They will discuss the budget for next year in the city council.／市议会在审议下年度实施的预算案。／시의회에서 내년도 예산안의 심의가 이루어졌다.)

⓮ □ 吟味(する) (to examine, to make a through review／玩味、考察／음미)

▶ どの教科書を使うか、内容を吟味しているところです。
(We are making a through review of the contents to decide which textbook we use.／使用哪本教科书，正在考察内容。／어느 교과서를 사용할지 내용을 잘 조사하는 중입니다.)

⓯ □ 採択(する) (to adopt／采纳／채택)

▶ 国の環境計画に、A大学のエネルギー再生プランが採択された。
(The energy reclamation plan of University A was adopted for the national environmental plan.／A大学的能源再生计划被采纳如国家式环境计划。／국가의 환경계획에 A 대학의 에너지 재생 플랜이 채택되었다.)

⓰ □ 軽視(する) (to pay little attention／轻视／경시)

▶ 今回の事故は安全を軽視した結果だと、非難が出ている。
(They are accused by people who believe the accident was caused by their neglect of safety.／人们谴责说，这次的事故时轻视安全的结果所造成的。／이번의 사고는 안전을 경시한 결과라는 비난이 나오고 있다.)

⓱ □ 好ましい (favorable, acceptable／令人喜欢的／바람직하다)

▷ 好ましい人物 (acceptable person／喜欢的人物／바람직한 인물)

▶ 絶対だめというわけではないが、あまり好ましくない。
(I wouldn't say it is completely bad, but it is not favorable.／并不是完全不行，而是不太让人喜欢。／절대 안 된다는 것은 아니지만 별로 바람직하지 않다.)

⑱ □ **好評**(な) (popular, well-received／好评／호평)
　　こうひょう

▶ こちらのツアーは、お客様に大変好評をいただいています。
　　　　　　　　　きゃくさま　たいへん
(This tour is very popular among our customers.／这里的旅行受到了顾客们的好评。／이쪽의 투어는 손님에게 무척 호평을 받고 있습니다.)

⑲ □ 対 **不評**(な) (unpopular／评价不高、声誉不好／불평)
　　　　ふ

▶ 新しいメニューはどうやら不評のようだ。
　あたら
(It seems that the new menu is not popular.／新菜单好像评价不高。／새 메뉴는 아무래도 평가가 좋지 않은 것 같다.)

⑳ □ **絶好** (best, excellent／绝好／절호)
　　ぜっこう

▷ 絶好のチャンス (best chance／绝好的机会／절호의 찬스)

▶ あすはよく晴れて、お出かけには絶好の天気になりそうです。
　　　　　　　は　　　で　　　　　　　　てんき
(It will be very sunny and excellent for going out tomorrow.／明天是个大晴天，是出门的绝好天气。／내일은 아주 맑아서 외출하기에는 절호의 날씨가 될 듯합니다.)

㉑ □ **好調**(な) (good (condition)／形势好／호조인)
　　こうちょう

▷ 好調を維持する (to keep good condition／维持好形势／호조를 유지하다)
　　　　いじ

▶ 新規店は、売上が好調のようです。
　しんきてん　うりあげ
(The new shop seems to have a strong sales.／新店的销售形势良好。／신규 점은 매상이 호조인 것 같습니다.)

㉒ □ 対 **不調**(な) (bad condition／形势不好／상태가 나쁜)
　　　　ふ

▶ チームは不調が続いている。
　　　　　　　　つづ
(The team is not doing well.／团队状态持续不佳。／팀은 계속 성적을 내지 못하고 있다.)

▷ **絶好調**(な) (excellent (condition)／状态非常好／몸 상태가 매우 좋음)
　ぜっ

㉓ □ **適正**(な) (appropriate, fair／恰当、适当／적정한)
　　てきせい

▷ 適正価格 (fair price／适当的价格／적정한 가격)
　　　かかく

▶ この料金が適正なのかどうか、私にはよくわからない。
　　　りょうきん　　　　　　　　　　わたし
(I'm not very sure if this price is fair.／我不知道这样的金额是否合适。／이 요금이 적정한 것인지 어떤지 내는 잘 모르겠다.)

㉔ □ **最適**(な) (perfect, most suitable／最合适的／최적인)
　▶ この部屋は、ワインを保管するのに最適な温度になっている。
　(The temperature in this room is set to be perfect to keep wine.／这间房间对于保管红酒有着最合适的温度。／이 방은 와인을 보관하기에는 최적의 온도로 되어 있다.)

㉕ □ **正当**(な) (justifiable, legitimate／正当的／정당한)　　　　対 **不当**(な)
　▷ 正当性を主張する (to insist legitimacy／主张正当性／정당성을 주장하다)
　▶ 正当な理由があれば、再受験も可能です。
　(If you have a justifiable reason, you can retake the test.／如果有正当的理由，也可以再进行考试。／적정한 이유가 있으면 재수험도 가능합니다.)

㉖ □ **正当化**(する) (to justify, to legitimize／正当化／정당화)
　▶ 他人を批判して自分を正当化しようとしているだけだよ。
　(You are just trying to justify yourself by criticizing others.／只是批判他人，将自己正当化。／타인을 비판해 자기를 정당화하려고 할 뿐이다.)

㉗ □ **的確**(な) (accurate, sound, correct／正确的／정확한)
　▷ 的確な判断 (right decision／正确的判断／정확한 판단)
　▶ コーチの的確なアドバイスのおかげで、記録が伸びた。
　(I could improve my record with my coach's sound advice.／教练正确的建议，让我们刷新了记录。／코치의 정확한 어드바이스 덕분으로 기록이 늘었다.)

㉘ □ **模範** (example, model／模范／모범)
　▷ 模範演技、模範的な生徒
　(demonstration, model student／标准演技、榜样学生／모범 연기, 모범적인 학생)
　▶ 後輩の模範になってほしいと、課長に言われた。
　(My section chief asked me to be a model for my juniors.／科长对我说，希望你成为新员工的模范。／후배의 모범이 되기를 바란다고 과장님이 말했다.)

㉙ □ **画期的**(な) (breakthrough, revolutionary／划时代的／획기적인)
　▷ 画期的な方法 / アイデア
　(breakthrough method/idea／划时代的方法 / 划时代的想法／획기적인 방법 / 아이디어)
　▶ もしこれが実現されれば、画期的な出来事になるだろう。
　(It will be revolutionary if this becomes reality.／如果这个能实现的话，就会变成划时代的事情。／혹시 이것이 실현되면 획기적인 일이 될 것이다.)

㉚ □ **軽率(な)** (careless, unthoughtful／轻率的／경솔한) 　　　対 慎重(な)
けいそつ　　　　　　　　　　　　　　　　　　　　　　　　　　　　しんちょう

▶ 一人の軽率な行動が、大きな問題を招いた。
ひとり　けいそつ　こうどう　　　　もんだい　まね
(A careless action of one person caused big problems.／一个人轻率的行动会招致很大的问题。／한 사람의 경솔한 행동이 큰 문제를 불러일으켰다.)

㉛ □ **難解(な)** (difficult to understand／难以理解／난해한)
なんかい

▷ 難解な本 (difficult book／难以理解的书／난해한 책)
なんかい　ほん

㉜ □ **粗悪(な)** (coarse, inferior／劣质的／조잡한)
そあく

▷ 粗悪品 (poor quality goods／劣质品／조잡한 물건)
そあくひん

㉝ □ **アピール(する)** (to make an appeal／表现／어필)

▷ 自己アピール (expressing one's individuality／自我表现／자기 어필)
じこ

▶ もっと商品の特長をアピールしたほうがいい。
しょうひん　とくちょう
(You should emphasise the special features of this product more.／更加充分地表现一下产品的特点比较好。／좀 더 상품의 특징을 어필하는 편이 좋다.)

㉞ □ **舌を巻く** (to be amazed／惊叹不已／감탄하다)
した　ま

▶ その子の記憶力のすごさに、誰もが舌を巻いた。
こ　きおくりょく　　　　　　　だれ　　した　ま
(Everybody was amazed by the child's good memory.／大家都对那个孩子的记忆力惊叹不已。／그 아이의 기억력의 뛰어남에 누구나가 감탄했다.)

㉟ □ **気力** (drive, spirit, will／力气／기력)
きりょく

▶ 体はもう限界だったが、気力だけで最後まで走った。
からだ　　　げんかい　　　　きりょく　　　さいご　　　はし
(It was my physical limit, but I ran to the end only with my spirit.／身体已经达到极限了, 仅凭着力气跑到了最后。／몸은 이미 한계였지만 기력만으로 마지막까지 달렸다.)

㊱ □ **知能** (intelligence／智慧／지능)
ちのう

▷ 知能が高い動物 (intelligent animals／智力发达的动物／지능이 높은 동물)
ちのう　たか　どうぶつ

❸❼ ☐ **知性** (intellect, intelligence／知性／지성)
   ち せい

　▷ 知性的(な) (intellectual／知性的／지성적인)
     てき

　▶ 話していて知性を感じる人が好きです。
     はな　　　　　　　　　　かん　　 ひと　す
     (I like people who talk intellectually.／喜欢说话让人感到知性的人。／말을 해서 지성을 느낄 수 있는 사람이 좋습니다.)

❸❽ ☐ **知的(な)** (intellectual／智慧型的／지적인)

　▷ 知的な女性 (intelligent woman／智慧型女性／지적인 여성)
     　　　 じょせい

❸❾ ☐ **技能** (skill／技能／기능)
   ぎ のう

　▷ 技能検定、特殊技能
     けんてい　とくしゅ
     (skill examination, special skill／技能检定、特殊技能／기능검정, 특수 기능)

　▶ 半年の技術研修で、専門的な技能を身につけます。
     はんとし ぎじゅつけんしゅう　せんもんてき　 ぎのう　 み
     (You will acquire specialized skills after the training in half year.／通过半年的技术研修，掌握了专门技能。／반년의 기술 연수로 전문적인 기능을 몸에 익혔습니다.)

❹⓪ ☐ **特技** (special skill／特长／특기)
   とく ぎ

　▶ 特技というほどではないですが、フラメンコを習っています。
                                    なら
     (I wouldn't say it is my special skill, but I do Framenco dance.／没达到特长的程度，而是正在学习弗拉曼柯舞。／특기라고 할 정도는 아닙니다만 플라멩코를 배우고 있습니다.)

❹❶ ☐ **審判(する)** (to referee, to judge／判决、裁判／심판)
   しんぱん

　▷ 野球の審判 (baseball referee／棒球的裁判／야구의 심판)
     やきゅう

　▷ 選挙で国民の審判が下されるだろう。
     せんきょ こくみん　　　　くだ
     (The judgment of the public will be given at the election.／选举中国民将会进行判决吧。／선거에서 국민의 심판이 내려질 것이다.)

❹❷ ☐ **さほど～ない** (not very／并非如此／그다지~않다)

　▷ さほど高くない店
          たか　　 みせ
     (store which is not very expensive／并不是那么贵的店／그다지 비싸지 않은 가게)

UNIT 46 言葉 ことば (Words／词语／말)

❶ □ 口語（spoken language／口语／구어） 類 話し言葉
  ▷ 口語的な表現（colloquial expression／口语的表达方式／구어적인 표현）

❷ □ 対文語（written language／书面语／문어） （類 書き言葉）
  ▷ 文語的な表現（literary expression／书面语的表达方式／문어적인 표현）

❸ □ 俗語（slang／俗语／속어）

❹ □ 死語（obsolete word／废词／사어）
  ▶ この言葉、昔流行ったけど、今はもう完全に死語だね。
  (This word used to be popular, but now it has died out completely, hasn't it.／这个词过去流行过，现在完全是废词了。／이 말은 옛날에 유행했었지만 지금은 완전히 사용하지 않는 말이야.)

❺ □ 用語（term／用语／용어）
  ▷ 専門用語（specialized terminology／专业用语／전문 용어）

❻ □ 略語（abbreviation／省略语／생략된 말）

❼ □ 母語（mother tongue／母语／모어）

❽ □ 母国語（one's native language／母语／모국어）

❾ □ 私語（private talk／悄悄话／사어）
  ▶ 講演中は私語は慎んでください。
  (Please refrain from discussing private matters during the lecture.／演讲的时候,请不要说话。／강연 중에는 사어는 삼가 주세요.)

❿ ☐ **名言**(wise saying／名言／명언)
　めいげん

　▷ 名言集(collection of wise sayings／名言集／명언 집)
　　　しゅう

⓫ ☐ **遺言**(will／遗言／유언)
　ゆいごん

　▷ 遺言を残す(leave one's will／留下遗言／유언 남기기)
　　　　　のこ

⓬ ☐ **独り言**(monologue／自言自语／혼잣말)
　ひと　ごと

　▶ 彼女、また独り言を言っている。
　　かのじょ　　　　　　　　　　い
　　(She's talking to herself again.／她又自言自语了。／그녀, 또 혼잣말한다.)

⓭ ☐ **失言**(slip of the tongue／失言／실언)
　しつげん

　▶ 大臣の度重なる失言に、党内からも批判が出ている。
　　だいじん　たびかさ　　　　　とうない　　　ひはん　で
　　(Even people inside the party have begun criticizing the minister's frequent slips of the tongue.／大臣屡次的失言，受到党内的批判。／장관의 반복되는 실언에 당내에서도 비판이 나오고 있다.)

⓮ ☐ **ニュアンス**(nuance／语感／뉘앙스)

　▶ この２つの言葉は、微妙にニュアンスが違う。
　　　　　　　ことば　びみょう　　　　　　　　ちが
　　(These two words are slightly different in nuance.／这两个词有着微妙的语感区别。／이 두 개의 말은 미묘하게 뉘앙스가 다르다.)

UNIT 47 パソコン・IT (PC, IT／电脑・IT／컴퓨터・IT)

❶ □ アカウント (account／用户名／계정)

▶ メールを使うには、まずアカウントを設定する必要がある。
(When using an e-mail, you need to set up an account.／使用邮件, 首先需要设定用户名。／메일을 사용하기 위해서는 우선 계정을 설정할 필요가 있다.)

❷ □ ログイン／ログオフ (log in / log off／登录、退出／로그인 / 로그아웃)

▷ サイトにログインする (to log in to a site／在网页登录／사이트에 로그인하다)

❸ □ アプリ (application／应用程序／애플리케이션)

▷ アプリを購入する (to purchase an application／购买应用程序／애플리를 구입하다)

❹ □ アイコン (icon／图标／아이콘)

▷ アイコンをクリックする (to click an icon／点击图标／아이콘을 클릭하다)

❺ □ 動画 (video／动画／동영상)

▷ 動画サイト (video site／动画网页／동영상 사이트)

▶ 画面は小さいですが、動画を見ることもできます。
(The screen is small, but I can even see a video site.／虽然画面小, 但能看见动画。／화면은 작습니다만 동영상을 볼 수도 있습니다.)

❻ □ 閲覧(する) (to browse／阅览／열람)

▷ サイトを閲覧する (to browse a site／浏览网页／사이트를 열람하다)

❼ □ 投稿(する) (to post／投稿／투고)

▷ 画像を投稿する、新聞の投稿欄
(to post a picture, reader's column in the newspaper／图像的投稿、报纸的投稿栏／그림을 투고하다, 신문의 투고란)

❽ □ 書き込み （write／发表评论／써넣음）
　▷ 掲示板への書き込み (write to a bulletin board／在揭示板上发表评论／게시판에 써넣음)

❾ □ アップ(する)
　★サイトなどに載せる、新たに用意する、などの意味。／Meanings are as follows; to put something on a site, to prepare something newly, etc.／写在网页上，更新等意思。／사이트 등에 올리다, 새로 준비하다, 등의 의미
　▶ 今日撮った写真は、あすにもブログにアップするつもりです。
　　(I'm planning to upload my photos that I have taken today tomorrow.／今天照的照片，想明天在博客上更新。／오늘 찍은 사진은 내일이라도 블로그에 올릴 예정입니다.)

❿ □ 起動(する) (to boot up／起动／기동)
　▷ パソコンを起動する (to boot up PC／起动电脑／컴퓨터를 기동하다)

⓫ □ 再起動(する) (to restart／重新起动／다시 시작)
　▶ 設定を変更したら、一度再起動したほうがいいよ。
　　(Once you change the settings, it's better to restart again.／设置变更了，就请在起动一次。／설정을 변경했으면 한 번 다시 시작을 하는 것이 좋아.)

⓬ □ (パソコンが)固まる (to freeze／不动／굳어 버리다)
　▶ また固まっちゃったの？　とりあえず再起動してみたら？
　　(Freezing again? Try to restart, then.／又不动了吗？暂且再起动一次吧。／또 안 움직이니? 우선 다시 시작을 해 보면 어때?)

⓭ □ メディア (media／软盘／미디어)
　▷ 記録メディア (storage media／记录软盘／기록 메모리)
　▶ 今回使うデータは、何か持ち運びのできるメディアに入れて持ってきてください。
　　(Please bring the data for this time with a portable storage media.／这次使用的数据放入方便携带的软盘里吧。／이번에 사용하는 데이터는 무언가 가지고 다닐 수 있는 메모리에 넣어 가지고 오세요.)

❶❹ ☐ スマホ／スマートフォン　(Smartphone／高端智能手机／스마트폰)

▶ スマホがないと、いろいろと不便です。
　　　　　　　　　　　　　　ふべん
(If I don't have a Smartphone, it will cause many inconveniences.／没有智能手机, 非常不方便。／스마트 폰이 없으면 여러 가지 불편합니다.)

❶❺ ☐ タブレット　(tablet／多功能手机／태블릿)

▷ タブレット端末 (tablet device／多功能手机终端／태블릿 단말기)
　　　　　　たんまつ
▶ このサービスは、スマホでもタブレット端末でも利用することができます。
　　　　　　　　　　　　　　　　　　　　　　　　りよう
(This service is available with Smartphone and tablet device.／这种服务, 不管是智能手机还是多功能终端都能利用。／이 서비스는 스마트 폰으로도 태블릿 단말기로도 이용할 수 있습니다.)

❶❻ ☐ 機種　(model／手机种类／기종)
　　　　きしゅ
▷ 機種変更 (model change／变更手机种类／기종변경)
　　きしゅへんこう
▶ 新しい機種が出たら、買い替えをするかもしれない。
　あたら　　きしゅ　で　　　か　か
(After the new model releases, then I might replace my old ones.／新型手机上市的话, 可能会换手机。／새 기종이 나오면 다시 살지도 모르겠다.)

❶❼ ☐ 通話(する)　(to call／通话／통화)
　　　つうわ

▷ 通話時間、通話料
　つうわじかん　つうわりょう
(duration of call, charge for a telephone call／通话时间、通话费／통화시간, 통화료)

❶❽ ☐ 着信　(incoming call／来电／수신)
　　　ちゃくしん

▶ 携帯に着信があったので、電話しておきました。
　けいたい　ちゃくしん　　　　　　でんわ
(I've received incoming call, so I called.／因为手机上有未接电话, 所以就打回去了。／휴대 전화에 수신 목록이 있어서 전화해 두었습니다.)

❶❾ ☐ 履歴　(history／履历、记录／이력)
　　　りれき

▷ 着信履歴 (incoming call history／来电记录／수신 목록)
　ちゃくしん

❷⓿ ☐ ユーザー　(user／用户／사용자)

UNIT 48 問題・トラブル・事故
（もんだい・トラブル・じこ）

(Problems, troubles, accidents／问题、纠纷、事故／문제・트러블・사고)

❶ 天災 (disaster／天灾／천재)
▷〈ことわざ〉天災は忘れた頃にやって来る。
(<proverb> Disasters befall us when we least expect them.／(谚语)祸从天降／< 속담 > 천재는 잊어버릴 무렵에 온다.)

❷ 人災 (man-made disaster／人祸／인재)
▷ 今回の悲劇はまさに人災といえるだろう。
(The tragedy this time can exactly mean a man-made disaster.／这的悲剧可以说是人祸吧。／이번의 비극은 정말로 인재라고 할 수 있을 것이다.)

❸ 被災(する) (to be struck by, suffer from／受灾／피재)
▷ 被災者 (victim／灾民／이재민)
▶ 被災した住民の多くが、まだこの避難所で生活しています。
(Many victims are still staying at this shelter.／受灾的大多数居民, 都还在这座避难所生活。／피재 한 대다수의 주민은 아직 이 피난소에서 생활하고 있습니다.)

❹ 惨事 (tragedy／惨案／참사)
▶ 死者・行方不明者が千人を超えるという大惨事に至ったその原因は、未だ解明されていない。
(The reason for this tragedy leaving 1,000 of dead and missing is still unclear.／导致这次死者・失踪人员超过千人大惨案的原因, 现在都还没弄清。／사망・행방불명자가 천명을 넘는 대참사에 이른 그 원인은 아직 해명되지 않았다.)

❺ 犠牲 (sacrifice／牺牲／희생)
▷ 事故の犠牲者 (victim of the accident／事故的牺牲者／사고의 희생자)
▶ 家族と過ごす時間を犠牲にしてまで働こうとは思わない。
(I don't want to sacrifice my time to spend with my family for work.／并不想工作时就连和家人在一起的时间都要牺牲。／가족과 지내는 시간을 희생해서까지 일하려고는 하지 않는다.)

❻ 汚染(する) (pollution／污染／오염)
▷ 大気汚染 (air pollution／大气污染／대기 오염)

❼ ☐ 排気ガス (exhaust gas／有害气体／배기가스)
   はいき

❽ ☐ 有害(な) (toxic／有害的／해로운)　　　　　　　　対 無害(な)
   ゆうがい　　　　　　　　　　　　　　　　　　　　　　　む がい

   ▶ 水質調査の結果、川には有害物質が含まれていることがわかった。
     すいしつちょうさ　けっか　かわ　　　　　ぶっしつ　ふく

     (The result of the survey of water quality shows that the water in this river contains some toxic substances.／在水质的调查结果中，我们知道了河水里含有有害物质。／수질조사의 결과, 강에는 유해물질이 포함된 것을 알았다.)

❾ ☐ 追突(する) (to collide with／追尾／추돌)
   ついとつ

   ▶ 停車中のトラックに車が追突したようだ。
     ていしゃちゅう　　　　　くるま　ついとつ

     (I seems a car collided with the stopped truck.／汽车好像从后面撞上了停着的卡车。／정차 중의 트럭에 차가 추돌한 모양이다.)

❿ ☐ 墜落(する) (to crash／坠落／추락)
   ついらく

⓫ ☐ 遭難(する) (to go missing／遇难／조난)
   そうなん

   ▷ 遭難事故 (climbing accident／遇难事故／조난 사고)
     そうなん じこ

   ▶ 男女４人の登山グループが、遭難した模様です。
     だんじょ　にん　とざん　　　　　　　そうなん　もよう

     (A group of 4 people with men and women seems to have gone missing during the mountain climbing.／男女四人的登山队，好像遇难。／남녀 네 명의 등산 그룹이 조난한 모양입니다.)

⓬ ☐ 捜索(する) (to search for／搜索／수색)
   そうさく

   ▷ 捜索願い (application for a search／搜索申请／수색원)
     そうさくねがい

   ▶ 警察や消防などが捜索を行っています。
     けいさつ　しょうぼう　　　　そうさく　おこな

     (The police and fire-brigade are searching for the missing.／警察和消防正在进行搜索。／경찰이나 소방수 등이 수색하고 있습니다.)

⓭ ☐ 凍死(する) (to be frozen to death／冻死／동사)
   とうし

   ▶ 雪山で遭難したら、最悪の場合、凍死する恐れもある。
     ゆきやま　そうなん　　　さいあく　ばあい　とうし　おそ

     (If you got missing in the snowy mountain, the worst case is, you might be frozen to death.／在雪山遇难中，最坏的事态是有可能会冻死。／설산에서 조난하면 최악의 경우 동사할 염려도 있다.)

❶４ ☐ 破損（する） (to be broken／破损／파손)
　▶ 落とした衝撃でケースの一部が破損したんです。
　　(A part of the case has been broken because of the impact when I dropped it.／掉落的冲击力导致箱子的一部分破损。／떨어뜨린 충격으로 케이스의 일부가 파손했습니다.)

❶５ ☐ 不備 (flaw／不完备、不齐全／불비)
　▶ 書類に不備があったので、今日は手続きができなかった。
　　(There are some flaws in the paperwork, so I couldn't finish the procedure.／文件有不齐的地方，今天不能办手续。／서류에 불비가 있어서 오늘은 수속을 할 수 없었다.)

❶６ ☐ 不手際 (trouble／笨拙、不得要领／서투름)
　▶ こちらに不手際があったようで、大変申し訳ありませんでした。
　　(I sincerely apologize for all the trouble I have caused.／我们这里也做得不漂亮，还请见谅。／저희 쪽이 서툴러서 무척 죄송합니다.)

❶７ ☐ しくじる (to make a blunder／失败／실수하다)
　▶ しくじったよ。録画予約するつもりだったのに、忘れちゃった。
　　(I made a blunder. I should have recorded that TV program beforehand, but I forgot.／搞砸了。本来还准备预约录像的，忘记了。／실수했다. 녹화 예약할 예정이었는데 잊어버렸다.)

❶８ ☐ 過ち (mistake／错误、失败／실수)
　▷ 同じ過ちを繰り返す、過去の過ちを認める
　　(repeat the same mistake, acknowledge one's past mistake／重复同样的失败、承认过去的错误／같은 실수를 반복하다, 과거의 실수를 인정하다)
　▷ 人が人を殺すことは、人間が犯す過ちの中で最も罪深いものだ。
　　(A person killing another person is the most sinful mistake that people make.／杀人，在人类犯错的过程中，是最大的罪。／사람이 사람을 죽이는 것은 인간이 범하는 실수 중에 가장 죄가 깊다.)

❶９ ☐ 過失 (fault／过失／과실)
　▷ 過失の割合 (ratio of fault／过失的比例／과실의 비율)
　▶ 裁判の結果、製造元のＡ社に重大な過失があったと判断された。
　　(After the trial, the manufacturer A company was judged as having a serious fault.／审判的结果，裁决制造商的Ａ公司犯下了重大过失。／재판 결과, 제조원인 Ａ사에 중대한 과실이 있었다고 판단되었다.)

❷０ ☐ 謝罪（する） (apologize／谢罪、道歉／사죄)
　▶ 住民は市に対して、事故の責任を認め謝罪するよう求めた。
　　(The citizens demanded an apology to the city to admit their responsibility for the accident.／居民要求市政府承认事故的责任并且道歉。／주민은 시에 대해 사고의 책임을 인정하고 사죄하도록 요구했다.)

㉑ 償う (compensate／补偿／죄를 보상하다)
つぐな

▶ これではちゃんと罪を償ったとはいえない。
(You can't say you expiate your crime by just doing this.／这不能说是已经好好赔罪了。／이것으로 제대로 죄를 보상했다고는 할 수없다.)

㉒ 緊急 (emergent／紧急／긴급한)
きんきゅう

▷ 緊急事態の発生 (occurrence of an emergency／发生紧急事态／긴급 사태 발생)
じたい　はっせい

▶ 緊急の際は、こちらの番号におかけください。
さい　　　　　　　　　　ばんごう
(In emergency situation, please call this number.／发生紧急事态之时，请打这个电话号码。／긴급일 때는 이쪽의 번호로 걸어 주세요.)

㉓ 警戒(する) (to be cautious about, warn for／警戒／경계)
けいかい

▷ 警戒区域 (cautionary area／警戒区域／경계구역)
くいき

▶ 台風が近づいていますので、強風と高波に警戒してください。
たいふう　ちか　　　　　　　　　　きょうふう　たかなみ
(The typhoon is approaching, so please warn for strong wind and high wave.／台风快接近了，要警戒强风和大浪。／태풍이 가까워지고 있어서 강풍과 높은 파도를 경계하세요.)

㉔ 取り締まり (control／取缔／단속) 動 取り締まる
と　し

▶ スピード違反の取り締まりが強化されている。
いはん　　　　　　　　　　きょうか
(The control for speeding is being tighten.／强化了取缔超速行为的管理。／스피드 위반 단속이 강화되고 있다.)

㉕ 暴動(する) (riot／暴动／폭동)
ぼうどう

▶ 反対派の市民が暴動を起こし、軍の治安部隊と衝突しています。
はんたいは　しみん　　　　　お　　　　ぐん　ちあんぶたい　しょうとつ
(Opposed citizens have started a riot and having a military clash with a security unit.／发生了反对派市民的暴动，和军队的治安部队发生了冲突。／반대파의 시민이 폭동을 일으켜 군의 치안부대와 충돌하고 있습니다.)

㉖ 妨害(する) (to interfere／妨害／방해)
ぼうがい

▶ こんなところに看板を置かれたら困るなあ。営業妨害だよ。
かんばん　お　　　　　こま　　　　　えいぎょう
(It's really annoying to place a sign here. It's an interference of our business.／如果把广告牌放在这里很麻烦。会造成妨碍营业的。／이런 곳에 간판을 두면 곤란해. 영업 방해야.)

㉗ □ 悩ます (to be irritated／烦恼／괴롭히다)
なや

▶ 最近、近所の騒音に悩まされているんです。
さいきん きんじょ そうおん なや
(Recently, I'm really irritated with the noises in my neighborhood.／最近，因为近邻的噪音很烦恼。／최근 이웃의 소음으로 괴롭습니다.)

㉘ □ 嫌がらせ (annoying (something)／故意找人麻烦／짓궂음)
いや

▷ 嫌がらせをする (do something annoying／故意找人麻烦／짓궂게 남을 괴롭히다)
いや

▶ 知らない人から、嫌がらせのメールが毎日来るんです。
し ひと いや まいにち く
(I receive annoying mails everyday from somebody I don't know.／每天从陌生人那里都收到找麻烦的邮件。／모르는 사람으로부터 괴롭히는 메일이 매일 옵니다.)

㉙ □ セクハラ(セクシャル・ハラスメント) (sexual harassment／性骚扰／성희롱)

㉚ □ 迫害(する) (to persecute／迫害／박해)
はくがい

▷ 迫害を受ける (to be persecuted／受到迫害／박해를 받다)
う

▶ 当時、日本では宗教の自由はなく、キリスト教は迫害されていた。
とうじ にほん しゅうきょう じゆう きょう
(At that time, there is no religious freedom in Japan, so Christianity was being persecuted.／当时，日本没有宗教自由，基督教被受到迫害。／당시, 일본에서는 종교의 자유는 없고 기독교는 박해받았다.)

㉛ □ 苦難 (difficulty／磨难／고난)
くなん

▶ いくつもの苦難を乗り越えながら、彼らはここで医療活動を続けた。
の こ かれ いりょうかつどう つづ
(Getting over many difficulties, they continue the practice of medicine here.／跨越这些他们在这里持续进行医疗活动。／몇 가지 고난을 뛰어넘으며 그들은 여기에서 의료 활동을 계속했다.)

㉜ □ 不振(な) (poor／不振／부진한)
ふしん

▷ 食欲不振 (no appetite／食欲不振／식욕부진)
しょくよく

▶ 業績不振の責任をとって、社長は辞任することになった。
ぎょうせき せきにん しゃちょう じにん
(He resigned from the president to take responsibility for poor business results.／社长因为业绩不振而引咎辞职。／업적 부진의 책임을 지고 사장님은 사임하게 되었다.)

08
CD2

㉝ □ **不調(な)** (bad condition／不舒服／건강이 좋지 않은, 부진한) 対 **好調(な)**

▷ 体の不調を訴える
(complain about health problems／诉说身体的不适／몸 상태가 좋지 않음을 호소하다)

▶ 彼自身は不調に陥っているが、チームは好調を維持している。
(His condition is bad, but the team is keeping a good condition.／他自身状态不佳，但是队伍维持着良好状态。／그 자신은 부진하지만, 팀은 호조를 유지하고 있다.)

㉞ □ **脱する** (get out of／脱离／벗어나다)

▶ 何とか危機を脱することができた。
(We could barely get out of the crisis.／总算是脱离了危机。／간신히 위험을 벗어날 수가 있었다.)

㉟ □ **不当(な)** (unfair／不当的／부당한) 対 **正当(な)**

▷ 不当な扱いを受ける (to be treated unfair／受到不当的对待／부당한 취급을 받다)

▶ 原告からは極めて不当な判決だ、とのコメントが発表された。
(The comment was announced from the plaintiff complaining the judgment was very unfair.／原告发表了评论，说是及其不正当的判决。／원고로부터 극히 부당한 판결이라는 코멘트가 발표되었다.)

㊱ □ **不良(な)** (defective, bad／不良／불량인)

▷ 不良少年、天候不良
(juvenile delinquent, bad weather／不良少年、天气不好／불량소년, 날씨가 좋지 않음)

▶ これ、不良品なのかなあ。電源が入らない。
(Is this a defective product? I can't turn on the switch.／这是不良品吧。还没接电源呢。／이것, 불량품이구나. 전원이 켜지지 않는다.)

㊲ □ **悪質(な)** (malicious／恶劣的／악질인)

▷ 悪質ないたずら (malicious mischief／恶劣的恶作剧／악질적인 장난)

▶ 高額な請求をする悪質な業者もいますので、注意してください。
(Some vicious dealers are claiming a large amount of money, so please be careful.／要注意有很多要求高额付款的恶劣公司／고액의 청구를 하는 악질 업자도 있으니까 주의하세요.)

㊳ □ **偽造(する)** (to counterfeit／伪造／위조)

▷ 偽造紙幣 (counterfeit money／伪造纸币／위조지폐)

❸❾ □ **破壊(する)** (to destruct／破坏／파기)
　　はかい
　▷ 環境破壊 (environmental destruction／破坏环境／환경파괴)
　　かんきょう

❹⓿ □ **破壊的(な)** (destructive／破坏的／파괴적인)
　　はかいてき

❹❶ □ **爆弾** (bomb／爆炸／폭탄)
　　ばくだん

❹❷ □ **爆破(する)** (explode／爆破／폭파)
　　ばくは
　▷ ビルの爆破予告 (bomb warning of the building／预告要爆破大厦／빌딩의 폭파예고)
　　　　　ばくはよこく

❹❸ □ **腐敗(する)** (to corrupt／腐败／부패)
　　ふはい
　▷ 権力は腐敗するものだ。
　　けんりょく
　　(Power will be corrupted.／权利是腐败的东西。／권력은 부패하는 것이다.)

❹❹ □ **疑惑** (suspicion／疑虑、猜疑／의혹)　　類 疑い
　　ぎわく　　　　　　　　　　　　　　　　　　　　　うたが
　▷ 疑惑が晴れる (clear one's suspicion／疑云消散／의혹이 풀리다)
　　　　　　は
　▶ 不正な取引があったのではないかと疑惑の声が上がっている。
　　ふせい　とりひき　　　　　　　　　　　　　　こえ　あ
　　(Suspicion of an illegal transaction is arousing.／有些猜疑的声音说是不是有不正当的交易。／부정한 거래가 있었던 것은 아니냐고 의혹이 제기되고 있다.)

❹❺ □ **捜査(する)** (to investigate／搜查／수사)
　　そうさ
　▷ 警察の捜査 (criminal investigation of the police／警察的搜查／경찰의 수사)
　　けいさつ

❹❻ □ **突きとめる** (to detect／追究／밝혀내다)
　　つ
　▷ 犯人を突き止める、原因を突き止める
　　はんにん　つ　と　　げんいん　つ　と
　　(to identify the criminal, to detect the cause／追问犯人、追究原因／범인을 밝혀내다，원인을 규명하다)

❹❼ □ **誘拐(する)** (to kidnap／绑架／유괴)　　同 さらう
　　ゆうかい
　▶ 8歳の女の子が何者かに誘拐され、未だ行方不明です。
　　さい　おんな　こ　なにもの　　　　　　　　　いま　ゆくえふめい
　　(8 year-old girl was kidnapped by somebody and she's still missing.／八岁的女孩被人绑架，至今下落不明。／8살의 여자아이가 누군가에게 유괴되어 아직 행방불명입니다.)

❽ □ **人質**(ひとじち) (hostage／人质／인질)

▶ 犯人(はんにん)は、子供(こども)を人質(ひとじち)にとって逃(に)げている模様(もよう)です。
(The criminal is taking a child as a hostage and running away.／犯人好像以孩子做人质逃跑了。／범인은 아이를 인질로 잡고 도망가고 있는 모양입니다.)

❾ □ **不審**(ふしん)(な) (suspicious／怀疑／수상한)

▷ 不審者(ふしんしゃ) (suspicious person／可疑人物／수상 사람)

▶ 現場近(げんばちか)くで不審(ふしん)な車(くるま)を見(み)た、との情報(じょうほう)も寄(よ)せられている。
(There is an information that a suspicious car was witnessed near the spot.／有情报说看到现场附近出现过可疑车辆。／현장 근처에서 수상한 차를 보았다는 정보도 제보되고 있다.)

❿ □ **ストーカー** (stalker／跟踪狂／스토커)

▷ ストーカー行為(こうい) (stalking／骚扰狂／스토커 행위)

⓫ □ **いきさつ** (particulars／事情的经过、事情的原委／경과)　　　　類 経緯(けいい)

▷ 彼女(かのじょ)がボランティアを始(はじ)めたいきさつは知(し)りません。
(I don't know the particulars about how she started volunteering.／我不知道她开始走上志愿者这条道路的原委。／그녀가 자원봉사를 시작한 경위는 모릅니다.)

⓬ □ **口実**(こうじつ) (pretext／借口／구실)　　　　類 言(い)い訳(わけ)(する)

▷ 仕事(しごと)を口実(こうじつ)に、面倒(めんどう)なことは全部私(ぜんぶわたし)に押(お)し付(つ)けるんです。
(Using his work as a pretext, he foists all of the laborious tasks at me.／以工作为借口，将所有麻烦的事情都强加于我身上。／일을 구실로 귀찮은 것은 전부 나에게 밀어붙입니다.)

⓭ □ **手口**(てぐち) (methodology, trick／手法／수법)

▶ 犯行(はんこう)の手口(てぐち)が徐々(じょじょ)に明(あき)らかになってきた。
(The criminal's modus operandi gradually became clear.／犯罪的手法渐渐明朗化了。／범행의 수법이 서서히 밝혀졌다.)

⓮ □ **虐待**(ぎゃくたい)(する) (abuse, ill treatment／虐待／학대)

UNIT 49 数量・程度 (Quantity, degree／数量・程度／수량・정도)

① ☐ **多量**(たりょう) (a lot of, a great amount of／大量／다량)
  ▷ 多量の雨(あめ) (a lot of rain／大量的雨／다량의 비)

② ☐ **微量**(びりょう) (a slight amount of, a trace of／微量／미량)
  ▷ 微量のガス (A slight amount of gas.／微量的气体／미량의 가스)

③ ☐ **多数**(たすう) (many／多数／다수)
  ▷ 多数の支持(しじ) (many supports／多数人的支持／다수의 지지)

④ ☐ **少数**(しょうすう) (small number, few／少数／소수)
  ▷ 少数意見(いけん) (minority opinion／少数意见／소수 의견)

⑤ ☐ **大多数**(だいたすう) (majority／大多数／대다수)

⑥ ☐ **大方**(おおかた) (most／大部分、大概／대략, 대강)
  ▷ 大方の予想(よそう) (most people's expectation／大概的预想／대략의 예상)

⑦ ☐ **概ね**(おおむね) (basically, generally, approximately／大约、大体／대강)
  ▷ 概ね賛成(さんせい) (to agree generally／大致赞成／대강 찬성)

⑧ ☐ **多大**(ただい)(な) (tremendous, significant／巨大／매우 큰)
  ▷ 多大な貢献(こうけん) (significant contribution／巨大的贡献／매우 큰 공헌)

⑨ ☐ **絶大**(ぜつだい)(な) (enormous, huge／无比巨大、极大／절대)
  ▷ 絶大な人気(にんき) (enormous popularity／极大的人气／절대적인 인기)

⑩ ☐ **かすか(な)** (slight／微弱、模糊／어렴풋한,미미한)
  ▷ かすかな望(のぞ)み (slight hope／微小的希望／아주 약간의 희망)

⑪ ☐ **希少(な)** (rare／稀少／희소)
　　きしょう

　▷ 希少な資源 (rare resources／稀少的资源／희소 자원)
　　　　　しげん

⑫ ☐ **乏しい** (scant, scarce／稀缺／불충분하다)
　　とぼ

　▷ 乏しい資源 (scarce resources／稀缺的资源／불충분한 자원)
　　　　　しげん

⑬ ☐ **満たす** (to fill／充满、填满、装满／채우다)
　　み

　▷ 容器を満たす (to fill the container／装满容器／그릇에 채우다)
　　ようき

⑭ ☐ **半端(な)** (odd, halfway／不彻底的、数量不足／어중간한)
　　はんぱ

　▷ 半端な数 (incomplete number／不彻底的数字／어중간한 숫자)
　　　　かず

⑮ ☐ **厳密(な)** (strict, accurate／严密的／엄밀한)
　　げんみつ

　▷ 厳密な調査 (strict examination／严密的调查／엄밀한 조사)
　　　　ちょうさ

⑯ ☐ **圧倒的(な)** (overwhelming／压倒的／압도적인)
　　あっとうてき

　▶ 昨年に続き、A大学が圧倒的な強さで優勝した。
　　さくねん　つづ　　　だいがく　　　　　　　つよ　　　ゆうしょう
　　(University A won a sweeping victory two years in row.／去年之后，A大学以压倒性的优势取得胜利。／작년에 이어 A대학이 압도적인 우세로 승리했다.)

⑰ ☐ **凄まじい** (fierce／猛烈的、骇人的／엄청나다)
　　すさ

　▶ 爆発の瞬間、凄まじい音がした。
　　ばくはつ　しゅんかん　　　　　　おと
　　(At the moment of the explosion, we heard a fierce sound.／爆炸的一瞬间，声音很猛烈。／폭발의 순간, 엄청난 소리가 났다.)

⑱ ☐ **とりわけ** (especially, particularly／特别／특히)

　▷ とりわけ有名な曲 (particularly famous song／特别有名的曲子／특히 유명한 곡)
　　　　　ゆうめい　きょく

⑲ ☐ **そこそこ** (decent, modest, little／大约、左右、稍微／될까 말까 함, 그럭저럭)

　▷ そこそこ有名な店 (a little known shop／稍微有名的店／그럭저럭 유명한 가게)
　　　　　　ゆうめい　みせ

大小のカテゴリーに分けて覚えよう、基本の言葉
だいしょう　　　　　　　　　　　　　　　わ
おぼ　　　　　　　　きほん　ことば

Let's group words by category, basic vocabulary
分大小组来记, 基本词汇
크고 작은 카테고리로 나누어서 외우자, 기본적인 말

 **"何"を含む表現** (Expressions that contain "nani"／包含"何"的表达方式／"何"를 포함하는 표현)

□ **何もかも**
(everything, the whole works／全部／모조리)
▶ あんなに練習したのに、ステージに立ったら、何もかも忘れてしまった。
(I practiced so hard, but as soon as I got up on stage, I forgot everything.／那么努力地练习,一站到舞台上,全都忘了。／그렇게 연습했는데 무대에 서니 모조리 잊어버렸다.)

□ **何でもかんでも**
(everything／一切、全部／무엇이든지)
▶ 何でもかんでもやればいいというものではない。
(Just because you do everything doesn't mean that something good will come your way.／不是什么事情都是做了就行的。／무엇이든 하면 좋은 것은 아니다.)

□ **何だかんだ**
(after all, something or other／这个那个、这样那样／이것저것)
▶ あの人は、何だかんだと文句ばかり言うんです。
(That guy is always complaining about something or other.／那个人总是这样那样地发牢骚。／저 사람은 이것저것 불평만 말합니다.)

□ **何が何でも**
(by any means／不管怎样／어떻게 하든지)
▶ 2回目だから、何が何でも合格しないと。
(It's the second time, so I've got to pass whatever it takes.／这是第二次了,不管怎样必须合格。／2번째이니까 어떻게 하든 합격하지 않으면 안 된다.)

□ **何かと**
(in various ways／这个那个地、事事／여러 가지로)
▶ 不在の間は何かとご不便をおかけしますが、よろしくお願いします。
(Sorry to cause you all this trouble in various ways while I'm gone.／我不在的时候,很多事情会给您带来不便,还请多多关照。／부재중에는 여러 가지로 불편을 끼치겠습니다만 잘 부탁합니다.)

▶ 森先生には何かとお世話になった。
(Mori-sensei helped me out in various ways.／森老师给我多方面的关照。／모리 선생님에게는 여러 가지로 신세를 졌다.)

□ **何卒**
(kindly／请、务必／부디)
▶ 何卒ご協力のほど、お願い申し上げます。
(We look forward to your kind support.／务必请您大力协助。／부디 협력을 부탁합니다.)

□ **何なり**
(to feel free to／无论什么、无论怎样／무엇이든)
▶ ご用がありましたら、何なりとお申し付けください。
(Please feel free to tell us if you need something.／如果有事,不管何事请务必告诉我。／용건이 있으시면 무엇이든지 말씀해 주세요.)

□ 何分 なにぶん	▶	なにぶん初めてのことなので、至らないところもあるかと思います。
(after all／不管怎么说／아무래도, 워낙)		(It is the first time, after all, so there may be some shortcomings.／不管怎么样, 是第一次, 我想也应该有照顾不周的地方。／아무래도 처음이어서 부족한 점도 있을 것이라고 생각합니다.)
□ 何も（〜ことない） なに	▶	ちょっと遅れたからって、何もそんなに怒ることないじゃない。
(not have to／没有那么、什么也／특별히)		(You don't have to be so angry just because I came a little bit late.／没必要因为迟到了一点儿, 就那么生气吧。／조금 늦었다고 해서 그렇게까지 화를 낼 일은 아니잖아.)
□ 何やら なに	▶	何やらあそこでおいしそうな物を食べているみたいだよ。
(something or other／总觉得／무엇인가)		(It seems he's over there, eating some delicious-looking thing or other.／总觉好像在那里正吃着好吃的东西。／무엇인가 저기에서 맛있을 것 같은 것을 먹고 있는 것 같다.)
□ 何より なに	▶	おかげさまで、家族皆、元気に過ごしております。— それは何よりですね。
(most of all／比什么都好／무엇보다)		(My whole family is doing very well, thank you. – Glad to hear it.／托您的福, 家人都健康平安。--那比什么都好啊。／덕분에 가족 모두 잘 지내고 있습니다.-그것은 무엇보다 좋은 일이군요.)

❷ 前に付く語　(Prefixes／前缀语／앞에 붙는 말)

- ☐ 私〜 ▷ 私物、私用の電話、私語を慎む、私生活、私見を述べる
  (private property, private phone call, to refrain from talking, private life, make personal opinion／私人物品、私人的电话、悄悄话要谨慎、私生活、叙述个人意见／사물, 개인용의 전화, 개인적인 말을 삼가다, 사생활, 사견을 말하다)

- ☐ 純〜 ▷ 純愛、純金、純利益、純国産
  (pure love, pure gold, net income, genuine domestically made product／纯洁的爱、纯金、纯利益、纯国产／순애, 순금, 순이익, 순국산)

- ☐ 直〜 ▷ 直輸入（する）、直営店、直通の番号、直感で答える、直観力を高める、現実を直視する
  (to directly import, directly-managed store, direct phone number, to answer with my intuition, to sharpen intuition, face up to the reality／直接进口、直接营业店、直拨号码、直觉回答、提高直观思维能力、面对现实／직수입, 직영점, 직통 번호, 직감으로 대답하다, 직관력을 높이다, 현실을 직시하다)

- ☐ 生〜 ▷ 国民の生の声、生放送、魚の生臭い匂い
  (real voice of the public, live broadcast, fishy smell／国民的心声、直播、鱼的腥臭味／국민의 살아 있는 소리, 생방송, 생선 비린내)

  ▷ 私たちはロボットではなく、生身の人間なんです。
  (We are not a robot, but a living man.／我们不是机器人, 而是有生命的人。／우리들은 로봇이 아니라 살아 있는 인간입니다.)

  ▷ 生ものなので、お早めにお召し上がりください。
  (This is perishable, so please consume it immediately.／这是生食, 请早些食用。／생것이니까 빨리 드세요.)

  ▷ 一日30分？　そんな生ぬるい練習ではだめだ。
  (Only 30 minutes a day? That's too tepid. You should practice more.／一天三十分钟？那么马虎的练习可不行。／하루 30분? 그렇게 미적지근한 연습으로는 안된다.)

  ▷ 彼は生真面目な性格で、考え過ぎるところがある。
  (He is very serious and tends to consider too much.／他是性格认真, 有时候想得太多。／그는 고지식한 성격이어서 너무 생각하는 점이 있다.)

- ☐ **丸〜** ▷ 丸一日かかる、丸暗記（する）、丸写し（する）、丸ごと食べる
  （まるいちにち　　　まるあんき　　　まるうつし　　　まる）
  (the entire day, to memorize everything, to copy in full, to eat whole／花了整整一天、死记硬背、照抄、全都能吃／하루 종일 걸린다, 전부 암기, 전부 옮겨 적음, 통째로 먹다)

  ▶ これじゃ、外から丸見えだ。
  　　　　　　（そと　　　まるみ）
  (Oh, anyone can see everything inside a house!／这样的话,从外面全能看见。／이래서는 밖에서 전부 보인다.)

- ☐ **密〜** ▷ 密室、密会（する）、密約（する）、密輸（する）、アマゾンの密林
  （みっしつ　みっかい　　　みつやく　　　みつゆ　　　　　　　　　　みつりん）
  (closed room, to have a secret meeting, to conclude a secret agreement, to smuggle, a jungle in Amazon／密室、秘密会见、秘密约定、走私、亚马逊的密林／밀실, 밀회, 밀약, 밀수, 아마존의 밀림)

  ▶ 駅周辺に住宅が密集している。
  　（えきしゅうへん　じゅうたく　みっしゅう）
  (Many houses are closely built around the station.／车站附近住宅区密集。／역 주변에 주택이 밀집해 있다.)

- ☐ **猛〜** ▷ 猛暑、猛獣、猛反対（する）、猛勉強（する）
  （もうしょ　もうじゅう　もうはんたい　　　もうべんきょう）
  (heat wave, fierce animal, strong opposition, study really hard／酷暑、猛兽、强烈反对、拼命学习／무더위, 맹수, 맹반대, 맹렬한 공부)

  ▶ 監督の猛抗議は15分も続いた。
  　（かんとく　もうこうぎ　　　ふん　つづ）
  (Field manager's strong protest lasted for 15 minutes.／教练强烈的反对持续了十五分钟。／감독의 맹렬한 항의는 15분이나 이어졌다.)

③ 後ろに付く語　(Suffix／后缀词／접미어)

☐ **～界** (かい)
▷ 政界の動向、業界の主要団体、文学界の新星、芸能界のニュース、自然界の掟
(movement in politics, main group in the industry, a new star in the literary world, news in show business, rules of nature／政界的动向、业界的主要团体、文学界的新星、演艺圈的新闻、自然界的规律／정계의 동향, 업계의 주요 단체, 문학계의 신성, 예능계 뉴스, 자연계의 법칙)

▷ 財界のトップたちが集まり、会合を開いた。
(The top in the financial world gathered and had a meeting.／财政界的高层们聚在一起, 召开会议。／재계의 톱들이 모여 모임을 열었다.)

☐ **～がい**
▷ やりがいのある仕事
(challenging job to do／有价值的工作／보람있는 일)

▷ 孫の成長をみるのが生きがいです。
(Looking at my grandchildren's growth is a purpose in my life／看着外孙成长是人生价值所在。／손자의 성장을 보는 것이 삶의 보람입니다.)

☐ **～柄** (がら)
▷ 場所柄をわきまえる
(to know the character of a locality／根据场合行事／장소의 특성을 생각하다)

▷ 仕事柄、出張が多いんです。
(I have a lot of business trips due to my job.／由于工作关系, 出差很多。／일의 성격상 출장이 많습니다.)

▷ 季節柄、体調を崩しやすいので気をつけてください。
(Please take care of yourself, as you can easily get sick in this season.／季节交替, 容易搞坏身体, 要小心。／계절의 성격상 몸의 컨디션이 깨지기 쉬우니 주의해 주세요.)

☐ **～刊** (かん)
▷ 夕刊、月刊、週刊誌、創刊(する)
(evening paper, monthly, weekly magazine, first published／晚刊、月刊、周刊、创刊／석간, 월간, 주간지, 창간)

☐ **～観** (かん)
▷ 人それぞれの価値観、人生観、結婚観
(value depending on each person, one's view of life, one's view of marriage／人们各自的价值观、人生观、婚姻观／사람 마다의 가치관, 인생관, 결혼관)

- [ ] **〜気（き）**
  - ▷ 陽気（な）、陰気（な）、強気（な）、弱気（な）、勝気（な）、内気（な）、狂気
    （ようき、いんき、つよき、よわき、かちき、うちき、きょうき）
    (cheerful, gloomy, strong, wimpy, strong-willed, mousy, madness／开朗, 阴郁, 逞强, 懦弱, 好胜、内向, 狂妄／쾌활한, 음침한, 강경한, 심약한, 억센, 내향적인, 광기)
  - ▶ これは邪気を払うための儀式です。
    （じゃき　はら　　　　ぎしき）
    (This is a ceremony to drive away evil spirit.／这是除邪的仪式。／이것은 나쁜 기운을 물리치기 위한 의식입니다.)

- [ ] **〜ぐるみ**
  - ▷ 町ぐるみ、地域ぐるみ
    （まち　　　ちいき）
    (whole town, whole region／整个城镇, 整个地区／마을 전체, 지역 전체)
  - ▶ 野村さんとは家族ぐるみのお付き合いをしている。
    （のむら　　　　かぞく　　　　　　つ　あ）
    (We are very friendly as a family with Nomura family.／我跟野村是家庭之间的交往。／노무라 씨와는 가족끼리 사귀고 있다.)

- [ ] **〜圏（けん）**
  - ▷ 首都圏、都市圏、イスラム文化圏、半径５キロ圏内
    （しゅとけん、としけん、　　　　ぶんかけん、はんけい　　　けんない）
    (the metropolitan area, the urban area, Islamic culture world, area within the radius of 5 km／首都圏、都市圏、伊斯兰的文化圏、半径五公里的圏内／수도권, 도시권, 이슬람 문화권, 반경 5킬로 권내)

- [ ] **〜源（げん）**
  - ▷ エネルギー源、水源、情報源、美の根源、古い音源を利用する
    （　　　　げん、すいげん、じょうほうげん、び　こんげん、ふる　おんげん　りよう）
    (source of energy, source of water supply, source of information, source of beauty, use an old sound source／能源, 水源, 信息来源, 美的根源, 利用旧音源／에너지원, 수원, 정보원, 미의 근원, 오래된 음원을 이용하다)

- [ ] **〜産（さん）**
  - ▷ アメリカ産、名産、特産
    （　　　　さん、めいさん、とくさん）
    (made in the US, local specialty, local specialty／美国产, 名产, 特产／미국산, 명산, 특산)

- [ ] **〜視（し）**
  - ▷ 重要視（する）、軽視（する）、疑問視（する）、注視（する）
    （じゅうようし、　　けいし、　　ぎもんし、　　ちゅうし）
    (to regard something as important, to regard something lightly, to question something, to keep something under review／重视, 轻视, 疑问视, 注视／중요시, 경시, 의문시, 주시)

- [ ] **〜省（しょう）**
  - ▷ 外務省、法務省
    （がいむしょう、ほうむしょう）
    (the Ministry of Foreign Affairs, the Ministry of Law／外务省, 法务省／외무성, 법무성)

- [ ] **〜層（そう）**
  - ▷ 年齢層、若年層、富裕層、貧困層、読者層、党の支持層、地層、階層
    （ねんれいそう、じゃくねんそう、ふゆうそう、ひんこんそう、どくしゃそう、とう　しじそう、ちそう、かいそう）
    (age group, young adult class, wealthy class, poor class, readership, supporting layer of the party, layer, class／年齢层, 年轻人群, 富裕人群, 贫困人群, 读者群, 党的支持者, 地层, 阶层／연령층, 젊은 층, 부유층, 빈곤층, 독자층, 당의 지지층, 지층, 계층)

213

□ ～違い ちが	▷ 勘違い、色違いのシャツ かんちが　いろちが (mistake, shirt with different color／误解、颜色不同的衬衫／착각, 색깔이 다른 셔츠)
	▷ 友達かと思ったら、人違いだった。 ともだち　おも　　　　ひとちが (I thought he was my friend, but actually he was another person.／以为是自己的朋友, 认错人了。／친구라고 생각했는데 사람을 잘못 봤다.)
□ ～点 てん	▷ 要点を述べる、視点を変える、注意点、疑問点、盲点を突く、接点を持つ、起点、終点、満点、沸点 ようてん　の　　してん　か　　ちゅういてん　ぎもんてん　もうてん　つ せってん　も　　きてん　しゅうてん　まんてん　ふってん (tell the point, change a point of view, remark, interrogation mark, take advantage of a blind point, have a contact, starting point, ending point, full marks, boiling point／论述要点、改变视点、注意点、疑问点、指出盲点、有接点、起点、终点、满分、沸点／요점을 말하다, 시점을 바꾸다, 주의점, 의문점, 맹점을 찌르다, 접점을 갖다, 기점, 종점, 만점, 끓는 점)
	▷ この成功が、会社にとって大きな分岐点となった。 せいこう　　かいしゃ　　　　おお　　ぶんきてん (This success was an important turning point for that company.／这次的成功对公司来说是很大的转折点。／이 성공이 회사에 있어 커다란 분기점이 되었다.)
□ ～並み な	▷ 例年並みの気温、プロ並みの技、町並み れいねんな　きおん　　　　な　　わざ　まちな (temperature as usual years, professional-level proficiency, landscape of the town／与往年一样的气温、和行家一样的技术、街道／평년 수준의 기온, 프로급의 기술, 거리모습)
	▷ 人並みの生活ができればいい。 ひとな　　せいかつ (As long as I can make a decent living, I'm happy.／如果能过上一般人的生活就好了。／보통 사람과 같은 수준의 생활을 할 수 있으면 된다.)
□ ～年来 ねんらい (the past ~ years ／~年来／~연말)	▷ 10年来、ここで商売をしています。 ねんらい　　　　しょうばい (We've been doing business here for the past ten years.／这十年来一直在这里做买卖。／10년 동안 여기에서 장사하고 있습니다.)
□ ～派 は	▷ 保守派、革新派、賛成派 ほしゅは　かくしんは　さんせいは (conservative, reformer, supporter／保守派、革新派、赞成派／보수파, 혁신파, 찬성파)
□ ～味 み	▷ 現実味のある話、人間味のない人、面白味のないドラマ げんじつみ　　　　はなし　にんげんみ　　　ひと　おもしろみ (realistic story, a person with impersonal character, uninteresting drama／有现实意味的故事、没有人情味的人、没意思的电视剧／현실미가 있는 이야기, 인간미가 없는 사람, 재미없는 드라마)
	▷ 大自然に直接触れられるのが、キャンプの醍醐味です。 だいしぜん　ちょくせつふ　　　　　　　　　　　　　だいごみ (The highlight of a camping is you can directly feel the great nature.／能直接接触到大自然是露营的奥妙之处。／대자연에 직접 접할 수 있는 것이 캠프의 묘미입니다.)

④ 同じ漢字を持つ語 (Words Containing the Same Kanji／汉字相同的词／같은 한자를 가지는 말)

- [ ] **有毒(な)** ゆうどく
  (poisonous／有毒／유독)
  ▷ 有毒ガス
  (poison gas／有毒气体／유독가스)

- [ ] **有望(な)** ゆうぼう
  (promising／有希望／유망)
  ▷ 将来有望な新人
  (a new employee with a promising future／将来有希望的人／장래 유망한 신인)

- [ ] **有益(な)** ゆうえき
  (profitable／有益／유익)
  ▷ 有益な情報
  (beneficial information／有益的信息／유익한 정보)

- [ ] **有力(な)** ゆうりょく
  (influential／有力／유력)
  ▷ 地元の有力者、有力な説
  (leading local figures; convincing theory／当地的有势力的人、有力的学说／그 지방의 유력자, 유력한 설)
  ▷ 有力な証拠を得て、警察は強気だった。
  (Having obtained convincing evidence, the police were aggressive.／为了得到有力的证据，警察盛气凌人。／유력한 증거를 얻어 경찰은 강경한 자세였다.)

- [ ] **無茶(な)** むちゃ
  (absurd／粗暴、乱来／터무니없는)
  ▷ 無茶な行動
  (reckless behavior／粗暴的行动／무리한 행동)
  ▷ 1日100個の漢字を覚えるの？ そんなの無茶だよ。
  (Memorize 100 kanji a day? That's ridiculous!／一天能记100个汉字吗？那是不可能的吧。／하루에 100개의 한자를 외워? 그건 무리야.)
  ▷ あんまり無茶しないで、たまには休んでね。
  (Don't overdo it too much; rest sometimes.／别乱来，偶尔也休息一下吧。／너무 무리하지 말고 가끔은 쉬어라.)

- [ ] **無難(な)** ぶなん
  (safe／无可非议／무난한)
  ▷ 無難な選択
  (safe choice／无可非议的选择／무난한 선택)
  ▷ 記者の挑発には乗らず、大臣は無難な答え方に終始した。
  (The minister ignored the reporter's provocation and gave safe answers from beginning to end.／没有受到记者的刀难，大臣始终都用回答得天衣无缝。／기자의 도발에 말려들지 않고 장관은 시종 무난한 대답을 했다.)

- [ ] **無邪気(な)** むじゃき
  (innocent／天真／천진난만한)
  ▷ 親の心配をよそに、子供たちは無邪気に笑っていた。
  (The children laughed innocently, unconcerned about their parents' anxiety.／孩子们不顾父母的担心，天真地笑着。／부모님의 걱정을 아랑곳하지 않고 아이들은 천진난만하게 웃고 있었다.)

215

☐ 無人 　むじん (uninhabited／无人／무인)	▷	無人島、無人駅 むじんとう　むじんえき (uninhabited island; empty station／无人岛、无人车站／무인도, 무인역)
☐ 無論 　むろん (of course／当然／말할 것 도 없음)	▷	これで目的が果たされたのだろうか。無論、そんなことはない。むしろ、これからが大事だ。 もくてき　は　　　　　　　　　　　　　　むろん 　　　　　　　　　　　　　　　　　　　　　　　　　　　　だいじ (Has the goal been achieved now? Of course not. In fact, it's what we do next that's important.／这样一来目的就实现了吗？当然,那是不可能的。还不如说,从现在开始是很重要的。／이것으로 목적이 달성된 것일까? 물론 그렇지 않다. 오히려 지금부터가 중요하다.)
☐ 未知 　みち (unknown／未知／미지)	▷	未知の世界 みち　せかい (unknown worlds／未知世界／미지의 세계)
	▷	彼の才能はまだまだ未知数です。 かれ　さいのう　　　　　　　　　みちすう (He still has many unknown talents.／他的才能还是未知数。／그의 재능은 아직도 미지수입니다.)
☐ 未練 　みれん (lingering attachment／依依 不舍／미련)	▷	彼女と別れたって言ってたけど、まだ未練があるみたい。 かのじょ　わか　　　　　い　　　　　　　　　　みれん (He said that he split up with her, but he still seems to have attachment for her.／虽然说了和她分手,但是还有些恋恋不舍。／그녀와는 헤어졌다고 했지만 아직 미련이 있는 것 같다.)
☐ 補給（する） 　ほきゅう (to replenish／补给／보급)	▷	水分を補給する すいぶん　ほきゅう (to replenish fluids／补给水分／수분을 보급하다)
☐ 補欠 　ほけつ (alternate／候补／보결)	▷	補欠選手 ほけつせんしゅ (reserve player／候补运动员／보결 선수)
☐ 補充（する） 　ほじゅう (to supplement／补充／보충)	▷	内容を補充する、欠員補充 ないよう　ほじゅう　　けついんほじゅう (to supplement content; filling of vacancies／补充内容、补充欠缺人员／내용을 보충하다, 결원보충)
☐ 補助（する） 　ほじょ (to assist／补助／보조)	▷	国からの補助金、補助スタッフ くに　　　　ほじょきん　ほじょ (monetary assistance from the government; ancillary staff／国家的补助金、工作人员／국가에서의 보조금, 보조 스태프)
	▷	会社を始める時は、親が資金の一部を補助してくれました。 かいしゃ　はじ　　とき　　おや　しきん　いちぶ　ほじょ (When I first started the company, my parents helped out with part of the financing.／刚成立公司的时候,父母帮我补助了一部分资金。／회사를 시작할 때는 부모님께서 자금 일부를 보조해 주었습니다.)
☐ 補足（する） 　ほそく (to supplement／补充／보충)	▷	補足説明、内容を補足する ほそくせつめい　ないよう　ほそく (supplementary explanation; to supplement content／补充说明、补充内容／보충설명, 내용을 보충하다)

- [ ] **一員** いちいん
 (member／一员／한 수 위로 보다)
 ▷ 組織 / 社会の一員
 (member of an organization; society.／组织的一员/公司的一员／조직/사회의 일원)

- [ ] **一因** いちいん
 (one cause／一个原因／일인)
 ▶ 近所付き合いが減ったことも、孤独死が増えた一因となっている。
 (One of the reasons more people are dying alone is that neighborhood interaction is on the decline.／邻里之间的交往减少也是孤独老人去世增加的原因之一。／이웃과의 사귐이 줄어 든 것도 고독사가 느는 한가지 원인이다.)

- [ ] **一環** いっかん
 (link／一个环节／일환)
 ▷ コンサートは開会式の一環として行われた。
 (The concert was one part of the opening ceremony.／音乐会作为开幕式的一个环节举行。／콘서트는 개회식의 일환으로서 행해졌다.)

- [ ] **一連** いちれん
 (series／一连串／일련)
 ▷ 一連の事件
 (a series of incidents／一连串的事件／일련의 사건)
 ▷ 一連の協議の末、両社は合併することとなった。
 (After a series of meetings, the two companies decided to merge.／一连串协议的最后，两个公司决定合并。／일련의 협의 끝에 두 회사는 합병하기로 했다.)

- [ ] **一筋** ひとすじ
 (single-track／一心一意／외곬)
 ▷ 野球一筋の人生
 (a life dedicated to baseball／棒球人生／야구 외곬의 인생)
 ▷ 暗い世の中に一筋の光が差したようだった。
 (A ray of light seemed to shine in the dark world.／就好像黑暗的世界中有一束光明照过来。／어두운 세상에 한 줄기 빛이 비친 것 같았다.)

- [ ] **一目置く** いちもくおく
 (acknowledged as superior.／瞧得起／한 수 위로보다)
 ▶ パソコンに強い彼は、クラスの中で一目置かれる存在だった。
 (He was acknowledged to be the best at pcs in the class.／擅长电脑的他，在班上是输一筹。／컴퓨터에 강한 그는 반 안에서 한 수 위로 보이는 존재였다.)

- [ ] **一式** いっしき
 (entire set／一套／일식)
 ▷ 道具一式
 (tool set／一套工具／도구 일식)
 ▶ 入学手続に必要な書類一式をそこで受け取った。
 (The entire set of paperwork necessasry to enter the school was handed in there.／入学手续所需要的一部资料在那里领取。／입학 수속에 필요한 서류 일식을 거기에서 받았다.)

14 CD2

☐ **一様** いちよう
(uniform／一样、寻常／똑같음)

▶ 会社側の説明に、株主は一様に不満そうな顔をしていた。
(The stockholders all looked equally dissatisfied with the company's explanation.／对于公司方面的说明，股东们都表示出一样的不满。／회사 측의 설명에 주주는 모두 불만인 것 같은 얼굴을 하고 있었다.)

▶ デモの参加理由は一様ではないようだ。
(The reasons that they participated in the demonstration did not seem to be all the same.／参加游行示威的理由并不是都一样的。／데모의 참가 이유는 모두 같지는 않은 것 같다.)

☐ **一律** いちりつ
(across-the-board／一律／일률)

▶ Aプランでは、通話時間に関係なく、一律料金になります。
(With the A Plan, there is a flat rate regardless of the duration of the call.／A套餐中，与通话时间无关，价钱都是一样的。／A 플랜에서는 통화시간에 관계없이 일률 요금이 되겠습니다.)

☐ **一段落(する)** いちだんらく
(to reach the initial stage／一个段落／일단락)

▶ 今の仕事が一段落したら、まとまった休みを取ろうと思う。
(Once this work gets to a good spot, I intend to take a long holiday.／现在的工作告一段落，准备好好休息一下。／지금의 일이 일단락되면 긴 휴가를 얻으려고 생각한다.)

☐ **一覧(する)** いちらん
(to take a glance at／一览／일람)

▷ 一覧表
(list／一览表／일람표)

▶ 東京の美術館が一覧できるサイトはないですか。
(Aren't there any websites that list up all of the art museums in Tokyo?／能一览东京美术馆的网页没有吗？／동경의 미술관을 일람할 수 있는 사이트는 없습니까?)

☐ **一括(する)** いっかつ
(to lump together／总括起来／일괄)

▷ 一括払い（⇔分割払い）、一括で登録する
(pay off in one installment (in contrast to: pay off over time); to register all together／一次性支付(分期付款)、一次性登录／일괄 지불(반대말:분할 납부)일괄로 등록하다)

▶ お支払はどのようになさいますか。 － 一括でお願いします。
(How would you like to pay？ ―I would like to pay it off in one installment.／请问您怎样支付呢？ ---请一次付清。／지불은 어떻게 하시겠습니까？ -일괄 지불로 부탁합니다.)

☐ **一貫(する)** いっかん
(to do consistently／一贯／일관)

▶ 彼は一貫して反対の立場だった。
(He has consistently been opposed.／他一贯反对立场。／그는 일관하여 반대 입장이었다.)

一挙に
いっきょ
(at a stroke／一举／일거에)

▷ 一挙に解決する
　いっきょ　かいけつ
(to decide at a stroke／一举解决／일거에 해결하다)

▶ 新作映画を一挙に紹介します。
　しんさくえいが　いっきょ　しょうかい
(I will introduce all of the new movies at once.／一举介绍新电影。／신작 영화를 일거에 소개하겠습니다.)

一斉
いっせい
(in unison／一齐／일제)

▷ 一斉捜査
　いっせいそうさ
(sweeping investigation／一齐搜查／일제 조사)

▶ 「ほしい人？」と聞くと、子供たちは一斉に手を上げた。
　　　　　ひと　　　　き　　　　こども　　　　　いっせい　て　　あ
(The children all raised their hands in unison when asked, "Who wants one?"／问到"想要吗？"，孩子们都一齐举起了手。／"갖고 싶은 사람?" 하고 물으니 아이들은 일제히 손을 들었다.)

一手に
いって
(singlehandedly／一手／도맡아)

▷ 仕事を一手に引き受ける
　しごと　いって　ひ　う
(Take on the work singlehandedly／一手接受了工作／일을 도맡다)

▶ 外科手術用の注文加工を一手に引き受けているのが、この会社です。
　げかしゅじゅつよう　ちゅうもんかこう　いって　ひ　う
　　　　　　　　　　　　　　　　　　　　　　かいしゃ
(This is the company that takes on singlehandedly order processing for surgical use.／一手接受外科手术用的订购加工的,只有这个公司。／외과 수술용 주문 가공을 도맡아 하는 곳이 이 회사입니다.)

一概に~ない
いちがい
(unqualifiedly／一概／한꺼번에~아니다)

▶ 相手との相性もあるので、この方法がいいかどうか、一概には言えない。
　あいて　　　あいしょう　　　　　　　　　ほうほう　　　　　　　　　いちがい　　　い
(There is also the matter of their compatibility so I can't categorically say that this is a good method.／也有和对方是否投缘的原因,这个方法好不好,不能一概而论。／상대와의 궁합도 있으니까 이 방법이 좋을지 어떨지 통틀어는 말할 수 없다.)

権力
けんりょく
(power／权利／권력)

▷ 権力者、権力を握る
　けんりょくしゃ　けんりょく　にぎ
(man of power; seize power／权力者、握住权利／권력자, 권력을 잡다)

威力
いりょく
(might／威力／위력)

▶ この洗剤は、頑固な油汚れに威力を発揮しますよ。
　　　せんざい　　がんこ　あぶらよご　　いりょく　はっき
(This detergent has great power when it comes to stubborn stains.／这种洗洁净能对顽固的油渍发挥威力。／이 세제는 완고한 기름때에 위력을 발휘합니다.)

勢力
せいりょく
(influence／势力／세력)

▷ 勢力争い
　せいりょくあらそ
(power struggle／势力争斗／세력다툼)

▶ 台風は勢力を強めながら、東に進んでいます。
　たいふう　せいりょく　つよ　　　　　　ひがし　すす
(The typhoon is strengthening as it heads east.／台风加强势力,向东推进。／태풍은 세력을 강화하며 동쪽으로 나아가고 있습니다.)

☐ **戦力** せんりょく (fighting strength／战斗能力／전력)	▶	今度入る新人は即戦力として期待されている。 こんど はい しんじん そくせんりょく きたい (The new employee is expected to be an asset to the company.／期待这次加入的新人有着紧急作战能力。／이번에 들어온 신인은 금방 쓸 수 있을 것으로 기대되고 있다.)
☐ **有人** ゆうじん (manned／载人／유인)	▷	有人ロケット ゆうじん (manned rocket／载人火箭／유인 로켓)
☐ **一般人** いっぱんじん (ordinary people／一般人／일반인)	▶	会場には、一般人は入ることができません。 かいじょう いっぱんじん はい (Average people are not allowed in the venue.／一般人不能进入会场。／회장에서는 일반인은 들어갈 수 없습니다.)
☐ **人体** じんたい (human body／人体／인체)	▷	人体の模型、人体実験 じんたい もけい じんたいじっけん (model of the human body; experiments on humans／人体模型、人体实验／인체의 모형, 인체 실험)
☐ **人気** ひとけ (deserted／人影、有人的样子／인기척)	▶	夜、人気のない場所には行かないでください。 よる ひとけ ばしょ い (Don't go to deserted places at night, please.／晚上请不要去没有人的地方。／밤에 인기척이 없는 장소에는 가지 말아 주세요.)
☐ **人目** ひとめ (public eye／别人的眼光／사람의 눈)	▶	彼は人目を気にするようなタイプじゃない。 かれ ひとめ き (He's not the type who likes to be in the public eye.／他不是在乎别人眼光的那类人。／그는 타인의 눈을 신경을 쓰는 타입이 아니다.)

❺ 動詞＋動詞（複合動詞）（complex verb／复合动词／복합동사）

- [ ] **歩き回る**
  (to walk around／到处走动／걸어 다니다)
  ▶ 今日は一日中歩き回ったから、すごく疲れた。
  (I got exhausted because I walked around all day today.／今天走了(跑了)一天非常疲惫。／오늘은 종일 걸어 다녀서 몹시 피곤하다.)

- [ ] **言い合う**
  (to exchange words, to argue／争吵、口角／말다툼을 하다)
  ▷ 言い合い
  (quarrel／互相谈话、争论、口角／말다툼)
  ▶ 子どもの教育のことで、妻とちょっと言い合いになってしまった。
  (I had an argument with my wife about child education.／在对孩子的教育上, 和妻子有些意见争执。／아이의 교육으로 아내와 조금 말다툼을 하게 되었다.)

- [ ] **言い換える**
  (to reword, to rephrase／换句话说／바꾸어 말하다)
  ▷ 言い換え
  (paraphrase／改变说法、换句话说／바꾸어 말함)
  ▶ 子供にもわかるように、簡単な言葉に言い換えてください。
  (Please say it again in easier terms, so the children can understand.／为了让孩子明白, 请换成简单的语言。／아이에게도 알 수 있도록 간단한 말로 바꾸어 말해 주세요.)

- [ ] **行き違い**
  (to cross, to miss each other／走岔、错过、失和／엇갈림)
  ▶ 未だに連絡がないのはおかしい。何か行き違いがあったのかもしれない。
  (It's strange that we haven't heard from them yet. Perhaps we missed each other somewhere.／现在还没联系上有些奇怪啊。可能是走岔了。／아직 연락이 없는 것은 이상하다. 무언가 엇갈린 것인지도 모르겠다.)

- [ ] **入れ替える**
  (to interchange, to replace／更换、改换／바꾸어 넣다)
  ▷ 入れ替え
  (replacement／调换、更换／바꾸어 넣음)
  ▶ メンバーを大幅に入れ替えた。
  (They replaced a lot of members.／成员大幅度地更换了。／멤버를 큰 폭으로 바꾸어 넣었다.)

☐ 受け入れる う い (to accept, to take／接受／받아들이다)	▷	移民を受け入れる、留学生の受け入れ い みん う い　　りゅうがくせい う い (to receive immigrants, to bring in foreign students／接受移民、留学生的接收／이민을 받아들이다, 유학생을 받아들임)
	▶	結局、Ａ社の提案を受け入れることにした。 けっきょく　しゃ ていあん　う い (Finally we decided to entertain company A's proposal.／结果，决定接受A公司的提案。／결국 A 사의제안을 받아들이기로 했다.)
☐ 受け止める う と (to catch, to receive／接住、理解／받아들이다)	▶	じゃ、これ投げるから、ちゃんと受け止めてね。 な　　　　　　　　　　　う と (I will throw this, so please be ready to catch it.／现在我扔过来,你好好接住哟。／그럼 이것을 던질 테니 제대로 받으세요.)
	▶	お客様のご意見を重く受け止め、改善に努めます。 きゃくさま　い けん おも　う と　かいぜん つと (We take very seriously the customers opinions and put in all of our efforts to improve.／郑重地接受客人的意见，努力改善。／손님의 의견을 중요하게 받아들여 개선에 노력하겠습니다.)
☐ 打ち明ける う あ (to confess, to open／开诚布公地说／털어놓다)	▷	秘密を打ち明ける ひ みつ う あ (to confess one's secret／公开秘密／비밀을 털어놓다)
☐ 打ち切る う き (to end, to cut／切、砍、停止／자르다)	▶	連載の打ち切りが決まった。 れんさい　う き　き (They decided to end the serial.／决定停止连载了。／연재 중지가 정해졌다.)
☐ 打ち込む う こ (to dedicate oneself, to punch in／热衷、专心致志／열중하다)	▷	勉強／テニスに打ち込む、データを打ち込む べんきょう　　　　　　う こ　　　　　　　　　う こ (to be devoted to studying/playing tennis, to type data／热衷于学习、热衷于网球、输入数据／공부／테니스에 열중하다, 데이터를 쳐넣다)
	▶	学生時代に何か打ち込んだものはありますか。 がくせいじだい なに う こ (Did you have something you were devoted to during your school days?／学生时代对什么有热衷吗？／학생 시절에 무언가 열중한 것이 있습니까?)
☐ 追い込む お こ (to drive into, to force／逼近、赶进／몰아 붙이다)	▷	政府軍は反乱軍を川岸まで追い込んだ。 せいふぐん はんらんぐん かわぎし　お こ (Government troops drove the rebel forces to the riverside.／政府军将叛军追赶到河岸。／정부군은 반란군을 강가까지 몰아붙였다.)
	▷	一つの記事が大臣を辞職へと追い込んだ。 ひと　　き じ　だいじん　じ しょく　　お こ (The article forced the minister into resigning.／一则报道逼得大臣辞职。／하나의 기사가 장관을 사직으로 내몰았다.)
☐ 起き上がる お あ (to get up／起来／일어나다)	▶	すごく眠くて、ベッドから起き上がれなかった。 ねむ　　　　　　　　　　　お あ (I was too sleepy to get out of my bed.／太困了,没能从床上起来。／무척 졸려서 침대에서 일어날 수 없었다.)

16

置き換える
(to replace／置換、调换／옮겨 놓다, 바꿔 놓다)

▷ 別の場所に置き換える
(to replace／换到别的位置／다른 장소로 대치하다)

▶ 牛乳の代わりに、チーズやヨーグルトで置き換えても結構です。
(You can substitute cheese or yoghurt for milk.／也可以用奶酪或者酸奶代替牛奶。／우유 대신에 치즈나 요구르트로 바꾸어도 됩니다.)

▶ 自分に置き換えて考えてみたら？
(Why don't you place yourself in his position and think?／换做你自己考虑一下怎么样呢？／자기로 바꾸어 놓고 생각해 보면 어때?)

押し寄せる
(to surge, to rush／蜂拥而至／밀려오다)

▷ 波が押し寄せる
(The waves roll on.／海浪涌来／파도가 밀려오다)

▶ 開店と同時に、客がどっと押し寄せた。
(The customers rushed into the store when it opened.／开店同时,客人们蜂拥而至。／개점과 동시에 손님이 많이 밀려왔다.)

書き込む
(to write in, to fill out／写上、填上／써넣다)

▷ 書き込み
(writing, posting, input／填写、加注、批注／써넣음)

▶ ネットの掲示板にも、彼を非難する多数の書き込みがあった。
(There are a lot of postings to blame him on the internet bulletin board.／网上的掲示板上,有很多谴责他的帖子。／인터넷의 게시판에도 그를 비난하는 다수의 글이 있었다.)

組み込む
(to fit in, to include／排入、编入／짜 넣다)

▷ 予算に組み込む
(to include in the budget／编入预算／예산을 짜 넣다)

▶ 工場見学も予定に組み込んだ。
(Making visits at factories was included in our plan.／参观工厂也列入日程里了。／공장견학도 예정에 넣었다.)

差し替える
(to switch, to replace／更换、调换／바꿔 넣다)

▶ 用意した資料の一部に間違いがあったので、正しいものに差し替えた。
(There was a mistake in the prepared handout and we replaced it with the right one.／准备的资料中的一部分有误,改成正确的资料。／준비한 자료일부가 틀렸기 때문에 바른 것으로 바꿔 넣었다.)

- □ 差し引く
  (to deduct, to balance／扣除／빼다)
  - ▶ 税金や手数料を差し引くと、8万円くらいです。
    (It will be about 80000 yen after the deduction of tax and processing fee.／扣除掉税金和手续费,是8万日元左右。／세금이나 수수료를 빼면 8만엔 정도입니다.)
  - ▶ 差し引き、いくらになりますか。
    (How much is the balance?／扣掉变成多少了？／빼고 얼마가 됩니까?)

- □ 仕上がる
  (to be finished, to be completed／工作做完／완성되다)
  - ▷ 仕上がり
    (end result／做完、工作的结果／완성됨)
  - ▶ 仕上がりには大満足で、またその店に頼みたいと思った。
    (I'm very satisfied with the result and I'm willing to ask them again.／对做完的结果非常满意,还想再拜托那个商店。／완성된 결과에 대만족이어서 또 그 가게에 부탁하려고 생각했다.)

- □ 仕上げる
  (to complete, to finish／完成、做完工作／완성하다)
  - ▷ 仕上げ
    (finish／完成、润饰／완성)
  - ▶ 明日までに原稿を仕上げないと締め切りに間に合わない。
    (I have to finish the manuscript by tomorrow, otherwise I can't meet the deadline.／明天之前不完成稿子,就赶不上截止日期。／내일까지 원고를 완성하지 않으면 마감 시간에 맞출 수가 없다.)
  - ▶ 仕上げにオリーブオイルを加えて軽く混ぜると出来上がりです。
    (Add olive oil and mix lightly to finish. Now it's done.／出锅之前加上点橄榄油,再轻轻搅拌一下就做好了。／마무리로 올리브기름을 넣어 가볍게 섞으면 완성입니다.)

- □ 仕切る
  (to separate／隔开、間隔／칸막이하다, 일을 맡아서 처리하다)
  - ▷ 仕切り役
    (a person who takes the leadership／指挥者／칸막이, 결산)
  - ▶ 建設予定の場所は、ロープで仕切られていた。
    (The planned construction site was roped off.／预定施工的场地拉上了绳子。／건설 예정의 장소는 로프로 칸막이가 되어 있다.)
  - ▶ パーティーは山田さんに仕切ってもらった。
    (Mr. Yamada was in charge of the party.／晚会是山田结的账。／파티는 야마다 씨가 맡아서 해 주었다.)

□ 備え付ける (to furnish／备有／설치하다)	▶ 寮の各部屋にエアコンが備え付けられてあった。 (Each dormitory room was fitted up with an air conditioner.／宿舍的各个房间都备有空调。／기숙사의 각 방에 에어컨이 설치되어 있다.)
□ 立ち寄る (to stop by／靠近、挨近／들르다)	▶ この本屋には帰りによく立ち寄ります。 (I often stop by this book store on the way home.／回去的时候经常顺便去这家书店看看。／이 책방에는 귀갓길에 자주 들릅니다.)
□ 辿り着く／たどり着く (to get to, to reach／摸索走到／우여곡절 끝에 도달하다)	▶ 5時間かかって、やっと頂上に辿り着いた。 (I finally reached the summit after five hours.／花了五个小时,总算走到了山顶上。／5시간 걸려서 겨우 정상에 도달했다.)
□ 使いこなす (to master, to make full use, to use effectively／用熟／능숙하게 다루다)	▶ この携帯、買って半年たつけど、全然使いこなせてない。 (I bought this cell-phone a half year ago, but I still can't use it effectively.／这部手机买了半年多,一点儿都没用熟。／이 휴대폰, 사고 나서 반년이 지나지만, 전혀 능숙하게 다루지 못한다.)
□ 付き添う (to accompany／跟随左右／시중들다)	▶ 付き添いの人 (attendant／陪同的人／시중드는 사람) ▶ 妹に付き添って病院に行ってきた。 (I accompanied my younger sister to the hospital.／陪妹妹去医院了。／여동생이 따라와 주어 병원에 갔다 왔다.)
□ 付け替える (to replace／替换／바꾸어 달다)	▶ 値札を付け替える作業 (work to replace price tags／更换价格标签的工作／가격표를 바꾸어 다는 작업)
□ 付け加える (to add／附加／첨가하다)	▶ 条件を付け加える (to add more requirements／附加条件／조건을 덧붙이다) ▶ 課長から今の説明に付け加えることはありませんか。 (Do you (section chief) have anything to add to the explanation?／课长对刚才的说明没有什么要补充的吗?／과장님께서 지금 설명에 덧붙일 것은 없습니까.)
□ 詰め替える (to refill／改装、更换／갈아 채우다)	▶ 詰め替え用の洗剤 (detergent to refill／更换用的洗洁净／리필용의 세제)

- [ ] **取り返す**
  (to get back／取回、要回／되찾다, 되돌리다)
  ▷ 損した分を取り返す
  (to get a loss back／取回损失的部分／손해 본 만큼을 되찾다)

  ▶ 貸したお金を取り返したいけど、無理かもしれない。
  (I want to get the money I lent back, but it may be impossible.／借出去的钱想要回来,但可能不太可能。／빌린 돈을 되찾고 싶지만, 무리일지도 모른다.)

- [ ] **取り替える**
  (to replace／更换、替换／교환하다)
  ▷ 部品の取り替え
  (replacement of a part／零件的更换／부품의 교환)

- [ ] **取りかかる**
  (to start／着手、开始／착수하다)
  ▶ そろそろ作業に取りかからないと、間に合わなくなる。
  (If I don't start it now, I can't make it on time.／不马上干的话,就来不及了。／슬슬 작업을 시작하지 않으면 시간에 맞출 수 없어진다.)

- [ ] **取り組み**
  (approach, effort／解决、认真对待／조처)
  ▶ 環境保護のために、さまざまな取り組みが行われている。
  (Various efforts are being made to protect the environment.／为了保护环境,实施了各种各样的解决对策。／환경 보호를 위해 각종 조처가 행해지고 있다.)

- [ ] **取り巻く**
  (to surround／包围、围绕／둘러싸다)
  ▷ 企業を取り巻く環境はますます厳しくなっている。
  (Circumstances surrounding industries is getting more severe.／企业周围的环境越来越严峻了。／기업을 둘러싼 환경은 점점 냉엄해지고 있다.)

- [ ] **取り戻す**
  (to regain／恢复／되찾다)
  ▷ 元気を取り戻す、笑顔を取り戻す
  (to get one's health back, to put a smile back one one's face／恢复精神、恢复笑脸／활기를 되찾다, 웃음을 되찾다)

  ▶ 遅れを取り戻すには、人を増やすしかない。
  (The only thing we can do is having more people to catch up.／要想赶得上,必须增加人手。／늦은 것을 되돌리기 위해서는 사람을 늘릴 수밖에 없다.)

- [ ] **取り寄せる**
  (to order／索取、订购／주문해서 받다)
  ▷ 取り寄せ
  (back-order／订购／주문)

  ▶ A社からサンプルを取り寄せた。
  (I ordered a sample from company A.／从A公司索取样品。／A사로부터 샘플을 주문했다.)

  ▶ ほしい色がない場合、取り寄せができる。
  (You can order when they don't have the colors you want.／没有您喜欢的颜色,可以预订。／원하는 색이 없는 경우, 주문할 수가 있다.)

18

投げ出す
(to throw out／抛出、扔下／내던지다)
▷ 仕事を投げ出す、足を投げ出す
(to give up one's job, to have one's feet onto／抛出工作、架着腿／일을 내던지다, 발을 내던지다)
▶ 彼は途中で投げ出すようなことはしません。
(He will not give up before he completes.／他不做半途而废的事。／그는 도중에 내던지는 일 같은 것은 하지 않습니다.)

逃げ出す
(to run away, to escape／逃跑／달아나다)
▷ 1匹のサルが檻から逃げ出し、一時、騒ぎとなった。
(A monkey ran out of the cage and people were in panic.／一只猴子从笼子里面跑出去了,一时间引起骚乱。／한 마리의 원숭이가 우리에서 도망쳐 한때 떠들썩했다.)
▶ 時々、現実から逃げ出したくなる。
(Sometimes I want to escape from reality.／有时候,真想从现实中逃离掉。／때때로 현실에서 도망가고 싶어진다.)

抜け出す
(to sneak out／溜出、摆脱／빠져나오다)
▶ 仕事を抜け出して、試合の中継を見ました。
(I sneaked out of my office and watched the live broadcast of the game.／从工作中溜出来,看直播的比赛。／일을 빠져나와 시합 중계를 보았습니다.)

引き返す
(to turn back, to return／返回、折回／되돌아가다)
▶ 雨が降ってきたから、引き返そう。
(It started to rain. Let's go back.／下雨了,返回去吧。／비가 내리기 시작했으니까 돌아가자.)

引き起こす
(to cause／发生／일으키다)
▷ 事故を引き起こした要因が特定された。
(They identified the factors that caused the accident.／发生事故的重要原因被确定了。／사고를 일으킨 요인이 특정되었다.)

引きずる
(to drag, to trail／拖、拽、拉／질질 끌다)
▷ 足をひきずる、過去を引きずる
(to drag one's foot, to linger in the past／拖着脚、拖着过去／발을 질질 끌다, 과거를 질질 끌다)
▶ 床が傷つくから、荷物を引きずらないで。
(Don't drag the luggage so you don't damage the floor.／地板会弄坏的,别拉着行李走。／바닥에 흠이 생기니까 짐을 질질 끌지 마라.)

引っ込む
(to retire, to recede／缩进、凹入、收回去／들어박히다)
▶ ジョギングを始めたら、お腹が少し引っ込んだ。
(I lost my belly fat after I started jogging.／开始慢跑后,肚子有些收回去了。／조깅을 시작했더니 배가 조금 들어갔다.)

拭き取る
(to wipe off／擦拭、抹掉／닦아 내다)
▶ ここ、汚れてるから、ちゃんと拭き取っておいて。
(It is dirty here. Please wipe this off.／这里脏了,好好擦干净吧。／여기 더러우니까 제대로 닦아 둬.)

- [ ] **放り出す**
  （ほうりだす）
  (to throw out, to kick out／放任不管／내팽개치다)

  ▷ 仕事を放り出す
  （しごとをほうりだす）
  (to put one's job aside／丢开工作／일을 내팽개치다)

- [ ] **待ち望む**
  （まちのぞむ）
  (to look forward to, to long／盼望、期待／대망하다)

  ▷ 多くのファンが、彼の復活を待ち望んでいた。
  （おおくのファンが、かれのふっかつをまちのぞんでいた。）
  (A lot of fans were waiting for him to come back.／很多粉丝都盼望他的复归。／많은 팬이 그의 부활을 기다리고 있었다.)

- [ ] **見合わせる**
  （みあわせる）
  (to put off, to postpone／推迟、作罢、展缓／보류하다)

  ▷ 購入を見合わせる
  （こうにゅうをみあわせる）
  (to postpone the purchase／暂缓购入／구입을 보류하다)

  ▷ 台風の影響で、登山鉄道は運転を見合わせている。
  （たいふうのえいきょうで、とざんてつどうはうんてんをみあわせている。）
  (The mountain railway stopped their service because of the typhoon.／由于台风的影响，登山的铁路列车暂缓运行。／태풍의 영향으로 등산철도는 운전을 보류했다.)

- [ ] **見出す**
  （みいだす）
  (to discover, to find／找出／발견하다)

  ▷ 今の仕事にやりがいを見出すことができない。
  （いまのしごとにやりがいをみいだすことができない。）
  (I can't find any challenge in my current job.／找不到(看不到)现在这个工作的价值(意义)。／지금 일에 보람을 발견할 수 없다.)

- [ ] **見送る**
  （みおくる）
  (to send someone off, to defer／推迟、搁置／배웅하다)

  ▷ 開催を見送る、参加を見送る
  （かいさいをみおくる、さんかをみおくる）
  (to defer holding an event, to defer participation／推迟召开、推迟参加／개최를 포기하다, 참가를 포기하다)

- [ ] **見落す**
  （みおとす）
  (to miss, to overlook／看漏／간과하다)

  ▷ 見落とし
  （みおとし）
  (oversight／看漏／못 본 것, 간과한 것)

  ▷ 注意書きの部分を見落としていた。
  （ちゅういがきのぶぶんをみおとしていた。）
  (I overlooked the warning.／没注意到注意事项的部分。／주의사항 부분을 못 보았다.)

  ▷ 見落としがないか、もう一回確認してください。
  （みおとしがないか、もういっかいかくにんしてください。）
  (Please make sure again you don't have any oversights.／请再次确认有没有漏掉的地方。／못 본 것은 없는지 다시 한번 확인해 주세요.)

- [ ] **見苦しい**
  （みぐるしい）
  (ugly, embarrassing／难看／보기 흉하다)

  ▷ 人前で夫婦喧嘩なんて見苦しいよ。
  （ひとまえでふうふげんかなんてみぐるしいよ。）
  (It is embarrassing to have a marital quarrel in public.／在人前夫妇吵架是很让人难为情的。／사람 앞에서 부부싸움은 보기 흉하다)

見直す
みなお
(to review, to give somebody more credit／重新看待／재점검하다)

▷ 見直し
　みなお
(review／重新研究、重新认识／재점검)

▶ 提出する前に、念のため、もう一度見直した。
　ていしゅつ　まえ　ねん　　　　　　いちど みなお
(I looked it over again to make sure before I submitted it.／在提交之前，为了慎重起见，重新看了一遍。／제출하기 전에 확인을 하기 위해 다시 한번 보았다.)

▶ 今まで頼りないと思ってたけど、今回のことで彼を見直した。
　いま　　たよ　　　　　おも　　　　　　こんかい　　　　　　かれ
　みなお
(I thought he is unreliable, but this makes me feel that I should give him more credit.／过去一直认为指望不上他，可这次的事情，让我对他另眼相待了。／지금까지 미덥지 못하다고 생각했지만, 이번 일로 그를 다시 보았다.)

見習う
みなら
(to follow good example／模仿、见习／보고 배우다)

▷ 見習いの身、見習い期間
　みなら　　み　みなら　きかん
(trainee, training period／见习之身、见习期间／수습하는 몸, 수습기간)

▶ 彼女を見習って、私も早起きすることにした。
　かのじょ　みなら　　わたし はやお
(As she does, I decided to get up early.／跟她学，我也决定早起了。／그녀를 본받아 나도 빨리 일어나기로 했다.)

見計らう
みはか
(to select, to judge／估计、估量／적당한 시기를 가늠하다)

▷ タイミングを見計らう
　　　　　　　　みはか
(to wait for the right moment／估计时机／타이밍을 가늠하다)

▶ 彼女が家に着く頃を見計らって電話した。
　かのじょ いえ つ ころ みはか　　　でんわ
(I called her around the time when she got home.／估计她到家时，给她打了电话。／그녀가 집에 도착할 무렵을 가늠해 전화했다.)

結びつく
むす
(to unite, to link／有关系／연결되다)

▷ 世界各国との結びつき
　せかいかっこく　　むす
(cooperation with other countries／和世界各国的关联／세계 각국과의 연결)

▷ こうした日々の努力が合格に結びついていく。
　　　　　　　ひび　どりょく ごうかく むす
(This daily effort leads to the success of the test.／只有每天的刻苦努力才能考上。／이런 나날의 노력이 합격으로 이어진다.)

結びつける
むす
(to tie, to link／有联系、相系系／연결하다)

▷ 家庭と地域を結びつける取り組みとして、毎年こうした行事が行われている。
　かてい ちいき むす　　　　と　く　　　　　　まいとし
　　　　　ぎょうじ おこな
(They are making efforts to unite the family and the community and have events like this every year.／为了连接家庭和社区之间的纽带，每年都举行这样的活动。／가정과 지역을 연결하는 시도로서 매년 이런 행사가 이루어진다.)

- □ 盛り上がる
  - (to rise／气氛热烈／고조되다)
  - ▷ 盛り上がり
    - (a rise, an excitement／热烈／고조)
  - ▶ 昨日の飲み会、盛り上がったんだって？ ―そうそう。最後はみんなで校歌歌ったよ。
    - (I heard yesterday's party became very lively. Yeah, yeah. They were singing the school song together at the end.／听说昨天大家喝酒喝得很开心？---是啊,最后大家还唱校歌了。／어제의 술자리, 흥이 났었다고? -응,응. 마지막에는 모두 교가를 불렀어.)
  - ▶ あの辺は少し地面が盛り上がっている。
    - (There is a rise in the land around there.／那附近的地面有些隆起来了。／저 부근은 조금 지면이 올라와 있다.)

- □ やり遂げる
  - (to achieve, to complete／完成／완수하다)
  - ▶ きつい仕事だったけど、何とか最後までやり遂げた。
    - (It was a hard job, but I could manage to complete it.／虽然是很艰苦的工作,但是还是坚持到了最后。／힘든 일이었지만 간신히 마지막까지 완수했다.)

- □ 呼び止める
  - (to stop, to call out, to hail／叫住／불러 세우다)
  - ▶ 帰ろうとしたら、課長に呼び止められた。
    - (My section chief called me when I was about to leave.／准备回去的时候,被科长叫住了。／돌아가려고 했더니 과장님께서 불러 세우셨다.)

- □ 読み返す
  - (to read again／反复读／다시 읽다)
  - ▶ この本は大好きで、何度も読み返しています。
    - (I love this book and read it again and again.／非常喜欢这本书,反复读了好几遍。／이 책을 아주 좋아해서 몇 번이나 다시 읽었습니다.)

- □ 読み取る
  - (to read, to interpret／读懂／간파하다, 읽어내다)
  - ▷ 情報を読み取る力
    - (skill of reading information／读懂情报的能力／정보를 읽어 내는 힘)
  - ▶ 彼の表情からは何も読み取れなかった。
    - (I couldn't read anything from his facial expression.／从他的表情中看不出什么。／그의 표정에서는 아무것도 읽어낼 수 없었다.)

- □ 寄り掛かる
  - (to lean over／依靠、依赖／기대다)
  - ▶ 壁に寄り掛かって立っている男性が友達です。
    - (The man who is leaning over on the wall is my friend.／靠墙壁站着的那个男的是我朋友。／벽에 기대 서 있는 남자가 친구입니다.)

☐ 沸き上がる _{わ あ} (to well up／沸騰、掀起／끓어 오르다)	▷ 温泉が湧き上がる _{おんせん わ あ} (to gush hot springs／温泉沸騰／온천이 끓어 오르다)	

▶ 温かい拍手に感謝の気持ちが湧き上がってきた。
_{あたた はくしゅ かんしゃ き も わ あ}
(I grew thankful when I had the warm applause.／大家热烈的掌声让我感激万分。／따뜻한 박수에 감사의 기분이 솟아올랐다.)

▶ ゴールの瞬間、すさまじい歓声が湧き上がった。
_{しゅんかん かんせい わ あ}
(At the moment of the goal, a thunderous cheer aroused.／进球的那一瞬间,响起了一片欢呼声。／골을 넣는 순간, 엄청난 환성이 끓어올랐다.)

☐ 沸き起こる
_{わ お}

▶ 上映が終わると、会場のあちこちから拍手が沸き起こった。
_{じょうえい お かいじょう はくしゅ わ お}

(to burst, to erupt／涌起、涌现／터져 나오다)

(After the movie, they erupted into applause everywhere in the event place.／上映结束后,会场上响起了一片鼓掌声。／상영이 끝나자 회장의 여기저기에서 박수가 터져 나왔다.)

231

⑥ いろいろな意味を持つ言葉 (Words with many meanings／意思不同的词语／여러가지 의미를 가지는 말)

□	置く お	▷ 重点を置く、時間を置く、一日置いて返事する じゅうてん お　　じかん お　　いちにち お　　へんじ (to place importance on, to take a moment, to leave it for a day and answer／放置重点、隔段时间、隔一天才回信／중점을 두다, 시간을 두다, 하루 사이를 두고 대답하다)
□	送る おく	▷ 駅まで人を送る、声援を送る、充実した日々を送る えき ひと おく　せいえん おく　じゅうじつ ひび おく (to send a person to the station, to cheer, to spend productive days／把人送到车站、给与声援、过着充实的日子／역까지 사람을 배웅하다, 성원을 보내다, 충실 된 나날을 보내다)
□	構える かま	▷ カメラを構える、店を構える、身を構える かま　　みせ かま　　み かま (to take a camera, to own a shop, to stand ready for／做好拍照架势、开店、做好姿势／사진을 찍으려고 자세를 취하다, 가게를 차리다, 방어 태세를 취하다)
□	買う か	▷ 怒りを買う、才能を買う いか か　　さいのう か (to rouse anger, to highly evaluate one's talent／惹人生气、器重才能／노여움을 사다, 재능을 사다)
□	稼ぐ かせ	▷ 学費を稼ぐ、時間を稼ぐ がくひ かせ　　じかん かせ (to earn school expenses, to gain time／赚学费、赢得时间／학비를 벌다, 시간을 벌다)
□	からむ／絡む から	▷ ひもが絡む、お金がからむ問題、人にからむ から　　　かね　　　もんだい ひと (the string gets entangled, a problem with money, to pick a quarrel with／绳子缠到一起、跟金钱有关的问题、缠人／끈으로 묶다, 돈이 얽힌 문제, 다른 사람에게 트집 잡다)
□	切る き	▷ 1万円を切る、水を切る えん き　　みず き (to become under 10,000 yen, to let drain／低于一万日元、把水弄干／만 엔을 넘지 않는다, 물기를 빼다)
□	組む く	▷ 予定を組む、足を組む、バンドを組む、A社と手を組む よてい く　あし く　　　　く　　しゃ て く (to decide a schedule, to cross one's leg, to form a band, to cooperate with A company／安排预定计划、盘腿、组成乐队、和A公司联手／예정을 짜다, 발을 꼬다, 밴드를 결성하다, A사와 손을 잡다)
□	惜しむ お	▷ 別れを惜しむ、手間を惜しむ、協力を惜しまない わか お　　てま お　　きょうりょく お (to be unwilling to part from someone, without any effort, to be willing to cooperate／难以分别、不惜帮助／이별을 아쉬워하다, 수고를 아끼다, 협력을 아끼지 않다)

232

☐ 出す _だ	▷	広告を出す、新製品を出す、お金を出す（提供する、の意味）、アイデアを出す、結論を出す、けが人を出す (to place an advertisement, to start to sell a new product, to pay, to give an idea, to make a conclusion, to cause the injured／打广告、出新产品、出钱、出主意、得出结论、出现受伤的人／광고를 내다, 신제품을 내다, 돈을 내다, 아이디어를 내다, 결론을 내다, 부상자가 나오다)
☐ 出る _で	▷	結果が出る、記事が出る、熱が出る、大学を出る、大通りに出る、旅に出る (to get results, to be on an article, to run a fever, to graduate from university, to get to the main street, to go for a trip／出结果、有报道、发高烧、大学毕业、通往大路、出去旅行／결과가 나오다, 기사가 나오다, 열이 나다, 대학을 나오다, 큰길로 나오다, 여행을 가다)
☐ 流れる _{なが}	▷	音楽が流れる、噂が流れる、計画が流れる (the music plays, a rumor spreads, the plan was cancelled／播放音乐、流传谣言、计划流产／음악이 흐르다, 소문이 퍼지다, 계획이 취소되다)
☐ のむ	▷	息をのむ、条件をのむ (to take one's breath away, to accept the conditions／屏住呼吸、接受条件／숨을 죽이다, 조건을 받아들이다)
☐ 乗る _の	▷	波に乗る、調子に乗る、誘いに乗る、相談に乗る (to catch a wave, to let oneself get carried away, to be tempted, to give advice／乘着势头、乘势、接受邀请、商量／파도를 타다, 우쭐해지다, 권유를 받아 들이다, 상담을 해주다)
☐ 読む _よ	▷	先を読む、相手の気持ちを読む (to predict the future, to read one's mind／看出下一步、揣测对方的心情、心思／앞을 읽다, 상대의 기분을 읽다)
☐ ①沸く _わ ②湧く _わ	▷	①拍手が沸く、興味が沸く　②勇気が湧く、疑問が湧く (①to bring waves of applause, to become interested in ②to gain courage, to have a question／①拍手狂热、产生兴趣　②激起勇气、涌出疑问／①박수가 들끓다, 흥미가 생기다 ②용기가 솟다, 의문이 생기다)
☐ 当たる _あ	▷	予想が当たる、宝くじに当たる、日に当たる、食べ物に当たる、失礼に当たる (to be true to one's expectations, to win a lottery, to be in the sun, to get food poisoning, to be rude to／预想正确、中彩票、晒太阳、食物中毒、比较失礼／예상이 맞다, 복권이 당첨되다, 햇빛에 비추다, 식중독에 걸리다, 실례이다)

233

☐ 受ける	▷ 誤解を受ける、被害を受ける、ショックを受ける、注文を受ける、相談を受ける、試験を受ける (to be misunderstood, to be damaged, to get shocked, to receive an order, to receive advice, to take an exam／受到误解、受害、受到打击、接受订单、接受商谈、参加考试／오해를 받다, 피해를 입다, 쇼크를 받다, 주문을 받다, 상담을 받다, 시험을 보다)
☐ いじる	▷ 髪をいじる、機械をいじる、文章をいじる (to touch one's hair, to touch a machine, to change a sentence／摆弄头发、摆弄机器、修改文章／머리카락을 만지작거리다, 기계를 만지다, 문장을 바꾸다)
☐ ①まずい／不味い ②まずい／拙い	▷ ①まずい料理 ②拙いやり方、拙い状況 (①disgusting food ②clumsy way, awkward situation／①难吃的菜 ②拙劣的做法、不妙的状况／①맛없는 요리 ②서툰 방법, 운이 나쁜 상황)
☐ すじ／筋	▷ 首筋、筋の通った話、筋がいい (the back of the neck, rational story, to have an aptitude for／脖子、有道理的话、素质好／목덜미, 논리적인 이야기, 소질이 있다)
☐ 明るい	▷ 明るい性格、法律に明るい (cheerful characteristics, to be acquainted with law／开朗的性格、精通法律／밝은 성격, 법률에 밝다)
☐ 甘い	▷ 甘い考え、甘い話に注意する (too optimistic, be careful for honeyed words／幼稚的想法、要当心花言巧语／쉽게 생각함, 달콤한 말에 주의하다)
☐ 強い	▷ 強い風、強い意志、強い酒、寒さに強い、機械に強い (strong wind, strong will, strong liquor, to be tough against the cold, to be acquainted with mechanics／强风、坚强的意志、度数高的酒、耐寒、精通机械／강한 바람, 강한 의지, 강한 술, 추위에 강하다, 기계에 강하다)

7 言葉のいろいろな形 (Various forms of words／词语的各种形式／말의 여러 형태)

N←V

- 飽き(がくる) ← 飽きる
- 空き(がない) ← 空く
- 諦め(が早い) ← 諦める
- (豊かな)味わい ← 味わう
- 焦り(が見える) ← 焦る
- 扱い(が悪い) ← 扱う
- (親への)甘え ← 甘える
- (孫の)甘やかし ← 甘やかす
- (予測の)誤り ← 誤る
- (庭)いじり ← いじる
- いたわり(の気持ち) ← いたわる
- (毎日の)営み ← 営む
- (留学生の)受け入れ ← 受け入れる
- (番組の)打ち切り ← 打ち切る
- 訴え(を取り下げる) ← 訴える
- (親友の)裏切り ← 裏切る
- (肌の)潤い ← 潤う
- (試験までの)追い込み ← 追い込む
- (災害の)恐れ ← 恐れる
- おだて(に弱い) ← おだてる
- 落ち込み(が激しい) ← 落ち込む
- 落ち着き(がある) ← 落ち着く
- (秋の)訪れ ← 訪れる
- (体力の)衰え ← 衰える
- 買い替え(の時期) ← 買い替える
- (書類の)書き直し ← 書き直す
- (栄養の)偏り ← 偏る
- (仕事の)絡み ← 絡む
- (英語の)聞き取り ← 聞き取る
- (床の)きしみ ← きしむ
- (日頃の)心がけ ← 心がける
- ごまかし(が利かない) ← ごまかす
- (上司への)ごますり ← ごまをする
- 差し支え(がない) ← 差し支える
- 悟り(を開く) ← 悟る
- (作品の)仕上がり ← 仕上がる
- 仕切り(のカーテン) ← 仕切る
- (難しい)仕組み ← 仕組む
- 親しみ(を感じる) ← 親しむ
- (子どもの)しつけ ← しつける
- (一時)しのぎ ← しのぐ
- (親からの)勧め ← 勧める
- (台風への)備え ← 備える
- だまし(のテクニック) ← だます
- ためらい(がある) ← ためらう

☐ (道の)突き当たり	←突き当たる	
☐ (罪の)つぐない	←つぐなう	
☐ つぶやき(が聞こえる)	←つぶやく	
☐ (機械の)つまみ	←つまむ	
☐ (トイレの)詰まり	←詰まる	
☐ (勉強の)積み重ね	←積み重ねる	
☐ 詰め(が甘い)	←詰める	
☐ (洗剤の)詰め替え	←詰め替える	
☐ 釣り合い(がとれている)	←釣り合う	
☐ (休みの)届け出	←届け出る	
☐ (仕事への)取り組み	←取り組む	
☐ (電話の)取り次ぎ	←取り次ぐ	
☐ (親の)嘆き	←嘆く	
☐ なまけ(癖)	←なまける	
☐ (漢字の)成り立ち	←成り立つ	
☐ (紐の)ねじれ	←ねじれる	
☐ (友人への)妬み	←妬む	
☐ 粘り(が足りない)	←粘る	
☐ (電車の)乗り継ぎ	←乗り継ぐ	
☐ 励み(になる)	←励む	
☐ 大はしゃぎ	←はしゃぐ	
☐ (最近の)流行り	←流行る	
☐ (ガス代の)引き落とし	←引き落とす	
☐ (券と)引き換え	←引き換える	
☐ (料金の)引き下げ	←引き下げる	

☐ (お金の)引き出し	←引き出す	
☐ 振り込み(期限)	←振り込む	
☐ (社会人としての)ふるまい	←ふるまう	
☐ (日本の)誇り	←誇る	
☐ (運転の)見合わせ	←見合わせる	
☐ (髪の)乱れ	←乱れる	
☐ (先生の)導き	←導く	
☐ 見積もり(金額)	←見積もる	
☐ 見直し(が必要)	←見直す	
☐ (大工の)見習い	←見習う	
☐ (人との)結びつき	←結びつく	
☐ (観光地)巡り	←巡る	
☐ (胃の)もたれ	←もたれる	
☐ もてなし(を受ける)	←もてなす	
☐ (水)もれ	←もれる	
☐ 許し(が出る)	←許す	
☐ (ネジの)緩み	←緩む

N←A/NA

☐ 痛み(を感じる)	←痛い	
☐ 快適さ(を追求する)	←快適な	
☐ 苦しみ(に耐える)	←苦しい	
☐ (老後の)楽しみ	←楽しい	
☐ (女性の)強み(を生かす)	←強い	
☐ 豊かさ(の基準)	←豊かな	

⑧ 連語・短い句 (Phrases and short sentences／惯用短语・短句／이어진 말·짧은 어구)

□ **あしからず／悪しからず**
(take in the wrong way／不要见怪,请原谅／언짢게 생각하지 마시기를)
▶ 年内は休業とさせていただきます。あしからずご了承ください。
(I will be closed this year. Please understand.／年末停业休息,还望大家谅解。／연내는 휴업이 되겠습니다.언짢게 생각하지 마시고 이해를 해 주십시오.)

□ **味気ない**
(bland／无价值的／재미없다)
▶ こっちのデザインは文字だけで、ちょっと味気ないなあ。
(This design is rather boring with just words in it.／这边的设计就只有文字,有些单调。／이쪽 디자인은 문자만으로 조금 재미없네.)

□ **あてにする**
(count on／依靠／기대하다)
▶ いつまでも親をあてにするんじゃないよ。
(You shouldn't always rely on your parents, you know.／不能总依靠父母啊。／언제까지 부모님에게 기대서는 안 돼.)

□ **後を絶たない**
(never cease／不断发生／끊이지 않는다)
▷ このような事件が後を絶たない。
(These kinds of incidents never cease happening.／这样的事件不断发生。／이 같은 사건이 끊이지 않는다.)

□ **ありふれた**
(commonplace／常见的／넘치는, 흔한)
▷ ありふれた表現／毎日
(commonplace expression/everyday affair／常见的表达方式/每天／흔한 표현/매일)

□ **きりがいい**
(good place to leave off／没完没了／끝맺기가 좋다)
▷ きりのいい数字
(nice round number／正好整数的数字／끝맺기 좋은 숫자)
▶ もう12時だ。きりがいいからお昼にしようか。
(It's already noon. That's a good spot to stop, so let's have lunch.／已经十二点了。正好告一段落,吃午饭吧。／벌써 12시다. 끝맺기가 좋으니까 점심을 먹을까?)

□ **きりがない**
(no end／没完没了／끝이 없다)
▶〈部屋探し〉上を見てもきりがないからね。この二つのどっちかにしよう。
((Searching for housing) Even if we check above, there is no end to it. Let's decide on one of these two.／(找房子)再挑没完。就选择这两间的其中一间吧。／<방 찾기> 위를 보아도 끝이 없으니까. 이 두 개 중에 어느 쪽으로 하자.)

□ **計算に入れる**
(take into account／估在内／계산에 넣다)
▶ 乗り換えの時間も計算に入れといてね。
(Make sure to take into account the time needed to make train transfers.／换乘的时间也要算上。／환승 시간도 계산에 넣어 둬.)

237

□ さじを投げる (throw in the towel／束手无策、无可救药／포기하다)	▶ 病気の進行は予想以上に進み、医者もさじを投げたようだ。 (The illness progressed more quickly than expected; even the doctor seemed to give up.／疾病的进展比预想的要快，医生好像都束手无策了。／병의 진행은 예상이상으로 진행되어 의사도 포기한 것 같다.)
□ 世話を焼く (take care of／照顾／보살피다)	▶ 当時、世話を焼いてくれたのが、現在の妻です。 (My present wife was the one who did everything for me at the time.／当时照顾我的是现在的妻子。／당시 돌보아 준 사람이 현재의 아내입니다.)
□ 底を突く (hit bottom／见底／바닥이 나다)	▶ ついに貯金が底をついた。 (My savings have finally run out.／积蓄终于耗尽了。／마침내 저금이 바닥이 났다.)
□ それとなく (indirectly／委婉地／넌지시)	▶ それとなく断ったんだけど、わかってくれたかなあ。 (I turned him down indirectly; I hope he understood.／委婉地拒绝了,不知道他理解了没有。／넌지시 거절했지만 알아주었을까?)
□ 頼りない (unreliable／不可靠的／미덥지 않다)	▶ 頼りない上司 (undependable boss／靠不住的上司／믿고 기댈 수 없는 상사)
	▶ 頼りないなあ。ほんとにそれ（その金額）で合ってるの？ (Hopeless. Is that figure really right?／真靠不住啊。的确对吗？／미덥지 못하네. 정말 그 금액으로 맞아?)
□ つじつまが合う (to fit, hang together／合乎逻辑、前后叙述不矛盾／앞뒤가 맞다)	▶ 話のつじつまが合ってない気がする。 (I think his story is inconsistent.／这话好像有些前后矛盾。／이야기가 앞뒤가 안 맞는 생각이 든다.)
□ どうしようもない (can't be helped／没办法／어쩔 도리가 없다)	▶ どうしようもない人 (hopeless person／毫无任何办法的人／어쩔 수 없는 사람)
	▶ 連絡がつかないんじゃ、どうしようもない。 (There's nothing we can do if we can't get into contact with her.／联系不上,那没办法了。／연락이 되지 않으면 어쩔 수 없다.)
□ 遠回し (indirect, roundabout／间接、委婉／간접적임)	▶ 遠回しに断る (to refuse someone in a roundabout way／委婉地拒绝／에둘러서 거절하다)

□ 取り返しがつかない (to be beyond repair／无法挽回／돌이킬 수가 없다)	▶	今やらないと、取り返しがつかなくなるよ。 (It's going to be irreparable unless you act now.／现在不做的话，就无可挽回。／지금 하지 않으면 돌이킬 수가 없어진다.)
□ 取るに足らない (insignificant／不值一提／하찮다)	▶	取るに足らない話／理由 (trivial talk/reason／不值一提的事情／不足取的理由／하찮은 이야기／이유)
□ 情けない (pitiful／可悲的、可悲可叹的／한심하다)	▶	情けない成績 (pitiful grades／可悲的成绩／한심한 성적)
	▶	こんなことも一人でできないなんて、情けない。 (It's deplorable that you can't even do something like this by yourself.／这样的事情一个人都做不了啊，真是可悲啊。／이런 것도 혼자서 하지 못하다니 한심하구나.)
□ 果てしない (boundless／无边无际的／끝이 없다)	▶	果てしなく続く草原 (vast expanse of grassland／无边无际的草原／끝없이 이어지는 초원)
□ 波紋を呼ぶ (create a sensation／引起波澜、造成影响／파문을 부르다)	▶	大臣の発言が波紋を呼んでいる。 (The minister's state caused quite a stir.／大臣的发言引起风波。／수상의 발언이 파문을 부르고 있다.)
□ 反感を買う (to be offensive to／招致反感／반감을 사다)	▶	遠慮を知らない彼の言動は、周囲の反感を買った。 (His words and actions were totally uninhibited and antagonized those around him.／他的言行一点都不顾忌，招致周围人的反感。／사양할 줄 모르는 그의 언행은 주위의 반감을 샀다.)
□ 一息つく (take a breather／稍事休息／한숨 쉬다)	▶	〈作業〉もうちょっとしたら、一息つこうか。 ((work) Let's take a breather in a little bit.／(操作)再过一会儿，就稍微休息一下吧。／<작업> 조금 더 하고 한숨을 쉴까?) 同一息入れる
□ 氷山の一角 (tip of the iceberg／冰山的一角／빙산의 일각)	▶	このような不正は氷山の一角に過ぎないという見方もあり、今後の捜査の行方が注目される。 (In a certain sense, this injustice is nothing more than the tip of the iceberg. The direction that future investigations will take is going to come under scrutiny.／也有人认为像这样的非法行为只是冰上的一角,今后的搜查方向会受到注目。／이와 같은 부정은 빙산의 일각에 지나지 않는다는 견해도 있어 앞으로의 조사 향방이 주목된다.)

☐	非を認める (admit to a mistake／承认错误／잘못을 인정하다)	▶ 結局、彼は非を認めた。 (In the end, he admitted his mistake.／结果,他承认了错误。／결국, 그는 잘못을 인정했다.)
☐	ひんしゅくを買う (scandalize／使人皱眉反感／빈축을 사다)	▶ 取引先との会議に遅れて、ひんしゅくを買ってしまった。 (I disgusted our business partner by being late to the meeting.／在和交易方召开的会议上迟到了,有些让人反感。／거래처와의 회의에 늦어 빈축을 샀다.)
☐	物議を醸す (cause public controversy／引起争议／물의를 빚다)	▶ 当時、この映画のラストシーンは物議を醸した。 (At the time, the last scene in this movie caused public controversy.／当时,这部电影的最后场面引起了争议。／당시 이 영화의 라스트 신은 물의를 빚었다.)
☐	面倒を見る (to look after, care for／照顾／돌보다)	▶ 入った頃、面倒を見てくれたのが野村先輩でした。 (It was my senior Nomura-san who took care of me when I first joined.／进去的时候,关照我的是野村学长。／들어갔을 무렵 돌보아 준 것이 노무라 선배님이었습니다.)
☐	申し分(が)ない (no objection／无可指责的、无可挑剔的／흠잡을 데가 없다)	▶ 提示された条件は申し分ないものだった。 (The conditions posted were not objectionable.／提示的条件无可挑剔。／제시된 조건은 흠잡을 데가 없는 것이었다.)
☐	八つ当たり (vent at someone／乱发脾气／관계없는 사람에게 화풀이 함)	▶ 私に八つ当たりしないでよ。怒られたのは自分のせいでしょ？ (Don't take it out on me. It was your own fault they got mad at you, right?／别对我乱发脾气。被训都怪你自己。／나에게 화풀이 하지 마. 혼난 것은 자기 탓이잖아?)
☐	良し悪し (right and wrong, good and bad／好坏／좋고 나쁨)	▶ この映画、内容のよしあしはわからないけど、話題になってるね。 (I don't know if the content of this movie is right or wrong, but it is certainly in the news.／这部电影内容好坏不知道,但已经成为话题。／이 영화는 내용이 좋고 나쁘고는 알 수 없지만 화제가 되어 있다.)

⑨ 体に関する言葉を使った慣用句

(Common phrases that use words related to the body／关于身体的惯用语／신체와 관련된 말을 사용한 관용구)

□ **頭を抱える**
（＝悩む）
▶ 先月も赤字だとわかり、社長は頭を抱えている。
(the president is distressed by finding that we were in the red again last month.／知道了上个月又是赤字,社长很烦恼(头痛)。／지난달도 적자인 것을 알고 사장님은 고민하고 있다.)

□ **頭を冷やす**
（＝冷静になる）
▶ 勢いで申し込んだけど、もう一回、頭を冷やして考えよう。
(I rushed to apply for it without thinking, but I should calm down now and think.／虽然头脑发热申请了,再冷静下来想想看。／기세 좋게 신청을 했지만, 다시 한 번 머리를 식히고 생각하자.)

□ **顔を合わせる**
（＝会う）
▶ あの二人は、顔を合わせる度にけんかをしているね。
(They fight every time they see each other.／那两人呢每次见面都吵架。／저 두 사람은 얼굴을 마주칠 때마다 싸우고 있군.)

▶ 彼とはなかなか顔を合わせる機会がない。
(I don't have a chance to see him often.／和他总是没有见面的机会。／그와는 좀처럼 얼굴을 마주할 기회가 없다.)

□ **顔色をうかがう**
（＝機嫌や様子を気にする）
▷ 上司の顔色をうかがう
(to be sensitive to my boss's mood／看上司的脸色／상사의 얼굴을 살피다)

▶ 昔は、周囲の顔色をうかがってばかりでした。
(I was always sensitive to the mood of people around me.／过去总是看周围人的脸色。／예전에는 주위의 안색을 살피기만 했습니다.)

□ **顔が利く**
（＝信用や力によって相手に無理な頼みができる）
▶ この店は顔が利くから予約なしでも大丈夫だよ。
(They know me well, so we don't have to make a reservation for this restaurant.／对这个店很熟悉,不用预约也没关系。／이 가게는 어지간한 억지도 통하니까 예약 없이도 괜찮아.)

□ **顔を立てる**
（＝その人のプライドが保てるようにする）
▶ ここは私の顔を立てて、先方に謝ってくれないか。
(Please apologize to them to save my face.／在这里能不能给我个面子向对方道个歉？／여기는 나의 체면도 생각해서 상대편에게 사과해 주지 않을래?)

□ **目にする**
（＝見る、見かける）
▶ この女優さん、最近、よく目にするようになったね。
(We see this actress often these days.／最近经常看到这个女演员。／이 여배우, 요즘 자주 볼 수 있게 되었네.)

目に留まる
(=(自然に)見る、注意が行く)

▶ こういう地味な表紙はなかなか目に留まらないと思うよ。
(I don't think that a plain front page like this catches their attention.／这么不起眼的封面不会使人注目的。／이런 수수한 표지는 별로 눈에 띄지 않을 거야.)

目を奪う
(=注意を引く)

▶ デザインに目を奪われがちですが、実は機能が素晴らしいんです。
(People tend to pay attention only to this design, but actually the functions are wonderful, too.／人们常常主意外型设计,实际上性能很好。／디자인에 정신을 빼앗기기 쉽지만, 실은 기능이 대단합니다.)

目が届く
(=注意が及ぶ)

▶ 小さいお子さんの場合は、必ず目の届く範囲で遊ばせるようにしてください。
(If you have small children, please make sure that they play close so you can see them.／请带小孩的顾客,一定在孩子玩耍的时候看管好自己的小孩。／어린아이는 반드시 보이는 범위에서 놀게 시키세요.)

▶ 高級旅館だけあって、細かいところまでよく目が届いている。
(As might be expected of a high quality inn, everything is taken care of in detail.／正因为是高级旅馆,所以细小的地方都照顾得很完善。／고급 여관인 만큼 그 가치가 있어 세세한 곳까지 잘 본다.)

目をそむける
(=(怖かったり辛かったりして)見ないようにする)

▶ 事故現場は、目をそむけたくなるような状況だった。
(I couldn't stand looking at the scene of the accident.／事故现场真是让人惨不忍睹。／사고 현장은 눈을 돌리고 싶은 상황이었다.)

目の色を変える
(=熱中する)

▶ 試験まであと1カ月になり、娘は目の色を変えて勉強している。
(My daughter has only one month before the exam and she is devoting herself to study.／离考试还有一个月时间,女儿拼命地学习。／시험까지 앞으로 한 달이 남아 딸은 기를 쓰고 공부하고 있다.)

～目にあう/遭う
(=～という事態になる)

▶ 辛い目にあう 対 いい目を見る
(to have a tough time／碰到了痛苦的事情／곤란한 상황이 되다)

▶ 信頼していた友達に裏切られて、ひどい目にあった。
(I was betrayed by my trusted friend and had a terrible time.／被自己信赖的朋友给出卖了,真伤心。／신뢰하던 친구에게 배신을 당해 참혹했다.)

□ 大目に見る
(=失敗や欠点などを厳しく責めず、寛大に扱う)

▶ 彼はまだ入って1カ月だから、今回のミスは大目に見ることにした。
(I decided to overlook his mistake since he just joined us one month ago.／他进来オー个月,这次的失误决定不追究了。／그는 들어와서 아직 한 달밖에 되지 않아 이번 실수는 봐 주기로 했다.)

□ 長い目で見る
(=現状で評価や判断をしないで、長い期間をかけて物事を見る)

▶ 結果を急がず、長い目で見たほうがいい。
(It's better to take a long view without hurrying to achieve results.／不要急于结果,应该长远看才对。／결과를 서두르지 말고 긴 안목으로 보는 편이 좋다.)

□ 目に余る
(=あまりにひどくて、そのままにしておけない)

▶ 彼女のわがままは目に余る。
(Her selfishness is too much to tolerate.／对她的任性不能容忍。／그녀의 제멋대로인 태도는 목과 할 수 없다.)

□ 見る目がある
(=物事のよしあしなどを見分ける力がある)

▶ 人を見る目がある
(to be a good judge of people／有看人的眼光／사람을 보는 눈이 있다)

▶ 見る目がないなあ。あんな男のどこがいいんだ?
(You don't have an eye for men. What is his charm?／真是没眼光。那个男的哪里好了？／보는 눈이 없구나. 저런 남자의 어디가 좋니?)

□ 目が高い
(=良いものを見分ける力がある)

▶ さすが社長、お目が高い。これは、なかなか手に入らない貴重な品なんですよ。
(It was very discerning of you (the company president) to value this . This is something precious you don't see often.／社长还是有眼光啊。这是很难到手的贵重品啊。／과연 사장님은 눈이 높군요. 이것은 좀처럼 손에 넣을 수 없는 귀중한 물건입니다.)

□ 目をつける
(=注目する)

▶ あのラーメン屋、前から目をつけてたんだけど、入ってみない?
(I had my eye on that ramen shop. Why don't we try?／那家拉面店以前就看到过,进入看看吗？／저 라면 가게, 전부터 주목하고 있었는데 들어가 보지 않을래?)

243

☐ 目の前（めのまえ） (=時間的・距離的にすぐ近いこと)（じかんてき・きょりてき　ちか）	▶	目の前に鍵があったのに気がつかなかった。（めのまえ　かぎ　き） (I didn't notice the key was right in front of me.／没注意到钥匙就在眼前。／코앞에 열쇠가 있었는데 알아채지 못했다.)
	▶	試験はもう目の前なんだね。―そうなんです。もう、すごく焦ってます。（しけん　めのまえ　あせ） (Your exam day is so close. ― Yes, I'm very nervous.／考试近在眼前。---是啊,非常着急(焦躁)。／시험이 이제 코앞이네. -그렇습니다. 이제 무척 초조합니다.)
☐ (小)耳に挟む（こみみ　はさ） (happen to hear／偶然听到、稍有耳闻／우연히 듣다)	▷	ちょっと小耳に挟んだんだけど、あの二人、結婚するらしいよ。（こみみ　はさ　ふたり　けっこん） (I just happened to hear this, but it seems that those two are getting married!／我稍有耳闻,那两人好像结婚了。／잠깐 우연히 들었는데 저 사람은 결혼한다고 한다.)
☐ 耳を傾ける（みみ　かたむ） (to listen／倾听／귀를 기울이다)	▶	人の話には素直に耳を傾けたほうがいい。（ひと　はなし　すなお　みみ　かたむ） (You should listen openly to what others have to say.／坦诚地倾听别人的话为好。／사람의 말에는 순순히 귀를 기울이는 편이 좋다.)
☐ 鼻にかける（はな） (=自慢する)（じまん）	▶	あの人、成績がいいのを鼻にかけてて、感じ悪い。（ひと　せいせき　はな　かん　わる） (I'm annoyed that he boasts of his good grades.／那个人很骄傲于自己的成绩,让人感觉不好。／저 사람, 성적이 좋은 것을 자랑해 기분 나쁘다.)
☐ 口が重い（くち　おも） (= あまり話さない、無口だ)（はな　むくち）	▶	昔の話になると田中さんは口が重くなる。（むかし　はなし　たなか　くち　おも） (When it is about her past, she becomes silent.／一提起过去,田中就不爱说话了。／옛날이야기가 되면 다나카 씨는 입이 무거워진다.)
☐ 口を挟む（くち　はさ） (=他人の会話に割り込んで話してくる)（たにん　かいわ　わ　こ　はな）	▶	あの人は関係ないのに、すぐ口を挟んでくる。（ひと　かんけい　くち　はさ） (It is not his business, but he interrupts us often.／和那个人没关系,却马上插嘴。／저 사람은 관계가 없는데 금방 말참견한다.)
☐ 首をかしげる（くび） (=疑問に思う)（ぎもん　おも）	▶	私の英語が通じないみたいで、ホテルのスタッフはずっと首をかしげていた。（わたし　えいご　つう　くび） (It seemed that they don't understand my English and they looked confused.／我的英语好像没被对方听懂,酒店的工作人员一直都感到挺困惑的。／나의 영어가 통하지 않는 것 같아 호텔 스태프는 쭉 머리를 갸웃거리고 있었다.)

首を横に振る
くび よこ ふ

(=否定する、否定的な意味を表す)

▶ 知事選に出るつもりか、との問いに、西原氏は首を横に振った。

(He said no to the question asking if he will run for governor. ／问要不要参加知事竞选,西原摇摇头。／지사 선거에 나갈 예정인가 하는 질문에 니시하라 씨는 고개를 가로저었다.)

首を突っ込む
くび つ こ

(=あることに関心を持って関わりを持つ、深く入り込む)

▶ 彼は何にでも首を突っ込みたがるから、困ります。

(I'm annoyed that he wants to poke his head into everything. ／他什么事情都要插一脚,真让人为难。／그는 무엇이나 깊이 관여하고 싶어하니까 곤란합니다.)

肩を並べる
かた なら

(=力や地位が同じ程度になる)

▶ A社は、1〜2年のうちに、売上規模でビッグ3と肩を並べることになりそうだ。

(It seems that total sale of Company A will rank with top three companies in a few years. ／A公司在一两年的时间内,销售规模和大型3相并列。／A사는 1〜2년 사이에 매상 규모로 톱 3사와 어깨를 견주게 될 것 같다.)

肩の荷が下りる
かた に お

(=責任や負担から解放されて楽になる)

▶ 今日で委員の仕事が終わって、やっと肩の荷が下りた。

(Today I finished my responsibility as a committee member and feel like a weight has been lifted off my shoulders. ／今天委员的工作结束了,总算放下了肩上的重负。／오늘로 위원의 일이 끝나 간신히 어깨의 짐을 벗었다.)

肩を持つ
かた も

(=味方をする)

▶ 友達だから彼女の肩を持つわけじゃないけど、悪いのは田中さんだと思う。

(I say this not because I'm her friend, but I really think it was Tanaka-san's fault. ／不是因为是朋友袒护她,我认为是田中不好。／친구이니까 그녀의 편을 드는 것은 아니지만 나쁜 것은 다나카 씨라고 생각한다.)

胸を張る
むね は

(=誇らしげな態度をとる、自身を見せる)

▷ 堂々と胸を張る

(to stick one's chest out in a proud manner／挺起胸膛／당당하게 가슴을 펴다)

▶ 惜しくも金メダルは逃したが、胸を張って帰ればいい。

(You narrowly missed the gold medal, but you should go home with pride. ／可惜金牌没拿到,但堂堂正正地回去也就行了。／아쉽게 금메달은 놓쳤어도 가슴을 펴고 돌아가면 된다.)

☐	**胸をなでおろす** 　むね （＝心配事がひとまず解決して 　しんぱいごと ほっとする） 　　　　かいけつ	▶ 子供が無事と知って、親は胸をなでおろしただろう。 　　こども　ぶじ　し　　　おや　むね （I believe that the parents felt so relieved when they found their children were safe.／知道孩子没事,心里的石头总算落地了。／아이가 무사함을 알고 부모는 가슴을 쓸어내릴 것이다.）
☐	**胸に刻む** 　むね　きざ （＝心にしっかりとどめる） 　　こころ	▶ 選手たちはその時の悔しさを胸に刻んで、練習に励 　せんしゅ　　　　　とき　くや　　　むね　きざ　　　　れんしゅう　はげ んだそうです。 （I heard that the players kept the regret in their heart and devoted themselves to harder practice.／选手们将那时候的失败铭记在心，听说一直在继续练习。／선수들은 그때의 분함을 가슴에 새기고 연습에 노력했다고 한다.）
☐	**手が届く** 　て　とど （＝能力や成果が目標とすると 　のうりょく　せいか　もくひょう ころに達する） 　　　たっ	▶ もう少しで目標額に手が届きそうだ。 　　　すこ　　もくひょうがく　て　とど （I think we will achieve the target figure soon.／还差一点儿就达到了目标额（指标）。／조금 더하면 목표 금액에 손이 닿을 것 같다.）
☐	**手が込む** 　て　こ （＝手間がかかっている） 　　てま	▶ さすが一流の店だけあって、どの料理もすごく手が 　　　　いちりゅう　みせ　　　　　　　　　　りょうり　　　　　　て 込んでいた。 こ （As maybe expected of high quality restaurant, all the food was prepared nicely with a lot of time and care.／不愧是一流餐厅,所以哪道菜都很讲究。／과연 일류인 가게 답게 어느 요리도 무척 정교하군요.）
☐	**手が出ない** 　て　で （＝自分の能力を超えている） 　　じぶん　のうりょく　こ	▶ すごくいいなと思ったんだけど、高くて手が出なかっ 　　　　　　　　　　おも　　　　　　　　たか　　　て　で た。 （I thought it was great, but I can't afford to get it.／我认为质量非常好,但是太贵了买不起。／무척 좋았지만 비싸서 살 엄두가 나지 않았다.）
☐	**手がつけられない** 　て （＝ひどすぎて取るべき手段や 　　　　　　　　と　　　　　しゅだん 方法がない、どうしようもない） ほうほう	▶ 手のつけられない不良 　て　　　　　　　　　ふりょう （delinquent juvenile who is beyond control／让人无计可施的不良产品／손을 댈 수 없는 불량한 사람）
		▶ 洪水の被害にあった住宅は、手のつけられない状態 　こうずい　ひがい　　　　　じゅうたく　て　　　　　　　　　じょうたい になっていた。 （There was no way to save the houses damaged by the flood.／受到洪灾的住宅处于让人束手无策的状态。／홍수의 피해를 본 주택은 손을 쓸 수 없는 상태가 되었다.）
☐	**手が回らない** 　て　まわ （＝状況が許さず対応すること 　　じょうきょう　ゆる　　　たいおう ができない）	▶ 忙しくて、細かい部分のチェックまで手が回らなかっ 　いそが　　　　こま　　　ぶぶん　　　　　　　　　　て　まわ た。 （I was too busy and had no time to check the details.／太忙了,就连细小部分的检查都没办法进行。／바빠서 세세한 부분의 체크까지 손이 미치지 못했다.）

手に余る
(=自分の能力を超えていてどう対処していいかわからない)

▷ 事故の影響はさらに拡大して、一民間企業の手に余るようになっている。
(The influence of the accident spread more and it is beyond out of the private companies now. ／事故的影响更加扩大,民间企业都无法应对了。／사고의 영향은 더욱 확대되어 일개의 민간기업의 힘에는 벅차게 되었다.)

手を打つ
(=必要な対策をする)

▷ このままだとまた同じような問題が起こる。何か手を打たないと。
(If we don't do anything, we will have problems like this again. We have to do something to prevent it. ／照这样下去会产生同样的问题。必须想想什么对策了。／이대로라면 또 같은 문제가 일어난다. 무언가 손을 쓰지 않으면.)

手を切る
(=関係を断つ)

▷ あんな連中とは手を切ったほうがいいよ。
(You should get rid of such people. ／和那伙人不要继续来往为好。／저런 한 패들과는 관계를 끊는 편이 좋다.)

手を尽くす
(=物事の実現や解決のためにやれるだけのことをすべてやる)

▷ 手を尽くしたが、お金を貸してくれるところはなかったよ。
(I tried all, but no one lended me money. ／想尽办法了.没地方能借给我钱。／온갖 수단을 써 봤지만 돈을 빌려 줄 곳은 없었다.)

手を引く
(=それまで続いていた関係を断って引きさがる)

▷ A社は、この分野から手を引くことにした。
(Company A decided to retreat from this area. ／A公司准备从这个领域退出。／A사는 이 분야에서 손을 떼기로 했다.)

手を焼く
(=扱いが難しく困る)

▷ 一部の利用者のマナーの悪さに、図書館も手を焼いているようだ。
(I think that the library has a hard time with bad-mannered users. ／对于一部分读者的不文明行为,图书馆好像也感到难办。／일부 이용자의 매너가 나빠 도서관도 속을 썩고 있는 모양이다.)

腹を決める
(=決心する)

▷ 彼もついに腹を決めたみたい。近々、会社を起こすと思うよ。
(It looks he finally made his decision. I think he will start his own company soon. ／他终于下定决心。想近期创立公司。／그도 마침내 결심한 모양이다. 곧 회사를 만들 것이다.)

☐ 腹を割る 　　はら　わ (＝隠さず本当の気持ちや考え 　かく　　ほんとう　きも　　かんが を明らかにする) 　あき	▶ 腹を割って話せば、理解し合えると思う。 　　はら　わ　　はな　　　　りかい　あ　　　　おも (I think you will understand each other if you have a heart-to-heart talk.／我想，坦诚相对地说出来就能互相理解。／본심을 털어놓고 말하면 서로 이해할 수 있을 것으로 생각한다.)
☐ 足を引っ張る 　　あし　ひ　ぱ (＝他人や周囲の成功や前進の 　たにん　しゅうい　せいこう　ぜんしん じゃまをする)	▶ ミスばかりして、チームの足を引っ張ってしまった。 　　　　　　　　　　　　　　　あし　ひ　ぱ (I made a lot of mistakes and dragged down the team.／总是失误，拉了队伍的后退。(给队伍添麻烦了)／실수만 하고 팀의 방해가 돼 버렸다.)
☐ 足元にも及ばない 　　あしもと　　およ (＝相手がすぐれていて比べよ 　あいて　　　　　　くら うもない)	▶ 先生に比べたら、私なんか、足元にも及ばないですよ。 　　せんせい　くら　　　　わたし　　　　あしもと　　およ (I can't even compare to the teacher.／和老师相比，我根本望尘莫及。／선생님과 비교하면 나는 발밑에도 미치지 못합니다.)
☐ 〜の身になる 　　　　み (＝〜の立場になる) 　　　たちば	▶ よくそんな言い方ができるね。少しは相手の身になって考えてみたら？ 　　　　　　い　かた　　　　　　　　すこ　　あいて　み 　　　　　　　　　　　　　　　　　　　　　　かんが (How can you say such things? Please consider how you would feel if you were in his situation.／你还真能说得出口。还是站在别人的立场为别人想想怎样？／잘도 그런 말을 할 수 있군. 조금은 상대의 입장이 되어 생각해 보면 어때?)
☐ 骨が折れる 　　ほね　お (＝困難だ、苦労を要する) 　こんなん　くろう　よう	▶ 一つ一つ手でやるなんて、骨が折れる仕事だね。 　　ひと　ひと　て　　　　　　　ほね　お　　しごと (You have to do this one by one manually? It is a hard work.／一件件地工作都是亲手做。真是劳心费力的工作啊。／하나하나 손으로 하다니 힘이 드는 일이군.)
	▶ 協力してくれる会社を集めるのに、かなり骨を折ったよ。 　きょうりょく　　　　かいしゃ　あつ　　　　　　　　　ほね　お (I really had a difficult time to get companies to cooperate with us.／为了聚集能够帮助我们的公司，费了不少劲儿啊。／협력해 줄 회사를 모으는 데 상당히 힘이 들었다.)
☐ 気が晴れる 　　き　は (＝気持ちがすっきりする) 　きも	▶ 言いたいことを言ったら、ちょっと気が晴れた。 　　い　　　　　　　　い　　　　　　　　　　き　は (I feel a little better after I said what I wanted.／把想说的话说出来了，心里亮快了。／말하고 싶은 것을 말하니 조금 기분이 풀렸다.)
☐ 気が引ける 　　き　ひ (＝申し訳ないようで積極的な 　もう　わけ　　　　せっきょくてき 気持ちになれない) きも	▶ みんなでやったのに、私だけ褒められて、気が引ける。 　　　　　　　　　　わたし　　ほ　　　　　　　き　ひ (I feel bad because they only complimented me for the things that all of us did.／大家一起做的，就只有我被表扬，真有些难为情。／모두가 했는데 나만 칭찬받고 마음이 꺼림칙하다.)

気が遠くなる
(=意識が薄くなる/なくなる)

▶ え？ この作業を1000個もやるの!? 気が遠くなるなあ。
（What? We need to do this for 1000? It's mind-boggling.／诶？要做一千个吗？真让人发晕。／어? 이 작업을 1000개나 하니!? 정신이 아찔해진다.）

気に障る
(=いやな気持ちにさせる)

▶ 彼女に何か気に障ることを言ったのかもしれない。
（I might have said something to bother her.／可能说了些让她感到不舒服的话。／그녀에게 무언가 비위에 거슬리는 말을 했을지도 모른다.）

気にかける
(=心にとめる、ずっと気にする)

▶ 彼とはその時以来会ってないけど、ずっと気にかけていました。
（I haven't seen him since then, but have been concerned.／从那以后，就没见过他，一直有些担心他。／그와는 그 때 이후 만나지 않았지만 쭉 걱정했었습니다.）

気を抜く
(=緊張をゆるめる)

▶ 勝てると思って、ちょっと気を抜いたのかもしれません。
（Maybe they thought they could be win and lost their concentration.／还以为会赢，可能有些疏忽了。／이길 수 있다고 생각해 조금 긴장을 늦췄는지도 모릅니다.）

気を利かせる
(=相手のためにその場の状況に応じた配慮をする)

▶ 店長が気を利かせて、早く帰らせてくれた。
（It was thoughtful of the shop owner to let me go home early.／店长照顾周到，让我早点回去了。／점장이 미리 알아차리고 빨리 돌아가게 해 주었다.）

249

⑩ 四字熟語(よじじゅくご) (Four character idioms／四字熟語／사자숙어)

- ☐ **三日坊主**(みっかぼうず) ▶ 私の場合、ダイエットを始めても、いつも三日坊主で終(お)わっちゃうんです。
  (to give up easily／三天打鱼两天晒网／오래 계속하지 못함) (Even if I get started on a diet, I always end up giving up easily.／我即使是开始减肥,也总是三天打鱼两天晒网地就结束了。／나의 경우 다이어트를 시작해도 항상 삼일을 가지 못합니다.)

- ☐ **四六時中**(しろくじちゅう) ▶ 彼(かれ)は四六時中、食(た)べることしか考(かんが)えてない。
  (all the time／一整天、始终／하루종일, 24시간동안) (He only thinks about eating all the time.／他整天都想着吃。／그는 하루 종일 먹는 것밖에 생각하지 않는다.)

- ☐ **十中八九**(じゅっちゅうはっく) ▶ こんなにいい天気(てんき)なんだから、今日(きょう)は十中八九、雨(あめ)は降(ふ)らないよ。
  (very likely／十有八九／십중팔구) (The weather is so nice, so it's a hundred to one that it won't rain.／这么好的天气,今天十有八九不下雨了吧。／이렇게 좋은 날씨이니까 오늘은 십중팔구 비는 내리지 않을 거야.)

- ☐ **試行錯誤**(しこうさくご)(する) ▶ 試行錯誤の末(すえ)、このようなデザインになりました。
  (trial and error／反复试验／시행착오) (We arrived at this design through trial and error.／反复试验的结果,最后就成了这样的设计。／시행착오 끝에 이와 같은 디자인이 되었습니다.)

- ☐ **弱肉強食**(じゃくにくきょうしょく) ▶ 弱肉強食の世界(せかい)だからね、安心(あんしん)なんかできないよ。
  (law of the jungle／弱肉强食／약육강식) (It's a cutthroat world out there. You can't afford to relax.／这是弱肉强食的世界,不能掉以轻心。／약육강식의 세계이니까 안심할 수 없다.)

- ☐ **自然淘汰**(しぜんとうた)(する) ▶ 時代(じだい)に対応(たいおう)できない企業(きぎょう)は自然淘汰されるだけだよ。
  (natural selection／自然淘汰／자연도태) (Companies that can't deal with the times are just going to get weeded out.／不能适应时代的企业只能自然被淘汰的。／시대에 대응할 수 없는 기업은 자연 도태될 뿐이다.)

 動詞 (Verbs／动词／동사)

□ 明かす ▷ 名前を明かす、理由を明かす
(to reveal／证明、说出／밝히다) (to reveal one's name, to reveal the reason／说出名字、说出理由／이름을 밝히다, 이유를 밝히다)

□ 与える ▷ 機会を与える、印象を与える
(to give／给予／부여하다, 주다) (to give a chance, to give an impression／给予机会、给与印象／기회를 주다, 인상을 주다)

□ 操る ▷ 5カ国語を操る、人を操る
(to manage, to manipulate, to maneuver／操作／조종하다, 구사하다) (to have a command of five languages, to manipulate someone／操作五国语言、操纵人／5개국어를 구사하다, 사람을 조종하다)

▶ 彼は一人でいくつもの人形を操っていた。
(He manipulated many puppets by himself.／他一个人操纵几个人偶。／그는 혼자서 여러 개의 인형을 조종했다.)

□ 歩む ▶ 共に人生を歩んでいきたい、と二人は語った。
(to move through, to go through／行走／걷다) (They said that they want to go through their lives together.／两人说要一起走过人生。／함께 인생을 걸어가고 싶다고 두 사람은 말했다.)

□ 歩み ▷ 創立から今日までの歩み
(footstep／过程／걸음) (history from establishment／从创立到今天的过程／창립부터 오늘까지의 발자취)

□ 生きる ▶ この経験はきっと、今後の仕事に生きてくるだろう。
他 生かす
(to be taken advantage of／生活／살다) (This experience will be meaningful in your future job.／这样的经验一定会在今后的工作中起作用的吧。／이 경험은 틀림없이 앞으로의 일에 유효할 것이다.)

□ いたわる ▶ 少しは自分の体をいたわってください。
(to take good care of／安慰／친절히 대하다, 위로하다) (Please take care of your body a little bit more.／稍微休息一下自己的身体。／조금은 자기의 몸을 소중히 하세요.)

□ 営む ▷ 農業を営む、雑貨店を営む
(to carry on, to do business／经营／경영하다) (to be a farmer, to run a variety store／经营农业、经营杂货店／농업을 하다, 잡화점을 경영하다)

▷ 20年以上、ここで酒屋を営んでいます。
(I have run a liquor store here more than twenty years.／在这里经营了20年多年的酒店。／20년 이상 여기에서 술집을 운영하고 있습니다.)

251

☐	うつむく (to drop one's eyes／고개를 숙이다)	▶ その子は恥(は)ずかしがって、うつむいたまま返事(へんじ)をした。 (The child became shy and answerd dropping his eyes.／那个孩子很害羞,低着头答应了一声。／그 아이는 부끄러워해 고개를 숙인 채 대답을 했다.)
☐	促(うなが)す (to encourage, to urge, to stimulate, to／促使／재촉하다)	▶ 注意(ちゅうい)を促(うなが)す、行動(こうどう)を促(うなが)す (to call attention to, to encourage to act／促使注意,催促行动／주의를 촉구하다, 행동을 재촉하다)
		▶ 褒(ほ)めることが子供(こども)の成長(せいちょう)を促(うなが)すそうだ。 (I heard that compliments makes children grow.／听说表扬会促使孩子成长。／칭찬하는 것이 아이의 성장을 촉진한다고 한다.)
☐	潤(うるお)う (to have enough water, to benefit／滋润／넉넉해지다)	▶ 観光客(かんこうきゃく)が増(ふ)えたことで、町(まち)も潤(うるお)った。 (The number of tourists increased and the town has received the benefits.／由于观光客的增加,街上也繁华多了。／관광객이 늘어서 마을도 넉넉해졌다.)
☐	①(物(もの)を止(と)めるために)押(お)さえる ②(場所(ばしょ)を)押(お)さえる ①to hold／抑制／누르다 ②to reserve／抑制／잡다)	▶ ①口(くち)を押(お)さえる ②会場(かいじょう)を押(お)さえる (①to cover one's mouth／捂着嘴／입을 막다 ②to reserve a place for an event／预约会场／회장을 잡다)
		▶ ①〈医者(いしゃ)〉注射(ちゅうしゃ)をしますので、お子(こ)さんを押(お)さえてもらえますか。 (<doctor> I will give your child an injection. please hold your child.／〈医生〉要注射了,能按着孩子吗？／〈의사〉주사를 놓을 테니까 아이를 잡아주시겠어요?)
		▶ ②今度(こんど)のパーティーは、場所(ばしょ)はもう押(お)さえてあるの？ (Have you made a reservation of a place for the next party？／这次的宴会,场地已经定好了吗？／이번 파티는 장소는 벌써 잡았니?)
☐	襲(おそ)う (to attack／袭击／덮치다)	▶ ここなら、クマに襲(おそ)われることはありません。 (You won't be attacked by bears here.／这里就不会被熊袭击了。／여기라면 곰에게 습격당할 일은 없습니다.)
		▶ 一人(ひとり)でいると、時々(ときどき)、不安(ふあん)に襲(おそ)われます。 (When I am alone, I suffer from fear sometimes.／一个人有时候会感到有些不安。／혼자 있으면 때때로 불안해집니다.)

顧みる
かえり
(to think／顾及／되돌아보다)

▷ 人生を顧みる
(to think back on one's life／回顾人生／인생을 되돌아 보다)

▶ 家庭を顧みなかった父が、退職後は孫の面倒を見てくれている。
(My father didn't think about family before, but after his retirement he is taking care of his grandchildren.／以前没有顾过家的父亲,在退职后开始照顾孙子了。／가정을 되돌아보지 않았던 아버지가 퇴직 후는 손자를 돌보아 주고 있다.)

欠く
か
(to lack／欠缺／빠지다)

▷ バランスを欠く、具体性を欠く
(to lack of balance, to lack concreteness／欠缺平衡、欠缺具体性／밸런스를 결여하다, 구체성을 잃다)

▶ このプロジェクトには、みんなの協力が欠かせない。
(It is necessary to have corporation from everyone for this project.／这个计划不能缺少大家的协助。／이 프로젝트에는 모두의 협력이 없으면 안 된다.)

かさばる
(bulky／增大／부피가 커지다)

▶ お土産はあまりかさばらないやつがいい。
(Something that is not bulky is good for a souvenir.／特产不要太大的比较好。／선물은 별로 부피가 크지 않은 것이 좋다.)

傾ける
かたむ
(to decline／偏、斜／기울이다)

▶ 真っすぐだと通らないので、ちょっと傾けてください。
(It can't go through when it is straight. Please decrease the angle a little bit.／直着的话过不去,稍微倾斜一点儿。／똑바로 가면 지나갈 수 없으니까 조금 기울이세요.)

目 傾く
かたむ

担ぐ
かつ
(to shoulder／担任／메다)

▶ 荷物はすごく重かったが、男の子はそれを肩に担いで持って行った。
(The luggage was very heavy, but he boy carried it on his shoulder.／行李太重了,可那个男孩子用肩抗着过去了。／짐은 무척 무거웠지만, 남자아이는 그것을 어깨에 짊어지고 갔다.)

交わす
か
(to exchange／交換／교환하다)

▷ 約束を交わす、契約を交わす
(to make a promise, to make a contruct／交換約定、交換契約／약속을 주고받다, 계약을 주고받다)

▶ 彼女と言葉を交わしたのは、それが初めてでした。
(It was my first time to exchange words with her.／和她说话,这还是第一次。／그녀와 말을 한 것은 그것이 처음이었습니다.)

きしむ
(to make a squeak／嘎吱嘎吱地响／삐걱거리다)

▷ 床がきしむ音
ゆか
(a floor squeak／地板嘎吱嘎吱的声音／바닥이 삐걱거리는 소리)

☐	築く きず (to build／构筑／쌓다)	▷ 信頼関係を築く、家庭を築く、城を築く (to build a relationship of trust, to make a home, to build a castle／构筑信赖关系、构筑家庭、建筑城楼／신뢰관계를 쌓다, 가정을 꾸리다, 성을 쌓다)
☐	くぐる (to pass through／穿过／빠져 나오다)	▷ 船はいくつもの橋をくぐりながら進んだ。 (The boat went through many gates.／船穿过了几座桥, 往前进。／배는 몇 개의 다리를 빠져 앞으로 나아갔다.)
☐	暮れる く (to draw to an end／日落／저물다)	▷ 夕暮れ（＝日暮れ)、年が暮れる ゆうぐ ひぐ としく (dusk, a year ends／傍晚、年末／해질 녘, 일년이 저물다)
		▶ もうすぐ日が暮れる。対（夜が）明ける ひ く よる あ (It will be dark soon.／快天黑了。／이제 곧 해가 저문다.)
☐	こける (to fall／摔／넘어지다)	▶ 階段でこけたんですか。痛そう。回転ぶ かいだん いた ころ (Did you fall on the stairs? It seems painful.／在楼梯上跌倒了吗？疼吧？／계단에서 넘어졌어요? 아플 것 같다.)
☐	心得る こころえ (to know／理解、明白／이해하다, 승낙하다)	▶ 一流のお店だけあって、客のもてなし方を心得ていた。 いちりゅう みせ きゃく かた こころえ (As may be expected of a high quality shop, they knew how to make their customers happy.／正因为是一流的商店, 所以很注重招待顾客。／일류 가게인 만큼 손님 접대 방법을 알고 있다.)
☐	心得 こころえ (knowledge, experience／体会／마음가짐)	▶ 彼は柔道の心得があるようです。 かれ じゅうどう こころえ (I think he has some experience with Judo.／他好像练过柔道／그는 유도에 소양이 있는 모양입니다.)
☐	試みる こころ (to try, to attempt／试试／시도하다)	▶ ダイエットを試みたが、2日で挫折してしまった。 こころ か ざせつ (I tried to diet, but failed in two days.／试着减肥, 可两天就坚持不下去了。／다이어트를 시도했지만, 이틀로 좌절해 버렸다.)
☐	試み こころ (try, attempt, effort／试验／시도)	▶ ネットを使った授業の試み、初めての試み つか じゅぎょう こころ はじ こころ (attempt to use internet in class, first trial／使用网络的授课尝试、第一次尝试／인터넷을 사용한 수업 시도, 첫 시도)
☐	こなす (to do something well／熟练／해치우다, 능숙히 다루다)	▶ 妻は仕事も家事もうまくこなしている。 つま しごと かじ (My wife is doing both her job and housework well.／妻子工作、家务都做得很好。／아내는 일도 가사도 잘 해내고 있다.)

☐ ごまかす
(to cover up, to cheat／欺骗／속이다, 얼버무리다)

▷ 年齢をごまかす
(to fake one's age／隐瞒年龄／연령을 속이다)

▷ 彼、本当は不愉快なはずなのに、いつも笑ってごまかそうとする。
(He must be unhappy actually, but he always tries to cover his discomfort up by smiling.／他其实很不愉快,却总是装笑脸。／그는 사실은 불쾌할 텐데 항상 웃으며 얼버무리려고 한다.)

☐ 凝る
(be really into, to be immersed in／讲究, 精致／몰두하다, 공들이다)

▷ 凝った飾り付け／企画
(elaborate decor/plan／精致的装饰/精心设计的企划／공들인 장식/기획)

▷ 父は最近、カメラに凝っています。
(My father is into cameras recently.／父亲最近热衷于照相机。／아버지는 최근에 사진기에 몰두해 있다.)

☐ 遮る
(to obstruct／遮住, 干扰／가로막다)

▷ 彼は質問を遮って話し始めた。
(He intercepted the question and started talking.／他掩盖问题,开始说了。／그는 질문을 가로막고 말하기 시작했다.)

☐ 冴える
(be clear, be sharp／清爽, 敏锐／명석해지다, 맑아지다)

▷ 林さん、今日は冴えているね。どんどんいいアイデアが出てくるじゃない。
(Mr. Hayashi, you are sharp today. You get good ideas one after another.／小林,今天脑袋很灵啊。不断想出新点子来。／하야시 씨, 오늘은 머리가 맑은 모양이다. 계속해서 좋은 아이디어가 나오지 않니?)

▷ 冴えない顔してどうしたの？
(You look depressed. What happened?／一副没精神的样子,怎么了？／언짢은 얼굴을 하고 무슨 일이야?)

☐ 指す
(to point／指／가리키다)

▷ 女の子が指す方向に、一匹の黒い猫がいた。
(I found a black cat when I looked towards the direction that the girl pointed to.／女孩子指的那边,有一只猫。／여자아이가 가리키는 방향에 한 마리의 검은 고양이가 있었다.)

☐ さする／擦る
(to rub／轻抚／문지르다)

▷ 腰が痛かったんだけど、さすってもらったら少し楽になった。
(I had a pain on my lower back, but I felt better after a massage.／腰很疼,让人搓了一下,舒服些了。／허리가 아팠지만 문질러 주니까 조금 편해졌다.)

☐ 強いる (to force, to urge, to push／強迫、迫使／억지로 시키다)	▶	華やかな貴族の暮らしとは対照的に、人々は苦しい生活を強いられていた。 (People were forced to live a hard life in contrast with a glamorous life of aristocrats.／和华丽的贵族们的生活相比，平民老百姓们被迫过着痛苦的生活。／화려한 귀족의 생활과는 대조적으로 사람들은 괴로운 생활을 강요받았다.)
☐ 凌ぐ／しのぐ (to go through, to bear, to servive／抵御、忍耐／견디어내다)	▶	給料日前は1日500円でしのいでました。 (Before my pay day, I had to servive with only 500 yen a day.／发工资前一天只能忍耐花500日元。／월급날 전은 하루 500엔으로 견뎠습니다.)
☐ 凌ぐ (to exceed, to surpass／超过、凌驾／능가하다)	▶	〈本〉今回の作品は前作を凌ぐ勢いで売れている。 (<book>The sale of new book is getting a boost to exceed the sale of the previous book.／(书)这次的作品有凌驾于前面作品的气势，很畅销。／<책> 이번 작품은 전작을 능가하는 기세로 팔리고 있다.)
☐ 染みる (to soak, to sink into／染、浸／스며들다, 배다)	▶	汗がシャツに染みる、染みを取る (sweat soaks one's shirt, to remove stain／汗水浸透衬衫、除去污渍／땀이 셔츠에 배다, 얼룩을 빼다)
	▶	いつの間にか、ズボンにインクが染みてた。 (I didn't realize that my pants were stained with an ink.／不知什么时候，裤子上染上了墨水。／어느 사이에 바지에 잉크가 스며 있었다.)
	▶	中までよく味が染み込んで、おいしい。 (All the flavors came together and it is tasty.／味道渗入里面，非常好吃。／속까지 맛이 잘 스며들어 맛있다.)
☐ 称する (to be called／称为／칭하다)	▶	トマトの会と称する団体から寄付があった。 (We received a donation from an organization called Tomato Group.／从叫做西红柿之会的团体那儿收到了捐款。／토마토의 모임이라는 단체에서 기부가 있었다.)
☐ 退く (to retreat／退／물러나다)	▶	舞台から退く、一歩退く (to step back from a stage, to take a step backward／从舞台上退下来、退一步／무대에서 물러나다, 한걸음 물러나다)
☐ 据える (to install／安置、放置／앉히다)	▶	投票の結果、A党は野村氏を代表に据えることとなった。 (The voting results installed Nomura as the leader of Party A.／投票的结果，A党选举了野村为代表。／투표의 결과 A 당은 노무라 씨를 대표로 앉히게 되었다.)

☐ 損なう そこ (to damage／损失／망가뜨리다)	▷	信頼関係を損なう しんらいかんけい そこ (to damage a trusting relationship／损害信赖关系／신뢰관계가 깨지다)
	▶	たばこは確実に健康を損なうものです。 かくじつ けんこう そこ (Smoking tobacco absolutely damages your health.／烟确实损害健康。／담배는 확실하게 건강을 망가뜨리는 것입니다.)
☐ 備わる そな (to be equipped, to have／具备／갖추어지다)	▷	彼女は、この映画に必要なすべての条件が備わっていた。 かのじょ えいが ひつよう じょうけん そな (She has everything we need to make this movie.／她具备了这部电影所需要的所有条件。／그녀는 이 영화에 필요한 모든 조건을 갖추고 있었다.)
☐ 背く そむ (to act against／违背／등을 돌리다, 어기다)	▷	上司に背く、命令に背く じょうし そむ めいれい そむ (to disobey one's boss, to disobey an order／违背上司、违背命令／상사에게 등을 돌리다, 명령을 어기다)
☐ そらす (to turn aside.／移开／돌리다)	▷	目をそらす、話をそらす め はなし (to turn one's eyes away, to switch the conversation／把视线移向别处、转移话题／눈을 돌리다, 이야기를 바꾸다)
	▶	あの選手、また、ボールを後ろにそらした。 せんしゅ うし (The player missed the ball again.／那个运动员将球转移到后面。／저 선수, 또 공을 뒤로 놓쳤다.)
☐ 絶える た (to cease, to die out／绝、断／끊어지다)	▷	伝統が絶える、苦労が絶えない でんとう た くろう た (traditions die out, full of worry／传统消失、苦劳一直不断／전통이 끊어지다, 고생이 끊이지 않는다.)
	▶	笑いの絶えない家庭でした。 わら た かてい (It was a family full of laughter.／笑声不断的家庭。／웃음이 끊이지 않는 가정이었습니다.)
☐ 漂う ただよ (to float, to drift／漂浮／떠돌다)	▷	海に漂う船、空に漂う雲 うみ ただよ ふね そら ただよ くも (drifting boat on the sea, floating clouds in sky／漂在海上的船、浮在天空的云／바다에 떠있는 배, 하늘을 떠다니는 구름)
	▶	会議室には重い空気が漂っていた。 かいぎしつ おも くうき ただよ (There was a stifling atmosphere in the meeting room.／会议室里充满着沉重的空气。／회의실에는 무거운 공기가 떠돌았다.)
☐ 断つ た (to cut, to quit／切、断／끊다)	▷	酒を断つ、関係を断つ さけ た かんけい た (to quit drinking alcohol, to cut off relations／戒酒、切断关系／술을 끊다, 관계를 끊다)

- ☐ **束ねる**
  (to tie together, to bind up／约束／묶다,통솔하다)
  ▷ 髪を束ねる、コードを束ねる
  (to tie hair, to tie cords／扎头发、捆电线／머리를 묶다, 코드를 묶다)
  ▶ リーダーとして、彼はチームを一つに束ねた。
  (As a leader, he brought the team members together.／作为领导,他将队伍团结到一起。／리더로서 그는 팀을 하나로 통솔했다.)

- ☐ **費やす**
  (to spend／费、花／쓰다, 낭비하다)
  ▷ お金を費やす
  (to spend money／费钱／돈을 낭비하다)
  ▶ 時間を費やした割には得られるものが少なかった。
  (Despite the time I spent, I didn't get much.／很费时间,得到的东西却很少。／시간을 낭비한 것치고는 얻은 것이 적었다.)

- ☐ **司る**
  (to control, to handle／掌管／담당하다)
  ▷ 感情を司るのは脳のどの部分ですか。
  (Which part of the brain controls emotions?／控制感情的是大脑的哪个部分?／감정을 담당하는 것은 뇌의 어느 부분입니까?)

- ☐ **つかる**
  (to soak／浸、泡／담그다)
  ▷ お風呂／お湯につかる
  (to bathe in a hot tub／泡澡/泡热水／목욕/뜨거운 물에 몸을 담그다)
  ▶ それは水に浸かると溶けます。
  (It will melt in water.／这个浸到水里就会融化。／그것은 물에 담그면 녹습니다.)

- ☐ **突く／突っつく**
  (to poke／戳、攻击／찌르다, 비난하다)
  ▶ 誰かが肩を突っついたので振り返った。
  (Somebody nudged on my shoulder and I turned around.／被谁戳了一下肩,回头看了一下。／누군가가 어깨를 찔러서 뒤를 돌아보았다.)
  ▶ 答えにくいところを課長に突かれて焦った。
  (I got nervous as my section chief pointed out the things I can't answer easily.／在难以回答的地方被科长给攻击了一下,很着急。／답하기 어려운 것을 과장님께 지적해 초조했다.)

- ☐ **慎む**
  (to keep away／谨慎、节制、抑制／삼가다)
  ▶ 口の利き方が悪いので、彼には言葉を慎むように注意しました。
  (I asked him to be prudent in what he says because he was rude.／说话方式不好,警告了他要注意说话。／말투가 나빠서 그에게는 말을 삼가도록 주의했습니다.)
  ▶ 医者からしばらくはお酒を慎むように言われた。
  (My doctor said that I should refrain form alcohol.／医生告诉我说,要戒一段时间的酒。／의사가 한동안 술을 삼가라고 했다.)

□ ①(〜を)募る ② (〜が)募る (①to recruit／招募／모으다 ②to increase／招募／더해지다)	▷ ①参加者／アルバイトを募る　②思いが募る (①to recruit participants/part-time employees／招聘参加者/招聘打工者／참가자/아르바이트를 모으다 ②one's heart grows／越来越思念／생각이 더해지다) ▷ ②試験が近づくにつれ、不安が募ってきた。 (As the exam day came close, I got more and more worried.／考试临近，越来越不安了。／시험이 가까워짐에 따라 불안이 더해갔다.)
□ つまずく (to stumble／绊倒／걸리다)	▷ 石につまずいて、こけちゃったんです。 (I stumbled over a rock and fell.／被石头绊倒，摔了一跤。／돌에 부딪혀 넘어졌습니다.)
□ つまむ (to pinch／抓／집다)	▷ 塩をつまむ、端の部分をつまむ (to pinch salt, to pinch a corner／抓盐、抓住顶端部分／소금을 집다, 끝 부분을 잡다)
□ 連なる (to line, to stretch／林立／이어지다)	▷ 人気店が連なる通り (street with lined popular stores／人气商店很多的道路／인기있는 가게가 이어지는 거리) ▷ 北の方には3000メートル級の山々が連なっている。 (In the north there is a mountain range that is 3000 meters high.／北边3000米的山脉连绵不断。／북쪽에는 3000미터 급의 산들이 이어져 있다.)
□ 貫く (to pierce, to stick／贯彻／꿰뚫다, 일관하다)	▷ 地面を貫く、意志を貫く (to pierce ground, to stick one's belief／贯穿地面、贯穿意志／지면을 꿰뚫다, 의지를 관철하다) ▷ 彼は最後まで反対を貫いた。 (He persisted opposing to the end.／他一直反对到最后。／그는 마지막까지 반대를 했다.)
□ 照れる (to be shy, to be embarrassed／害羞／부끄러워하다)	▷ さっきから、なに照れてるの？ (Why have you been embarrassed?／刚才你害羞什么？／아까부터 왜 부끄러워하니?)
□ とがめる (to blame／责难、非难／책망하다)	▷ 課長に遅刻をとがめられた。 (I was reprimanded for being late by my boss.／被科长责备迟到。／과장님께 지각을 책망받았다.)
□ 途切れる (to be cut off／间断、中断／끊기다)	▷ まいったなあ。急に映像が途切れた。 (Here we go again. The image got cut off suddenly.／糟糕！突然没图像了。／난처하군. 갑자기 영상이 끊어졌다.)

- ☐ 途絶える
  (to stop, cease／中断、断絶／끊어지다)
  ▶ その日を最後に彼からは連絡が途絶えた。
  (That day was the last time I heard from him – after that, we lost touch.／那天过后,他再也没有联络过我。／그날을 마지막으로 그로부터는 연락이 두절되었다.)

- ☐ 怒鳴る
  (to yell, to shout／怒吼／고함치다)
  ▶ 駅で人にぶつかったら、「気をつけろ！」と怒鳴られた。
  (He yelled "what the heck!" at me when I bumped into him at the station.／在车站碰到了人,被别人吼了一声"要注意"。／역에서 다른 사람과 부딪쳤더니 "주의해"라고 고함쳤다.)

- ☐ とぼける
  (to pretend one doesn't know／装糊涂／딴청부리다)
  ▷ とぼけた顔をする
  (to look innocent／装糊涂的脸／딴청을 부리다)
  ▶ とぼけないでよ。誰が言ったか知ってるんでしょ？
  (Don't act stupid. You know who said that, don't you?／别装蒜。你知道是谁说的吧？／딴청을 부리지 마. 누가 말했는지 알고 있지?)

- ☐ 捉える
  (to capture, to hold／抓住／파악하다)
  ▶ この絵、そっくりだね。顔の特徴をうまく捉えてる。
  (This picture looks very lifelike. It captures the features of the face very well.／这幅画画得真像。很好地抓住了脸的特征。／그 그림, 똑같아. 얼굴의 특징을 잘 파악하고 있다.)

- ☐ 嘆く
  (to mourn, to feel grief／感叹／한탄하다)
  ▶ 彼の死を嘆く大勢のファンが集まった。
  (A lot of his fans who were mourning his death got together.／很多粉丝都聚集在一起,悼念他的去世。／그의 죽음을 한탄하는 많은 팬이 모였다.)

- ☐ 懐く
  (to become attached／亲近、熟识／따르다)
  ▶ うちの犬は誰にでもなつくので困る。
  (Our dog gets attached to everyone, which is a big problem for me.／我家的狗见谁黏谁,真不好办。／우리 집 개는 누구에게나 따라서 곤란하다.)

- ☐ 人なつっこい
  (friendly／不认生的、亲昵的／사람을 잘 따르다)

- ☐ 倣う
  (to copy, to imitate／模仿／따르다)
  ▶ 過去の例に倣って、会場はさくらホテルにしました。
  (We decided to have the event in Sakura hotel as we always did.／模仿过去的事例,会场就选定了樱花酒店。／과거의 예에 따라 회장은 사쿠라호텔로 했습니다.)

- ☐ 慣らす
  (to be accustomed／使习惯／길들이다)
  ▶ 走るのは久しぶりだから、徐々に体を慣らしていこう。
  (I haven't jogged for a while, so I should warm my body up gradually.／很久没跑了,慢慢让身体适应吧。／달리는 것은 오래간만이니까 차츰 몸을 익숙하게 해가자.)

- ☐ 成り立つ
  (to work out, be feasible／成立／성립되다)
  ▶ こんなひどいやり方でよく経営が成り立っているね。
  (It's amazing how things manage to run with such an appalling method.／用这么过分的做法都能经营下去啊。／이런 심한 방법으로 잘도 경영이 이루어졌군.)

□ 担う になう (to handle, to take up／承担／ 짊어지다)	▷	将来を担う若者 しょうらい にな わかもの (young people who bear future／承担未来的年轻人／장래를 짊어진 젊은이)
	▷	近い将来、このような仕事はロボットが担うことになるかもしれない。 ちか しょうらい しごと にな (In the near future, this work may be done by robots.／不久的将来，像这样的工作也许由机器人来承担。／가까운 장래에 이와 같은 일은 로봇이 담당하게 될지도 모른다.)
□ ねじる (to twist, to wrench／扭、拧／ 비틀다)	▷	体をねじると背中が痛くなるんです。 からだ せなか いた (When I twist my body, I feel pain in my back.／身体一扭，背就疼。／몸을 비틀면 등이 아픕니다.)
□ ねじれる		(to be twisted／弯曲／비틀리다)
□ 練る ねる (to knead, to draw up／揉拌／ 구상하다)	▷	作戦／計画／対策を練る さくせん けいかく たいさく ね (to develop strategy/plan/measure／研究作战/研究计划/研究对策／작전/ 계획/ 대책을 짜다)
□ 逃れる のがれる (to flee, to get rid of, to escape ／逃离／달아나다)	▷	苦しみから逃れる くる のが (to escape from hardship／从苦难中逃避／괴로움에서 도망가다)
	▷	課長は責任を逃れようとしている。 かちょう せきにん のが (The section chief is trying to avoid his responsibility.／科长想要逃避责任。／과장님은 책임을 피하려 하고 있다.)
□ 臨む のぞむ (to face／面临／임하다)	▷	試合に臨む、海に臨む家 しあい のぞ うみ のぞ いえ (to be ready for the game, a house facing the ocean／面临考试、面海的家／시합에 임하다, 바다가 바라보이는 집)
	▷	面接に臨むにあたっての心構えについて話します。 めんせつ のぞ こころがま はな (I will tell you how to prepare to have interviews.／说一下面试前的各种准备。／면접을 하는 데 있어 마음의 준비에 대해 말하겠습니다.)
□ 映える はえる (to look sharp, to look best／映 照／빛나다)	▷	夕日に映える山がきれいだった。 ゆうひ は やま (The mountains looked beautiful with the sunset.／被夕阳映照着的山非常美。／저녁해에 빛나는 산이 아름다웠다.)
□ 映える はえる (to stand out, to look best／配、 映照／잘 어울리다)	▷	このドレスに映えるのはどういう色でしょう？ は いろ (What colour looks good with this dress?／这条礼服映衬的是什么颜色？／이 드레스에 잘 어울리는 것은 어느 색이죠?)
□ 図る はかる (to plan／谋求／도모하다)	▷	合理化を図る、改善を図る、便宜を図る ごうりか はか かいぜん はか べんぎ はか (to rationalize, to improve, to do a favor／谋求合理化、企图改善、提供方便／합리화를 도모하다, 개선을 도모하다, 편의를 봐주다)

☐	**はがれる** (to come off, to peel／剥离／벗기어지다)	▶ ここ、シールがはがれてる。 (The sticker has peeled here.／这里,标签掉了。／여기 실이 벗겨져 있다.)
☐	**育む**　はぐく (to cultivate, to develop／孕育／키우다)	▷ その後、二人は交際を続け、愛を育んできた。 (After that they continued to date and developed their love.／之之后,两人继续交往,培养爱情。／그 후 두 사람은 교제를 계속해 사랑을 키워갔다.)
☐	**励む**　はげ (to devote oneself to／鼓励／노력하다)	▷ 練習／アルバイトに励む (to devote oneself to practice/part-time job／鼓励练习/鼓励打工／연습/아르바이트에 힘쓰다)
☐	**はじく** (to bounce off／弹／튀기다)	▶ この生地は水をよくはじくので、手入れが簡単です。 (This is water-shedding fabric, so it is easy to take care.／这种质地是防水的,保养很简单。／이 옷감은 물을 튕기니까 손질이 간단합니다.)
☐	**はしゃぐ** (to be merry, to be in high spirits／喧闹、欢闹／신나서 떠들다)	▶ はしゃいだり落ち込んだり、彼女は感情の波が激しい。 (She is sometimes in high spirits and sometimes depressed. She is emotionally unstable.／一会儿高兴、一会儿失落,她的情感波澜起伏。／신 나게 떠들거나 침울해지거나 해서 그녀는 감정의 변화가 심하다.)
☐	**果たす**　は (to accomplish, to fulfill, to play／实现／다하다)	▶ 目的を果たす、約束を果たす (to accomplish the purpose, to fulfill the promise／实现目的、实现约定／목적을 이루다, 약속을 지키다)
		▷ この発見は今後の研究に大きな役割を果たすだろう。 (This discovery will play a big role for the future research.／这些发现对于今后的研究起着很重大的作用。／이 발견은 앞으로의 연구에 큰 역할을 할 것이다.)
☐	**阻む**　はば (to block, to prevent／阻止／방해하다)	▷ 行く手を阻む (to block one's path／挡住去路／가는 길을 방해하다)
		▶ 過保護は、子供の成長を阻みます。 (Taking care of your children too much keeps them from growing.／过于保护会阻止孩子的成长。／과보호는 아이의 성장을 방해합니다.)
☐	**はまる** (to fit, to be deep into／陷入／빠지다)	▷ 型にはまった考え方 (conventional way of thinking／千篇一律的想法／틀에 박힌 생각)
		▶ この穴にはまるはずなんだけど、うまくいかない。 (It should fit in this hole but I can't do it.／应该和这个洞相吻合的,但是不太顺利。／이 구멍에 들어가야 하는데 잘 되지 않는다.)
		▶ 最近、ワインにはまっているんです。 (I'm deep into wine recently.／最近很喜欢红酒。／요즘 와인에 빠져있습니다.)

☐ **ばらす** (to expose, to reveal／暴露／폭로하다)	▶ 秘密をばらすよ。 (I will tell your secret to everybody.／揭穿秘密。／비밀을 폭로할 거야.)	
☐ **ばれる** (to be exposed, to be found out／暴露／들키다)	▶ 嘘がばれちゃった。 (They found that I was lying.／谎言暴露／거짓말이 들켰다.)	
☐ **率いる** (to lead／率領／이끌다)	▶ 日本代表を率いることになった森新監督が、就任の挨拶を行った。 (Mr. Mori, the new coach to lead the Japanese national team, made an inaugural speech.／率领日本代表团的森新教练，做了就任的致辞。／일본대표를 이끌게 된 모리 신 감독이 취임 인사를 했다.)	
☐ **浸す** (to dip, to soak／浸入／적시다)	▶ このスープにパンを浸して食べてもおいしいですよ。 (It is also good to dip bread in this soup.／面包泡着汤吃，也挺好吃的。／이 스프에 빵을 적셔 먹어도 맛있습니다.)	
☐ **踏まえる** (to think of, to be based on／以为基础、踏入／입각하다)	▷ これまでの研究結果を踏まえて、安全性が認められた。 (Safety was ensured based on the past research results.／立足于至今为止的研究结果，其安全性被认可。／지금까지의 연구결과에 입각해 안전성이 인정되었다.)	
☐ **へこむ** (to get dented, to feel down／凹陷／옴폭 들어가다)	▷ ボールがへこむ (a ball loses the air／球瘪了／공이 옴폭 들어가다) ▶ 最近、失敗続きで、ちょっとへこんでいるんです。 (I made a lot of mistakes and it makes me feel a little depressed.／最近老是失败，有些失落。／최근에 실패가 이어져 조금 기가 죽었습니다.)	
☐ **ぼける** (to go senile／糊涂／망령들다)	▶ 祖母ももう年なので、少しぼけてきたようです。 (My grand mother is old and seems to become senile.／祖母已经上年纪了，好像有些糊涂了。／할머니도 이제 연세가 드셔 조금 망령이 든 모양입니다.)	
☐ **ぼける** (to be out of focus／糊涂／맞지 않다)	▶ せっかく撮ったのに、ピントがぼけている。 (I took this picture, but it is out of focus.／特意照了，但焦距有些模糊。／모처럼 찍어 주었은데 핀트가 맞지 않는다.)	
☐ **ほどく** (to loosen, to uncoil／解开／풀다)	▷ 荷物をほどく (to unpack luggage／解开行李／짐을 풀다) ▶ これ、うまくほどけない。 (I can't loosen this.／这个不能轻松解开。／이것, 잘 풀리지 않는다.)	

□ **ほどける** (to come loose, to wind down／解開／풀리다)	▷ 靴ひもがほどける (a shoe string gets loose／鞋带松弛／신발 끈이 풀리다)	
	▷ 先生の一言で、みんなの緊張がほどけた。 (The teacher's words made everyone relaxed.／老师的一句话,让大家紧张的心情都放松下来。／선생님의 한마디로 모두의 긴장이 풀렸다.)	
□ **施す** ほどこ (to administer, to give／实施／베풀다)	▷ 治療を施す、加工を施す ちりょう ほどこ かこう ほどこ (to treat medically, to process／实施治疗、施以加工／치료를 하다, 가공을 하다)	
	▷ 彼女は舞台に上がるときは、派手なメイクを施している。 かのじょ ぶたい あ は で ほどこ (On stage she always has showy makeup on.／她上台时,总是画浓妆。／그녀는 무대에 올라갈 때는 화려한 화장을 한다.)	
□ **ほのめかす** (to imply, to hint／暗示、略微表示／암시하다)	▷ 試合後、彼は引退をほのめかす発言をした。 しあいご かれ いんたい はつげん (After the game he hinted that he will retire.／比赛后,他发言暗示自己将要退役。／시합후에 그는 은퇴를 암시하는 발언을 했다.)	
□ **ぼやく** (to grouch, to grumble, to complain／发牢骚／투덜거리다)	▷ 林さんはいつも、給料が安いとぼやいている。 はやし きゅうりょう やす (Mr. Hayashi always complains that his salary is low.／小林总是发牢骚说工资太低。／하야시 씨는 항상 월급이 싸다고 투덜거리고 있다.)	
□ **ぼやける** (to blur／模糊／흐릿해지다)	▷ 視界がぼやける しかい (to have blurred vision／视线模糊／시야가 흐릿해지다)	
	▷ この討論会も、途中から論点がぼやけてしまった。 とうろんかい とちゅう ろんてん (The discussion became out of point again in the middle of the debate.／这次讨论会从中途开始论点就不明确了。／이 토론회도 도중부터 논점이 흐려져 버렸다.)	
□ **賄う** まかな (to cover／提供、筹措／꾸리다)	▷ 生活費を賄う せいかつひ まかな (to take care of cost of living／提供生活费／생활비를 조달하다)	
	▷ 5万円じゃ、すべての費用を賄うことはできない。 えん ひよう まかな (50000 yen is not enough to cover all expenses.／仅凭五万日元,是不能提供所有的费用的。／5만 엔이면 모든 비용을 감당할 수 없다.)	
□ **巻く** ま (to wind, to curl／围、绕／감다)	▷ マフラーを巻く ま (to put on a scarf／围围巾／목도리를 감다)	
	▷ 滑らないよう、持つところにテープを巻きました。 すべ も ま (I wrapped the handle with a tape not to be slippery.／为了不让手滑,要拿的地方用胶布粘了一下。／미끄러지지 않도록 잡는 부분에 테이프를 감았습니다.)	

☐	**交える** まじ (to cross, to have／掺杂、夹杂／주고받다)	▷ 番組では、一般の人も交えて討論をした。 (We also invited ordinary people and had a discussion on the program.／节目中，一般的人们也参加了讨论。／방송 프로그램에서는 일반인도 섞여 토론했다.)
☐	**導く** みちび (to lead, to guide／引导／안내하다)	▷ 喧嘩ばかりしていた僕を先生がスポーツの世界に導いてくれた。 (I got always into a fight before but my teacher led me to the sports.／老师把老吵架的我引导到体育这个世界里来了。／싸움만 하던 나를 선생님께서 스포츠의 세계로 인도해 주었다.)
☐	**めくる** (to flip, to turn over／翻／넘기다)	▷ ページをめくる (to flip over a page／翻页／페이지를 넘기다) ▷〈医者〉シャツをちょっとめくってください。 いしゃ (＜doctor＞ Please pull up your shirt.／(医生)请掀开衬衫。／＜의사＞ 셔츠를 조금 올려 주세요.)
☐	**もがく** (to struggle／挣扎、翻滚、焦急／허우적거리다)	▷ もがけばもがくほど、事態が悪いほうに行ってしまう。 じたい　わる (The more you struggle, the worse the situation will be.／越焦急，事态就越朝着坏方向发展。／허우적거리면 그럴수록 사태가 나쁜 쪽으로 가 버린다.)
☐	**もたらす** (to bring／带来／가져오다)	▷ 彼の活躍がチームに勝利をもたらした。 かれ　かつやく　　　　　　　しょうり (His good performance brought the victory to the team.／他的发挥给球队带来了胜利。／그의 활약이 팀에 승리를 가져왔다.)
☐	**もつれる** (to become tangled／纠结、纠缠／얽히다)	▷ もつれた糸をほどくように誤解を解いて行った。 いと　　　　　　　ごかい　と (We straighten out a misunderstanding and it was just like disentangling threads.／就像缠着的线解开了一样，误解消失了。／엉킨 실을 풀듯이 오해를 풀어 갔다.)
☐	**もてなす** (to welcome, to offer hospitality／招待／대접하다)	▷ 私がＡ社を訪ねた時は、すごく親切にもてなしてくれた。 わたし　　しゃ　たず　　とき　　　　　　しんせつ (When I visited company A, I was welcomed and treated very nicely.／我拜访Ａ公司的时候，对方非常亲切地接待了我。／내가 Ａ사를 방문했을 때는 무척 친절하게 대접해 주었다.)
☐	**養う** やしな (to cultivate, to nourish, to feed, to support／培养／부양하다)	▷ 集中力を養うトレーニング しゅうちゅうりょく　やしな (training to develop one's concentration／培养注意力的训练／집중력을 기르는 트레이닝) ▷ 家族を養うため、彼はどんな仕事にも耐えた。 かぞく　やしな　　　　　かれ　　　　　しごと　　　た (He endured any hard work to feed his family.／为了养家,他什么工作都忍下来了。／가족을 부양하기 위해 그는 어떤 일도 참았다.)

□ 有する ゆう (to have, to own／拥有／가지고 있다)	▷ 〈資格〉２年以上の実務経験を有する者 しかく　　ねんいじょう　じつむけいけん　ゆう　もの (<qualification> person who has experience more than two years／〈资格〉要有两年以上实际工作经验的人／<자격> 2년 이상의 실무 경험이 있는 사람)
	▷ これらは構造的な特徴を有する。 こうぞうてき　とくちょう　ゆう (These have special structural features.／这些有构造性的特征。／이것들은 구조적인 특징을 가진다.)
□ 要する よう (to need／需要／필요로 하다)	▷ 経験を要する、手続きを要する けいけん　よう　　てつづ　　よう (to need experience, to need to go through a procedure／需要经验、需要手续／경험을 필요로 하다, 수속이 필요하다)
	▷ 完成までに10時間を要した。 かんせい　　　　じかん　よう (I needed ten hours to complete it.／到完成，花了十个小时。／완성까지 10시간이 걸렸다.)
□ 寄越す よこ (to give, to send／递过来／이쪽으로 건네다)	▷ 連絡も寄越さないで、どこに行ってたの？ れんらく　よこ (Where did you go without any notice.／也不联系一下,去哪里了？／연락도 하지 않고 어디에 갔다 왔니?)
	▶ 人が足りないから、誰か、こっちに寄越して。 ひと　た　　　　　　だれ　　　　　　　　よこ (We need more people. Please send somebody here.／人手不够,派个人过来。／사람이 부족하니까 누군가 이쪽으로 보내.)
□ わきまえる (to know／判明、识别／분별하다)	▷ 身分をわきまえる みぶん (to know who one is／辨明身份／신분을 알다)
	▶ 立場をわきまえて行動してほしい。 たちば　　　　　　こうどう (Please remember your place before you act.／希望做事要分清场合。／입장을 분별해 행동했으면 한다.)
□ わめく (to yell／嚷、叫、喊／아우성치다)	▷ 何だろう？ 大声でわめいている人がいる。 なん　　　　　おおごえ　　　　　　　　ひと (What is happening? There is a person who is yelling.／怎么了？ 有人大声地叫嚷着。／무엇일까? 큰소리로 아우성치는 사람이 있다.)

 する動詞 (する-Verbs／する-动词／する-동사)

□ **移住（する）** (to migrate／移居／이주)
▶ 海外に移住することも選択肢の一つだ。
(Migrating to overseas is one of the choices.／移居国外也是选择方式之一。／해외로 이주하는 것도 선택지의 하나이다.)

□ **浮気（する）** (to have an affair／婚外恋／바람)

□ **運営（する）** (to run／运营／운영)
▶ 5年前からボランティア団体を運営しています。
(I have been running a volunteer group for 5 years.／从五年前开始运营志愿者团体。／5년 전부터 봉사단체를 운영하고 있습니다.)

□ **解釈（する）** (to interpret／解释／해석)
▶ 憲法の中でも特にこの部分は、人によって解釈が分かれる。
(There are many interpretations of this part especially in the Constitution.／在宪法中特别是这一部分的解释,根据人不同,解释也不同。／헌법 중에서도 특히 이 부분은 사람에 따라 해석이 나누어진다.)

□ **回収（する）** (to collect／回收／회수)
▷ アンケート／答案用紙を回収する
(to collect questionnaires / test papers／回收调查问卷/回收答题纸／앙케트/답안 용지를 회수하다)

▷ エコのため、スーパーでもペットボトルのキャップを回収している。
(Supermarkets also collect caps of the pet bottle for ecology.／为了环保,超市也在回收塑料瓶的瓶盖。／친환경을 위해 슈퍼마켓에서도 페트병의 뚜껑을 회수하고 있다.)

□ **開拓（する）** (to develop／开拓／개척)
▷ 市場の開拓、顧客の開拓
(develop the market / new customers／开发市场,开拓顾客／시장의 개척, 고객의 개척)

▷ 売上を伸ばすには、新しい分野を開拓する必要がある。
(To increase sales, it is necessary to develop new areas.／为了提高销售额,有必要开拓新的领域。／매상을 늘리기 위해서는 새 분야를 개척 할필요가 있다.)

☐	**解放（する）** かいほう (to release, to be free／解放／해방)	▷ 人質を解放する ひとじち　かいほう (to release hostages／释放人质／인질을 해방하다)
		▷ やっと仕事から解放された。 しごと　かいほう (Now I'm free from work.／终于从工作中解放出来了。／겨우 일에서 해방되었다.)
☐	**獲得（する）** かくとく (to win／获得／획득)	▷ 賞金を獲得する、1位を獲得する しょうきん　かくとく　　　　　い　かくとく (win a reward / win the first place／获得奖金、取得第一位／상금을 획득하다, 1위를 획득하다)
☐	**確保（する）** かくほ (to secure／确保／확보)	▷ 場所 / 資金を確保する ばしょ　しきん　かくほ (to secure a place / fund／确保场地、确保资金／장소/자금을 확보하다)
		▷ 優秀な人材を確保しようと、企業も必死だ。 ゆうしゅう　じんざい　かくほ　　　　　　　きぎょう　ひっし (Companies are trying hard to secure excellent personnel.／企业也在拼命地确保优秀人才。／우수한 인재를 확보하려고 기업도 필사적이다.)
☐	**合宿（する）** がっしゅく (to lodge together／集体寄宿／합숙)	▷ サークルでは毎年、夏に合宿をして練習します。 まいとし　なつ　がっしゅく　　　れんしゅう (In our club, we lodge together and train in summer every year.／俱乐部每年夏天都会进行集训练习。／서클에서는 매년 여름에 합숙하며 연습합니다.)
☐	**還元（する）** かんげん (to return profit／还元／환원)	▷ 企業が株主に利益還元をするのは当然のことだ。 きぎょう　かぶぬし　りえきかんげん　　　　　　どうぜん (It is natural that a company returns the profit to stockholders.／企业将利润返还给股东是理所当然的。／기업이 주주에게 이익을 환원하는 것은 당연한 일이다.)
☐	**勧告（する）** かんこく (to warn／劝告／권고)	▷ 大雨洪水警報が出た地域の住民に対して、市は避難勧告をした。 おおあめこうずいけいほう　で　ちいき　じゅうみん　たい　　　し　ひなんかんこく (The city has warned the local residents to evacuate their area where the heavy rain and flood warning has been announced.／市政府向有大雨洪水警报的地区居民发出了避难通知。／폭우 홍수 경보가 나온 지역의 주민에게 시는 피난 권고를 했다.)
☐	**棄権（する）** きけん (to withdraw from／弃权／기권)	▷ レースを棄権する きけん (to withdraw from the race／比赛弃权／레이스를 기권하다)
☐	**帰省（する）** きせい (to return home／回乡／귀성)	▷ 帰省ラッシュ きせい (mass rush to family homes in the countryside／回乡高峰时间／귀성 러시)
		▷ 毎年、正月は実家に帰省します。 まいとし　しょうがつ　じっか　きせい (I return home on New Year's Day every year.／每年正月回乡。／매년 설날에는 부모님께서 계신 집으로 귀성합니다.)

- □ 気絶(する) (to faint, pass out／昏厥／기절)

- □ 強化(する) ▷ 規制を強化する
  (to tighten, to strengthen／強化／강화) (to tighten restrictions／強化規章制度／규제를 강화하다)

  ▶ 弱点を強化するため、補習を受けた。
  (To strengthen my weak points, I took a supplementary class.／为了强化弱点, 参加补习。／약점을 강화하기 위해 보습을 받았다.)

- □ 強行(する) ▷ A社は、住民の反対を無視してビルの建設を強行した。
  (to push through／強行／강행) (A company has ignored the opposition of the residents and pushed through the construction of the building.／A公司无视居民的反对, 强行进行大厦的建设。／A사는 주민의 반대를 무시하고 빌딩 건설을 강행했다.)

- □ 強制(する) ▷〈PC〉強制終了
  (to compel, to force／強制／강제) (forced termination／强制结束／강제 종료)

  ▶ 今日の飲み会は強制じゃないから、行きたくなければ行かなくてもいいよ。
  (The drinking tonight is not compulsory, so if you don't want to go, you don't have to.／今天去喝酒不是强制的, 如果不想去可以不去。／오늘 회식은 강제가 아니니까 가고 싶지 않으면 가지 않아도 됩니다.)

- □ 強制的(な) (compulsory／強制的／강제적인)

- □ 空想(する) ▷ これはあくまで空想の話で、実際にはこんなことはあり得ない。
  (to imagine／空想／공상) (This is just an imagination, and it never happens in real.／这只是空想, 实际上这些事情是不可能有的。／이것은 어디까지나 공상 속의 이야기로 실제로는 이런 일은 있을 수 없다.)

- □ 苦悩(する) ▷ 苦悩の日々
  (to suffer／苦恼一／고뇌) (days of suffering／苦恼的每天／고뇌의 나날)

  ▶ 彼には彼なりに苦悩があったようです。
  (It seems he has his own suffering.／他好像有他的苦恼。／그에게는 그 나름대로 고뇌가 있던 것 같습니다.)

- □ 形成(する) ▷ 人格形成
  (to form／形成／형성) (formation of character／人格形成／인격형성)

  ▷ しだいに全国にネットワークが形成されていった。
  (The network has been formed all over the country gradually.／全国逐步地形成了网络组织。／차츰 전국에 네트워크가 형성되어 갔다.)

□ 激励(する)	▶ 大会に出場する選手たちを激励する会が開かれた。
げきれい	たいかい しゅつじょう せんしゅ げきれい かい ひら
(to encourage／激励／격려)	(The meeting to encourage the players who will participate in the game to fight hard was held. ／给参加比赛的运动员们召开了激励大会。／대회에 출장하는 선수들을 격려하는 모임이 열렸다.)

□ 決行(する)	▶ 雨天決行
けっこう	うてんけっこう
(to be held／坚定进行／결행)	(to be held even if it rains／雨天也举行／우천 결행)

▶ 市バスのストは予定通り決行されるそうです。
し よていどお けっこう
(The strike of the city bus is to be held as scheduled. ／听说市内公交车的罢工按预定进行。／시 버스의 파업은 예정대로 결행된다고 합니다.)

□ 合意(する)	(to agree／同意／합의)
ごうい	

□ 拘束(する)	▶ 拘束時間の長い仕事
こうそく	こうそくじかん なが しごと
(to be bound／限制, 束缚／구속)	(work having long binding hours／限制时间较长的工作／구속 시간이 긴 일)

▶ 休みの日まで会社に拘束されたくない。
やす ひ かいしゃ こうそく
(I don't want to be bound by the company during my day offs. ／至少休息日不想被公司束缚。／쉬는 날까지 회사에 구속되고 싶지 않다.)

□ 固定(する)	▶ 固定電話（携帯電話でない電話）
こてい	こていでんわ けいたいでんわ でんわ
(to fix／固定／고정)	(fixed phone／固定电话(不是手机的电话)／고정(집) 전화)

▶ 倒れないよう、棚を壁に固定した。
たお たな かべ こてい
(I fixed the shelf on the wall so that it won't fall down. ／为了不让它倒下,将架子固定在墙壁上。／쓰러지지 않도록 선반을 벽에 고정했다.)

□ 再生(する)	▶ ビデオを再生する
さいせい	さいせい
(to replay／播放／재생)	(to replay a video／播放录像／비디오를 재생하다)

▶ 町の再生を目指して、さまざまな取り組みが進められている。
まち さいせい めざ と く すす
(To aim at the revival of the town, many activities are being conducted. ／为了城镇的重建,在进行着各种活动。／도시의 재생을 목표로 각종 대처가 진척되고 있다.)

□ 挫折(する)	▶ 何度か挫折しそうになったけど、何とか最後までやって修了しました。
ざせつ	なんど ざせつ なん さいご しゅうりょう
(to be daunted／挫折／좌절)	(I am nearly daunted for several times, but I could barely did it and finished it. ／遇到了好几次挫折,总算坚持到了毕业。／몇 번인가 좌절할 뻔했지만 어떻게든 마지막까지 해서 마쳤습니다.)

- ☐ **刷新(する)** しっしん
  (to reform, renew／刷新／쇄신)
  ▷ デザインを刷新する
  (to renew the design／更新设计／디자인을 쇄신하다)

- ☐ **差別(する)** さべつ
  (to discriminate／差别／차별)
  ▷ 人種差別
  (racial discrimination／人种差别／인종차별)

- ☐ **差別化(する)** さべつか
  (to differentiate／差别化／차별화)
  ▶ 他社との競争の中、いかに商品の差別化をするかが重要なのです。
  (Among the competition with other rival companies, it is important how to differentiate the products.／在和其他公司的竞争中，怎样突出商品的个性化是很重要的。／타사와의 경쟁 속에서 어떻게 상품을 차별화할지가 중요한 것입니다.)

- ☐ **作用(する)** さよう
  (effect, action／作用／작용)
  ▶ この薬はゆっくりと全身に作用します。
  (This medication has a slow effect on the entire body.／这种药会慢慢地对全身起作用。／이 약은 천천히 전신에 작용합니다.)

- ☐ **支援(する)** しえん
  (to support／支援／지원)
  ▷ 支援団体、支援者
  (support group, supporter／支援团体、支援者／지원단체, 지원자)
  ▶ 当社では今後も、こうした活動を支援していきます。
  (Our company will support this kind of activities.／本公司今后还将继续支持这样的活动。／우리 회사에서는 앞으로도 이런 활동을 지원해 가겠습니다.)

- ☐ **示唆(する)** しさ
  (to imply／暗示、启发／시사)
  ▶ 監督は、シーズン終了後の辞任を示唆した。
  (The manager implied his retirement after the season.／监督在赛季结束后，暗示了要辞任。／감독은 시즌 종료 후의 사임을 시사했다.)

- ☐ **失恋(する)** しつれん
  (broken heart, unrequited love／失恋／실연)
  ▶ 彼女は失恋して、今、落ち込んでいるんです。
  (She's feeling depressed about her unrequited love.／她失恋了，现在很失落。／그녀는 실연해서 지금 낙심하고 있습니다.)

- ☐ **指摘(する)** してき
  (to point out／指出／지적)
  ▷ ミスを指摘する
  (to point out a mistake／指出错误／실수를 지적하다)
  ▶ 教授は、政府の事業計画について問題点を指摘した。
  (The professor pointed out some problems about the business plan of the government.／教授对于政府的事业计划指出了问题所在。／교수님은 정부의 사업 계획에 대해 문제점을 지적했다.)

- ☐ **始末(する)** しまつ
  (to throw away／处理／시말)
  ▶ ごみはちゃんと始末しといてね。
  (Please throw away garbage properly.／要清理好垃圾。／쓰레기는 제대로 처리하지 않으면 안 된다.)

☐	収集(する) しゅうしゅう (to collect／收集／수집)	▷ ゴミを収集する、切手を収集する (to collect garbage, to collect stamps／收集垃圾、收集邮票／쓰레기를 수집하다, 우표를 수집하다)
☐	修行(する) しゅぎょう (to practice／修行／수행,수도)	▶ 昔はよくここで修行僧が休んだそうです。 (It is said that a priest used to take a rest here in old times.／听说过去常常有修行僧人在这里休息。／옛날에는 자주 여기에서 수도승이 쉬었다고 합니다.)
☐	修業(する) しゅぎょう (to learn／学习、修练／익힘)	▷ イタリアでピザ作りの修業をしました。 (I learned how to make pizza in Italy.／在意大利学习披萨的制作。／이탈리아에서 피자 만드는 법을 익혔습니다.)
☐	出荷(する) しゅっか (to deliver／出货／출하)	▶ 出荷前にもう一度、品質のチェックをします。 (Before the delivery, we will check the quality once more.／出货之前要再检查一次产品的质量。／출하 전에 다시 한 번, 품질 체크를 합니다.)
☐	消去(する) しょうきょ (to delete／删除／소거)	▷ データを消去する (to delete data／删除数据／데이터를 소거하다)
☐	象徴(する) しょうちょう (to symbolize／象征／상징)	▶ ハトは、平和を象徴する動物とされている。 (The dove is regarded as an animal that symbolizes peace.／鸽子被认为是象征和平的动物。／비둘기는 평화를 상징하는 동물로 되어 있다.)
☐	象徴的(な) しょうちょうてき	(symbolic／象征性的／상징적인)
☐	承認(する) しょうにん (to acknowledge, approve／承认／승인)	▶ 予算案は議会で承認されました。 (The budget proposal was approved in parliament.／预算案在议会上被认可了。／예산안은 의회에서 승인되었습니다.)
☐	賞味(する) しょうみ (to eat／品尝／맛있게 먹을 수 있음)	▶ どうぞご賞味ください。 (Please eat it.／请品尝。／부디 맛보세요.)
☐	除外(する) じょがい (to exclude／除外／제외)	▶ リストの中で、※印の付いている人は除外してください。 (Please exclude the people marked with ※ in the list.／名单中,带有※记号的人除外。／리스트 속에는 ※인이 붙은 사람은 제외하세요.)
☐	助長(する) じょちょう (to encourage／助长、促进／조장)	▷ 彼のこの発言は、むしろ騒ぎを助長するものとなった。 (His comment rather encouraged the trouble.／他的这次发言,不如说骚乱更大。／그의 이 발언은 오히려 소동을 조장하게 되었다.)

- ☐ **所有（する）** しょゆう
  (to own／拥有／소유)
  ▷ 土地の所有者
  とち しょゆうしゃ
  (landowner／土地的所有者／토지 소유자)
  ▷ あそこの家は、車を何台も所有しているらしい。
  いえ くるま なんだい しょゆう
  (It seems that family owns many cars.／那家人好像拥有好几台车。／저기 집은 차를 몇 대나 소유하고 있는 것 같다.)

- ☐ **自立（する）** じりつ
  (to be independent／自立／자립)
  ▷ 相変わらず、親から自立できない若者が多い。
  あいか おや じりつ わかもの おお
  (Still there are many young people not being independent from their parents.／不能离开父母自我独立的年轻依然很多。／변함없이 부모님으로부터 자립하지 못하는 젊은이가 많다.)

- ☐ **申告（する）** しんこく
  (to declare／申报／신고)
  ▷ 〈税関〉何か申告する物はありませんか。
  ぜいかん なに しんこく もの
  (<customs> Do you have anything to declare?／(海关)有什么需要申报的吗?／<세관> 무언가 신고할 물건은 없습니까?)

- ☐ **進出（する）** しんしゅつ
  (to expand／进入／진출)
  ▷ A社は海外に進出することを決めた。
  しゃ かいがい しんしゅつ き
  (A company has decided to expand its business abroad.／A公司决定打入海外市场。／A사는 해외로 진출할 것을 정했다.)

- ☐ **進呈（する）** しんてい
  (to give／奉送／진정)
  ▷ ご来場のお客様全員に粗品を進呈いたします。
  らいじょう きゃくさまぜんいん そしな しんてい
  (We will give a free gift to everyone coming to the event.／为到场的所有客人奉送薄礼。／오신 손님 전원에게 기념품을 진정하겠습니다.)

- ☐ **浸透（する）** しんとう
  (to become prevalent／渗透／침투)
  ▷ 節電意識が人々の間に浸透してきたようだ。
  せつでんいしき ひとびと あいだ しんとう
  (It seems the concept of saving electricity has become prevalent among people.／节电好像已经渗透到人们的意识中。／절전 의식이 사람들 사이에 침투한 것 같다.)

- ☐ **振動（する）** しんどう
  (to vibrate／振动／진동)
  ▷ 飛行機が上を飛ぶ度に、窓が激しく振動します。
  ひこうき うえ と たび まど はげ しんどう
  (The more the airplane flys overhead, the heavier the window vibrates.／飞机每次从上面飞过的时候,窗户都会激烈震动。／비행기가 위를 날 때는 창이 심하게 진동합니다.)

- ☐ **成熟（する）** せいじゅく
  (to be mature／成熟／성숙)
  ▷ 成熟した大人の女性、成熟した社会
  せいじゅく おとな じょせい せいじゅく しゃかい
  (matured lady, matured society／成熟的成年女性、成熟的社会／성숙한 성인 여성, 성숙한 사회)

- ☐ **生存（する）** せいぞん
  (to survive／生存／생존)
  ▷ 生存率、生存者
  せいぞんりつ せいぞんしゃ
  (survival rate, survivor／生存率、生存者／생존율, 생존자)

- ☐ 設置(する)
  せっち
  (to establish / to install／设置／설치)
  - ▷ 専門の委員会を設置する
    せんもん いいんかい せっち
    (establish a professional committee／设置专门的委员会／전문 위원회를 설치하다)
  - ▷ エレベーターにも防犯カメラを設置した。
    ぼうはん せっち
    (A security camera is installed also in the elevator.／电梯设置了防犯摄像头。／엘리베이터에도 방범 카메라를 설치했다.)

- ☐ 装飾(する)
  そうしょく
  (to decorate／装饰／장식)
  - ▷ 装飾品
    そうしょくひん
    (decoration／装饰品／장식품)
  - ▷ 店内の装飾を手がけたのは、原さんです。
    てんない そうしょく て はら
    (Mr. Hara decorated inside the shop.／店内的装修是小原干的。／가게 안의 장식을 직접 한 것은 하라 씨입니다.)

- ☐ 相続(する)
  そうぞく
  (to succeed／继承／상속)
  - ▷ 土地を相続する
    とち そうぞく
    (to succeed to land／继承土地／토지를 상속하다)

- ☐ 贈呈(する)
  ぞうてい
  (to present／赠送／증정)
  - ▷ 優勝者には賞金 500 万円が贈呈されます。
    ゆうしょうしゃ しょうきん まん えん ぞうてい
    (The winner will be presented a reward of 5 million yen.／冠军被授予500万日元的奖金。／우승자에게는 상금 500만 원이 증정됩니다.)

- ☐ 阻止(する)
  そし
  (to prevent／阻止／저지)
  - ▷ 被害の拡大を阻止しなければならない。
    ひがい かくだい そし
    (We must prevent the spread of damage.／必须阻止损失的扩大。／피해 확대를 저지하지 않으면 안 된다.)

- ☐ 率先(する)
  そっせん
  (to take the initiative／率先／솔선)
  - ▷ 早く仕事を覚えようと、率先して手伝うようにしました。
    はや しごと おぼ そっせん てつだ
    (I took the initiative to help out and learn the job quickly.／想早点学会工作怎么做，率先帮上了忙。／빨리 일을 외우려고 솔선해서 돕도록 했습니다.)

- ☐ 存続(する)
  そんぞく
  (to exist／继续存在／존속)
  - ▷ チーム存続の危機
    そんぞく きき
    (crisis of existence of the team／队伍继续存在的危机／팀의 존속 위기)

- ☐ 体験(する)
  たいけん
  (to experience／体验／체험)
  - ▷ 体験談
    たいけんだん
    (story of one's experience／亲身体验谈／체험담)
  - ▷ 今までに体験したことのないような味だった。
    いま たいけん あじ
    (I have never experienced such a taste before.／至今为止没有体验过的味道。／지금까지 체험한 적이 없는 맛이었다.)

- ☐ 台頭(する)
  たいとう
  (to come to power／抬头／대두)

☐ 対処(する) たいしょ (to deal with／処理／대처)	▷	対処法 たいしょほう (approach／処理方法／대처법)
	▷	初めて症状が出た時、どう対処していいか、わからなかった。 はじ　しょうじょう　で　とき　　　　たいしょ (I didn't know how to deal with it when I first experienced the symptoms.／初次出现这种症状的时候,不知道怎么办好。／처음 증상이 나왔을 때는 어떻게 대처해야 좋을지 몰랐다.)
☐ 打開(する) だかい (to breakthrough／解決、打破／타개)	▷	このままでは赤字になってしまう。打開策が必要だ。 あかじ　　　　　　　　だかいさく　ひつよう (If we don't do anything, it will cause a deficit. We need a breakthrough for that.／照这样下去会赤字的。需要找解决的对策。／이대로는 적자가 된다. 타개책이 필요하다.)
☐ 探索(する) たんさく (to explore, to search／探索／탐색)	▷	宇宙を探索する、探索用のロボット うちゅう　たんさく　　たんさくよう (to explore the space, robot for searching／探索宇宙、探索用的机器人／우주를 수색하다, 탐색용의 로봇)
☐ 蓄積(する) ちくせき (to accumulate／積累／축적)	▷	疲労の蓄積 ひろう　ちくせき (accumulation of fatigue／疲劳的累积／피로 축적)
	▷	社内でも徐々に、この分野のノウハウが蓄積されてきた。 しゃない　じょじょ　　　　ぶんや　　　　　　　　ちくせき (The know-how of this area is gradually accumulated inside the company.／公司内慢慢地积累了这个领域的技术秘诀。／사내에서도 점점 이 분야의 노하우가 축적되었다.)
☐ 着手(する) ちゃくしゅ (to start／着手／착수)	▷	新市長は、ゴミ処分場の問題にすぐに着手することを約束した。 しんしちょう　　　　しょぶんじょう　もんだい　　　　ちゃくしゅ やくそく (The new mayor promised to start to cope with the garbage disposal plant issue right away.／新市长保证马上着手解决垃圾处理场的问题。／새 시장은 쓰레기 처분장의 문제에 곧 착수할 것을 약속했다.)
☐ 着工(する) ちゃっこう (to start construction work／动工／착공)	▷	新しい駅ビルは、来年4月に着工する予定です。 あたら　　えき　　　　　らいねん　がつ　ちゃっこう　よてい (The construction work of the new station building will start from April next year.／新站大厦预计明年四月份开始动工。／새로운 역 빌딩은 내년 4월에 착공할 예정입니다.)

□ 抽選(する) ちゅうせん (to have a lottery／抽签／추첨)	▷ 抽選に当たる ちゅうせん あ (to win a lottery／抽签中了／추첨에 당첨되다)
	▶ この本を抽選で10名の方にプレゼントいたします。 ほん ちゅうせん めい かた (We will give you this book to 10 people by lottery.／这本书赠送给中奖的10名读者。／이 책을 추첨으로 10명에게 선물하겠습니다.)
□ 貯蔵(する) ちょぞう (to store／贮藏／저장)	▷ 貯蔵庫、貯蔵タンク ちょぞうこ ちょぞう (storage house, storage tank／储藏库、储藏罐／저장고, 저장 탱크)
□ 追及(する) ついきゅう (to pursue／追究／추궁)	▷ 政府の責任を追及する声が相次いだ。 せいふ せきにん ついきゅう こえ あいつ (There are many voices to pursue the government's responsibility.／人们不断地呼吁要追究政府的责任。／정부의 책임을 추궁하는 소리가 잇달았다.)
□ 追放(する) ついほう (to expel／放逐、赶出／추방)	▷ 国外追放 こくがいついほう (to expel from a country／放逐于国外／국외 추방)
□ 通知(する) つうち (to notify／通知／통지)	▶ 今日、採用通知が届いた。 きょう さいようつうち とど (I received a notice of acceptance today.／今天收到了录用通知。／오늘 채용 통지가 도착했다.)
□ 訂正(する) ていせい (to correct／订正／정정)	▷ 誤りを訂正する あやま ていせい (to correct a mistake／订正错误／실수를 정정하다)
□ 低迷(する) ていめい (to be down／低迷／저조)	▶ ここ半年ほど、売上が低迷している。 はんとし うりあげ ていめい (The sales have been down for about these 6 months.／这半年销售额一直低迷。／최근 반년 정도 매상이 저조하다.)
□ 撤去(する) てっきょ (to remove／撤除／철거)	▶ 放置自転車は15日以降、撤去されます。 ほうちじてんしゃ にちいこう てっきょ (Those bicycle left here will be removed after 15th.／放置不用的自行车15号后要撤除。／방치 자전거는 15일 이후 철거됩니다.)
□ 撤退(する) てったい (to withdraw／撤退／철퇴,철수)	▷ A社は昨年、海外に5店舗設けたが、そのうち2店舗はすでに撤退を決めた。 しゃ さくねん かいがい てんぽ もう てんぽ てったい き (A company has opened 5 shops overseas last year, but 2 of them have already been decided to withdraw.／A公司去年在国外设定了五个店铺,其中的两个店铺已经决定撤销了。／A사는 작년에 해외에 5점포를 만들었지만, 그 중 2점포는 이미 철수를 정했다.)

- ☐ **点検(する)** てんけん (to check／检查／점검)
  - ▷ 安全点検 あんぜんてんけん (safety checking／安全检查／안전 점검)
  - ▶ 事故防止のため、設備の点検は定期的に行っています。 しこぼうし せつび てんけん ていきてき おこな
    (To prevent accidents, the checking on the equipment is regularly conducted.／为了预防事故发生，定期进行设备的点检。／사고 방지를 위해 설비 점검은 정기적으로 하고 있습니다.)

- ☐ **伝達(する)** でんたつ (to transmit／传递／전달)
  - ▷ 情報の伝達方法 じょうほう でんたつほうほう (method of transmitting information／信息的传递方式／정보의 전달 방법)

- ☐ **導入(する)** どうにゅう (to introduce／导入／도입)
  - ▶ 今月から新しい会計システムが導入される。 こんげつ あたら かいけい どうにゅう
    (The new accounting system will be introduced from next month.／这个月开始引进新的会计系统。／이번 달부터 새 회계 시스템이 도입된다.)

- ☐ **特化(する)** とっか (to specialize／特别对待／특화)
  - ▷ 高齢者に特化した病院 こうれいしゃ とっか びょういん (hospital specialized in the aged people／专门面向老年人的医院／고령자로 특화한 병원)

- ☐ **入手(する)** にゅうしゅ (to receive／到手／입수)
  - ▷ 最新情報を入手する さいしんじょうほう にゅうしゅ (to receive the latest information／得到最新信息／최신 정보를 입수하다)
  - ▶ 何とかチケットを入手することができた。 なん にゅうしゅ
    (I can barely receive the ticket／总算买到了票。／간신히 티켓을 입수할 수 있었다.)

- ☐ **認識(する)** にんしき (to recognize／认识／인식)
  - ▷ 認識不足 にんしきぶそく (a lack of recognition／认识不足／인식 부족)
  - ▶ 役所のやることに間違いはない、という認識は改めたほうがいい。 やくしょ まちが にんしき あらた
    (You should change your recognition that the public office is always doing everything in a right way.／应该改变政府做事就一定是对的这种意识。／관청에서 하는 일은 틀림없다는 인식은 고치는 편이 좋다.)

- ☐ **燃焼(する)** ねんしょう (to burn／燃烧／연소)
  - ▷ 脂肪の燃焼 しぼう ねんしょう (burning fat／脂肪的燃烧／지방 연소)
  - ▶ 今大会は不完全燃焼に終わった。 こんたいかい ふかんぜんねんしょう お
    (I felt like I just did this game halfway.／现在大会在不完全尽兴的情况下结束了。／이번 대회는 불완전 연소로 끝났다.)

- ☐ **納入(する)** のうにゅう (to deliver／纳入／납입)

- ☐ 把握(する)
  はあく
  (to understand／把握／파악)
  ▷ 状況を把握する
  じょうきょう はあく
  (to understand the situation／把握情况／상황을 파악하다)

  ▶ まず現状を把握して、それから対応を考えましょう。
  げんじょう はあく たいおう かんが
  (First, let's understand the current situation and think about how to deal with it.／首先要把握现状,然后再考虑如何去应对。／우선 현상을 파악하고 그리고 대응을 생각합시다.)

- ☐ 配給(する)
  はいきゅう
  (to distribute／分配／배급)
  ▷ 映画の配給会社
  えいが はいきゅうがいしゃ
  (film distribution company／电影的分配公司／영화 배급 회사)

- ☐ 廃止(する)
  はいし
  (to abolish／废止／폐지)
  ▷ 制度の廃止、ルールの廃止
  せいど はいし はいし
  (to abolish the system, to abolish the rule／制度的废止、规矩的废除／제도의 폐지, 규칙 폐지)

- ☐ 排除(する)
  はいじょ
  (to remove／排除／배제)
  ▷ 反対派を排除する
  はんたいは はいじょ
  (to remove the opposite party／排除反对派／반대파를 배제하다)

  ▶ あらゆる無駄を排除して、赤字を減らした。
  むだ はいじょ あかじ へ
  (We removed all the waste and reduced the deficit.／排除所有浪费,减少赤字。／모든 낭비를 배제해 적자를 줄였다.)

- ☐ 配分(する)
  はいぶん
  (to distribute／分配／배분)
  ▷ 利益の配分の仕方
  りえき はいぶん しかた
  (way to distribute profits／利益分配的方法／이익 배분의 방법)

- ☐ 暴露(する)
  ばくろ
  (to expose／暴露／폭로)
  ▷ 秘密を暴露する
  ひみつ ばくろ
  (to expose a secret／暴露秘密／비밀을 폭로하다)

- ☐ 破たん(する)
  は
  (to go bankruptcy／破产／파탄)
  ▶ 無理な拡大路線が経営破綻を招いた。
  むり かくだいろせん けいえいはたん まね
  (An unreasonable expansion led the company to a bankruptcy.／不切合实际的扩大经营导致了破产。／무리한 확대 노선이 경영 파탄을 불렀다.)

- ☐ 伐採(する)
  ばっさい
  (to cut down／伐／벌채)
  ▷ 森林を伐採する
  しんりん ばっさい
  (to cut down a forest／采伐森林／삼림을 벌채하다)

- ☐ 繁栄(する)
  はんえい
  (to flourish／繁荣／번영)
  ▷ ここは古くから、商業都市として繁栄してきた。
  ふる しょうぎょうとし はんえい
  (This place has been flourishing as a commercial town since the old time.／这里自古以前就是繁华的商业都市。／여기는 옛날부터 상업도시로 번영해 왔다.)

- ☐ 判定(する)
  はんてい
  (to decide／判决／판정)
  ▷ 審判の判定
  しんぱん はんてい
  (referee's decision／审判的判决／심판의 판정)

  ▶ もうすぐ合否の判定が出る。
  ごうひ はんてい で
  (Decision of pass or fail will be notified soon.／是否通过的结果马上就出来。／이제 곧 합격 여부의 판정이 나온다.)

- □ 復活（する）
  ふっかつ
  (to come back, be revived／复活／부활)

- □ 扶養（する）
  ふよう
  (to support／抚养／부양)
  ▶ 扶養義務
  ふようぎむ
  (duty of support／抚养义务／부양 의무)

- □ 分解（する）
  ぶんかい
  (to break down／分解／분해)
  ▶ 脂肪を分解する
  しぼう ぶんかい
  (to break down the fat／分解脂肪／지방을 분해하다)
  ▶ 一度分解すると、元に戻せなくなりそう。
  いちど ぶんかい　　　もと もど
  (It looks like once I break down, I can't put it back again.／一旦分解了，就不能恢复原位了。／한 번 분해하면 원래로 되돌릴 수 없을 것 같다.)

- □ 分割（する）
  ぶんかつ
  (to break up／分期／분할)
  ▶ 分割払い
  ぶんかつばら
  (installment payment／分期付款／분할 지불)

- □ 分配（する）
  ぶんぱい
  (to distribute／分配／분배)
  ▶ 儲けが出たら、みんなで分配することになっている。
  もう　で　　　　　　　　　ぶんぱい
  (If there are profits, we are planning to distribute them among us.／赚了钱，就大家分红。／이익이 나면 모두에게 분배하기로 되어 있다.)

- □ 崩壊（する）
  ほうかい
  (to collapse／崩溃／붕괴)
  ▶ 家庭崩壊
  かていほうかい
  (collapse of the family／家庭崩溃／가정 붕괴)
  ▶ このままでは、国の財政が崩壊してしまう。
  　　　　　　　　くに　ざいせい　ほうかい
  (If the current situation continues, the finance of the nation will collapse.／这样的话，国家财政就崩溃了。／이대로는 국가의 재정이 붕괴해버린다.)

- □ 放棄（する）
  ほうき
  (to waive, to abandon, to relinquish／放弃／방기,포기)
  ▶ 権利を放棄する、試合を放棄する
  けんり ほうき　　　　しあい ほうき
  (to waive one's right, to abandon the game／放弃权利、放弃比赛／권리를 포기하다, 시합을 포기하다)
  ▶ 問題を解決しないで辞めるというのは、ただの責任放棄だ。
  もんだい かいけつ　　　　や　　　　　　　　　　せきにんほうき
  (Not solving the problem and just resigning only means to relinquish responsibility.／不解决问题就辞职，这只是逃避责任。／문제를 해결하지 않고 그만두는 것은 단지 책임 포기이다.)

- □ 放置（する）
  ほうち
  (to leave／放置不管／방치)
  ▶ 問題を放置する
  もんだい ほうち
  (to leave the problem／放置问题／문제를 방치하다)

- □ 発足（する）
  ほっそく
  (to inaugurate／起步,成立／발족)
  ▶ 当学会が発足して、今年で10年目です。
  とうがっかい ほっそく　　ことし　　　ねんめ
  (10 years have passed since our association has been inaugurated.／本学会成立到今年是第十年了。／우리 학회가 발족하고 올해로 10년째입니다.)

☐ 命令(する) めいれい (to order／命令／명령)	▶ 命令には従わざるを得ない。 めいれい　したが (I must follow the order.／不得不遵从命令。／명령에는 따르지 않을 수 없다.)
☐ 模索(する) もさく (to search／摸索／모색)	▶ どういう道に進むか、彼はまだ模索しているようです。 みち　すす　　かれ　　　　もさく (He is still searching for which way he should go.／他走什么样的路,他还在摸索中。／어떤 길로 나아갈지 그는 아직 모색하고 있는 모양입니다.)
☐ やりくり(する) (management／安排、筹措／꾸려나감)	▶ 家計のやりくりが大変です。 かけい　　　　　　たいへん (It's a tough challenge to manage the family finances.／家庭生计的安排让人为难。／가계를 꾸려가는 것은 힘듭니다.)
☐ 融通(する) ゆうずう (to finance／通融、借贷／융통)	▶ 彼は真面目すぎて、融通がきかない。 かれ　まじめ　　　　　ゆうずう (He's so serious and inflexible.／他太认真、太死板。／그는 너무 진지해서 융통성이 없다.) ▶ 友達に開店資金を融通してもらった。 ともだち　かいてんしきん　ゆうずう (My friend financed funds for the new store opening.／向朋友借开店资金。／친구에게 개점 자금을 융통해 받았다.)
☐ 誘導(する) ゆうどう (to guide／诱导／유도)	▶ 突然、停電になったけど、係の人が非常口まで誘導してくれました。 とつぜん　ていでん　　　　　　かかり　ひと　ひじょうぐち　　ゆうどう (The electricity suddenly failed, but the worker there guided us to the emergency exit.／突然停电了,工作人员把大家带到了太平门。／갑자기 정전되었지만, 담당자가 비상구까지 유도해 주었습니다.)
☐ 要請(する) ようせい (to request／邀请／요청)	▷ 市はイベントの開催にあたって、警察などに協力を要請した。 し　　　　　　　　かいさい　　　　　　けいさつ　　　　きょうりょく　よう せい (The city asked to cooperate with them to the police and others for the events to be held.／市内在开展活动,请求警察协助。／시는 이벤트 개최에 경찰 등에게 협력을 요청했다.)
☐ 抑制(する) よくせい (to exert control／抑制／억제)	▷ この成分には、菌の活動を抑制する働きがあることがわかった。 せいぶん　　　きん　かつどう　よくせい　　はたら (It is found that this ingredient is working to control the action of the bacteria.／(经研究)得知成分中有抑制细菌活动的作用。／이 성분에는 균의 활동을 억제하는 기능이 있다는 것을 알았다.)
☐ 略奪(する) りゃくだつ (to plunder／掠夺／약탈)	▷ 彼らはあちこちの村を襲っては略奪行為を繰り返した。 かれ　　　　　　　むら　おそ　　　　りゃくだつこうい　　く　かえ (They attacked villages everywhere and repeated plundering there.／他们袭击各个村庄,不断进行掠夺。／그들은 여기저기의 마을을 습격해서는 약탈 행위를 반복했다.)

13 自動詞・他動詞 (Intransitive and Transitive Verbs／自动词・他动词／자동사 타동사)

- □ **重なる**
  (pile up／重叠、赶在一起／거듭되다, 겹치다)
  ▷ 予定が重なる
  (plans conflict／预定计划碰倒一起／예정이 겹치다)
  ▷ 文字が重なって印刷された。
  (The letters were printed on top of each other.／印刷出来文字重叠了。／문자가 겹쳐져서 인쇄되었다.)

- □ **重ねる**
  (accumulate／重叠、再加上、反复／되풀이하다)
  ▷ 経験を重ねる、重ね着をする、重ねて塗る、重ねて注意する
  (accumulate experience; to wear several layers; paint several layers; repeatedly warn／累积经验、穿好几件衣服、一层层地涂、再三提醒／경험을 쌓다, 옷을 겹쳐 입다, 덧칠하다, 반복해 주의하다)
  ▷ 空いた皿は重ねちゃっていいですか。
  (May I put the empty plates on top of each other?／空盘子摞在一起可以吗？／빈 접시는 거듭 버려서 좋습니까.)
  ▷ 検討を重ねた結果、今回は中止といたしました。
  (After much consideration, I decided to quit this time.／不断商讨的结果，这次决定取消了。／반복하여 검토한 결과, 이번은 중지하기로 했습니다.)

- □ **叶う**
  (be realized／实现／이루어지다)
  ▷ 願い／希望／夢が叶う
  (requests/wishes/dreams are realized／实现愿望、实现希望、实现梦想／바람/희망/꿈이 이뤄지다)

- □ **叶える**
  (realize／能实现／이루어 주다)
  ▷ 夢を叶えるため、これまで努力してきた。
  (In order to realize my dreams, I have worked this hard.／为了实现梦想，我们努力(坚持)到现在。／꿈을 이루기 위해 지금까지 노력해 왔다.)

- □ **定まる**
  (be settled／确定、固定、决定／정해지다)
  ▷ 目標が定まる、焦点が定まる
  (objectives are set; focus is determined／目标确定、焦点固定／목표가 정해지다, 초점이 맞다)
  ▷ 会としての方針がまだ定まっていない。
  (The group's course of action is not yet determined.／作为会议的方针还没定下来。／모임의 방침이 아직 정해지지 않았다.)

- [ ] 定める
さだ
(decide／决定、确定／정하다)
▷ 法律を定める、目標を定める
ほうりつ　さだ　　もくひょう　さだ
(decide laws; set goals.／规定法律、确定目标／법률을 정하다, 목표를 정하다)

▷ よくねらいを定めてから投げてください。
さだ　　　　　　　な
(Please take good aim before you throw.／好好瞄准目标后再扔。／잘 목표를 정하고 던지세요.)

- [ ] 反る
そ
(bent backwards／向外弯曲／(활 모양으로) 휘다)
▷ つま先が上に反った靴はあまり好きじゃない。
さき　うえ　そ　　　くつ　　　　　　す
(I don't very much like those shoes with the toes that bend up.／不喜欢脚尖向上翻的鞋子。／발가락 끝이 위로 구부러진 신발은 별로 좋아하지 않는다.)

- [ ] 反らす
そ
(bend backwards／向后仰身／휘게 하다)
▷ 〈体操〉背中を反らしてみてください。
たいそう　せなか　そ
(calisthenics) Please try bending your back backwards.／(体操)身体向后仰一下试试。／<체조> 등을 펴 보세요.)

- [ ] 尽きる
つ
(used up／尽、光／다하다, 바닥나다)
▷ アイデア／体力／お金／運が尽きる
たいりょく　　かね　うん　つ
(ideas/stamina/money/ luck run out／主意用尽、体力用尽、金钱用尽、没有运气／아이디어/ 체력/돈/운이 다하다)

▷ まだまだ話は尽きないけど、そろそろ帰ろう。
はなし　つ　　　　　　　　　　　かえ
(Our talk is nowhere near being over, but let's head home soon.／虽然还有很多话都没说完, 但该回去了吧。／아직 이야기는 다하지 못하였지만 슬슬 돌아가자.)

- [ ] 尽くす／尽す
つ　　　　つ
(exhaust／尽、效劳、贡献力量／다하다, 진력하다)
▷ 手を尽くす、人に尽くす仕事
て　　つ　　　ひと　つ　　　しごと
(try every means; work dedicated to people／百般设法、为别人服务的工作／온갖 수단을 다 쓰다／타인에게 봉사하는 일)

▷ 全力を尽くしたけど、負けてしまった。
ぜんりょく　つ　　　　　　　　ま
(I tried my very best, but I lost.／用尽全力, 还是输了。／전력을 다하였지만 져 버렸다.)

▷ 母は看護師として社会に尽くしてきた。
はは　かんごし　　　　　しゃかい　つ
(My mother has always served society as a nurse.／母亲作为看护师, 贡献于社会。／어머니는 간호사로서 사회에 봉사해 왔다.)

42 CD2

- [ ] 遠ざかる
とお
(receding／远离／멀리 떨어지다)
▷ 電車は動きだし、彼女の姿もどんどん遠ざかっていった。
でんしゃ　うご　　　　かのじょ　すがた　　　　　　　とお
(The train started moving off; her figure retreated quickly into the distance.／电车开动了, 她也越来越远。／전차는 움직이기 시작해 그녀의 모습도 점점 멀어져 갔다.)

- [ ] 遠ざける
とお
(shun／避开／멀리하다)
▷ その頃の私は、彼を遠ざけようとしていた。
ころ　わたし　　かれ　とお
(At that time I tried to shun him.／那时候的我, 有些想要避开他。／그 무렵의 나는 그를 멀리하려고 했었다.)

- □ 滅びる／滅ぶ
  ほろ　　ほろ
  (perish／泯灭／멸망하다)
  ▷ 人類もいつか滅びるのだろうか。
  じんるい　　　　ほろ
  (Will humankind also perish someday?／人类什么时候会灭亡吧。／인류도 언젠가 멸망할 것인가.)

  ▷ ローマ帝国はどうして滅んだの？
  ていこく　　　　ほろ
  (Why did the Roman Empire fall?／罗马帝国为什么会毁灭呢？／로마 제국은 왜 망했니?)

- □ 滅ぼす
  ほろ
  (destroy／毁灭／멸망시키다)
  ▷ 酒／ギャンブルで身を滅ぼす
  さけ　　　　　　　み　ほろ
  (destroy oneself with alcohol/ gambling／酒伤身、赌博伤身／술/도박으로 몸을 망가뜨리다)

  ▷ 帝国は周りの小国を次々に滅ぼした。
  ていこく　まわ　　しょうこく　つぎつぎ　ほろ
  (The empire destroyed the small countries around it one after another.／帝国不断地灭亡了周围的小国家。／제국은 주변의 작은 나라를 차례로 멸망시켰다.)

- □ ゆがむ／歪む
  ゆが
  (be warped／歪／일그러지다)
  ▷ 背骨が歪む、心が歪む
  せぼね　ゆが　　こころ　ゆが
  (crooked backbone; warped mind／背骨弯曲、心里扭曲／등뼈가 비뚤어지다, 마음이 비뚤어지다)

- □ 歪み
  ゆが
  (distortion／歪的／왜곡)

- □ ゆがめる／歪める
  ゆが
  (bend／使歪曲／왜곡한다)
  ▷ 利害がからむことで、事実が歪められてしまうおそれがある。
  りがい　　　　　　　　じじつ　ゆが
  (There's profit involved so there's fear that the facts will be distorted.／牵涉到利益的话,恐怕事情就不好办了。／이해가 얽히면 사실이 왜곡되어 버릴 염려가 있습니다.)

  ▷ あまりの痛さに、少女は顔を歪めた。
  いた　　　しょうじょ　かお　ゆが
  (The young girl screwed up her face in pain.／太过于疼痛,少女的脸都有些扭曲了。／너무나도 아파서 소녀는 얼굴을 일그러뜨렸다.)

- □ 和らぐ
  やわ
  (be softened／变柔和／누그러지다)
  ▷ 気持ちが和らぐ
  き　　　　やわ
  (feelings mellow／心情缓和／마음이 누그러지다)

  ▷ 彼女の冗談で、緊張した空気が少し和らいだ。
  かのじょ　じょうだん　　きんちょう　　くうき　すこ　やわ
  (The tense atmosphere relaxed somewhat with her joke.／她的玩笑,使紧张的空气有些缓和了。／그녀의 농담으로 긴장한 공기가 조금 부드러워졌다.)

- □ 和らげる
  やわ
  (allay／使缓和／완화하다)
  ▷ このカプセルは、痛みを和らげるお薬です。
  いた　　　やわ　　　　くすり
  (This capsule is medicine to allay pain.／这颗胶囊药是缓和疼痛的药。／이 캡슐은 아픔을 완화하는 약입니다.)

 名詞 (Nouns／名词／명사)

争い
(fight, battle, conflict／斗争／다툼)
▷ 争いが絶えない
(constant conflict／斗争不断／다툼이 끊이지 않는다.)

▷ 依然、激しい優勝争いが続いている。
(The tight struggle for the championship still continues.／激烈的冠军争夺战还在继续。／여전히 격렬히 우승을 둘러싼 싸움이 이어지고 있다.)

圧力
(pressure, stress／压力／압력)
▷ 圧力をかける、圧力団体
(to put pressure, pressure group／施加压力、压力团体／압력을 주다, 압력단체)

▷ あの議員は反対だったはずなのに…。どこかから圧力を受けたのかなあ。
(The councilor used to oppose it. I wonder if somebody put pressure on him.／那个议员本来是反对的啊。是不是从哪里给压力了啊。／저 의원은 반대였을 텐데…. 어디서 압력을 받은 것일까.)

遺跡
(ruins, remains／遗迹／유적)
▷ 遺跡を調査する
(to research ruins／调查遗迹／유적을 조사하다)

遺族
(bereaved family, family of victim／死者家属／유족)
▷ 〈報道〉亡くなった方の遺族にお話を伺いました。
(<news report>The family of the victims told us the story.／(报道)向死者的家属进行了采访。／<보도> 돌아가신 분의 유족에게 질문하였습니다.)

遺体
(corpse／遗体／유체, 유해)

違和感
(uncomfortable feeling, feel of discomfort／不协调的感觉／위화감)
▷ 首に違和感がある。
(My neck has an uncomfortable feeling.／感到脖子有些不舒服。／목이 이상하다.)

▷ その表現には私も違和感を覚えた。
(I felt discomfort with that expression.／对那种表达方式我也感到有些不协调。／그 표현에는 나도 위화감을 느꼈다.)

腕前
(skill／本事、才能／솜씨)
▷ 料理の腕前
(cooking skill／烹调技能／요리 솜씨)

▷ 先日、部長のゴルフの腕前を見せてもらった。
(The other day my department chief showed us his golf skill.／前几天，部长给我们展示了他高尔夫球的球技。／지난번에 부장님이 골프 솜씨를 보여 주었다.)

□ 運河 うんが (canal／运河／운하)	▷ パナマ運河 うんが (Panama Canal／巴拿马运河／파나마 운하)
□ 運動 うんどう (exercise, movement, campaign／运动／운동)	▷ 反対運動 はんたいうんどう (protest campaign／反对运动／반대 운동) ▷ 彼らは、島の自然を守る運動を続けている。 かれ　しま　しぜん　まも　うんどう　つづ (They have been continuing a campaign to protect nature on the island.／他们坚持保护小岛自然的运动。／그들은 섬의 자연을 지키는 운동을 계속하고 있다.)
□ 縁 えん (chance, linking by fate／缘分／인연)	▷ ご縁があれば、またぜひご一緒したいと思います。 えん　　　　　　　　　　　　いっしょ　　　　　　　　おも (If I have a chance, I would love to share time with you again.／要是有缘的话,我还想和你在一起。／인연이 있으면 또 꼭 같이 하고 싶습니다.) ▷ あの人とは縁がなかったということですよ。 ひと　　　えん (It is just that I was not linked with him by fate.／和那个人没缘。／저 사람과는 인연이 없었던 것이에요.)
□ 大物 おおもの (big name／大人物／거물)	▷ 大物政治家 おおものせいじか (powerful politician／大政治家／거물 정치가) ▷ この子は将来きっと大物になる。 こ　　しょうらい　　　　おおもの (I think this child will be something in the future.／这个孩子将来一定是个大人物。／이 아이는 장래 틀림없이 거물이 된다.)
□ お開き ひら (end／散会、散席／폐회)	▷ そろそろお開きにしましょう。 ひら (It is about time to finish.／那我们就散席吧。／슬슬 폐회합시다.)
□ 思惑 おもわく (intention, expectation, calculation／念头、打算／의도)	▷ 思惑に反して おもわく　はん (against one's intention／与打算相反／의도와는 반대로) ▷ 首相の思惑通りに事は行かなかったようだ。 しゅしょう　おもわくどお　　こと　い (It appears that things didn't go as the prime minister expected.／事情没按首相的意愿进行。／수상의 의도대로 일은 진행되지 않았던 모양이다.)
□ 街頭 がいとう (street／街头／길거리)	▷ 街頭インタビュー、街頭演説 がいとう　　　　　　　　　がいとうえんぜつ (street interview, street speech／街头采访、街头演说／거리 인터뷰, 거리 연설)

- [ ] **外来**
  がいらい
  (foreign, out-patient／外来／외래)

  ▷ 外来語
  がいらいご
  (foreign words／外来语／외래어)

  ▶ 〈病院〉外来の診察は何時からですか。
  びょういん がいらい しんさつ なんじ
  (<hospital> What time do you open for outpatients?／(医院)门诊的诊察是几点开始?／<병원> 외래 진찰은 몇 시부터입니까?)

- [ ] **顔つき**
  かお
  (facial expression／表情／표정, 얼굴 생김새)

  ▶ 彼は仕事になると、顔つきが全く変わる。
  かれ しごと かお まった か
  (When it is about his job, he looks very different.／他一开始工作,表情就完全变了。／그는 일이 되면 표정이 완전히 변한다.)

- [ ] **各種**
  かくしゅ
  (variety／各种／각종)

  ▶ 各種チケットを格安で取り扱っています。
  かくしゅ かくやす と あつか
  (We sell a variety of cheap tickets.／我们以便宜价出售各种票。／각종 티켓을 싼 가격으로 취급하고 있습니다.)

- [ ] **化石**
  かせき
  (fossil／化石／화석)

- [ ] **課題**
  かだい
  (assignment, task, problem／课题／과제)

  ▷ 学校の課題、課題を提出する
  がっこう かだい かだい ていしゅつ
  (school assignment, to submit assignment／学校的课题、提出课题／학교의 과제, 과제를 제출하다)

  ▶ 実現にはまだ多くの課題が残っている。
  じつげん おお かだい のこ
  (We still have many problems to make it happen.／要实现还存在着很多的课题。／실현에는 아직 많은 과제가 남아 있다.)

- [ ] **仮**
  かり
  (temporary, tentative／临时／임시)

  ▷ 仮免許、仮の住まい
  かりめんきょ かり す
  (learner's license, temporary home／临时驾照、临时住宅／임시 면허, 임시 거주지)

  ▶ バンドをやっているのは仮の姿で、彼は本当はお寺の住職なんです。
  かり すがた かれ ほんとう てら じゅうしょく
  (Doing music in a band is not his job. He is actually a temple monk.／乐队活动只是他的业余爱好,他真正的职业是寺院的住持。／밴드를 하는 것은 겉모습이고 그는 사실은 절의 주지 스님입니다.)

- [ ] **仮(に)**
  かり

  ▶ 仮に私が留学したいって言ったら、お母さんは賛成、反対どっち?
  かり わたし りゅうがく い かあ さんせい はんたい

  (if／假如／만약)
  (If I say I want to study abroad, would you (mom) support me or not?／如果我说想去留学的话,母亲是赞成还是反对呢?／만약 내가 유학하고 싶다고 하면 엄마는 찬성, 반대 어느 쪽이야?)

- [ ] **慣習**
  かんしゅう
  (custom／习惯／습관)

  ▶ 地域によって慣習の違いがある。
  ちいき かんしゅう ちが
  (The customs differ by the region.／地区不一样,习惯也不同。／지역에 따라 습관의 차이가 있다.)

- ☐ **間接** かんせつ (indirect／间接／간접)
  ▷ 間接選挙 ⟷ 直接
  (indirect election／间接选举／간접 선거)

- ☐ **間接的(な)** かんせつてき (indirect／间接性的／간접적인)
  ▷ 間接的に聞いた話だけど、森さん、会社やめるみたい。
  (I heard indirectly that Mori-san will quit his company.／间接地听说的,森好像要辞职。／간접적으로 들은 이야기지만 모리 씨, 회사를 그만두는 모양이야.)

- ☐ **起源** きげん (origin, source, beginning／起源／기원)
  ▷ 人類の起源
  (origin of mankind／人类的起源／인류의 기원)
  ▷ パンの起源は、今から約6000年前に遡る。
  (The origin of bread goes back all the way to about 6000 years ago.／面包的起源可以追溯到至今6000年前。／빵의 기원은 지금부터 6000년 전으로 거슬러 올라간다.)

- ☐ **基盤** きばん (base, foundation／基础／기반)
  ▷ 生活の基盤
  (foundation of life／生活的基础／생활의 기반)
  ▷ 町の復興には、まず、産業基盤の整備が急がれる。
  (It is urgent to lay the industrial foundation to reconstruct the town.／城市的复兴,首先要加快产业基础的修整。／도시의 부흥에는 우선 산업 기반의 정비가 서둘러진다.)

- ☐ **教訓** きょうくん (lesson／教训／교훈)
  ▷ 今回の失敗を教訓に、よりよいサービスを目指します。
  (This time we learned a lesson from the mistakes and will try to provide better services.／从这次的失败中吸取教训,立志做好更好的服务。／이번 실패를 교훈으로 더 좋은 서비스를 목표로 하겠습니다.)

- ☐ **切れ目** きれめ (break, rift／裂缝／틈새, 금)
  ▷ それは切れ目があるから手で開けられるよ。
  (There's a notch here, so you can open it with your hand.／这里有裂缝,能用手掰开。／그것은 틈새가 있기 때문에 손으로 열 수 있다.)
  ▷ この仕事は切れ目がなく、やることがいっぱいある。
  (This job has an incessant stream of work – there's so much to be done.／这项工作没有分段处,要做的事情有好多。／이 일은 끊어짐이 없고 할 일이 많이 있다.)

- ☐ **屈辱** くつじょく (humiliation／屈辱／굴욕)
  ▷ 屈辱を晴らす
  (to avenge insult／雪耻／굴욕을 만회하다)
  ▷ あんな相手に負けるなんて屈辱だよ。
  (I feel humiliated at being defeated by that opponent.／输给那样的对手真是一种屈辱。／저런 상대에게 지다니 굴욕이다.)

- ☐ **屈辱的(な)** くつじょくてき (humiliating／屈辱的／굴욕적인)
  ▷ 屈辱的な扱いを受ける
  (to be humiliated／受到屈辱的对待／굴욕적인 취급을 받다)

☐ 経緯(けいい) (details/background of the situation／过程、原委／경위)	▶ 部長に今回のトラブルの経緯を説明した。圓いきさつ (I explained about the details of the trouble to my department chief.／对部长说明了这次纠纷的原委。／부장님께 이번 트러블의 경위를 설명했다.) ▶ 今までの経緯もあって、彼のことはあまり信用していない。 (I don't trust him much because of the circumstances that happened before.／从至今为止的原委上来看,大家不太相信他了。／지금까지의 경위도 있어서 그는 별로 신용하지 않는다.)
☐ 懸案(けんあん) (outstanding issue／悬案／현안)	▶ 懸案事項 (matters of concern／悬案事项／현안 사항) ▶ 二国間で懸案になっている問題について話し合われた。 (Discussions were held about outstanding issues between the two countries.／两国之间就悬而未决的问题进行了磋商。／두 국가에서 현안이 되고 있는 문제에 대해 서로 이야기했다.)
☐ 権威(けんい) (power, authority／权威／권위)	▶ 権威ある専門誌 (authoritative specialized magazine／权威性的专业杂志／권위 있는 전문지) ▶ 先生は犯罪心理学の権威です。 (The professor is an authority in criminal psychology.／老师是犯罪心理学的权威。／선생님은 범죄 심리학의 권위자입니다.)
☐ 現地(げんち) (actual place, field, site／当地／현지)	▶ 現地からの中継、現地集合 (report from the scene, getting together on the site／当地传来的直播、在当地集合／현지로부터 중계, 현지 집합) ▶ 海外進出に伴い、現地法人を設立した。 (We established a local company in the process of going international.／随着海外事业的发展,设立了当地法人机构。／해외 진출에 따라 현지 법인을 설립했다.)
☐ 原点(げんてん) (origin, starting point／原点／원점)	▶ この作家の原点は、少年期を過ごした東北の自然にあった。 (This author's work takes its starting point from the natural environment of Tohoku, where he spent his youth.／这个作家的创作原点是少年时期的东北大自然。／이 작가의 원점은 소년기를 지낸 동북지방의 자연에 있었다.)
☐ 言動(げんどう) (action, behavior／言行／언동)	▶ 言動に注意する (to pay attention one's action／注意言行／언동에 주의하다) ▶ 最近の彼女の言動はちょっとおかしい。 (Her behaviorhas becom a little strange recently.／最近她的言行有些奇怪。／최근 그녀의 언동은 조금 이상하다.)

- ☐ 原理
  げんり
  (principle, fundamental, mechanism／原理／원리)
  ▷ 市場原理
  しじょうげんり
  (market principle／市场原理／시장원리)
  ▷ 飛行機が飛ぶ原理がわからない。
  ひこうき と げんり
  (I don't understand the basic mechanism of airplane flight.／不知道飞机飞行的原理。／비행기가 나는 원리를 모르겠다.)

- ☐ 行為
  こうい
  (action, behavior／行为／행위)
  ▷ 犯罪行為、親切な行為
  はんざいこうい しんせつ こうい
  (criminal behavior, kindness／犯罪行为、善意的行为／범죄 행위, 친절한 행위)
  ▷ どんな行為が選挙違反になるんですか。
  こうい せんきょいはん
  (What behavior could violate election laws.／什么样的行为是违反选举的?／어떤 행위가 선거 위반이 됩니까?)

- ☐ 鉱山
  こうざん
  (mines／矿山／광산)

- ☐ 公然
  こうぜん
  (public, open／公然／공공연합)
  ▷ 公然の秘密、公然と批判する
  こうぜん ひみつ こうぜん ひはん
  (open secret, to criticize publicly／公开的秘密、公开批评／공공연한 비밀, 공공연히 비판하다)
  ▷ 彼が学生の頃、政治活動をしていたのは公然の事実です。
  かれ がくせい ころ せいじかつどう こうぜん じじつ
  (The fact that he was involved in political activities is known well to the public.／他当学生的时候进行政治活动是公开的事实。／그가 학생이었을 때 정치 활동을 했던 것은 공공연한 사실입니다.)

- ☐ 恒例
  こうれい
  (usual practice／惯例／항례, 정례)
  ▷ 毎年4月に行われる100キロハイキングは、大学の恒例行事です。
  まいとし がつ おこな だいがく こうれいぎょうじ
  (100 kilometer hiking in April is an annual event of the university.／每年四月举行的100公里远足,是大学的惯例活动。／매년 4월에 치러지는 100킬로 하이킹은 대학의 정규적인 행사입니다.)

- ☐ 個々
  ここ
  (individual／每个／개개, 하나하나)
  ▷ 手続きに必要な書類は、個々のケースによって異なります。
  てつづ ひつよう しょるい ここ こと
  (The forms you need for the procedure differ depending on each individual case.／办手续所需要的资料,根据每个事例不同各不相同。／수속에 필요한 서류는 각각의 케이스에 따라 다릅니다.)

- ☐ 事柄
  ことがら
  (affair, matter／事情／사항)
  ▷ 通訳の場合、専門的な事柄についてもある程度対応できなければならない。
  つうやく ばあい せんもんてき ことがら ていどたいおう
  (Interpreters should be able to translate specialized matters to a certain degree.／翻译的时候,对专业上的事情在某种程度上必须了解。／통역의 경우 전문적인 사항에 대해서 어느 정도 대응할 수 있지 않으면 안 된다.)

| □ 固有
こゆう
(unique, specific, inherent／固有／고유) | ▷ 固有名詞、固有の財産
こゆうめいし　こゆうざいさん
(proper noun, particular asset／固有名詞、固有财产／고유 명사, 고유의 재산)
▶ お花見は、日本固有の文化といえるかもしれません。 圓特有
はなみ　　にほんこゆう　ぶんか　　　　　　　　　　とくゆう
(It could be said that cherry blossom viewing is unique to Japanese culture. ／赏花可以说是日本固有的文化。／벚꽃 구경은 일본 고유의 문화라고 할 수 있을지도 모르겠습니다.) |

| □ 根拠
こんきょ
(foundation, reason, evidence／根据／근거) | ▷ 根拠のない話、根拠となるデータ
こんきょ　　　はなし　こんきょ
(unfounded story, supporting data／毫无根据的事情、有根据的数据／근거 없는 이야기, 근거가 되는 데이터)
▶ 彼らがそう主張する根拠は何ですか。
かれ　　　　　しゅちょう　　こんきょ　なん
(What is the foundation of their claim. ／他们那么主张的根据是什么？／그들이 그렇게 주장하는 근거는 무엇입니까?) |

46
CD2

| □ 根本
こんぽん
(root, foundation／根本／근본) | ▷ 彼女とは根本的に考え方が違うので、いつも話が合わない。
かのじょ　　こんぽんてき　かんが　かた　ちが　　　　　　はなし　あ
(She and I can't always agree, because our ideas are fundamentally different. ／和她的想法根本上不一致，总是谈不来。／그녀와는 근본적으로 생각하는 것이 다르기 때문에 항상 이야기가 맞지 않는다.) |

| □ 根本的
こんぽんてき
（な、に） | (fundamental, essential／根本地／근본적인) |

| □ 策
さく
(method, way, strategy／方法／책) | ▷ 解決策
かいけつさく
(solution／解决方法／해결책)
▶ 何かいい策はないかなあ。
なに　　　　さく
(Is there any good way? ／有什么好办法吗？／무언가 좋은 방법은 없을까.) |

| □ 作戦
さくせん
(strategy, game plan／作战／작전) | ▷ 作戦を練る
さくせん　ね
(to develop a game plan／推敲作战方案／작전을 짜다) |

| □ 差出人
さしだしにん
(sender／发信人／발신인) | |

| □ 差し支え
さしつか
(hindrance／问题／지장) | ▶ 差し支えなければ、詳しい話をお聞かせください。
さ　つか　　　　　　　　くわ　　　はなし　　き
(If it's not too much trouble, I'd like to hear more about the details. ／如果没什么不方便的地方，请告诉我详细的事情。／지장이 없으시면 상세한 이야기를 들려주세요.) |

| □ 差し支える
さしつか
(to interfere, hinder／有妨碍／지장이 생기다) | ▶ 早く帰らないと明日の仕事に差し支えるよ。
はや　かえ　　　　　あした　しごと　　さ　つか
(Your work tomorrow is going to be hampered if you don't go home early. ／不赶紧回去就会对明天的工作产生影响。／빨리 돌아가지 않으면 내일 일에 지장이 있다.) |

軸
じく
(axis／軸／축)

▷ 時間軸
じかんじく
(time axis／時间轴／시간축)

▷ 左足を軸にして、回ってみてください。
ひだりあし じく まわ
(Please try to turn on your left foot.／以左脚为轴,绕个圈。／왼쪽 발을 축으로 돌아보세요.)

▷ チームは彼を軸にまとまってきた。
かれ じく
(The team members have united around him.／团队以他为中心,团结在一起。／팀은 그를 축으로 뭉쳐 왔다.)

実情
じつじょう
(actual condition／实情／실정)

▷ 住民らは改めて、騒音被害の実情を訴えた。≒実態
じゅうみん あらた そうおん ひがい じつじょう うった
(The residents appealed the actual damage of the noise again.／居民们再次申诉了噪音危害的实际情况。／주민은 새삼 소음 피해의 실정을 호소했다.)

実態
じったい
(revelation, actual condition／实态／실태)

▷ 長期間に及ぶ取材により、不正の実態が明らかになった。
ちょうきかん およ しゅざい ふせい じったい あき
(The actual injustice was revealed by the reporter's long term efforts to gather information.／根据长时间的采访,不正当的实际情况终于搞清楚了。／장기간에 걸친 취재로 부정의 실태가 명확해졌다.)
≒実情

指標
しひょう
(index, indicator／指标／지표)

▷ 経済指標、教育の指標
けいざいしひょう きょういく しひょう
(economic indicator, educational indicator／经济指标、教育指标／경제 지표, 교육의 지표)

▷ この数字が、経営状況を評価する際の指標となる。
すうじ けいえいじょうきょう ひょうか さい しひょう
(This number is the rating used to evaluate the management.／这个数字成为评价经营状况的指标。／이 숫자가 경영 상황을 평가할 때의 지표가 된다.)

自明
じめい
(self-evident／自明／자명)

▷ 自明の理
じめい り
(axiom／自明之理／자명한 이치)

▷ 高齢化で社会保障費が増え続けるのは自明のことです。
こうれいか しゃかいほしょうひ ふ つづ じめい
(It is self-evident that the cost of social security keeps increasing in aging societies.／由于趋于高龄化,社会保障费的持续增加是理所当然的。／고령화로 사회보장비가 점점 느는 것은 자명한 일입니다.)

視野
しや
(outlook／视野／시야)

▷ 視野が狭い
しや せま
(narrow outlook／视野狭窄／시야가 좁다)

種々
しゅじゅ
(various／各种／여러 가지)

▷ 感染の発見が遅れることで、種々の問題が生じる。
かんせん はっけん おく しゅじゅ もんだい しょう
(The delay of identifying infection causes various problems.／感染发现得太迟,引发了各种问题。／감염 발견이 늦으면 여러 문제가 생긴다.)

47

- ☐ **主体**
  しゅたい
  (main part／主体／주체)
  ▶ サービスの運営主体はどこですか。
  うんえいしゅたい
  (What is the main service organization?／服务的运营主体在哪里？／서비스의 운영 주체는 어디입니까?)

- ☐ **主体性**
  しゅたいせい
  (independence／主体性／주체성)
  ▶ 日本の学生はおとなしく、主体性がないとよくいわれる。
  にほん がくせい しゅたいせい
  (They say that Japanese students are timid and not independent.／人们经常说日本的学生很顺从、没有个性。／일본 학생은 얌전하고 주체성이 없다고 자주 듣습니다.)

- ☐ **主体的(な)**
  しゅたいてき
  (active, independent／独立的、自主的／주체적인)
  ▷ 主体的な行動
  しゅたいてき こうどう
  (Independent-minded action／独立的行动／주체적인 행동)

- ☐ **出生率**
  しゅっしょうりつ
  (rate of birth／出生率／출생률)

- ☐ **情勢**
  じょうせい
  (situation／形势／정세)
  ▷ 国際情勢
  こくさいじょうせい
  (international situation／国际形势／국제 정세)

  ▶ ここ数年の経済情勢を考えると、来年も厳しくなりそうだ。
  すうねん けいざいじょうせい かんが らいねん きび
  (As I think of economical situation in recent years, next year seems to be hard, too.／观察一下这些年来的经济形势，看来明年也很严峻。／최근 수년의 경제 정세를 생각하면 내년도 힘들 것 같다.)

- ☐ **情緒**
  じょうちょ
  (atmosphere, emotion／情趣、情调／정서)
  ▷ 下町の情緒
  したまち じょうちょ
  (old downtown atmosphere／平民区的情调／서민의 정서)

  ▶ 歴史のある町なだけに、情緒がある。
  れきし まち じょうちょ
  (Since this is a historical town, there is a great deal of atmosphere.／正因为是有历史的城镇,所以比较有情调。／역사 있는 동네인 만큼 정서가 느껴진다.)

  ▶ うちの娘も、中学に入ってから少し情緒不安定なところがある。
  むすめ ちゅうがく はい すこ じょうちょふあんてい
  (My daughter started to show her emotional instability after she began junior high school.／我家的女儿上了中学后有点儿情绪不安定。／우리 딸도 중학교에 들어가고 나서 조금 정서가 불안정인 면이 있다.)

- ☐ **情緒的(な)**
  じょうちょてき
  (emotional, sentimental／风趣／정서적인)

☐ **焦点** しょうてん (focus, focal, center／ 焦点／초점)	▷ 焦点を合わせる しょうてん あ (to focus on／对焦／초점을 맞추다)	
	▶ 少し焦点がずれてきましたので、話を元に戻しましょう。 すこ しょうてん はなし もと もど (We've been missing the focus, let's go back to the discussion point.／焦点有些偏离了，还是回到原来的话题上吧。／조금 초점이 빗나갔으니까 이야기를 처음으로 돌립시다.)	
☐ 同 **ピント** (focus／焦点／핀트)	▷ なかなかピントが合わない。 あ (I have difficulty focusing.／焦点怎么都对不上。／좀처럼 핀트가 맞지 않는다.)	
☐ **事例** じれい (case example／事例／사례)	▷ 成功事例 せいこうじれい (success example／成功事例／성공 사례)	
	▶ 本サービスの導入事例をいくつかご紹介します。 ほん どうにゅうじれい しょうかい (I will show you some examples to introduce this service.／向大家介绍几个服务的引进事例。／본 서비스의 도입 사례를 몇 가지 소개하겠습니다.)	
☐ **真実** しんじつ (truth／真实／진실)	▷ 何が真実なのか、わからなくなってきた。 なに しんじつ (I'm confused and don't know what the truth is.／越发不明白了什么是真正的事实。／무엇이 진실인지 모르게 되었다.)	
☐ **隙** すき (gap, open space／缝隙／틈)	▷ 隙間、隙のない人 すきま すき ひと (space between, very careful person／间隙、无可乘之机的人／틈, 빈틈이 없는 사람)	
	▶ 隙があるから、だまされるんだよ。 すき (Since you were careless, you were deceived.／有可乘之机,才会被人家骗的。／빈틈이 있으니까 속는 거야.)	
☐ **前提** ぜんてい (precondition, assumption, premise／前提／전제)	▷ 結婚を前提に付き合う（／交際する） けっこん ぜんてい つ あ こうさい (to date someone with marriage in consideration／以结婚为前提进行交往／결혼을 전제로 사귀다)	
	▶ 産業活動の前提となるインフラの整備がまだ不十分だ。 さんぎょうかつどう ぜんてい せいび ふじゅうぶん (Infrastructure to be a basis of industrial activity is not enough.／以产业活动为前提的基础设施的修整还不完善。／산업 활동의 전제가 되는 인프라의 정비가 아직 불충분하다.)	
☐ **措置** そち (measure／措施／조치)	▷ 法的な措置を取る ほうてき そち と (to take a legislative measure／采取法律措施／법적인 조치를 하다)	

| □ 態勢
たいせい
(arrangement／事态
／태세) | ▷ 警戒態勢、万全の態勢で臨む
けいかいたいせい　ばんぜん　たいせい　のぞ
(state of alert, with full preparation／警戒事态、以万全姿态来对待／경계 태세, 만전의 태세로 임하다) |
| | ▷ A高校では、留学生を受け入れる態勢が整った。
こうこう　　　りゅうがくせい　う　い　　　たいせい　ととの
(High school A is ready to have students from abroad.／A高校已经具备接受留学生的条件。／A고등학교에서는 유학생을 받아들일 태세가 정비되었다.) |

| □ 他方
たほう
(other／另一方面／
다른 한쪽, 한편) | ▷ 他方の主張
たほう　しゅちょう
(the other's insistence／另一方的主张／다른 한쪽의 주장) |
| | ▷ この政策は国民にウケた。他方、大きな財政負担となった。
せいさく　こくみん　　　　　　たほう　おお　　　ざいせいふたん
(This policy was accepted by the people. On the other hand, it became a huge financial burden.／这项政策受国民欢迎。另一方面，也带来了很大的财政负担。／이 정책은 국민에게 인정받았다. 한편 큰 재정부담이 되었다.) |

| □ 単独
たんどく
(on one's own, alone／
单独／단독) | ▷ 単独ライブ
たんどく
(live performance with one performer／单独演唱会／단독 라이브) |
| | ▷ 彼らの場合、群れから離れ、単独で行動するのは稀です。
かれ　　ばあい　む　　　はな　　たんどく　こうどう　　　　まれ
(It is rare for them to leave their group and be alone.／他们离开部落(集体)，单独行动是非常罕见的。／그들의 경우 무리에서 떨어져 단독으로 행동하는 것은 드뭅니다.) |

| □ 断トツ
だん
(far and away, decisively／绝对领先、绝对出众／단연히 앞섬) | ▷ 男の子が好きなスポーツの第1位は、断トツでサッカーだった。
おとこ　こ　す　　　　　　　　だい　い　　　だん
(The sport that boys liked the most was soccer, by a long way.／男孩子最喜欢的体育运动绝对是足球。／남자아이가 좋아하는 스포츠의 1위는 단연 축구였다.) |

| □ 中古
ちゅうこ
(used／中古／중고) | ▷ 中古車
ちゅうこしゃ
(used car／中古车／중고차) |

| □ 中立
ちゅうりつ
(neutral／中立／중립) | ▷ 中立国
ちゅうりつこく
(neutral country／中立国／중립국) |
| | ▶ 中立の立場から二人に意見を言いました。
ちゅうりつ　たちば　　ふたり　いけん　い
(I told my neutral opinion to them.／从中立的立场对两人提了意见。／중립의 입장에서 두 사람에게 의견을 말했습니다.) |

| □ 通常
つうじょう
(usually／通常／通常) | ▶ 通常はこの方法で検査します。
つうじょう　　　　ほうほう　けんさ
(Usually we use this test method.／通常用这种方法尽兴检查。／보통 때는 이 방법으로 검사합니다.) |

□ 杖 つえ (cane, stick／拐杖／지팡이)	▷ 杖をつく つえ (use a cane／拄拐杖／지팡이를 짚다)
□ ツキ (luck／幸运、走运／운)	▷ ツキを呼ぶ (to bring luck／招来好运／행운을 부르다) ▷〈くじ〉またはずれた。今日はツキがないなあ。 きょう (<lot> I drew a losing ticket again. I don't have any luck today.／〈抽签〉又没中。今天真是不走运啊。／<제비뽑기> 또 안 맞네. 오늘은 운이 없군.)
□ ついている (to have a luck／运气好／운이 좋다)	▷ 今日はついてるなあ。先生には褒められるし、くじには当たるし。 きょう　　　　　　　　　せんせい　　ほ　　　　　　　　　　　あ (I have a luck today. I was praised by my teacher and drew a winning ticket.／今天真走运。被老师表扬了，又中彩票了。／오늘은 운이 좋네. 선생님께는 칭찬을 받고 제비뽑기는 당첨이 되고.)
□ 帝国 ていこく (empire／帝国／제국)	▷ ローマ帝国、帝国主義 てい　こく　ていこくしゅぎ (Roman empire, imperialism／罗马帝国、帝国主义／로마 제국, 제국주의)
□ 手品 てじな	(magic／魔术／마술)
□ 哲学 てつがく (philosophy／哲学／철학)	▷ ギリシャ哲学、経営哲学 てつがく　けいえいてつがく (Greek philosophy, management philosophy／希腊哲学、经营哲学／그리스 철학, 경영 철학) ▷ 彼には何の哲学もない。 かれ　　　なん　てつがく (He has no personal philosophy.／对他来说没什么哲学。／그에게는 어떤 철학도 없다.)
□ 手引き てび (manual, guide／入门书、向导／초심자를 가르침, 또는 그런 책)	▷ 手引書 てびきしょ (guide book／入门书、指南书／안내서) ▷「受験の手引き」をよく読んでからお申し込みください。 じゅけん　てび　　　　　　　よ　　　　　　　　もう　こ (Please read the guide carefully before you apply for the exam.／好好读一下《考试指南》再进行申请。／입시 안내서"를 잘 읽고 신청하세요.)
□ 電圧 でんあつ	(electrical pressure／电压／전압)
□ 天然 てんねん (natural／天然／천연)	▷ 天然マグロ てんねん (wild tuna／天然金枪鱼／천연 다랑어)
□ 陶器 とうき	(pottery／陶器／도기)

□ 動向	▷ 市場／業界の動向を探る
どうこう	しじょう／ぎょうかい　どうこう　さぐ
(trend, stream, movement／动向／동향)	(to research the trend of market/industries／探寻市场动向/探寻业界动向／시장/업계의 동향을 살피다)
	▷ 番組では毎回、世界の動向を伝えていきます。
	ばんぐみ　まいかい　せかい　どうこう　つた
	(This program tells you world trends every time.／节目每次都介绍世界的动向。／방송(프로)에서는 매번 세계의 동향을 전합니다.)

□ 道理	▷ 道理にかなう
どうり	どうり
(principle, reason, right／道理／도리)	(to make good sense／合乎道理／도리에 맞다)
	▷ 彼一人だけが責任を負うなんて、道理に合わない。
	かれひとり　　　せきにん　お　　　　　　どうり　あ
	(It doesn't make sense that he takes the responsibility alone.／只让他一个人负责,不合理。／그 혼자만이 책임을 지다니 도리에 맞지 않는다.)

□ 特産	▷ 特産品
とくさん	とくさんひん
(local specialty product／特产／특산)	(local specialty／特产品／특산품)
	▷ お土産にはこのメロンを買うよ。ここの特産なんだって。
	みやげ　　　　　　　　　　か　　　　　　　　　とくさん
	(I will buy this melon for a souvenir. They said this is their local specialty product.／回去送人礼物就买甜瓜吧。听说是这里的特产。／선물로는 이 멜론을 살 거야. 여기 특산이래.)

□ 独自	▷ 日本独自の習慣
どくじ	にほんどくじ　しゅうかん
(unique, one's own／独自／독자)	(Japanese unique custom／日本独自的习惯／일본 독자의 습관)
	▷ 彼らは独自の方法で調査を行った。
	かれ　　　どくじ　ほうほう　ちょうさ　おこな
	(They did the investigation with their own method.／他们通过独自的方法进行了调查。／그들은 독자의 방법으로 조사했다.)

□ 匿名	▷ 匿名で他人を中傷する書き込みが増えている。
とくめい	とくめい　たにん　ちゅうしょう　　か　こ　　　ふ
(anonymity／匿名／익명)	(We have more and more anonymous slanderous messages to someone on the internet.／匿名中伤他人的帖子增加了。／익명으로 타인을 중상하는 게시글이 늘고 있다.)

□ 特有	▷ 女性特有の病気、温泉特有の匂い　圓固有
とくゆう	じょせいとくゆう　びょうき　おんせんとくゆう　にお　　　　こゆう
(characteristic, peculiar／特有／특유)	(diseases peculiar to woman, peculiar smell of hot springs／女性特有的疾病、温泉特有的气味／여성 특유의 병, 온천 특유의 냄새)

□ 土砂	▷ 土砂崩れ、土砂を運搬する
どしゃ	どしゃくず　　どしゃ　うんぱん
(earth and sand／沙子／토사)	(mudslides, to transport earth and sand／塌方、搬运石头沙子／토사 붕괴, 토사를 운반하다)
	▷ 台風の影響で土砂災害の恐れがあります。
	たいふう　えいきょう　どしゃさいがい　おそ
	(We are in danger of mudslides with the influence of the typhoon.／由于台风的影响有可能会发生泥石流的灾害。／태풍의 영향으로 토사 재해의 염려가 있습니다.)

任意 (にんい)
(on a voluntary basis／任意／임의)

▷ 任意で入る保険
(voluntary insurance／任意保险／임의로 드는 보험)

▶ アンケートのいくつかは任意の回答とした。
(There are some questions you may answer voluntarily in the questionnaire we made.／问卷调查的几个问题设为任意答案。／앙케트의 몇 가지는 임의로 대답했다.)

控え (ひかえ)
(alternate, duplicate, file copy／存根／예비)

▷ 控えの選手、メアド（＝メールアドレス）の控え、領収書の控え
(reserve player, duplicate email address, copy of receipts／候补选手、备用的邮箱地址、收据的存根／대비 선수, 메일 어드레스를 적어 둔 것, 영수증 복사본)

▶ なくして困らないよう、控えを1部取っておいてください。
(Please make a copy and don't lose so you don't get in trouble.／为了避免丢失后的麻烦，请将副本保管好。／잃어버리고 곤란하지 않도록 복사본을 한 부 해 두세요.)

人目 (ひとめ)
(attention of people／众人的注目／남의 눈)

▷ 人目を避ける、人目を気にする
(to avoid attracting attention, conscious／避人耳目、在乎别人的眼光／사람의 눈을 피하다, 사람 눈을 신경 쓰다)

▶ 大事な情報なら、もっと人目につくようなとこに貼らないと。
(It it is an important information, you should put it in front to attract public attention.／重要的信息，必须贴在引人注目的地方。／중요한 정보라면 좀 더 다른 사람의 눈에 띄는 곳에 붙이지 않으면 (안 된다).)

ひび
(crack, chap／不和、裂痕／금)

▷ 友情にひびが入る
(to damage friendship／友情存在裂痕／우정에 금이 가다)

▶ グラスにひびが入ってる。
(This glass has a crack.／玻璃杯出现裂痕。／컵에 금이 갔다.)

備品 (びひん)
(equipment, supply／备用品／비품)

▷ 見本市用の商品サンプルと備品は別々の箱に入れてください。
(Please put the samples of the products and the equipment in separate boxes.／试用样品和备用品请分别放到各自的箱子里。／견본 시장의 상품 샘플과 비품은 다른 상자에 넣어 주세요.)

風習 (ふうしゅう)
(custom／风俗习惯／풍습)

▷ この地方には珍しい風習がある。
(They have unique customs in this area.／这个地方有着罕见的风俗习惯。／이 지방에는 신기한 풍습이 있다.)

☐	**風俗** ふうぞく (manners, customs／ 色情／풍속)	▷ 風俗店 ふうぞくてん (sex-related business／色情服务场所／유흥 업소) ▶ これは、江戸時代の風俗の歴史をまとめた本です。 　えどじだい　ふうぞく　れきし　　　　　　　ほん (This book is about the customs of Edo period.／这是总结了江户时代的色情风俗历史的书。／이것은 에도시대 풍속의 역사를 정리한 책입니다.)
☐	**風土** ふうど (climate, environment, culture／水土、风俗、 习惯／풍토)	▷ 日本の風土に合った家 にほん　ふうど　あ　　いえ (houses which suit the Japanese climate.／适合日本风土的房子／일본의 풍토에 맞는 집) ▶ どの会社にも、それぞれの企業風土というものがある。 　　かいしゃ　　　　　　　　きぎょうふうど (All companies have their own business culture.／哪个公司都存在各自的企业风气。／어느 회사에도 각각의 기업풍토라는 것이 있다.)
☐	**風評** ふうひょう (rumor, reputation／谣 传、传闻／떠도는 소 문)	▶ 地元の農家は、風評被害が起きないか、心配している。 　じもと　のうか　　ふうひょうひがい　お　　　　　しんぱい (The local farmers are worried of harmful rumors.／当地的农家担心会不会因谣言而造成经济损失。／그 지역 농가는 떠도는 소문으로 피해를 입지 않을까 걱정하고 있다.)
☐	**物資** ぶっし (supply, commodity／ 物资／물자)	▷ 生活物資、物資の調達 せいかつぶっし　ぶっし　ちょうたつ (Daily commodity, commodity procurement／生活物资、物资的调配／생활 물자, 물자의 조달) ▶ 被災地には、続々と救援物資が届けられている。 　ひさいち　　ぞくぞく　きゅうえんぶっし　とど (The relief supplies are sent to the disaster site one after another.／救援物资不断地调配到了受灾地区。／피재지에는 속속 구원 물자가 도착하고 있다.)
☐	**武力** ぶりょく	(force, armed might／武力／무력)
☐	**文明** ぶんめい (civilization／文明／ 문명)	▷ エジプト文明 ぶんめい (Egyptian civilization／埃及文明／이집트 문명)
☐	**兵士** へいし (soldier／士兵／병 사)	▷ 兵隊 へいたい (soldier／军队／군대)
☐	**便宜** べんぎ (convenience, advan- tage／方便／편의)	▶ 便宜上、お名前をカタカナで表記しています。 　べんぎじょう　なまえ　　　　　　　ひょうき (For convenience sake, we use Katakana to write names.／为了方便,姓名用片假名来标示。／편의상 이름을 가타카나로 표기하고 있습니다.) ▶ 出張先ではいろいろと便宜を図っていただき、ありがとうございました。 　しゅっちょうさき　　　　　　　べんぎ　はか (Thank you very much for doing a favor during my business trip.／谢谢您在我出差地给我提供很多的方便。／출장 갔을 때는 여러 편의를 봐 주셔서 감사합니다.)

□ **牧畜**　ぼくちく (stock raising／畜牧／목축)	▷ 人々は草原に暮らし、主に牧畜を営んでいる。 (People live in grassland and mostly engage in livestock production.／人们在草原上生活，主要经营畜牧业。／사람들은 초원에서 살고 주로 목축을 하고 있다.)
□ **本質**　ほんしつ (substance, essential quality, true nature／本质／본질)	▷ 本質を見抜く (to see the essence of the things／看清本质／본질을 꿰뚫어 보다) ▷ 一方の側からの意見だけでは、物事の本質は見えてこない。 (You can't see the truth with only one opinion from one side.／仅仅凭一方面的意见是不能看到事物的本质。／한쪽의 의견만으로는 사물의 본질은 보이지 않는다.)
□ **本質的（な）**　ほんしつてき (real, essential／本质的／본질적인)	▷ 男性と女性の本質的な違いをまず理解することだ。 (The first thing you have to do is to understand the essential difference between men and women.／首先应该理解男性和女性的本质区别。／남성과 여성의 본질적인 차이를 우선 이해해야 한다.)
□ **本場**　ほんば (country of origin／正宗、发源地／본고장)	▷ 本場で修業する (to get trained in its country of origin／在正宗发源地进行修炼学习／본고장에서 배우다) ▷ さすが本場のピザは違うと思いました。 (I thought the authentic pizza tastes very different.／的确正宗的披萨饼还是不一样。／과연 본고장의 피자는 달랐습니다.)
□ **見出し**　みだし (headline, caption／标题／표제어, 목차)	▷ 新聞の見出し (newspaper headline／报纸的标题／신문 표제어)
□ **見通し**　みとおし (prospect, vision, outlook／预期／전망)	▷ 景気の見通し (outlook for the economy／景气的预期／경기 전망) ▷ 電車が止まって30分たつが、復旧の見通しはまだ立っていないようだ。 (The train stopped thirty minutes ago and it seems that they still don't know when they can recover.／电车停下来都已经过了三十分钟，好像还没有恢复运行的预计。／전차가 멈추고 30분이 지났지만, 복구의 전망은 아직 보이지 않는 모양이다.)
□ **源**　みなもと (source／来源／근원)	▷ 私の元気の源は、子供の笑顔です。 (The source of my energy comes from smile of children.／我的精神来源是孩子们的笑脸。／내 활기의 근원은 아이들의 웃음입니다.)
□ **旨**　むね (purpose, intention, effect／主旨／취지, 뜻)	▷ 出席できない場合はその旨をメールでお知らせください。 (If you can't attend, please let us know.／不能出席的时候，请用邮件通知一下。／출석할 수 없는 경우는 그 이유를 메일로 알려 주세요.)

- ☐ **恵み**
  めぐみ
  (blessing／恩泽、恩惠／은총)
  - ▷ 恵みの雨
    めぐ あめ
    (blessed rain／及时雨／은혜의 비)
  - ▷ 〈広告〉自然の恵みをお届けします。
    こうこく しぜん めぐ とど
    (<advertizement>We will deliver the blessing of nature.／(广告)我们为您送来自然的恩惠。／<광고> 자연이 준 선물을 배달합니다.)

- ☐ **目先**
  めさき
  (foresight, things before one's eyes／眼前／눈앞, 코앞)
  - ▷ あの社長は目先の利益しか考えていない。
    しゃちょう めさき りえき かんが
    (The company president thinks of short-term gain.／那个社长只考虑眼前的利益。／저 사장님은 코앞의 이익밖에 생각하지 않는다.)

- ☐ **持ち運び**
  も はこ
  (carrying／搬动、挪动、携带／운반)
  - ▷ これは薄くて軽いので、持ち運びに便利です。
    うす かる も はこ べんり
    (This one is thin and light, so it's convenient for carrying around.／这个又轻又薄,方便携带。／이것은 얇고 가벼워서 가지고 다니는 데에 편리합니다.)

- ☐ **闇**
  やみ
  (dark／黑暗／어둠)
  - ▷ 暗闇
    くらやみ
    (darkness／黑暗, 暗处／어둠)

- ☐ **ゆとり**
  (comfort, elbowroom, leeway／宽裕、舒畅／여유)
  - ▷ 家計にゆとりができる
    かけい
    (to have enough household budget.／生活宽裕了／가계에 여유가 생기다)
  - ▷ 2泊3日じゃ、あまりゆとりがないなあ。せめて3泊4日にしよう。
    はくみっか はくよっか
    (Two nights trip is a little too tight. Let's have at least three nights.／两宿三天的话,时间有点紧张,至少得三宿四天吧。／2박 3일로는 별로 여유가 없군. 최소한 3박 4일로 하자.)

- ☐ **余地**
  よち
  (room, space, leeway／余地／여지)
  - ▷ 選択／改善の余地はない
    せんたく かいぜん よち
    (to have no choice/room for improvement／没有选择的余地/没有改善的余地／선택/개선의 여지는 없다)
  - ▷ 答えは既に明らかで、議論の余地はない。
    こた すで あき ぎろん よち
    (The answer is clear and we have no room to discuss it.／回答都已经明确了.没有讨论的余地。／답은 이미 분명해서 논의의 여지가 없다.)
  - ▷ 事故は完全にA社の責任で、弁解の余地などない。
    じこ かんぜん しゃ せきにん べんかい よち
    (Company A is to blame for the accidents and there is no excuse.／事故完全是A公司的责任,毫无辩解余地。／사고는 완전히 A사의 책임으로 변명의 여지 따위 없다.)

- ☐ **酪農**
  らくのう
  (dairy husbandry／奶酪畜牧业／낙농)
  - ▷ 酪農家
    らくのうか
    (dairy farmer／奶酪畜牧业者／낙농가)

□ 利害 りがい (interest／利害／이해)	▶ 利害の対立、利害関係者 りがい たいりつ りがいかんけいしゃ (interest opposition, interested individuals／利益得失、利益相关人／이해의 대립, 이해 관계자)
	▶ 彼らとは利害関係が一致するので、協力し合えると思う。 かれ りがいかんけい いっち きょうりょく あ おも (I think we can cooperate with them since we have same interests.／和他们的利害关系一致,我想会互相协力的。／그들과는 이해관계가 일치하기 때문에 서로 협력할 수 있을 것이다.)
□ 倫理 りんり (ethic／伦理／윤리)	▶ 今後ますます、企業の倫理観が問われることになるだろう。 こんご きぎょう りんりかん と (Business ethics will be questioned more and more in the future.／今后会更加强调企业的伦理道德观吧。／앞으로 점점 더 기업의 윤리관이 문제화될 것이다.)
□ 朗報 ろうほう (good news／喜讯／기쁜 소식)	▶ 日本人がノーベル賞を取ったんだって。 へー、それは朗報だね。 にほんじん しょう と ろうほう (I heard a Japanese person received the Nobel prize. ―Wow, it is a good news.／听说日本人获得了诺贝尔奖。---哦,那真是喜讯啊。／일본인이 노벨상을 받다니. -喜, 그건 기쁜 소식이네.)
□ 路地 ろじ (alley／小巷／골목길)	▶ お店は、表通りから少し路地に入ったところにあります。 みせ おもてどお すこ ろじ はい (You go into the alley from the main street a little bit and see the store.／店铺位于从大道稍微进到小巷的那个地方。／가게는 바깥 길에서 조금 골목으로 들어간 곳에 있습니다.)

15 形容詞 (Adjectives／形容词／형용사)

圧倒的(な)
(overwhelming／压倒的／압도적인)

▷ 昨年に続き、A大学が圧倒的な強さで優勝した。
(University A won a sweeping victory two years in row.／继去年之后,A大学以压倒的优势取得了冠军。／작년에 이어 A대학이 압도적인 우세로 승리했다.)

あやふや(な)
(vague, ambiguous／含糊、靠不住／애매한)

▷ そんなあやふやな言い方じゃ、わからないよ。
(Nobody's going to understand such a vague statement.／那样模凌两可的说法,让人搞不懂啊。／그런 애매한 말투로는 몰라.)
類 曖昧(な)

いい加減(な)
(irresponsible, be not very precise／靠不住,敷衍／적당한、알맞게 함)

▷ いい加減な人
(irresponsible person／靠不住的人／적당한 사람)

▷ 危険を伴う競技なので、いい加減な気持ちではやらないでください。
(This game carries risk, so please don't play irresponsibly.／这是伴随着危险的竞技运动,可别掉以轻心。／위험을 동반하는 경기여서 적당한 마음으로는 하지 마세요.)

▷ いい加減に起きたら？ もう10時だよ。
(Isn't it about time to get up? It's already 10 o'clock.／该起来了吧,已经十点了。／어지간히 자고 이제 일어나면 어때? 벌써 10시야.)

嫌み(な)
(sarcastic／令人不快的／불쾌감을 주는)

▷ 嫌みを言う
(make a sarcastic remark／说挖苦话／비꼬는 말을 하다)

▷ 彼女の嫌味な言い方に腹が立った。
(I was annoyed with her sarcastic comments.／对她令人不快的说法感到生气。／그녀의 비꼬는 말투에 화가 났다.)

円滑(な)
(smooth／顺利、圆滑／원활한)

▷ 円滑なコミュニケーション
(smooth communication／顺利的交流／원활한 커뮤니케이션)

▷ 仕事を円滑に進めるためのポイントは次の5つです。
(Here are five points to help your work go smoothly.／能让工作顺利进行的重点有下面五点。／일을 원활히 진행하기 위한 포인트는 다음의 5가지입니다.)

円満(な)
(harmonious, peaceful／圆满的／원만한)

▷ 夫婦円満の家庭
(happy couple home／夫妇幸福圆满的家庭／부부가 원만한 가정)

▷ 話し合いは円満に終わった。
(The discussion ended peacefully.／商谈圆满结束。／이야기는 원활히 끝났다.)

- [ ] **大まか(な)**
  おお
  (rough, brief, general／大致的／대범한)
  ▶ この先1カ月の大まかな予定を教えてください。
  さき げつ おお よてい おし
  (Please tell me the general plan for next one month.／请告诉我今后一个月的大致安排。／이 앞 한 달의 큰 예정을 알려 주세요.)

- [ ] **厳か(な)**
  おごそ
  (solemn, stately／严肃、庄严／엄숙한)
  ▶ 厳かな雰囲気の中、結婚式は行われた。
  おごそ ふんいき なか けっこんしき おこな
  (The wedding was conducted solemnly.／婚礼在庄重的气氛中举行。／엄숙한 분위기 속에서 결혼식이 치러졌다.)

- [ ] **肝心(な)**
  かんじん
  (essential, most important／重要的／중요한)
  ▶ 肝心なことを言い忘れるところだった。
  かんじん い わす
  (I almost forgot to tell you the most important thing.／重要地方差点忘说了。／중요한 것을 말하는 것을 잊을 뻔 했다.)

- [ ] **窮屈(な)**
  きゅうくつ
  (tight, cramped／窄小、狭小／비좁은)
  ▶ この車に5人乗るの!? ちょっと窮屈だなあ。
  くるま にん きゅうくつ
  (We need to have all five people in this car!? It will be a little too cramped.／这辆车坐五个人吗? 有点儿挤。／이 차에 다섯 명이 타니!? 조금 비좁을 텐데.)

- [ ] **強制的(な)**
  きょうせいてき
  (forced, mandatory／强制的／강제적인)
  ▶ この会は、強制的なものじゃないので、気が進まなかったら行かなくていいですよ。
  かい きょうせいてき き すす い
  (You don't have to come if you feel reluctant, since this meeting is not mandatory.／这个会不是一定要去的,不想去也可以不去。／이 모임은 강제적인 것이 아니어서 마음이 내키지 않으면 가지 않아도 됩니다.)

- [ ] **けがらわしい**
  (nasty, disgusting／不干净的、污秽的／역겹다)
  ▶ そんな言葉、口にするのもけがらわしい。
  ことば くち
  (It is nasty to say such a word.／嘴里说出那种话也太下流了。／그런 말, 입에 담는 것도 역겹다.)

- [ ] **劇的(な)**
  げきてき
  (dramatic, substantially／戏剧性的／극적인)
  ▶ 劇的な勝利
  げきてき しょうり
  (dramatic victory／戏剧性的胜利／극적인 승리)
  ▶ その薬を飲んだからといって、劇的によくなるわけじゃない。
  くすり の げきてき
  (You won't get substantially better, even you take that medicine.／虽说吃了那个药,也不会戏剧性地马上就好。／이 약을 먹었다고 해서 극적으로 좋아지는 것은 아니다.)

- [ ] **厳格(な)**
  げんかく
  (strict／严格的／엄격한)
  ▶ 彼女は厳格な家庭で育てられた。
  かのじょ げんかく かてい そだ
  (She was raised in a strict family.／她是在很严格的家庭中长大的。／그녀는 엄격한 가정에서 자랐다.)

- [ ] **堅実(な)**
  けんじつ
  (solid, sound／坚实、可靠／견실한)
  ▶ あそこは会社を大きくしようとか、あんまり考えないで、堅実な商売をしている。
  かいしゃ おお かんが けんじつ しょうばい
  (They do steady business without thinking of making the company bigger or things like that.／他们没有想到要把公司做大,而是在踏实地做生意。／저곳은 회사를 크게 하려 한다든가 별로 생각하지 않고 견실한 장사를 하고 있다.)

- [ ] **賢明（な）**
  けんめい
  (smart, wise／贤明、高明／현명한)

  ▷ 賢明な選択
  けんめい せんたく
  (smart choice／聪明的选择／현명한 선택)

  ▶ 先が読めない状況なので、しばらく様子を見るのが賢明だと思う。
  さき よ じょうきょう ようす み けんめい おも
  (I think it is wise to wait and see how it goes for a while, since we don't know what will happen.／将来的情况不清楚,先看看情况是明智的。／앞을 읽을 수 없는 상황이어서 잠시 형편을 보는 것이 현명하다.)

- [ ] **懸命（な）**
  けんめい
  (hard／拼命的／열심히 하는)

  ▷ 懸命な努力
  けんめい どりょく
  (serious effort／拼命的努力／열심히 하는 노력)

  ▶ 事故発生からすでに2日たちましたが、今なお、懸命な救助活動が続けられています。
  じこはっせい ふつか いま けんめい きゅうじょかつどう つづ
  (Two days after the accident, rescue efforts are still under way.／事故发生已经过了两天了,现在一直在拼命地进行救援活动。／사고 발생으로부터 이미 2일이 지났습니다만 아직도 열심히 구조 활동이 이어지고 있습니다.)

- [ ] **公的（な）**
  こうてき
  (public, official／公家的／공적인)

  ▷ 公的資金
  こうてき しきん
  (public fund／公家的资金／공적 자금)

  ▶ 公的な機関なので、いろいろ制約もあります。
  こうてき きかん せいやく
  (Since this is a public organization, we have various restrictions.／这是公家的机关,有各种各样的制约。／공적인 기관이어서 여러 가지 제약도 있습니다.)

- [ ] 対**私的（な）**
  してき
  (private／私人的／사적인)

  ▶ 会社のパソコンを私的に利用することは禁じられています。
  かいしゃ してき りよう きん
  (Personal use of company computer is banned.／公司的电脑禁止私人利用。／회사의 컴퓨터를 사적으로 이용하는 것은 금지되어 있습니다.)

- [ ] **孤独（な）**
  こどく
  (lonely, solitary／孤独的／고독한)

  ▶ 都会で一人暮らしをしていると、時々、孤独を感じる。
  とかい ひとりぐ ときどき こどく かん
  (When you live alone in a big city, you feel lonely sometimes.／在城市里一个人生活,有时候感到有些孤独。／도시에서 혼자 생활하면 가끔 고독을 느낀다.)

- [ ] **根本的（な）**
  こんぽんてき
  (fundamental／根本的／근본적인)

  ▶ そんな目先の対応じゃなく、根本的な解決が必要だ。
  めさき たいおう こんぽんてき かいけつ ひつよう
  (You need to think of fundamental solutions, not immediate needs.／不是要眼前应付,而是要根本地解决问题。／그런 임시 대응이 아니라 근본적인 해결이 필요하다.)

□ 雑(な) ざつ (rough, rude／混杂、杂乱／엉성한, 조잡한)	▶ これで掃除したの？ 雑だなあ。端のほうとか、全然きれいになってないよ。 (Do you say you cleaned? It's poorly done. Look at the corners, they were not cleaned at all.／这就打扫完了？太草率了吧。角落一点都没打扫干净。／이것으로 청소를 한 거야? 엉성하구나. 끝 부분이라든가 전혀 깨끗하게 되어 있지 않아.)
□ 残酷(な) ざんこく (cruel, heartless／残酷的／잔혹한)	▶ 戦争がいかに愚かで残酷なものか、彼は訴え続けた。 (He kept describing how wars are foolish and brutal.／他一直在诉说战争是如何的愚蠢和残酷／전쟁이 얼마나 어리석고 잔혹한 것인지 그는 계속 호소했다.)
□ 実践的(な) じっせんてき (practical／实践的／실천적인)	▶ この本は、実践的な例がたくさん載っている。 (This book has a lot of practical examples.／这本书记载了很多实践性的事例。／이 책은 실천적인 예가 많이 실려 있다.)
□ 地道(な) じみち (persistent, steady／踏实的／견실한)	▶ 地道な努力の結果、彼はついに、代表入りを果たした。 (After his steady efforts, he finally achieved representative member status.／踏踏实实努力的结果,他终于当上了代表。／견실한 노력의 결과, 그는 마침내 대표가 되었다.)
□ 凄まじい すさ (fierce／猛烈的、骇人的／엄청나다)	▶ 爆発の瞬間、凄まじい音がした。 (At the moment of the explosion, we heard a fierce sound.／爆炸的一瞬间,发出了震耳欲聋的声响。／폭발의 순간, 엄청난 소리가 났다.)
□ ずさん(な) (careless, sloppy／草率、马虎／틀린 곳이 많음)	▶ A社のずさんな経営が明らかになった。 (Company A's sloppy management has become evident.／A公司漏洞百出的经营曝光了。／A사의 엉터리 경영이 분명해졌다.)
□ 絶対的(な) ぜったいてき	(absolute／绝对的／절대적인)
□ 相対的(な) そうたいてき	(relative／相对的／상대적인)
□ 壮大(な) そうだい (mighty, magnificent／宏伟、壮观／장대한)	▶ 宇宙を舞台にした壮大な計画に、心が躍った。 (I was very excited to see the magnificent project taking place in outer space.／我对将宇宙变成大舞台的壮观计划心里感到雀跃。／우주를 무대로 한 장대한 계획에 마음이 뛰었다.)
□ 大胆(な) だいたん (bold, daring／大胆的／대담한)	▶ 大胆な行動、大胆な色使い (daring act, bold use of color／大胆的行动、大胆地配色／대담한 행동. 대담한 색의 사용) ▶ これまでのやり方にとらわれず、大胆な発想を持ってください。 (Please have bold ideas without sticking to former ways.／不要被过去的做法所束缚,要有大胆的设想。／지금까지의 방법에 구애받지 말고 대담한 발상을 가지세요.)

☐ **巧み(な)**
とくみ
(skillful, masterly／巧妙的／능란한, 교묘한)

▷ 巧みなステップ、巧みな話術
 たく   たく   わじゅつ
(skilful steps, good narrative skill／巧妙的步骤、巧妙的谈话技巧／능숙한 스텝, 능란한 화술)

▷ 職人の巧みな技に、驚き、感動した。
 しょくにん たく わざ おどろ かんどう
(I was surprised and impressed by the artisan's masterly skill.／对于工匠的巧妙技巧,很吃惊感动。／장인의 교묘한 기술에 놀라 감동했다.)

☐ **巧妙(な)**
こうみょう
(clever, ingenious／巧妙的／교묘한)

▷ 犯行の手口はますます巧妙になっている。
 はんこう てぐち   こうみょう
(Crime tactics becomes more and more clever.／犯罪手法越来越巧妙。／범행의 수법은 점점 교묘해지고 있다.)

☐ **多彩(な)**
たさい
(a great variety of／多彩的／다채로운)

▷ 彼女の多彩な才能は、こんなところにも発揮された。
 かのじょ たさい さいのう   はっき
(Her versatile talent was also displayed in this area.／她的多才多艺,在这里也得到了发挥。／그녀의 다채로운 재능은 이런 곳에도 발휘되었다.)

☐ **緻密(な)**
ちみつ
(precise, exact／细致的／치밀한)

▷ 緻密な描写
 ちみつ びょうしゃ
(accurate description／细致的描写／치밀한 묘사)

▷ この大ヒット商品の裏には、彼の緻密な計算があった。
 だい   しょうひん うら   かれ ちみつ けいさん
(There was his precise calculation behind the blockbuster product.／在这个畅销的产品背后,有着他严密的计算。／이 대 히트상품의 뒤에는 그의 치밀한 계산이 있었다.)

☐ **抽象的(な)**
ちゅうしょうてき
(abstract／抽象的／추상적인)

▷ 抽象的な話はいいから、もっと具体的な問題について話しましょう。
 ちゅうしょうてき はなし   ぐたいてき もんだい   はな
(We shouldn't talk in the abstract. Let's talk about more specific problems.／抽象的东西就不说了,说点儿具体的问题吧。／추상적인 이야기는 됐으니까 좀 더 구체적인 문제에 대해 이야기합시다.)

☐ **尊い**
とうと
(precious／宝贵／소중하)

▷ こうした連携によって、尊い命が救われるのです。
       れんけい   とうと いのち すく
(The teamwork save precious lives.／通过这样的合作,拯救了宝贵的生命。／이런 연계로 귀중한 생명을 구할 수 있었다.)

☐ **尊さ**
とうと
(preciousness／珍贵、宝贵／소중함)

☐ **鈍感(な)**
どんかん
(insensitive, thick／迟钝感／둔감한)

▷ 彼は鈍感だから、そういう女性の気持ちはわからないよ。
 かれ どんかん   じょせい きも
(He's kind of insensitive, so he won't understand how a woman would feel about that.／他很迟钝,不了解女孩子的心情。／그는 둔감하니까 그런 여성의 기분은 모른다.)

53 CD2

華やか(な) (はな)
(gorgeous, spectacular／华丽／화려한)
▶ 俳優の世界は華やかだと思っていたが、現実は違っていた。
(I thought the actor's world is glamorous, but the reality was different.／原以为演员的世界很华丽,可现实却不是这样。／배우의 세계는 화려하다고 생각했었는데 현실은 틀렸다.)

万能(な) (ばんのう)
(versatile, universal／万能／만능인)
▷ スポーツ万能
(to be good at all sports／运动全能／스포츠 만능)
▷ はたして、科学は万能なのだろうか。
(I wonder if science is really almighty.／科学究竟是万能的吗？／과연 과학은 만능일까.)

ひそか／密か(な) (ひそ)
(secret, unspoken／秘密、暗中／몰래)
▷ ひそかに憧れる
(to have a longing secretly／暗中憧憬／몰래 동경하다)
▶ 病院食はあまりおいしくないですが、デザートはひそかな楽しみです。
(The hospital food is not tasty, but the desert is a secret delight.／医院的饭菜不太好吃,甜点是我小小的期待。／병원 식사는 별로 맛이 없지만, 디저트는 은밀한 즐거움입니다.)

不都合(な) (ふつごう)
(inconvenience／不方便／난처함)
▶ 何か不都合があれば、お知らせください。
(Please let us know if you encounter any trouble.／如果有什么不方便的地方,请通知我。／무언가 불편한 점이 있으면 알려 주세요.)

不明(な) (ふめい)
(unclear／不明的／불명확한)
▶ 内容に不明な点があれば、ご連絡ください。
(Please get in touch if anything inside is unclear.／内容如有不明之处,请联络。／내용이 불명확한 점이 있으면 연락해 주세요.)

まとも(な)
(decent／正经、认真／착실한, 성실한)
▷ まともな意見、まともな店
(decent opinion, decent store／认真的意见、正经的店／제대로 된 의견, 착실한 가게)
▶ ろくな政治家がいない中で、彼はまともなほうだ。
(In the absence of any decent politicians, he's one of the better ones.／在没有一个像样的政治家里,他还算可以。／제대로 된 정치가가 없는 가운데 그는 제대로 된 편이다.)

- ☐ 回りくどい
  まわ
  (indirect／转弯抹角的／빙 둘러서 말하다)
  ▶ そんな回りくどい言い方をしないで、はっきり言ってください。
  まわ　　　　　い　かた
  (Stop being vague and please say it clearly.／别说得拐弯抹角的.说明白点。／그렇게 빙 둘러서 말하지 말고 확실하게 말하세요.)

- ☐ 身軽（な）
  みがる
  (unencumbered／轻便、灵活／몸이 가벼운)
  ▶ 荷物をロッカーに預けて、身軽になったほうがいい。
  にもつ　　　　　　あず　　　　みがる
  (Put your bag in the locker and be unencumbered.／行李放在物品保管柜里,一身轻松点儿好。／짐을 로커에 맡기고 가볍게 되는 편이 좋아.)

- ☐ 身近（な）
  みぢか
  (close, accessible／近旁、身边／가까운)
  ▶ 身近な問題から国際問題まで、いろいろなテーマを取り上げます。
  みぢか　もんだい　　　こくさいもんだい　　　　　　　　　　　と
  あ
  (We will deal with various topics from immediate problems to international problems.／报道从发生在身边的问题到国际问题等各种各样的内容。／가까운 문제에서 국제 문제까지 여러 테마를 문제 삼습니다.)

- ☐ 明快（な）
  めいかい
  (clear, desicive／明快的／명쾌한)
  ▶ 残念ながら、この問いに対する明快な答えはまだ見つかっていない。
  ざんねん　　　　　と　たい　　めいかい　こた　　　　　み
  (Unfortunately we haven't found a clear answer to this question yet.／很遗憾,还没找到对这个问题的明确的答案。／유감스럽지만 이 질문에 대한 명쾌한 답은 아직 발견되지 않았다.)

- ☐ 単純明快（な）
  たんじゅんめいかい
  (simple and clear.／简单明了／단순 명쾌)
  ▶ 安くなった理由は単純明快です。サービスをカットしたのです。
  やす　　　　りゆう　たんじゅんめいかい
  (The reason for the price reduction is simple and clear. We cut the services.／便宜的理由是简单明了。就是取消了服务。／싸진 이유는 단순 명쾌합니다. 서비스를 커트했습니다.)

- ☐ 明白（な）
  めいはく
  (clear, obvious／明显的／명백한)
  ▶ 明白な事実
  めいはく　じじつ
  (obvious fact／清楚的事实／명백한 사실)
  ▶ 政府の対応に問題があったことは明白だった。
  せいふ　たいおう　もんだい　　　　　　　　めいはく
  (It was obvious that the government response had problems.／政府的对策里有问题这是很清楚的。／정부의 대응에 문제가 있었던 것은 명백했다.)

- ☐ 明瞭（な）
  めいりょう
  (clear／清楚明了／명료한)
  ▶ 態度を明瞭にする
  たいど　めいりょう
  (to make one's attitude clear／态度明了／태도를 명료하게 하다)
  ▶ 言いたいことを簡潔、明瞭に相手に伝えることが大切です。
  い　　　　　　かんけつ　めいりょう　あいて　つた　　　　　　　たいせつ
  (It is important to say what you want simply and clearly.／想说的事情简洁明了地传达给对方是很重要的。／말하고 싶은 것을 간결, 명료하게 상대에 전달하는 것이 중요합니다.)

- ☐ ナ **不明瞭（な）**
  ふめいりょう
  (ambiguous, unclear／不清楚明了／불명료한)

  ▷ 不明瞭な関係
  ふめいりょう かんけい
  (ambiguous relationship／不明了的关系／불명료한 관계)

  ▷ 事故原因については不明瞭な点が残っており、調査が続いている。
  じこげんいん ふめいりょう てん のこ ちょうさ つづ
  (The investigation is continuing since the cause of the accident is still obscure.／关于事故的原因有些不明确的地方,调查还在继续。／사고 원인에 대해서는 불명료한 점이 남아 있어 조사가 계속되고 있다.)

- ☐ **目覚ましい**
  めざ
  (remarkable／惊人的、异常的／눈부시다)

  ▷ 目覚ましい活躍
  めざ かつやく
  (remarkable performance／异常的活跃／눈부신 활약)

  ▷ 近年、A国は目覚ましい経済発展を遂げている。
  きんねん こく めざ けいざいはってん と
  (In recent years country A shows remarkable development in their economy.／今年来A国取得了惊人的经济发展。／근년, A나라는 눈부신 경제 발전을 이루고 있다.)

- ☐ **厄介（な）**
  やっかい
  (troublesome／麻烦的／귀찮다, 성가시다)

  ▷ 厄介な人
  やっかい ひと
  (annoying person／麻烦人／성가신 사람)

  ▷ 部長にまで話が伝わってしまったのか。それは厄介なことになったな。
  ぶちょう はなし つた やっかい
  (The story went through to the department chief. Now we are in trouble.／都传到部长耳朵里了吗？那会很麻烦了。／부장님에게까지 이야기가 전달되어버렸나. 그것은 성가시게 되었구나.)

- ☐ **露骨（な）**
  ろこつ
  (explicit, bald, obvious／露骨的／노골적인)

  ▷ 閉店間際に入ったら、店員が露骨に嫌そうな顔をした。
  へいてんまぎわ はい てんいん ろこつ いや かお
  (When I entered into the store right before the closing time, the clerks showed obvious annoyance.／快要关店的时候进店,店员很明显地露出了不高兴的表情。／폐점 직전에 들어갔더니 점원이 노골적으로 싫은 얼굴을 했다.)

16 副詞など (Adverbs, etc.／副詞等／부사 등)

☐ **あたかも**
(as if, like／好像／마치)
▶ あたかもそれが本物であるかのように売られている。
(It is sold as if it is genuine.／就好像是真货一样地被卖着。／마치 그것이 진짜인 것처럼 팔리고 있었다.)

☐ **危うく**
(nearly／差一点／하마터면)
▶ 渋滞で危うく飛行機に乗り遅れるところだったよ。
(I nearly missed the airplane because of the traffic jam.／因为堵车,差点儿没坐上飞机。／교통 정체로 하마터면 비행기를 못 탈 뻔 했다.)

☐ **いかに**
(how／怎么样／어떻게)
▶ いかに大変なことか、経験した者でないとわからない。
(You won't know how tough it is if you haven't experienced it.／不是经历过的人不知道这是如何困难的事情。／얼마나 큰 일인지 경험한 사람이 아니면 모른다.)

☐ **いかにも～らしい**
(be typical of, It's just like, indeed／好像／너무나도 ~같다)
▶ いかにも原さんが好きそうな曲だね。
(It's just like songs Mr. Hara loves.／的确像是原喜欢的曲子。／너무나도 하라 씨가 좋아할 것 같은 곡이군.)

☐ **いざ**
(at the moment of／一旦／드디어)
▶ いざ出発だという時に、電話が鳴るということがある。
(At the moment of departure, sometimes phone rings.／一旦要出发的时候,时不时就会有电话响起。／드디어 출발하려고 할 때 전화가 울리는 경우가 있다.)

☐ **いささか**
(somewhat, a bit／有点／약간)
▶ いささか心配ではあるけど、彼に任せてみよう。
(I feel somewhat worried, but let's trust him.／虽然有些不放心,但是还是交给他办吧。／약간 걱정은 있지만 그에게 맡겨 보자.)

▶ 彼女があんなことを言うなんて、いささか驚きました。
(I was a bit surprised to hear her saying such things.／她说那样的话,我有些惊讶。／그녀가 저런 말을 하다니 약간 놀랐습니다.)

☐ **依然(として)**
(as used to be／依然／여전히)
▶ 新商品の売上は好調だが、A社は依然として厳しい状況が続いている。
(Their new product is in great demand, but the company A remains in a difficult situation.／新产品的销售额很好,A公司依然情况严峻。／신상품의 매상은 호조이지만 A사는 여전히 힘든 상황이 이어지고 있다.)

□	**いたって** (very／极其、极为／매우)	▷ いたって簡単、いたって普通 (very easy, very normal／极其简单、极为普通／매우 간단, 매우 보통)
□	**大いに** おお (much, a lot／大大地／많이, 매우)	▷ 原油価格の高騰は、うちの会社にも大いに影響がある。 (Runaway prices of crude oil have also had a big influence on our company.／原油价格上涨对我们公司也产生了很大的影响。／원유 가격의 등귀는 우리 회사에도 많은 영향이 있다.)
□	**きちっと** (accurately, neatly, rightly／踏实地／말쑥이, 깔끔히)	▷ 最後まできちっとやってくださいね。類きちんと (Please do it neatly to the last.／请坚持到最后。／마지막까지 제대로 해 주세요.)
□	**急遽／急きょ** きゅうきょ きゅうきょ (on very short notice／急忙／갑작스레)	▷ 社から電話があり、急遽、戻らなければならなくなった。 (I received a call from my office and had to return hastily.／公司来电话了,要急忙赶回去。／회사에서 전화가 있어 갑작스레 돌아가지 않으면 안 되게 되었다.)
□	**ぐっと** (with all one's might, vigorously, with a good effort／一口气、使劲／힘을 주어 단숨에 하는 모양)	▷ ここをぐっと押してみてください。 (Please push here vigorously.／使劲地按一下这里。／여기를 꾹 눌러 보세요.) ▷ 泣きたくなったけど、ぐっとこらえました。 (I wanted to cry, but I gulped back my tears.／虽然很想哭,但是还是使劲儿地忍住了。／울고 싶었지만, 꾹 참았습니다.)
□	**現に** げん (actually／实际上、现实上／실제로)	▷ このダイエット方法は利きますよ。現に私が痩せました。 (This diet method is effective. I actually lost weight.／这种减肥方法很管用。现在我已经瘦了下来。／이 다이어트 방법은 듣습니다. 실제로 내가 말랐습니다.)
□	**ことによると** (perhaps, possibly／可能／경우에 따라서는)	▷ ことによると、政権交代があるかも。 (A change in political power will possibly take place.／有可能会政权交替。／경우에 따라서는 정권교체가 있을지도 모르겠다.)
□	**しいて／強いて** し (forcibly／勉强／구태여)	▷ 強いて言えば、ここの表現を少し変えたほうがいいと思う。 (If I had to say, I think it would be better to change this expression a little bit.／一定要说的话,这里的表达方式修改一下为好。／구태여 말하자면 여기 표현을 조금 바꾸는 편이 좋을 것 같다.)

□ **しかし** (indeed／不过、可／하지만)	▶ しかし暑いね。—うん、暑い。 (Oh, boy, it's hot! —Yes, it is.／不过,太热了。--是啊,好热。／하지만 덥네.-응, 덥다.)
□ **次第に** (gradually／渐渐地／차츰)	▶ 試験日が近づくにつれ、次第に不安になってきた。 (As the exam day came close, I felt uneasy gradually.／考试日期快要接近了,渐渐地有些不安起来。／시험 날짜가 가까워져 옴에 따라 차츰 불안해 졌다.)
□ **じっくり** (thoroughly, carefully／仔细地、慢慢地／시간을 들여 꼼꼼하게)	▶ 急がなくていいので、じっくり考えてください。 (You don't have to hurry. Please think thoroughly.／不要着急,好好考虑一下。／서두르지 않아도 좋으니까 꼼꼼히 생각해 주세요.)
□ **そもそも** (in the first place／说起来、究竟／도대체)	▶ そもそも、なんで彼女が文句を言うの? 関係ないのに。 (In the first place, why does she complain? It is none of her business.／她为什么不满啊。本来就跟她没关系。／도대체 왜 그녀가 불만을 말하니? 관계도 없는데.)
□ **つくづく** (fully, completely, deeply／衷心地、深切感到／절실히)	▶ 何日も出張に出ると、つくづく家はいいなあと思う。 (When I go on business trip for many days, I deeply miss my home.／出差了好久天,还是深切地感到家里好啊。／며칠이나 출장을 가면 절실히 집이 좋구나 하는 생각이 든다.)
□ **努めて** (to make an effort／尽量、尽力／애써, 힘써)	▶ 職場の雰囲気をよくしようと、彼女は努めて明るくしている。 (She is making an effort to be cheerful to create a good atmosphere in her office.／为了搞好单位的工作气氛,她尽力使自己表情开朗。／직장 분위기를 좋게 하려고 그녀는 애써 밝게 하고 있다.)
□ **てっきり** (totally (think)／一定、肯定／틀림없이)	▶ てっきり原さんがやってくれたんだと思ってたけど、違うんだ。 (I was sure that Mr. Hara did it for us, but I was wrong.／我以为原一定会帮我做,没想到不是这样的。／틀림없이 하라 씨가 해줄 것으로 생각했는데 아니구나.)
□ **どうやら** (apparently／好像／아무래도)	▶ どうやら彼女の言っていたことは本当のようだ。 (What she said was apparently true.／好像她说的事情是真的。／아무래도 그녀가 말한 것은 정말인 것 같다.)
□ **取り急ぎ** (to hasten／立即、赶紧／우선 급한 대로)	▶ 〈メールなど〉取り急ぎ、お返事まで。 (I wanted to reply to you as soon as possible.／(邮件等)总之,先给你回信。／<메일 등> 우선 급한 대로 답장만.)

□ なおさら	▶	その話を聞いて、なおさら彼が好きになった。
(all the more／更加、越发／더더욱)		(I heard the story and like him even more.／听到这些话,更喜欢他了。／그 이야기를 듣고 더더욱 그가 좋아졌다.)
□ 並びに(なら)	▷	会員ならびに関係者の皆様にご案内申し上げます。
(and／并且／및)		(We will inform all the members and everyone involved.／向会员和各位相关人士介绍。／회원 및 관계자 여러분에게 안내 말씀 드리겠습니다.)
□ 軒並み(のきな)		(across the board／到处、都／집집마다)
□ ひいては	▶	ネットを通じて日本全国、ひいては世界に商品をPRできるようになった。
(eventually, furthermore／而且、甚至／나아가서는)		(Through the internet, we became to be able to publicize our products throughout Japan and eventually all over the world.／能通过网络,向日本全国、甚至世界宣传产品了。／인터넷을 통해 일본 전국, 나아가서는 세계에 상품을 PR할 수 있게 되었다.)
□ ひたすら	▶	最初の1カ月は、ひたすらラケットを振る毎日だった。
(patiently／一味地／오로지)		(I swung my racket patiently everyday for the first month.／最初的一个月,每天就是一味地挥拍。／처음 한 달은 오로지 라켓을 휘두르는 것이 매일이었다.)
□ ふんだんに	▷	料理はふんだんに用意してあるので、たくさん食べてください。
(plentiful／很多、大量地／많이, 넉넉히)		(We've prepared a lot of food, so please eat more.／准备了很多菜,吃多点吧。／요리는 충분히 준비했으니까 많이 드세요.)
□ まして	▶	駅から遠い上に、ましてや家賃が高いなんて、ちっともよくない。
(moreover／况且／하물며)		(It is not good at all if it is far from the station, let alone the high rent.／离车站远,况且房租还挺贵的,真是一点儿都不好。／역에서 먼 데다가 하물며 집값이 비싸니 좀 좋지 않다.)
□ まずまず	▶	今回はまずまずの出来です。
(passable／总算过得去／우선, 그럭저럭)		(This was a fair attempt.／这次做得还将就。／이번은 그럭저럭 잘 됐습니다.)
□ 万一／万に一つ(まんいち)(まん ひと)	▶	万に一つの可能性に賭けてみた。(まん ひと かのうせい か)
(by any chance, one-in-a-million／万／만일에)		(I took a long chance.／虽说只有万分之一的可能性也赌一下。／만에 하나의 가능성에 걸어 보았다.)

□ むやみに	▶ 栄養があるからって、むやみに食べないほうがいい。
(immoderately, unreasonably／随便／무턱대고)	(You should not eat it immoderately, although it is nutritious.／不能因为有营养,就随便吃啊。／영양이 있다고 무턱대고 먹지 않는 편이 좋다.)
□ もしくは	▶ 6月もしくは7月頃にそちらに行きたいと思っています。
(or／或者／혹은)	(I would like to go there in June or July.／6月份或者是7月頃想去一下那里。／6월 또는 7월경에 그쪽에 가고 싶습니다.)
□ もっぱら	▶ あそこは安くておいしいともっぱらの評判です。
(entirely, exclusively／一味地、专门／한결같이)	(That place is very popular since it is inexpensive and tasty.／那里既便宜又好吃,净是好评价。／저기는 싸고 맛있다고 한결같이 평판이 좋습니다.)
	▶ 休みの日はもっぱらテニスをします。
	(I play tennis always on my day off.／休息日专门打网球。／휴일은 오로지 테니스를 합니다.)
□ もはや～ない	▶ 社長がそう決めた以上、もはやどうすることもできない。
(no longer, not any more／已经／이제는 ~아니다)	(As the president has decided so, we can't do anything any more.／既然社长都已经决定了,那就已经毫无办法了。／사장님이 그렇게 정한 이상, 이제 어떻게 할 수도 없다.)
□ やたら(と・に)	▶ 最近、やたらと課長がお昼に誘ってくる。何か意図があるのかなあ。
(profusely, excessively／随便、任意／마구, 몹시)	(Recently my section chief asks me out for lunch very often. I wonder if he is up to something.／最近科长经常邀我去吃午饭。是不是有什么意图啊。／최근에 마구 과장님이 점심을 먹으러 가자고 한다. 무언가 의도가 있는 것일까.)
	▶ 最近、午後になると、やたらと眠くなる。
	(Recently I get very sleepy in the afternoon.／最近一到中午,就觉得特别犯困。／최근에 오후가 되면 몹시 졸린다.)
□ ゆうゆう(と)	▶ この特急に乗れば、ゆうゆう間に合うよ。
(without difficulty, easily／悠闲／느긋이(여유 있는 모양))	(You can arrive in plenty of time, if you take this express train.／要是能坐上特快,就完全能赶得上了。／이 특급을 타면 느긋이 시간에 댈 수 있다.)
□ ようやく	▶ これが終わったら、ようやく帰れる。
(finally／总算／겨우)	(When we finish this, we can finally go home.／这个结束了,就总算能回去了。／이것이 끝나면 간신히 집에 갈 수 있다.)

17 擬音語・擬態語 (ぎおんご・ぎたいご) （Mimetic expressions／拟声词・拟态词／의성어 의태어）

□ いそいそ（と）
▶ 早く孫に会いたいと、母はいそいそと駅に迎えに行きました。

(joyfully／高高兴兴、欢欣雀跃／부랴부랴)

(Wishing to see her grandchild as soon as possible, my mother joyfully went to meet her at the station.／母亲很想早点见到孙子,高兴地去车站迎接。／빨리 손자와 만나고 싶다고 어머니는 서둘러서 역으로 마중 갔습니다.)

□ がっくり（と）
▶ 今日の負けで予選敗退が決まり、選手たちは皆、がっくりと肩を落としていた。

(suddenly／突然无力地／실망하여)

(With today's loss the preliminaries have been decided; the athletes's faces all fell in disappointment.／今天输了就决定了不能参加预选赛了,选手们都显得很失落。／오늘 져서 예선에서 패퇴가 정해져 선수들은 모두 실망하여 어깨를 늘어뜨렸다.)

□ かんかん（に）
▶ 大切な時計を息子に壊されて、夫はかんかんに怒っていました。

(angrily／大发脾气、大怒／노발대발)

(His favorite watch broken by our son, my husband scolded him angrily.／很贵重的表被儿子弄坏了,丈夫大发脾气。／중요한 시계를 아들이 부수어서 남편은 불같이 화를 내었습니다.)

□ ぐずぐず（する）
▶ ぐずぐずしないで。早く出かける準備して。

(dawdle, grumble／磨磨蹭蹭、唠叨、磨蹭／우물쭈물, 투덜투덜)

(Don't dawdle. Hurry up and get ready to go.／别磨蹭了。早点做出门的准备吧。／우물쭈물하지 말고, 빨리 외출할 준비를 해.)

▶ もう終わったことなんだから、いつまでもぐずぐず言わないで。

(It's over so stop grumbling already.／都已经结束的事情了,别老是唠叨不停。／이제 끝난 일이니까 언제까지 투덜대지 마라.)

□ くすくす（笑う）
▶ 女子高生たちは、居眠りをしている男性を見ながら、くすくす笑っていた。

(giggle／窃笑、小声笑／킥킥)

(The high school girls giggled as they watched the dozing man.／高中女生们一边看着打盹的男性,一边味味地笑。／여고생들은 졸고 있는 남성을 보며 킥킥 웃고 있었다.)

□ こつこつ（と）
▶ こつこつ貯めたお金だから、大事に使いたい。

(diligently／孜孜不倦、不懈努力／꾸준히)

(This is money I saved little by little, so I want to be careful how I spend it.／这是一点点地存下的钱,想仔细地用。／꾸준히 저금한 돈이니까 소중히 쓰고 싶다.)

☐ **さっぱり(する)**
(to feel refreshed, neat and trim／清爽，爽快／개운히,시원히,말쑥함)

▶ シャワーを浴びてさっぱりしたい。
(I want to take a shower to feel refreshed.／想冲个澡,清爽些。／샤워를 해서 시원하다.)

▶ 髪切ったんだ。随分さっぱりしたね。
(I cut my hair. You certainly look neat and trim now.／剪头发了吧。利落多了。／머리를 잘랐구나. 무척 말쑥해졌네.)

☐ **すらすら**
(fluently／流利,流畅／술술)

▶ 辞書なしで新聞をすらすら読めるようになりたい。
(I want to be able to read the newspaper easily without a dictionary.／希望不用辞典就能很流畅地读报纸。／사전 없이 신문을 술술 읽을 수 있게 되고 싶다.)

☐ **ぞろぞろ**
(in droves／络绎不绝／줄지어)

▶ 午前のイベントが終わると、ぞろぞろと客が移動を始めた。
(When the morning event was over customers began moving in droves.／早上的活动结束后,客人们就络绎不绝地开始移动。／오전의 이벤트가 끝나자 줄지어 손님이 이동하기 시작했다.)

☐ **そわそわ(する)**
(to be fidgety／心神不宁／안절부절 못하는 모습)

▶ どうしたの？ そわそわして。 ─今日、半年ぶりに彼女と会うんです。
(What's wrong? You're so fidgety. ─ Today I'm going to be seeing my girl for the first time in half a year.／怎么了？坐立不安的。---今天要和她见面,有半年没见面了。／무슨 일이야? 안절부절못하고. -오늘 반년 만에 그녀와 만납니다.)

☐ **だらだら(する)**
(dribble out, be lazy／滴滴答答、冗长／(액체가)줄줄、맺힌 데가 없이 이어짐)

▶ うちの子はまだ小さいから、口に入れたものをだらだらよくこぼす。
(Our child is still small, so whatever he puts in his mouth dribbles out.／我家孩子还小,放到嘴里的东西都掉得到处都是。／우리 아이는 아직 어려서 입에 넣은 것을 줄줄 잘 흘린다.)

▶ 休みが長いと、つい、だらだらしてしまう。
(When I have a long vacation I tend to be lazy.／休息长了,就没有紧张感了。／쉬는 날이 길면 자기도 모르게 흐뭇항뭇거린다.)

☐ **てくてく**
(trudge along／徒步行走状／보통걸음으로 걷는 모양)

▶ バスに乗り遅れたので、駅までてくてく歩いて行きました。
(I was late for the bus so I had to trudge along on foot to the station.／没赶上巴士,徒步走到了车站。／버스를 놓쳐서 역까지 터벅터벅 걸어갔습니다.)

☐ **どきっと(する)**
(be startled／突然被吓一跳／가슴이 철렁하는 모양)

▶ 突然名前を呼ばれて、どきっとした。
(I was startled when my name was called suddenly.／突然被叫到名字,心里咯噔了一下。／갑자기 이름이 불려 가슴이 철렁했다.)

58

□ **にやにや(する)** ▶ 何、にやにやしてるの？ ―昨日見たテレビを思い出しちゃって。
(to grin／冷笑、嗤笑／히죽히죽)
(What are you grinning about? —I just remembered something I saw on TV yesterday.／在笑什么？--想起了昨天看的电视。／왜 히죽거리니? -어제 본 텔레비전이 생각나서.)

□ **はらはら(する)** ▶ 息子がケガをしないかと、はらはらしました。
(to tremble in fear／担心、忧虑／조마조마)
(I trembled in fear lest my son get hurt.／儿子会不会受伤啊,心里很担心。／아들이 다치지 않을까 하고 조마조마했습니다.)

□ **びくびく(する)** ▶ 母親に叱られるのではと、その女の子はびくびくしていた。
(to scare／害怕、提心吊胆／흠칫흠칫)
(That girl was scared to death that she would be scolded by her mother.／女孩害怕会不会被母亲训斥。／엄마에게 혼나는 것은 아닌가하고 그 여자아이는 흠칫거렸다.)

□ **ひしひし(と)** ▶ 40歳を過ぎて、体力の衰えをひしひし感じる。
(feel keenly／深刻地、深深地／사무치게 느껴지는 모양)
(Being past forty, I feel keenly the decline in my physical strength.／过了四十,就深深地感到体力衰弱了。／40세를 넘기고 체력이 떨어진것을 사무치게 느낀다.)

□ **ぴったり(する)** ▶ 大きいかと思ったけど、サイズ、ぴったりだね。
(to fit exactly／正合适／딱 맞음)
(I thought it was going to be big, but the size is just right, isn't it.／还以为会很大,结果尺寸刚刚好。／클까 생각했었는데 사이즈가 딱 맞는구나.)

□ **ひやひや(する)** ▶ 二人の仲がみんなにばれるんじゃないかとひやひやした。
(to be on pins and needles／提心吊胆／조마조마)
(I was on pins and needles worrying that everyone would find out about their relationship.／两个人的关系会不会被大家知道,有些提心吊胆的。／두 사람 사이가 모두에게 들통 나지 않을까 하고 조마조마했다.)

□ **深々(と)** ▶ 落し物を拾って渡したら、深々と頭を下げられた。
(bow deeply／深深／깊이)
(When I picked up what she had dropped and handed it to her, she bowed at me deeply.／捡了丢失的东西递过去了,对方深深地鞠躬(低头)表示感谢。／떨어진 물건을 주워 건넸더니 깊이 머리를 숙였다.)

□ **ふらりと／ふらっと** ▶ ふらっと入った店でしたが、今ではすっかり常連です。
(aimlessly／突然／훌쩍, 홀연히)
(I had wandered aimlessly into that store in the beginning but now I'm a regular there.／无意之间进的这家店,现在我已经是常客了。／훌쩍 들어간 가게였습니다만 지금은 완전히 단골이 되었습니다.)

317

□ べたべた（する）

(to stick to, to fondle／黏糊糊、黏在一起／끈적끈적,달라붙는 모양)

▶ 汗で体がべたべたする。
(My body is sticky with sweat.／汗水把身上弄得黏黏的。／땀으로 몸이 끈적거린다.)

▶ あの二人、人前でべたべたしないでほしいね。
(I wish those two wouldn't fondle each other in public.／希望那两人在人前别粘粘糊糊的。／저 두 사람 사람들 앞에서 달라붙지 말았으면 좋겠어.)

□ ぼうっと（する）

(to be in a daze／精神恍惚／머리가 멍한 모양)

▶ 寝不足で頭がぼうっとする。
(I feel dazed from lack of sleep.／由于睡眠不足有些精神恍惚。／잠이 부족하여 머리가 멍하다.)

□ ぼちぼち

(soon／慢慢地／슬슬)

▶ では、ぼちぼち始めたいと思います。
(Well, I think I would like to start soon now.／那么,我想一点点开始。／그럼, 슬슬 시작하겠습니다.)

□ むかつく

(be angry, feel sick／生气状／화가 나다)

▶ ああ、むかつく。なんで私ばっかり怒られるの？
(That makes me so mad. Why am I the only one who gets yelled at?／啊,真恼火。为什么我老是被发火呢?／아, 화가 난다. 왜 나만 혼나지?)

▶ 脂っこいものを食べ過ぎて、胃がちょっとむかついてる。
(I ate too much oily food and now my stomach is revolting at it.／吃多了油腻的东西,有点恶心。／기름진 것을 너무 먹어서 위가 조금 메슥거린다.)

□ むかむか（する）

(to feel queasy, to feel a surge of anger／反胃、怒火直冒状／메슥메슥)

▶ ちょっと飲み過ぎたみたい。胃がむかむかする。
(I think I drank too much. I feel queasy.／好像喝多了,很反胃。／조금 너무 마신 것 같다. 위가 메슥메슥거린다.)

▶ 昨日の彼女の一言、思い出すだけでムカムカする。
(Just thinking about what she said yesterday really makes my blood boil.／一想起昨天她的那句话就很生气。／어제 그녀의 한마디, 생각하는 것만으로 화가 난다.)

□ むっと（する）

(to fly into a rage／发火、怒上心头／화가 치밀지만 꾹 참는 모습)

▶ 子供扱いするような言い方をされて、思わずむっとした。
(Being talked to like a child, I couldn't help but fly into a rage.／被当成孩子一样地说,不由得怒上心头。／아이 취급을 하는 말투여서 나도 모르게 욱했다.)

18 カタカナ語 (Katakana words／外来語／카타카나 어)

□ アクティブ(な)
(active／积极的／액티브)

▶ 彼女はとてもアクティブな人で、スポーツや習い事にすごく積極的です。
(She is a very active person and is very enthusiastic about sports and culture lessons, etc.／她是个积极的人,对体育和练习非常热心。／그녀는 무척 액티브한 사람으로 스포츠나 배우는 것에 무척 적극적입니다.)

□ アップ(する)
(to go up／升、涨／업)

▶ 給料／レベルがアップする
(to get a raise/advance a level／涨工资、水平涨／급료／레벨 업하다)

▶ 顔をアップで撮る
(to take a picture of the face close up／把脸照大些／얼굴을 확대해 찍다)

□ アナログ
(analog／模拟式／아날로그)

▶ アナログ回線
(analog line／模拟式线路／아날로그 회선)

▶ 私の場合、パソコンなんかは使わないで、いまだにアナログな方法でやってます。 対デジタル
(In my case, I don't use things like computers but still use analog methods.／我不使用电脑,现在还是用着模拟式(旧式)方法在做。／나의 경우 컴퓨터 등은 사용하지 않고 아직도 아날로그 한 방법으로 하고 있습니다.)

□ インパクト
(impact／冲击力／임팩트)

▶ インパクトがある、インパクトが強い
(to have an impact, the impact is strong／有冲击力、冲击力强／임팩트가 있다、임팩트가 강하다)

▶ A社の新サービスは、業界に大きなインパクトを与えた。
(The new service of company A made a big impact on the industry.／A公司的新型服务对业界产生了很大的影响。／A사의 신 서비스는 업계에 큰 임팩트를 주었다.)

□ オーソドックス(な)
(orthodox, traditional／正统的／정통파)

▶ オーソドックスなやり方
(traditional way／正统的做法／정통파의 방법)

□ オーダーメイド	▷ オーダーメイドの服／靴／家具
(custom-made／定制／오더 메이드)	(custom-made clothing/ shoes/furniture／定制的衣服、定制的鞋、定制的家具／오더 메이드한 옷/ 구두/ 가구)
	▶ 既製品だとなかなかぴったり合わないので、靴はオーダーメイドで作ります。
	(Since ready-made shoes do not fit my feet perfectly, I get custom-made shoes.／卖的鞋总是不合脚,我定做鞋。／기성제품은 좀처럼 딱 맞지 않아서 구두는 오더 메이드로 만듭니다.)
□ オファー（する）	▷ オファーを受ける
(offer／提案、提议／제의, 제안)	(to get an offer／接受提议／제의를 받다)
	▶ テレビ局から出演のオファーが来た。
	(I had an offer from a TV station to appear on stage.／电视台来了出演的委托。／방송국에서 출연제의가 왔다.)
□ オプション	▶〈海外旅行〉オプションで日帰りのバスツアーの企画もあります。
(option／自选项目／옵션)	(<travel abroad> There is an optional one-day bus tour plan.／〈国外旅行〉也有自选项目一日游的企划。／<해외여행> 옵션으로 일일 버스투어 기획도 있습니다.)
□ カルシウム	(calcium／钙／칼슘)
□ カリスマ	(charisma／超凡的魅力／카리스마)
□ ギャップ	▷ ギャップを埋める
(gap／间隙、差距／갭)	(to fill in the gap／填补空白／갭을 메우다)
	▶ 理想と現実のギャップに最初はとまどいました。
	(I was puzzled by the gap between ideal and reality.／最初对理想和现实的悬差产生过迷惑。／이상과 현실의 갭에 처음에는 당황했습니다.)
□ ギャンブル	(gamble／赌博／노름)
□ キャンペーン	▶ 新製品の発売に合わせ、キャンペーンを行います。
(campaign／宣传活动／캠페인)	(We will wage a campaign to coincide with the new product sale.／在新产品出售之际,举行宣传活动。／신제품의 발매에 맞춰 캠페인을 하고 있습니다.)

☐ **グローバル(な)** (global／全球性的／글로벌)	▷	グローバルな視点 (global view point／全球性的视点／글로벌한 시점)
	▷	企業のグローバル化は今後もますます広がるだろう。 (The globalization of companies will increase more and more in the future.／企业的全球化今后会更扩大。／기업의 글로벌화는 앞으로도 점점 확대될 것이다.)
☐ **ケア(する)** (to take care／保养／케어)	▷	アフターケアのしっかりしたお店で買いたい。 (I want to shop at stores which provide good after-sales care.／我想在售后服务完善的店里买。／애프터케어를 제대로 하는 가게에서 사고 싶다.)
	▷	お肌のトラブルを防ぐため、毎日のケアが大切です。 (It is important to take care everyday to prevent skin problems.／为了防止皮肤出现问题,每天保养是很重要的。／피부 트러블을 막기 위해 매일매일의 케어가 중요합니다.)
☐ **ケース** (case, outcome, situation／事件／케이스)	▷	特殊なケース、ケースバイケース (special case, on a case-by-case basis／特殊事件、具体情况具体处理／특수한 케이스)
	▷	あらゆるケースを想定して、準備をしてきました。 (I have prepared for various outcomes.／预想所有可能会发生的情况而进行准备。／모든 케이스를 상정해서 준비해 왔습니다.)
☐ **コンスタント** (constant, consistent／不变／항상 일정함)	▷	コンスタントに結果を出す (to achieve results consistently／拿出不变的结果／항상 일정한 결과를 내다)
	▷	この商品は流行に関係なく、コンスタントに売れています。 (This product has been sold consistently without going out of fashion.／这个商品与流行无关,销路稳定。／이 상품은 유행과 관계없이 항상 일정하게 팔리고 있습니다.)
☐ **コンセンサス** (consensus／同意／합의)	▷	実行する前に、関係者のコンセンサスを得ておく必要がある。 (You need everyone involved to reach consensus before starting.／实行前有必要取得有关人员的一致同意／실행하기 전에 관계자의 합의를 얻을 필요가 있다.)

□ コンテンツ ▶ いかに魅力的なコンテンツを提供できるかにかかっている。

(content／内容／콘텐츠) (It depends on whether you can provide attractive contents.／这关系到怎么才能提供有魅力的实质内容。／얼마나 매력적인 콘텐츠를 제공할 수 있는가에 걸려 있다.)

□ サイクル ▷ サイクルが狂う

(cycle／自行车、周期／사이클) (the cycle is perturbed／自行车坏了／사이클이 이상해지다)

▶ 大体、ひと月に１回のサイクルで商品を入れ替えています。

(We replace the products on approximately monthly cycles.／一般来说，大概一个月一次这样的周期更换商品。／대개 한 달에 1번의 사이클로 상품을 바꾸고 있습니다.)

□ ステップ ▶ みんなの意見がまとまらないので、次のステップに移れない。

(step／步骤／스텝) (We can not go to the next step, because we have not reached an agreement.／大家的意见不统一，不能进入下一步。／모두의 의견이 정리되지 않아서 다음 스텝으로 옮길 수 없다.)

□ セキュリティー ▶ 個人情報を扱っているのだから、セキュリティーはしっかりしてほしい。

(security／安全／시큐리티) (We want them to have tight security, because they are handling personal information.／我们管看个人信息，希望注意隐私安全。／개인 정보를 취급하니까 보안은 확실하게 해 주었으면 한다.)

□ セミナー ▶ 大学主催の就職セミナーに参加した。

(seminar／讨论会／세미나) (I attended the seminar on job-hunting held by the university.／参加了由大学主办的就职会。／대학 주최의 취직 세미나에 참가했다.)

□ セレブ ▷ セレブな生活 (celebrity life／名人的生活／유명인 같은 생활)

(celebrity／名人、贵人／유명인사) ▶ あんな高いホテルに泊まれるのは、セレブだけだよ。

(Only celebrities can stay at such an expensive hotel.／能住那么高级酒店的只有有钱人。／저렇게 비싼 호텔에 묵을 수 있는 것은 유명인뿐이야.)

□ セレモニー ▷ 優勝記念セレモニー

(ceremony／仪式、典礼／세러모니) (the team's victory ceremony／冠军纪念仪式／유명인 같은 생활)

□ ダイレクト（な） ▷ ダイレクトな表現

(direct／直接的／다이렉트) (direct expression／直接的表现／다이렉트적인 표현)

☐ **ダウン(する)** (to go down／下降／다운)	▷	イメージダウン (to damage the image／名声低落／이미지 다운) ▶ 給料がダウンするかもしれない。 対 アップ (する) (The salary might be cut.／工资可能要降低。／급료가 다운할지도 모른다.)
☐ **チームワーク**		(teamwork／团队协作／팀워크)
☐ **チェンジ(する)** (to change／改变／체인지)	▷	イメージチェンジをする、モデルチェンジ (to change one's image, model change／改变形象、改变设计／이미지 체인지를 하다, 모델 체인지)
☐ **デビュー(する)** (to debut／初次亮相／데뷔)	▶	彼女は女優としてデビューすることが決まった。 (It was decided that she will make a debut as an actress.／她作为演员初次登台的事情定下来了。／그녀는 여배우로 데뷔할 것을 결정했다.)
☐ **デモ** (demonstration／游行／데모)	▷	抗議デモ (protest demonstration／抗议游行／항의 데모)
☐ **デモ／デモンストレーション** (demonstration／示范效果／데모)	▷	調理器具のデモ販売 (cookware sales with demonstration／烹饪器具的示范演示推销／조리기구의 시연판매) ▶ 今日、A社の担当が来て、新製品のデモをします。 (Today the person from company A who is in charge will come to demonstrate the new product.／今天A公司的负责人过来进行新产品的示范演示。／오늘 A사의 담당자가 와서 신제품의 데모를 합니다.)
☐ **トータル(な)** (total／总的／토털)	▷	トータルコーディネーション (total coordination／总负责人／토털 코디네이션) ▶ 今度の北海道旅行は、トータルで10万円あれば足りるかな。 (I wonder if a total of 100000 yen would be enough for the next trip to Hokkaido.／这次的北海道旅行总共有10万日元就够了吧。／이번의 북해도 여행은 토털 10만엔 있으면 충분할까.)
☐ **トライ(する)** (to try／试试／트라이)	▶	今年は何か新しいことにトライしたいと思う。 (I want to try something new this year.／今年我想挑战一下新事情。／올해는 무언가 새로운 것에 트라이하고 싶다.)
☐ **ドリル** (drill, exercise／训练／연습용 교재)	▷	漢字ドリル (kanji workbook／汉字练习／한자 연습장)

□ ネック	▶ 資金不足がネックとなって、計画がなかなか進まない。
(hindrance, obstacle／瓶颈、难关／장애)	(The shortage of funds prevented plans from moving forward.／资金不足是个难关,计划怎么也进行不下去。／자금 부족이 장애가 되어 계획이 좀처럼 진행되지 않는다.)
□ バック	▶ 富士山をバックに写真を撮ろう。
(back, background／背景／백)	(Let's take pictures with Mt. Fuji behind us.／以富士山为背景拍照。／후지산을 백으로 사진을 찍자.)
	▶ 彼のバックには大物政治家がいるらしい。
	(It seems that he has a big politician backing him up.／他背后好像有大政治家做后台。／그녀의 뒤에는 거물 정치가가 있는 것 같다.)
□ バック(する)	▶ 車がバックしてきているから気をつけて。
(to back up／倒车／백)	(Be careful, the car is backing up.／倒车过来了,小心。／자동차가 백을 하니까 주의해.)
□ パック(する)	▷ 3泊4日のパックツアー
(to pack／盒／팩)	(packaged tour for three night／三晚四日的小型旅行／3박 4일의 패키지 투어)
	▶ イチゴが1パック600円!? 高い!
	(One package of strawberries is 600 yen? That's expensive!／一盒草莓六百日元? 太贵了!／딸기가 한 팩에 600엔? 비싸다!)
□ パッケージ	▶ この店のクッキーは、おしゃれなパッケージも人気なんです。
(package／包装／패키지)	(The fancy package of the cookies are also popular in this shop.／这家店的点心包装很好看,非常受欢迎。／이 가게의 쿠키는 멋진 패키지도 인기입니다.)

★「ダウンロード(販売)」に対し、店で具体的な形を持った商品として売ることを「パッケージ(販売)」ということもある。

(In contrast to "downloading (sales)", selling physical products at stores is sometimes called "package (sales)".／在销售的时候,店内拿着具体的实物进行销售有时候也叫做"包装销售"。／"다운로드(판매)에 대해 가게에서 구체적인 형태를 가진 상품으로써 파는 것을 "패키지(판매)"라고 하는 경우도 있다.)

□ パニック	▶ 強い衝撃に加え、電気も消え、乗客は一時パニックになった。
(panic／恐慌／패닉)	(In addition to the strong shock, the lights went off and the passengers were panicked for a while.／加上强烈的冲击,电灯也灭了,乘客们一时陷入恐慌。／강한 충격에다가 전기도 꺼지고 승객은 일시적으로 패닉에 빠졌다.)

□ ハプニング
(accident, unexpected thing／意外事件／해프닝)

▷ ハプニングが生じる／起こる
(An accident happens／发生意外事件／해프닝이 생기다/일어나다)

▷ 突然マイクが使えなくなるというハプニングがあったものの、会はなんとか無事に終わった。
(Although the microphone accidentally stopped working, we could manage to end the event without difficulty.／虽然发生了麦克风突然不能使用的意外事件，但是会议还是平安无事地结束了。／갑자기 마이크를 사용할 수 없게 되는 해프닝이 있었지만 모임은 그럭저럭 무사히 끝났다.)

□ バラエティー(な)
(variety／多样性／버라이어티)

▷ バラエティーに富んだメニュー、バラエティー番組
(menu with variety, a variety program／富于变化的菜单、综合节目／버라이어티가 풍부한 메뉴, 버라이어티 프로그램)

□ ヒーロー
(hero／英雄／히어로)

▷ 小さい頃は、アニメのヒーローのようになりたいと本気で思っていました。 対ヒロイン
(When I was a child, I seriously wanted to become like a hero in animation movies.／小时候真正地想过成为动画片里的英雄。／어렸을 때는 만화 영화의 히어로처럼 되고 싶다고 정말로 생각했습니다.)

□ ヒロイン
(heroin／女主人公／여주인공)

▷ 悲劇のヒロイン 対ヒーロー
(tragic heroine／悲剧的主角／비극의 주인공)

□ フェア
(fair／展销会／페어)

▷ ブックフェア (book fair／图书展销会／북 페어)

▷ イタリアフェアでは、イタリアのワインや食品、衣類や雑貨などがたくさん紹介されます。
(In the Italian fair, they show you a lot of Italian wines, foods, clothing and miscellaneous goods, etc.／在意大利展销会上，介绍了很多意大利的红酒、食品、衣服和杂货。／이탈리아 페어에서는 이탈리아의 와인이나 식품, 의류나 잡화 등이 많이 소개됩니다.)

□ フォーム
(form／格式／폼,자세)

▷ ホームページに登録用のフォームがありますので、そちらをご利用ください。
(Please use the registration forms on the homepage.／请利用网页上有的登录格式吧。／홈페이지 등록용의 폼이 있으니까 그쪽을 이용해 주세요.)

▷ 速いボールが投げられないのは、フォームが悪いからだと思う。
(I think you can't throw a good fastball, because your form is bad.／球扔不快是因为姿势不对。／빠른 볼을 던질 수 없는 것은 자세가 나쁘기 때문이다.)

□ フォロー(する)	▶ うまく説明できなかったが、先輩が横からフォローしてくれた。
(to follow, to back up, to assist／帮助／폴로, 원조)	(I couldn't explain it well, but my senior backed me up.／我没说清楚,学长在旁边帮了我的忙。／잘 설명할 수 없었지만 선배님이 옆에서 도와주었다.)
□ ベース	▶ まずベースとなるデータがないと、分析も何もできない。
(base／基础／베이스)	(You can't do an analysis or anything unless you have data to base it on.／首先没有基础的数据是不能进行任何分析的。／우선 베이스가 되는 데이터가 없으면 분석도 아무것도 할 수 없다.)
□ ベスト(な)	▷ ベストを尽くす、ベストな選択、ベスト10
(best／最好／베스트)	(try one's best, best choice, top 10／倾尽全力、最好的选择、前十位／베스트를 다하다、베스트한 선택、베스트10)
□ ボイコット	▶ 待遇に不満を持つ選手たちが、試合をボイコットした。
(boycott／抵制／보이콧)	(The players who were dissatisfied with their working conditions boycotted the games.／对待遇不满的选手进行了罢赛。／대우에 불만을 가진 선수들이 시합을 보이콧 했다.)
□ メイン	▶ メインの議題は経費削減です。
(main／主要／메인)	(The main agenda is about the budget cut.／主要议题是削减经费。／메인 의제는 경비 삭감입니다.)
□ モチーフ	▶ この彫刻は太陽をモチーフにしたものです。
(motif／主题／모티브)	(This sculpture is based on a sun motif.／这座雕刻是以太阳为主题。／이 조각은 태양을 모티브로 한 것입니다.)
□ ラフ(な)	▶ ラフなものでいいから、明日までに企画案を用意してきてくれる?
(rough／不加修饰／러프, 거칠고 성김)	(Could you prepare a plan by tomorrow? A rough draft will be fine.／大致的东西就行了,明天之前准备好企划案吗?／거칠어도 좋으니까 내일까지 기획안을 준비해 올래?)
□ リアル(な)	▶ 戦争シーンのリアルな描写には、ちょっとショックを受けました。
(real／现实的／리얼)	(I was shocked a little by the real description of the war scene.／战争场面的如实描写,受到了一些刺激。／전쟁 신의 리얼한 묘사에는 조금 쇼크를 받았습니다.)
□ ワンパターン(な)	▶ この番組も、最近はワンパターンになっていて、人気が落ちているようだ。
(repeated pattern／千篇一律／원 패턴)	(This program became repetitive recently and is losing its popularity.／这个节目最近没有任何改变,好像不太受欢迎了。／이 프로그램도 최근에는 원 패턴이 되어 인기가 떨어지고 있는 것 같다.)

19 対義語 (Antonym／反义词／반대말)

曖昧(な) あいまい	(unclear／不明确的／애매한)
明瞭(な) めいりょう	(clear／清楚明了的／명료한)
異常(な) いじょう	(abnormal／异常／이상한)
正常(な) せいじょう	(normal／正常／정상인)
異性 いせい	(opposite sex／异性／이성)
同性 どうせい	(same sex／同性／동성)
インフレ／インフレーション	(inflation／通货膨胀／인플레/인플레이션)
デフレ／デフレーション	(deflation／通货紧缩／디플레/디플레이션)
延長(する) えんちょう	(extend／延长／연장)
短縮(する) たんしゅく	(shorten／缩短／단축)
法案を可決する ほうあん かけつ	(pass a bill／通过法案／법안을 가결하다)
法案を否決する ほうあん ひけつ	(reject a bill／否决法案／법안을 부결하다)
日が暮れる ひ く	(get dark／日暮／날이 저물다)
夜が明ける よ あ	(dawn breaks／天亮／날이 새다)
謙虚(な) けんきょ	(humble／谦虚的／겸허한)
横柄(な) おうへい	(arrogant attitude／蛮横的态度／방자한)
好況 こうきょう	(strong economy／景气／경기가 좋음)
不況 ふきょう	(recession／不景气／불경기)
口語 こうご	(spoken language／口语／구어(입말))
文語 ぶんご	(written language／书面语／문어)
最善 さいぜん	(best／最好／최선)
最悪 さいあく	(worst／最坏／최악)
最大 さいだい	(maximum／最大／최대)
最小 さいしょう	(minimum／最小／최소)
資産 しさん	(assets／资产／자산)
負債 ふさい	(debt／负债／부채)
失業(する) しつぎょう	(lose one's job／失业／실업)
就職(する) しゅうしょく	(get a job／就职／취직)
質素(な) しっそ	(frugal／朴素／검소한)
贅沢(な) ぜいたく	(luxurious／奢侈／사치스런)
収益 しゅうえき	(earnings／收益／수익)
損失 そんしつ	(loss／损失／손실)
重視(する) じゅうし	(make the importance of／重视／중시하다)
軽視(する) けいし	(disregard／轻视／경시하다)
重大(な) じゅうだい	(serious／重大的／중대한)
さ細(な) さ さい	(trivial／微小的／작은)
自立(する) じりつ	(be independent／自立／자립)
依存(する) いぞん	(be dependent on／依存／의존)
進化(する) しんか	(evolve／进化／진화)
退化(する) たいか	(degenerate／退化／퇴화)
新品 しんぴん	(bran new／新品／새 제품)
中古 ちゅうこ	(used／新货／중고)

☐	親密(な) しんみつ	(close／亲密／친밀한)		濃厚(な) のうこう	(rich, thick／浓厚／농후)
	疎遠(な) そえん	(distant／疏远／소원한)		淡白(な) たんぱく	(plain, light／淡、素、坦率／담백)
☐	新郎 しんろう	(groom／新郎／신랑)		能動的(な) のうどうてき	(active／主动／능동적인)
	新婦 しんぷ	(bride／新娘／신부)		受動的(な) じゅどうてき	(passive／被动／수동적인)
☐	贅沢(する) ぜいたく	(allow oneself luxuries／奢侈／사치)		発信(する) はっしん	(transmit／发信／발신)
	倹約(する) けんやく	(save money／节约／검약)		受信(する) じゅしん	(receive／收信／수신)
☐	善意 ぜんい	(good intent／旧货／선의)		必然 ひつぜん	(inevitable／必然／필연)
	悪意 あくい	(evil intent／恶意／악의)		偶然 ぐうぜん	(by accident／偶然／우연)
☐	双方 そうほう	(both sides／双方／쌍방)		平易(な) へいい	(easy／浅显易懂的／평이한)
	片方 かたほう	(one side／一方／한쪽 방향)		難解(な) なんかい	(difficult／难懂的／난해한)
☐	天国 てんごく	(heaven／天堂／천국)		母音 ぼいん	(vowel／母音／모음)
	地獄 じごく	(hell／地狱／지옥)		子音 しいん	(consonant／子音／자음)
☐	天使 てんし	(angel／天使／천사)		放任(する) ほうにん	(leave someone to do what he wants／放任／방임)
	悪魔 あくま	(devil／魔鬼／악마)		干渉(する) かんしょう	(interfere／干涉／간섭)
☐	統合(する) とうごう	(integrate, merge／统一、合并／통합)		無線 むせん	(wireless／无线／무선)
	分裂(する) ぶんれつ	(divide／分裂／분열)		有線 ゆうせん	(wired／有线／유선)
☐	駅から遠ざかる えき とお	(go away from the station／离车站越来越远／역에서 멀어지다)		有益(な) ゆうえき	(beneficial／有益的／유익한)
	駅に近づく えき ちか	(get close to the station／接近车站／역에 가까워지다)		無益(な) むえき	(futile／无益的／무익한)
☐	人を遠ざける ひと とお	(keep other people away／不让人接近／사람을 멀리하다)		有害(な) ゆうがい	(harmful／有害的／유해한)
	顔を近づける かお ちか	(get close to one's face／接近人／얼굴을 가까이 대다)		無害(な) むがい	(harmless／无害的／무해한)
				有限 ゆうげん	(limited／有限／유한)
				無限 むげん	(unlimited／无限／무한)
☐	粘る ねば	(hold out／黏、有耐性／끈기 있게 버티다)			
	諦める あきら	(give up／放弃／체념하다)			

20 意味の近い言葉 《Words that are close in meaning／意思相近的词语／말의 여러 형태》

●承る・許す・認める
- □ 許可(する) (approve／许可／허가하다)
- □ 認定(する) (certify／认定／인정하다)
- □ 承諾する (allow／同意／승낙하다)

●とても多い
- □ 大量のごみ (huge amount of trash／大量的垃圾／대량의 쓰레기)
- □ 多量の雨 (a lot of rain／大量的雨水／다량의 비)
- □ 無数の穴 (millions of holes／无数的洞穴／무수한 구멍)
- □ 莫大なコスト (enormous cost／巨额成本／막대한 비용)
- □ 膨大なデータ (vast amount of data／庞大的数据／방대한 데이터)

●決まり
- □ 規律を守る (observe a rule／遵守規律／규율을 지키다)
- □ 規範を示す (set a pattern／显示标准／규범을 보여주다)
- □ 規則に違反する (break a regulation／违反規定／규칙에 위반하다)

●決まる・決める
- □ 日にちを設定する (set up the date／设定日期／날짜를 설정하다)
- □ 日にちが確定する (fix the date／确定日期／날짜가 확정되다)
- □ 原因を断定する (identify a cause／断定原因／원인을 판정하다)
- □ 退職を決断する (decide to retire／决定退休／퇴직을 결단하다)
- □ 留学を決心する (decide to study abroad／决定留学／유학을 결심하다)

●配る
- □ 資料を配布する (hand out materials／分发资料／자료를 배포하다)
- □ 食料を配給する (distribute food／分发食物／식료품을 배급하다)
- □ 荷物を宅配する (deliver a package／送货上门／짐을 택배 시키다)

●渡す
- □ 交通費を支給する (pay a travel allowance／支付交通费／영화를 제작하다)
- □ 奨学金を給付する (provide a scholarship／发给奖学金／미래를 창조하다)
- □ 運営を委ねる (entrust management／委托运营／운영을 맡기다)
- □ 書類を手渡す (submit documents／亲手递交资料／서류를 전달하다)

●助ける・補う
- □ 救助(する) (to rescue／营救／구출)
- □ 資金を援助する (provide financial help／援助资金／자금을 도와주다)
- □ 助言(する) (to advise／劝／조언)
- □ 補習 (supplementary lessons／维修、修补／보충 수업)

●つくる
- □ 作品を制作する (produce work／创作作品／작품을 제작하다)
- □ 映画を製作する (make a movie／制作电影／영화를 제작하다)
- □ 未来を創造する (create the future／创造未来／미래를 창조하다)

●できる・できあがる

- 予算が成立する（よさん／せいりつ）(make a budget／达成预算／예산이 성립되다)
- 夢が実現する（ゆめ／じつげん）(dream comes true／实现梦想／꿈이 실현되다)
- 願いが成就する（ねが／じょうじゅ）(achieve one's wish／实现愿望／소망이 성취되다)
- 成果が実る（せいか／みの）(produce results／有成果／성과가 결실을 맺다)

●直す（なお）

- 法律を改正する（ほうりつ／かいせい）(amend a law／修改法律／법률을 개정하다)
- 料金を改定する（りょうきん／かいてい）(reprise／重新规定费用／요금을 개정하다)
- 内容を改訂する（ないよう／かいてい）(revise the content／修订内容／내용을 개정하다)
- 間違いを訂正する（まちが／ていせい）(correct a mistake／订正错误／틀린 것을 정정하다)
- レポートを修正する（しゅうせい）(correct a report／修正报告／리포트를 수정하다)
- 制度を是正する（せいど／ぜせい）(fix a system／纠正制度／제도를 시정하다)
- 絵を修復する（え／しゅうふく）(restore a painting／修复画／그림을 복원하다)
- 家を改築する（いえ／かいちく）(remodel a house／改建房屋／집을 개축하다)

●変える・変わる（か／か）

- 車を改造する（くるま／かいぞう）(remodel a car／改造汽车／자동차를 개조하다)
- 記録を更新する（きろく／こうしん）(make a new record／更新记录／기록을 경신하다)
- 日程を調整する（にってい／ちょうせい）(adjust a schedule／调整日程／일정을 조정하다)
- 方針を転換する（ほうしん／てんかん）(change a policy／转换方针／방침을 전환하다)
- 内容を改善する（ないよう／かいぜん）(improve a content／改善内容／내용을 개선하다)
- デザインを改良する（かいりょう）(improve a design／改良设计／디자인을 개량하다)
- 価格の変動（かかく／へんどう）(change in price／价格变动／가격 변동)

●知らせる（し）

- 予定を告知する（よてい／こくち）(announce a schedule／告知预定安排／예정을 알리다)
- 警察に通報する（けいさつ／つうほう）(report to the police／通知警察／경찰에 통보하다)
- 広報活動（こうほうかつどう）(public relations／宣传活动／홍보 활동)

●断る（ことわ）

- 取材を拒否する（しゅざい／きょひ）(reject an interview／拒绝采访／취재를 거부하다)
- 話し合いを拒む（はな あ こば）(refuse to discuss／拒绝商量／대화를 거부하다)
- 提案を却下する（ていあん／きゃっか）(turn down a proposal／驳回提案／제안을 기각하다)

●やめる・とめる

- 代表を辞任する（だいひょう／じにん）(resign post as a representative／辞去代表／대표를 사임하다)
- 議員を辞職する（ぎいん／じしょく）(resign from the Diet／辞去议员／의원을 사직하다)
- 取引を停止する（とりひき／ていし）(suspend business transaction／停止交易／거래를 정지하다)
- 提案を取り下げる（ていあん／と さ）(back away from a proposal／撤销提案／제안을 철회하다)
- 放送を中断する（ほうそう／ちゅうだん）(stop broadcasting／终止播放节目／방송을 중단하다)
- 作業が停滞する（さぎょう／ていたい）(the work is not progressing／工作没有进展／작업이 정체되다)
- 返事を保留する（へんじ／ほりゅう）(reserve an answer／保留回信／답을 보류하다)

●方法（ほうほう）

- 方策を考える（ほうさく／かんが）(develop strategy／思考策略／방책을 생각하다)
- 新しい手法（あたら／しゅほう）(new method／新的手法／새로운 방법)

- ☐ 手立てを打つ（have a mean／想办法／수단을 강구하다）
- ☐ 災害対策（disaster countermeasure／灾害对策／재해 대책）
- ☐ 企業の戦略（company's strategy／企业的战略／기업의 전략）

●用意する
- ☐ 予備の資料（an extra handout／预备的资料／예비 자료）
- ☐ 複製（copy／复制／복제）

●持つ・続ける
- ☐ 関係を保つ（keep relationship／保持关系／관계를 유지하다）
- ☐ 健康を維持する（maintain good health／维持健康／건강을 유지하다）
- ☐ 成長を持続する（sustain the growth／持续成长／성장을 지속하다）
- ☐ 持続的（な）（continuous／持续的／지속적인）
- ☐ 試合を続行する（continue the game／继续比赛／시합을 속행하다）

●元になるもの
- ☐ 安全基準（safety standard／安全标准／안전 기준）
- ☐ レースの起点（starting point for the race／速度比赛的起点／레이스의 출발점）
- ☐ 事件の発端（beginning of the affair／事情的起因／사건의 발단）
- ☐ 原文（original text／原文／원문）
- ☐ 原書で読む（read a book in its original language／读原著／원서를 읽다）
- ☐ 憲法（constitution／宪法／헌법）

●こわれる・だめになる
- ☐ ビルが倒壊する（A building collapses／大厦倒塌／빌딩이 무너지다）
- ☐ 制度が崩壊する（A system collapses／制度崩溃／제도가 붕괴하다）
- ☐ 離婚(する)（get divorced／离婚／이혼하다）
- ☐ 破滅(する)（destroy／破灭／파멸하다）
- ☐ 壊滅的なダメージ（catastrophic damage／毁灭性的打击／궤멸적인 타격）
- ☐ 全滅(する)（be completely destroyed／全部死灭／전멸하다）

●強い力・影響
- ☐ 衝撃を受ける（be shocked／受到冲击／충격을 받다）
- ☐ 衝撃的（な）（shocking／冲击性的／충격적인）
- ☐ 迫力ある映像（powerful image／有感染力的画面／박력 있는 영상）
- ☐ 威力を発揮する（display great ability／发挥威力／위력을 발휘하다）
- ☐ 猛烈な勢い（furious pace／猛烈的气势／맹렬한 기세）

●不安や悲しみ
- ☐ 突然の知らせに動揺する（be upset about the sudden news／对突然接到的通知感到不安／돌연의 소식에 동요하다）
- ☐ 落ち込む（be depressed／失落／낙심하다）
- ☐ 沈む[気持ちが]（feel low／消沉／가라앉다）

●示す・表す
- ☐ 価格を表示する（indicate the price／标示价格／가격 정보를 확인）
- ☐ 表記のしかた（how to describe／记载方式／표기법）
- ☐ 未来を暗示する（hint the future／暗示未来／미래를 암시하다）

☐ ポスターを掲示する	(put up a poster／挂出海报／포스터를 게시하다)	●積極的 せっきょくてき		
☐ 方針を掲げる ほうしん かか	(hold up a policy／提出方针／방침을 내세우다)	☐ 意欲的な姿勢 いよくてき しせい	(enthusiastic attitude／积极的姿态／의욕적인 자세)	
		☐ 前向きな回答 まえむ かいとう	(promising response／积极的回答／긍정적인 대답)	
●王 おう		☐ 肯定的な返事 こうていてき へんじ	(affirmative answer／肯定的回答／긍정적인 대답)	
☐ 国王 こくおう	(king／国王／국왕)	☐ 建設的な議論 けんせつてき ぎろん	(constructive discussion／建设性的讨论／건설적인 논의)	
☐ 宮廷 きゅうてい	(court／宫廷／궁정)	☐ スポーツを奨励する しょうれい	(encourage to play sports／鼓励体育／스포츠를 장려하다)	
☐ 天皇 てんのう	(emperor／天皇／천황)			
☐ 皇室 こうしつ	(imperial court／皇室／황실)	●丁寧に扱う ていねい あつか		
☐ 皇族 こうぞく	(imperial family／皇族／황족)	☐ 敬意を表す けいい あらわ	(show respect／表示敬意／경의를 표하다)	
☐ 皇居 こうきょ	(imperial palace／皇居／황궁)	☐ 相手の気持ちを尊重する あいて きも そんちょう	(respect someone's feeling／尊重对方的想法／상대의 기분을 존중하다)	
●国・歴史 くに れきし		☐ 丁重に断る ていちょう ことわ	(decline politely／郑重地拒绝／정중하게 거절하다)	
☐ 封建社会 ほうけんしゃかい	(feudal society／封建社会／봉건사회)	☐ 尊い命 とうと いのち	(precious lives／宝贵的生命／귀한 생명)	
☐ 共和制 きょうわせい	(republic／共和制／공화제)			
☐ 君主制 くんしゅせい	(monarchy／君主制／군주제)	●早い はや		
☐ 武士 ぶし	(samurai, warrior／武士／무사)	☐ 素早い対応 すばや たいおう	(quick response／快速处理／재빠른 대응)	
☐ 侍 さむらい	(samurai／武士／무사)	☐ 迅速な行動 じんそく こうどう	(rapid action／迅速行动／신속한 행동)	
☐ 貴族 きぞく	(aristocrat／贵族／귀족)	☐ 急速な変化 きゅうそく へんか	(rapid change／急速的变化／급속한 변화)	
☐ 僧 そう	(monk, priest／僧人／승려)			
		●進む・発展する すす はってん		
●付ける・加える つ くわ		☐ 自然保護の推進 しぜん ほご すいしん	(foster conservation of nature／自然保护的推进／자연 보호의 추진)	
☐ 加熱(する) かねつ	(heat up／加热／가열하다)	☐ 人口の推移 じんこう すいい	(changes in population／人口的变迁／인구의 추이)	
☐ 点火(する) てんか	(fire up／点火／불을 붙이다)	☐ 技術の進展 ぎじゅつ しんてん	(progress in technology／技术的进步／기술 발전)	
☐ 同封(する) どうふう	(enclose／附在信内／동봉하다)	☐ スポーツの振興 しんこう	(sports promotion／体育的振兴／스포츠 진흥)	
☐ 添加物 てんかぶつ	(additives／添加物／첨가물)			

さくいん (Index／索引／색인)

～

〜がい	2-3
〜かい[界]	2-3
〜がら[柄]	2-3
〜かん[刊]	2-3
〜かん[観]	2-3
〜き[気]	2-3
〜ぐるみ	2-3
〜けん	2-3
〜げん	2-3
〜さいちゅう	1
〜さなか	1
〜さん	2-3
〜し	2-3
〜しょう	2-3
〜そう	2-3
〜ちがい	2-3
〜てん	2-3
〜なみ	2-3
〜ねんらい	2-3
〜のおに	27
〜のみになる	2-9
〜は[派]	2-3
〜み	2-3
〜めにあう	2-9
〜ようひん	23

あ

あいこくしん	18
アイコン	47
あいしょう	38
あいそ(う)	43
あいだがら	38
あいつぐ	33
あいづちをうつ	24
あいま	1
あいまい(な)	2-19
アカウント	47
あかす	2-11
あかるい	2-6
あき[空き]	2-7
あき[飽き]	2-7
あきらめ	2-7
あきらめる	2-7、2-19
あきる	2-7
あくい	2-19
あくしつ(な)	48
アクティブ(な)	2-18
あくま	2-19
あげあしをとる	43
あける	2-19
あざむく	38
あざやか(な)	34
あざわらう	38
あしからず	2-8
あじけない	2-8
アシスタント	13
あしもとにもおよばない	2-9
あじわい	3、2-7
あしをひっぱる	2-9
あせり	2-7
あせる[焦る]	2-7
あせる[褪せる]	34
あたいする	45
あたえる	2-11
あたかも	2-16
あたまをかかえる	2-9
あたまをひやす	2-9
あたる	2-6
あつかい	2-7
あっさり	3
あっしゅく(する)	34
あっせん(する)	13
あっというま	1
あっとう(する)	38
あっとうてき(な)	49、2-15
アップ(する)	47、2-18
あつりょく	2-14
あてにする	2-8
あてはまる	36
あとまわし	31
あとをたたない	2-8
アナログ	2-18
アピール(する)	45
アフターケア	23
アフターサービス	23
アプリ	47
アプローチ	10
あべこべ	31
あまい	2-6
あまえ	2-7
あまえる	38、2-7
あまくだり	17
あまやかし	2-7
あみだな	4
あやうく	2-16
あやつる	2-11
あやふや(な)	2-15
あやまち	48
あやまり	2-7
あやまる	2-7
あゆみ	2-11
あゆむ	2-11
あらかじめ	1
あらすじ	11
あらそい	2-14
あらそう	38
ありふれた	2-8
アルカリ	26
アルカリせい	26
あるきまわる	2-5
あわい	34
あんか(な)	7
あんじ(する)	2-20
あんじる	44
あんせい(な)	6
あんのじょう	42

い

いいあい	2-5
いいあう	2-5
いいかえ	2-5
いいかえる	2-5
いいかげん(な)	2-15
いいめをみる	2-9
いいわけ(する)	48
いかす	2-11
いかに	2-16
いかにも〜らしい	2-16
いきがあう	38

いきがい・・・・・・・・・・・・・ 2-3	いちらんひょう・・・・・・ 2-14	うけとめる・・・・・・・・・・・ 2-5
いきがつまる・・・・・・・・・・ 44	いちりつ・・・・・・・・・・・・・ 2-4	うける・・・・・・・・・・・・・・・ 2-6
いきごみ・・・・・・・・・・・・・・ 43	いちれん・・・・・・・・・・・・・ 2-4	うすい・・・・・・・・・・・・・・・・ 34
いきごむ・・・・・・・・・・・・・・ 43	いっかつ(する)・・・・・・・・ 2-4	うたがい・・・・・・・・・・・・・・ 48
いきさつ・・・・・・・・・・・・・・ 48	いっかん(する)・・・・・・・・ 2-4	うちあける・・・・・・・・・・・ 2-5
いきちがい・・・・・・・・・・・ 2-5	いっかん[一環]・・・・・・・・ 2-4	うちき(な)・・・・・・・・・・・ 2-3
いきうと・・・・・・・・・・・・・・ 27	いっきに・・・・・・・・・・・・・ 2-4	うちきり・・・・・・・・・・・・・ 2-7
いきる・・・・・・・・・・・・・ 2-11	いっしき・・・・・・・・・・・・・ 2-4	うちきる・・・・・・・・ 2-5、2-7
いくせい(する)・・・・・・・・ 38	いっしん(に)・・・・・・・・・・ 44	うちこむ・・・・・・・・・・・・・ 2-5
いくどとなく・・・・・・・・・・ 33	いっせいに・・・・・・・・・・・ 2-4	うちわけ・・・・・・・・・・・・・・・ 7
いこう(する)・・・・・・・・・・ 19	いったい[一帯]・・・・・・・・ 29	うったえ・・・・・・・・・・・・・ 2-7
いこう[意向]・・・・・・・・・・ 42	いっち(する)・・・・・・・・・・ 36	うつむく・・・・・・・・・・・・ 2-11
いざ・・・・・・・・・・・・・・・ 2-16	いってに・・・・・・・・・・・・・ 2-4	うでまえ・・・・・・・・・・・・ 2-14
いさぎよい・・・・・・・・・・・・ 43	いつのまにか・・・・・・・・・・・ 1	うてん・・・・・・・・・・・・・・・・ 8
いささか・・・・・・・・・・・・ 2-16	いっぱんじん・・・・・・・・・ 2-4	うてんけっこう・・・・・・・・・ 8
いじ(する)・・・・・・・・・ 2-20	いと(する)・・・・・・・・・・・ 42	うながす・・・・・・・・・・・・ 2-11
いじ[意地]・・・・・・・・・・・・ 43	いどう(する)[異動]・・・・ 13	うぬぼれ・・・・・・・・・・・・・・ 43
いじゅう(する)・・・・・・ 2-12	いとてき(な)・・・・・・・・・・ 42	うぬぼれる・・・・・・・・・・・・ 43
いしょう・・・・・・・・・・・・・・・ 2	いとなみ・・・・・・・・・・・・・ 2-7	うらぎり・・・・・・・・・・・・・ 2-7
いじょう(な)・・・・・・・・・ 2-19	いとなむ・・・・・・・ 2-11、2-7	うるおい・・・・・・・・・・・・・ 2-7
いじり・・・・・・・・・・・・・・ 2-7	いどむ・・・・・・・・・・・・・・・ 44	うるおう・・・・・・ 2-7、2-11
いじる・・・・・・・・・・ 2-6、2-7	いほう(な)・・・・・・・・・・・ 19	うわき(する)・・・・・ 38、2-12
いじわる(な)・・・・・・・・・・ 43	いまさら・・・・・・・・・・・・・・・ 1	うわまわる・・・・・・・・・・・・ 35
いじをはる・・・・・・・・・・・ 43	いまだ(に)・・・・・・・・・・・・・ 1	うんえい(する)・・・・・・ 2-12
いじん・・・・・・・・・・・・・・・ 37	いまに・・・・・・・・・・・・・・・・ 1	うんが・・・・・・・・・・・・・・ 2-14
いせい・・・・・・・・・・・・・ 2-19	いやがらせ・・・・・・・・・・・ 48	うんきゅう・・・・・・・・・・・・・ 4
いせき・・・・・・・・・・・・・ 2-14	いやしい・・・・・・・・・・・・・ 43	うんこう(する)・・・・・・・・・ 4
いぜん(として)・・・・・・ 2-16	いやみ(な)・・・・・・・・・・ 2-15	うんざり(する)・・・・・・・・ 44
いそいそ(と)・・・・・・・・ 2-17	いやらしい・・・・・・・・・・・ 43	うんどう・・・・・・・・・・・・ 2-14
いぞく・・・・・・・・・・・・・ 2-14	いよく・・・・・・・・・・・・・・・ 44	うんぱん(する)・・・・・・・・・ 4
いぞん(する)・・・・・・・・ 2-19	いよくてき(な)・・・・・・・ 2-20	うんめい・・・・・・・・・・・・・ 37
いたい・・・・・・・・・・・・・ 2-14	いりょう[衣料]・・・・・・・・・ 2	うんめいてき(な)・・・・・・ 37
いだい(な)・・・・・・・・・・・・ 45	いりょく・・・・・・・ 2-4、2-20	うんゆ・・・・・・・・・・・・・・・・ 4
いたく(する)・・・・・・・・・・ 22	いるい・・・・・・・・・・・・・・・・ 2	うんよう(する)・・・・・・・・・ 7
いただき・・・・・・・・・・・・・・ 8	いれかえ・・・・・・・・・・・・・ 2-5	
いたって・・・・・・・・・・・・ 2-16	いれかえる・・・・・・・・・・・ 2-5	**え**
いたみ・・・・・・・・・・・・・・ 2-7	いろけ・・・・・・・・・・・・・・・ 43	えいせい・・・・・・・・・・・・・・ 8
いたるところ・・・・・・・・・・ 28	いろちがい・・・・・・・・・・・ 2-3	エッセイ・・・・・・・・・・・・・・ 25
いたわり・・・・・・・・・・・・・ 2-7	いろん・・・・・・・・・・・・・・・ 42	えつらん(する)・・・・ 39、47
いたわる・・・・ 44、2-7、2-11	いわかん・・・・・・・・・・・・ 2-14	えもの・・・・・・・・・・・・・・・・ 9
いちいん[一員]・・・・・・・・ 2-4	いんき(な)・・・・・・・・・・・ 2-3	エリア・・・・・・・・・・・・・・・ 29
いちいん[一因]・・・・・・・・ 2-4	イントネーション・・・・・・ 24	エリート・・・・・・・・・・・・・ 13
いちがいに〜ない・・・・・・ 2-4	インパクト・・・・・・・・・・ 2-18	えん[縁]・・・・・・・・・・・・ 2-14
いちじ・・・・・・・・・・・・・・・・ 1	インフレ	えんかつ(な)・・・・・・・・ 2-15
いちだんらく(する)・・・・ 2-4	／インフレーション・・・ 2-19	えんがん・・・・・・・・・・・・・・ 8
いちにんまえ・・・・・・・・・・ 37		えんぎ・・・・・・・・・・・・・・・ 27
いちもくおく・・・・・・・・・ 2-4	**う**	えんじょ(する)・・・・・・・ 2-20
いちよう・・・・・・・・・・・・ 2-4	うけいれ・・・・・・・・・・・・・ 2-7	えんじる／えんずる・・・・・ 11
いちらん(する)・・・・・・・・ 2-4	うけいれる・・・・・・ 2-5、2-7	えんせん・・・・・・・・・・・・・・ 4

えんちょう（する）
・・・・・・・・・・・・・ 1、35、2-19
えんまん（な）・・・・・・・・ 2-15

お

おいこみ・・・・・・・・・・・・・・ 2-7
おいこむ・・・・・・・・・ 2-5、2-7
おいる・・・・・・・・・・・・・・・・ 37
おうと・・・・・・・・・・・・・・・・・ 6
おうへい（な）・・・・・ 43、2-19
おおいに・・・・・・・・・・・・・ 2-16
おおかた・・・・・・・・・・・・・・ 49
おおがら（な）・・・・・・・・・・・ 6
おおざっぱ（な）・・・・・・・・ 43
オーソドックス（な）・・・ 2-18
オーダーメイド・・・・・・・ 2-18
おおて・・・・・・・・・・・・・・・・ 22
オーナー・・・・・・・・・・・・・・ 13
おおはしゃぎ・・・・・・・・・ 2-7
おおまか（な）・・・・・・・・ 2-15
おおむね・・・・・・・・・・・・・・ 49
おおめにみる・・・・・・・・・ 2-9
おおもの・・・・・・・・・・・・ 2-14
おおらか（な）・・・・・・・・・ 43
おかす・・・・・・・・・・・・・・・・ 19
おき・・・・・・・・・・・・・・・・・・・ 8
おきあがる・・・・・・・・・・・ 2-5
おきかえる・・・・・・・・・・・ 2-5
おきて・・・・・・・・・・・・・・・・ 19
おく・・・・・・・・・・・・・・・・・ 2-6
おくびょう（な）・・・・・・・・ 43
おくゆき・・・・・・・・・・・・・・ 34
おくりがな・・・・・・・・・・・・ 24
おくる・・・・・・・・・・・・・・・ 2-6
おごそか（な）・・・・・・・・ 2-15
おこたる・・・・・・・・・・・・・・ 43
おさえる・・・・・・・・・・・・ 2-11
おしえ・・・・・・・・・・・・・・・・ 27
おしきる・・・・・・・・・・・・・・ 43
おしむ・・・・・・・・・・・・・・・ 2-6
おしゃべり（な）・・・・・・・・ 24
おしよせる・・・・・・・・・・・ 2-5
おせじ・・・・・・・・・・・・・・・・ 41
おせっかい（な）・・・・・・・・ 43
おせん（する）・・・・・・・・・ 48
おそれ・・・・・・・・・・・・・・ 2-11
おそれ・・・・・・・・・・・・・・・ 2-7
おだて・・・・・・・・・・・・・・・ 2-7
おだてる・・・・・・・・・ 38、2-7

おちこみ・・・・・・・・・・・・・ 2-7
おちこむ・・・・・・・・ 2-7、2-20
おちつき・・・・・・・・・・・・・ 2-7
おつかいをたのむ・・・・・・ 22
おって[追って]・・・・・・・・ 22
おどす・・・・・・・・・・・・・・・・ 38
おとずれ・・・・・・・・・・・・・ 2-7
おとずれる・・・・・・・・・・・ 2-7
おとろえ・・・・・・・・・・・・・ 2-7
おとろえる・・・・・・・・・・・ 2-7
おに・・・・・・・・・・・・・・・・・・ 27
おねだりする・・・・・・・・・・ 38
おび・・・・・・・・・・・・・・・・・・・ 2
おびえる・・・・・・・・・・・・・・ 44
おひらき・・・・・・・・・・・・ 2-14
おびる・・・・・・・・・・・・・・・・ 34
オファー（する）・・・・・・ 2-18
オプション・・・・・・・・・・ 2-18
オペラ・・・・・・・・・・・・・・・・ 11
おまけ（する）・・・・・・・・・ 23
おもいやり・・・・・・・・・・・・ 43
おもいやる・・・・・・・・・・・・ 43
おもむく・・・・・・・・・・・・・・ 22
おもわく・・・・・・・・・・・・ 2-14
おもんじる・・・・・・・・・・・・ 43
およぶ・・・・・・・・・・・・・・・・ 29
およぼす・・・・・・・・・・・・・・ 29
おりかえし・・・・・・・・・・・・ 22
おりかえす・・・・・・・・・・・・ 22
おりもの・・・・・・・・・・・・・・・ 2
おろそか（な）・・・・・・・・・ 43
おんげん・・・・・・・・・・・・・ 2-3

か

がいか・・・・・・・・・・・・・・・・・ 7
かいかえ・・・・・・・・・・・・・ 2-7
かいかえる・・・・・・・・・・・ 2-7
がいかん・・・・・・・・・・・・・・ 39
かいきゅう・・・・・・・・・・・・ 30
かいこ（する）・・・・・・・・・ 13
かいご（する）・・・・・・・・・・ 6
がいこうかん・・・・・・・・・・ 13
かいごし・・・・・・・・・・・ 6、13
かいごふくしし・・・・・・・・ 13
かいしゃく（する）・・・・ 2-12
かいしゅう（する）・・・・ 2-12
かいせい（する）・・・ 19、2-20
かいぜん（する）・・・・・・ 2-20
かいそう・・・・・・・・・・・・・ 2-3

かいぞう（する）・・・・・・・ 2-20
かいたく（する）・・・・・・ 2-12
かいちく（する）・・・・・・ 2-20
がいちゅう・・・・・・・・・・・・・ 9
かいてい（する）[改定]
・・・・・・・・・・・・・・ 19、2-20
かいてい（する）[改訂]
・・・・・・・・・・・・・・ 25、2-20
かいてきさ・・・・・・・・・・・ 2-7
がいとう・・・・・・・・・・・・ 2-14
かいとう（する）・・・・・・・ 24
がいとう（する）・・・・・・・ 36
かいにゅう（する）・・・・・ 17
がいねん・・・・・・・・・・・・・・ 10
かいぶつ・・・・・・・・・・・・・・ 27
かいほう（する）[介抱]
・・・・・・・・・・・・・・・・・・・・・ 6
かいほう（する）[解放]
・・・・・・・・・・・・・・・・・・ 2-12
がいむしょう・・・・・・・・・ 2-3
かいめい（する）・・・・・・・ 40
かいめつてき（な）・・・・ 2-20
がいらい・・・・・・・・・・・・ 2-14
がいらいご・・・・・・・・・・ 2-14
かいりゅう・・・・・・・・・・・・・ 8
かいりょう（する）・・・・ 2-20
かう[買う]・・・・・・・・・・・ 2-6
かえりみる[顧みる]・・・ 2-11
かえりみる[省みる]・・・・・ 43
かおいろをうかがう・・・ 2-9
かおがきく・・・・・・・・・・・ 2-9
かおつき・・・・・・・・・・・・ 2-14
かおをあわせる・・・・・・・ 2-9
かおをたてる・・・・・・・・・ 2-9
かかげる・・・・・・・・・・・・ 2-20
かかと・・・・・・・・・・・・・・・・・ 6
かき[下記]・・・・・・・・・・・・ 30
かぎかっこ・・・・・・・・・・・・ 24
かきことば・・・・・・・・・・・・ 46
かきこみ・・・・・・・・・ 47、2-5
かきこむ・・・・・・・・・・・・・ 2-5
かきなおし・・・・・・・・・・・ 2-7
かきなおす・・・・・・・・・・・ 2-7
かく〜[隔]・・・・・・・・・・・・・ 1
かく[欠く]・・・・・・・・・・ 2-11
かくげつ・・・・・・・・・・・・・・・ 1
かくさ・・・・・・・・・・・・・・・・ 36
かくしゅ・・・・・・・・・ 36、2-14
かくしゅう・・・・・・・・・・・・・ 1

かくしん・・・・・・・・・・・・・ 17	かっこ・・・・・・・・・・・・・ 24	かんぞう・・・・・・・・・・・・・ 6
かくしん(する)・・・・・・・・ 42	がっしゅく(する)・・・・ 2-12	かんだい(な)・・・・・・・・・・ 43
かくしんてき(な)・・・・・・ 17	がっしょう(する)・・・・・・ 11	かんだいさ・・・・・・・・・・・・ 43
かくしんはん・・・・・・・・・・ 42	がっち(する)・・・・・・・・・・ 36	かんちがい・・・・・・・・・・・ 2-3
がくせつ・・・・・・・・・・・・・ 10	がっぺい(する)・・・・・・・・ 22	かんてん・・・・・・・・・・ 10、39
かくてい(する)・・・・・・ 2-20	カテゴリー・・・・・・・・・・・ 29	かんぬし・・・・・・・・・・・・・ 27
かくとく(する)・・・・・・ 2-12	かなう[叶う]・・・・・・・・ 2-13	かんぶ・・・・・・・・・・・・・・・ 13
がくふ・・・・・・・・・・・・・・・ 11	かなう[敵う]・・・・・・・・・ 38	かんべん(する)・・・・・・・・ 38
かくほ(する)・・・・・・・・ 2-12	かなう[適う]・・・・・・・・・ 36	かんゆう(する)・・・・・・・・ 38
がけ・・・・・・・・・・・・・・・・・ 8	かなえる・・・・・・・・・・・ 2-13	かんよう(な)・・・・・・・・・・ 43
かけい[家計]・・・・・・・・・・ 7	かねがね・・・・・・・・・・・・・・ 1	かんようさ・・・・・・・・・・・・ 43
かけつ(する)・・・・・ 19、2-19	かねつ(する)・・・・・・・ 2-20	がんらい・・・・・・・・・・・・・・ 1
かこう(する)[下降]・・・・ 35	かねて(から)・・・・・・・・・・ 1	かんりょう・・・・・・・・・・・ 17
かごうぶつ・・・・・・・・・・・ 26	かねてより・・・・・・・・・・・・ 1	かんれき・・・・・・・・・・・・・ 37
かさいほけん・・・・・・・・・ 23	かばう・・・・・・・・・・・・・・ 38	かんわ(する)・・・・・・・・・・ 19
かさなる・・・・・・・・・・・ 2-13	カプセル・・・・・・・・・・・・・・ 6	
かさねる・・・・・・・・・・・ 2-13	かまえる・・・・・・・・・・・・ 2-6	き
かさばる・・・・・・・・・・・ 2-11	かめい(する)・・・・・・・・・ 18	き〜[生]・・・・・・・・・・・・ 2-2
かしつ・・・・・・・・・・・・・・ 48	カメラマン・・・・・・・・・・・ 13	きあい・・・・・・・・・・・・・・ 44
かじつ・・・・・・・・・・・・・・・ 9	かゆみ・・・・・・・・・・・・・・・ 6	きがおけない・・・・・・・・・ 38
かじょうがき・・・・・・・・・ 24	からい・・・・・・・・・・・・・・ 45	きかく・・・・・・・・・・・・・・ 19
かすか(な)・・・・・・・・・・・ 49	からみ・・・・・・・・・・・・・ 2-7	きがとおくなる・・・・・・・ 2-9
かすむ・・・・・・・・・・・・・・・ 8	からむ・・・・・・・・・ 2-6、2-7	きがね・・・・・・・・・・・・・・ 44
かせい・・・・・・・・・・・・・・・ 8	かり[狩り]・・・・・・・・・・・ 9	きがはれる・・・・・・・・・・ 2-9
かせき・・・・・・・・・・・・・ 2-14	かり[仮]・・・・・・・・・・・ 2-14	きがひける・・・・・・・・・・ 2-9
かせぐ・・・・・・・・・・・・・・ 2-6	かりに[仮に]・・・・・・・・ 2-14	ききとり・・・・・・・・・・・ 2-7
かせつ[仮説]・・・・・・・・・ 10	カリスマ・・・・・・・・・・・ 2-18	ききとる・・・・・・・・・・・ 2-7
かせん[河川]・・・・・・・・・・ 8	かりめんきょ・・・・・・・・ 2-14	ぎきょく・・・・・・・・・・・・ 11
かそく(する)・・・・・・・・・ 26	かりゅう・・・・・・・・・・・・・ 8	きけん(する)・・・・・・・・ 2-12
かたい・・・・・・・・・・・・・・ 34	カルシウム・・・・・・・・・・ 2-18	きげん[期限]・・・・・・・・・ 32
かだい・・・・・・・・・・・・・ 2-14	かろう・・・・・・・・・・・・・・・ 6	きげん[起源]・・・・・・・・ 2-14
かたおもい・・・・・・・・・・ 44	かろうし・・・・・・・・・・・・・ 6	きこう[機構]・・・・・・・・・ 21
かたがき・・・・・・・・・・・・ 13	かろんじる・・・・・・・・・・ 43	きさい(する)・・・・・・・・・ 24
かたのにがおりる・・・ 2-9	かわす(言葉を)・・・・・・ 2-11	きさく(な)・・・・・・・・・・・ 43
かたほう・・・・・・・・・・・ 2-19	かわるがわる・・・・・・・・ 31	きしつ・・・・・・・・・・・・・・ 43
かたまる(パソコンが)・・ 47	かんい(な)・・・・・・・・・・ 30	きしみ・・・・・・・・・・・・・ 2-7
かたむく・・・・・・・・・・・ 2-11	かんかん(に)・・・・・・・ 2-17	きしむ・・・・・ 2-11、2-7
かたむける・・・・・・・・・ 2-11	かんげん(する)・・・・・・ 2-12	きしゅ・・・・・・・・・・・・・・ 47
かたより・・・・・・・・・・・ 2-7	かんこう(する)[刊行]	きじゅつ(する)・・・・・・・ 24
かたよる・・・・・・・・・・・ 2-7	・・・・・・・・・・・・・・・・・ 25	きじゅん・・・・・・・・・・・ 2-20
かたわら・・・・・・・・・・・・ 28	かんこく(する)・・・・・・ 2-12	きしょう(な)・・・・・・・・・ 49
かたをならべる・・・・・・ 2-9	かんしゅう[慣習]・・・・ 2-14	きしょう[気象]・・・・・・・・ 8
かたをもつ・・・・・・・・・ 2-9	かんしゅう[観衆]・・・・・ 37	きしょう[気性]・・・・・・・ 43
かだん・・・・・・・・・・・・・・・ 5	かんしょう(する)	きずく・・・・・・・・・・・・ 2-11
かちかん・・・・・・・・・・・ 2-3	・・・・・・・・・・・・・・ 38、2-19	ぎせい・・・・・・・・・・・・・・ 48
かちき(な)・・・・・・・ 43、2-3	がんじょう(な)・・・・・・・ 34	きせい(する)[帰省]
かっきてき(な)・・・・・・・ 45	かんじん(な)・・・・・・・ 2-15	・・・・・・・・・・・・・・・・ 2-12
かつぐ・・・・・・・・・・・・・ 2-11	かんせつ[間接]・・・・・・ 2-14	きせい(する)[規制]
がっくり(と)・・・・・・・ 2-17	かんせつてき(な)・・・・ 2-14	・・・・・・・・・・・・・・・・・ 19

きぜつ(する)・・・・・・・ 2-12	きょうか(する)・・・・・・ 2-12	ぎんみ(する)・・・・・・・・・ 45
ぎぞう(する)・・・・・・・・・ 48	きょうかい[協会]・・・・・ 21	きんむじかん・・・・・・・・・ 22
きそく・・・・・・・・・・・・・・・ 2-20	ぎょうかい・・・・・・・・・・・ 2-3	きんもつ・・・・・・・・・・・・・ 19
きぞく・・・・・・・・・・・・・・・ 2-20	きょうかん(する)・・・・・・ 42	きんり・・・・・・・・・・・・・・・・ 7
きたはんきゅう・・・・・・・・・ 8	きょうき・・・・・・・・・・・・・ 2-3	
きちっと・・・・・・・・・・・ 2-16	きょうぎ(する)・・・・・・・・ 24	**く**
きちょうめん(な)・・・・・ 43	きょうぎ[教義]・・・・・・・ 27	くいちがい・・・・・・・・・・・ 36
きてい(する)・・・・・・・・ 19	きょうくん・・・・・・・・・ 2-14	くいちがう・・・・・・・・・・・ 36
きてん・・・・・・・・ 2-3、2-20	きょうこう(する)・・・・ 2-12	ぐうぜん・・・・・・・・・・・ 2-19
きどう(する)・・・・・・・・・ 47	きょうざい・・・・・・・・・・・ 25	くうそう(する)・・・・・・ 2-12
きとく・・・・・・・・・・・・・・・・ 6	きょうさんしゅぎ・・・・・ 17	くうふく・・・・・・・・・・・・・・ 3
きにかける・・・・・・・・・・ 2-9	ぎょうしゃ・・・・・・・・・・・ 22	くぐる・・・・・・・・・・・・・ 2-11
きにさわる・・・・・・・・・・ 2-9	きょうしゅう・・・・・・・・ 44	くしん(する)・・・・・・・・・ 44
ぎのう・・・・・・・・・・・・・・・ 45	ぎょうせい・・・・・・・・・・・ 17	ぐずぐず(する)・・・・・ 2-17
きはん・・・・・・・・・ 19、2-20	きょうせい(する)・・・・ 2-12	くすくす(笑う)・・・・・ 2-17
きばん・・・・・・・・・・・・・ 2-14	きょうせいてき(な)	くたくた・・・・・・・・・・・・・・ 6
きひん・・・・・・・・・・・・・・・ 43	・・・・・・・・・・・・・ 2-12、2-15	くちがおもい・・・・・・・・ 2-9
きふく・・・・・・・・・・・・・・・ 34	ぎょうせき・・・・・・・・・・・ 22	くちをはさむ・・・・・・・・ 2-9
きまぐれ(な)・・・・・・・・ 43	きょうそ・・・・・・・・・・・・・ 27	くつう・・・・・・・・・・・・・・・・ 6
きまじめ(な)・・・・・・・・ 2-2	きょうちょうせい・・・・・ 43	くつじょく・・・・・・・・・ 2-14
きまずい・・・・・・・・・・・・・ 44	きょうと・・・・・・・・・・・・・ 27	くつじょくてき(な)・・・ 2-14
きまま(な)・・・・・・・・・・・ 44	きょうはく(する)・・・・・ 38	ぐっと・・・・・・・・・・・・・ 2-16
きまり(が)わるい・・・・・ 44	ぎょうむ・・・・・・・・・・・・・ 22	くてん・・・・・・・・・・・・・・・ 24
きみ(が)わるい・・・・・・ 44	きょうめい(する)・・・・・ 42	くなん・・・・・・・・・・・・・・・ 48
きもにめいじる・・・・・・・ 43	きょうゆう(する)・・・・・ 36	くのう(する)・・・・・・・・ 2-12
ぎもんし(する)・・・・・・ 2-3	きょうりゅう・・・・・・・・・・ 9	くびすじ・・・・・・・・・・・・ 2-6
きやく・・・・・・・・・・・・・・・ 19	きょうわせ・・・・・・・・・ 2-20	くびをかしげる・・・・・・ 2-9
ぎゃくギレ・・・・・・・・・・・ 44	きょか(する)・・・・・・・ 2-20	くびをつっこむ・・・・・・ 2-9
ぎゃくしょく(する)・・・・・ 11	きょひ(する)・・・・・・・ 2-20	くびをよこにふる・・・・・ 2-9
ぎゃくたい(する)・・・・・ 48	きょよう(する)・・・・・・・ 29	くみこむ・・・・・・・・・・・・ 2-5
きゃくほん・・・・・・・・・・・ 11	きりがいい・・・・・・・・・・ 2-8	くむ・・・・・・・・・・・・・・・・ 2-6
きゃっか(する)・・・・・・ 2-20	きりがない・・・・・・・・・・ 2-8	くらやみ・・・・・・・・・・・ 2-14
きゃっかん・・・・・・・・・・・ 42	きりつ・・・・・・・・・・・・・ 2-20	くるしみ・・・・・・・・・・・・ 2-7
ギャップ・・・・・・・・・・・ 2-18	ぎりにんじょう・・・・・・・ 43	くれる・・・・・・ 2-11、2-19
キャリア・・・・・・・・・・・・・ 13	きりょく・・・・・・・・・・・・・ 45	グローバル(な)・・・・・ 2-18
ギャンブル・・・・・・・・・ 2-18	きる・・・・・・・・・・・・・・・・ 2-6	くんしゅせい・・・・・・・ 2-20
キャンペーン・・・・・・・・ 2-18	きれめ・・・・・・・・・・・・・ 2-14	
きゅうえん(する)・・・・・ 38	キレる・・・・・・・・・・・・・・・ 44	**け**
きゅうきょ・・・・・・・・・ 2-16	ぎわく・・・・・・・・・・・・・・・ 48	ケア(する)・・・・・・・・・ 2-18
きゅうくつ(な)・・・・・・ 2-15	きをきかせる・・・・・・・・ 2-9	けい[刑]・・・・・・・・・・・・ 20
きゅうさい(する)・・・・・ 38	きをぬく・・・・・・・・・・・・ 2-9	けいい[敬意]・・・・・・ 2-20
きゅうしゅつ(する)・・・・ 38	きんいつ・・・・・・・・・・・・・ 7	けいい[経緯]・・・・・ 48、2-14
きゅうじょ(する)・・・・ 2-20	ぎんが・・・・・・・・・・・・・・・ 8	けいか(する)・・・・・・・・・ 1
きゅうせい[急性]・・・・・・ 6	きんきゅう・・・・・・・・・・・ 48	けいかい(する)・・・・・・・ 48
きゅうそく(な)・・・・・・ 2-20	きんこう(する)・・・・・・・ 36	けいかい(な)・・・・・・・ 2-20
きゅうてい・・・・・・・・・ 2-20	きんし[近視]・・・・・・・・・ 6	けいけん(な)・・・・・・・・ 27
きゅうとう(する)・・・・・ 35	きんせい・・・・・・・・・・・・・ 1	けいさい(する)・・・・・・ 16
きゅうふ(する)・・・・・ 2-20	きんねん・・・・・・・・・・・・・ 1	けいさんにいれる・・・・・ 2-8
きゅうめい(する)・・・・・ 40	きんべん(な)・・・・・・・・ 43	けいし(する)・・・ 45、2-3、2-19

けいじ(する)･･････ 2-20	げんしょ･･････････ 2-20	こうすいりょう････････ 8
けいしょう･････････････ 6	けんしょう(する)････ 10	ごうせい････････････ 36
けいせい(する)････ 2-12	げんしりょくはつでん･･･ 15	こうせき････････････ 45
けいそつ(な)････････ 45	けんせつてき(な)･･ 2-20	こうぜん･･････････ 2-14
けいたい[形態]･･･････ 30	けんぞう(する)･･････ 5	こうそう(する)･･････ 42
けいびいん･･････････ 13	げんそく････････････ 19	こうぞく(する)････ 2-20
げいのうかい･････ 2-3	げんち････････････ 2-14	こうたい(する)････ 2-12
けいほう[刑法]･･･････ 20	げんちくし････････ 13	こうたい(する)[後退]
けいほう[警報]･･･････ 16	げんてん･･････････ 2-14	･･････････････････ 35
けいれき････････････ 13	げんどう･･････････ 2-14	こうたい(する)[交替]
ケース････････････ 2-18	けんとう(する)･･････ 12	･･････････････････ 31
ケースバイケース･･ 2-18	げんに････････････ 2-16	こうたく････････････ 34
けがらわしい･････ 2-15	げんばつ････････････ 19	こうちく(する)･･････ 10
げきてき(な)･････ 2-15	げんぱつ････････････ 15	こうちょう(な)･･･45、48
げきれい(する)････ 2-12	げんぶん･･････････ 2-20	ごうてい･････････････ 5
けしょうしつ････････ 5	げんぼう･･････････ 2-20	こうていてき(な)････ 2-20
げたばこ･････････････ 5	げんぼん････････････ 32	こうてき(な)･････ 2-15
けつい(する)････････ 42	げんみつ(な)････････ 49	こうてつ････････････ 14
けついん････････････ 13	けんめい(な)[懸命]･･ 2-15	こうとう････････････ 30
けっかん･････････････ 6	けんめい(な)[賢明]･･ 2-15	こうとう(する)･･････ 35
げっかん･････････ 2-3	けんやく(する)････ 7、2-19	こうどく(する)･･････ 25
けつごう(する)･･････ 36	けんよう(する)･･････ 30	こうにゅう(する)････ 23
けっこう(する)[決行]	げんり････････････ 2-14	こうにん････････････ 13
･････････････････ 2-12	けんりょく･･････････ 2-4	こうばしい･･･････････ 3
けっこう[欠航]･･･････ 4		こうひょう(な)･･････ 45
けっさい(する)･･･････ 7	**こ**	こうふ(する)････････ 32
けつじょ(する)･･････ 43	こうあん(する)･･････ 42	こうぼ(する)････････ 32
けっしょう････････ 12	ごうい(する)･････ 2-12	こうほう[後方]･･････ 28
けっしょうせん･････ 12	こうい[好意]････････ 44	こうほう[広報]･･･ 2-20
けっしん(する)････ 2-20	こうい[行為]･････ 2-14	こうみょう(な)･･･ 2-15
けっせい(する)･･････ 38	こういしつ････････････ 5	こうやく(する)･･････ 17
けっそく(する)･･････ 38	こういてき(な)･･････ 44	こうり････････････ 22
げっそり･････････････ 6	こうか(な)･････････ 7	こうりてん････････ 22
けつだん(する)･･･42、2-20	こうぎ(する)････････ 42	こうりょく････････ 32
けもの･･･････････････ 9	こうきょ･･････････ 2-20	こうれい･･････････ 2-14
げらく(する)････････ 35	こうげき(する)･･････ 12	コーラス････････････ 11
げり･･･････････････ 6	こうご･･･････46、2-19	こがら(な)･･･････････ 6
けんあん･･････････ 2-14	こうご(に)･････････ 31	こきゃく････････････ 22
けんい････････････ 2-14	こうざ･･････････････ 10	こきゅうがあう･･････ 38
げんえき････････････ 13	こうさい(する)･･････ 38	こくおう･･････････ 2-20
げんかく(な)････････ 10	こうさつ(する)･･････ 10	こくさいれんめい････ 21
げんきゅう(する)････ 24	こうざん･･････････ 2-14	こくそ(する)････････ 20
けんきょ(な)･････ 2-19	こうしつ･･････････ 2-20	こくち(する)････ 2-20
げんげん･･････････ 29	こうじつ････････････ 48	こくど････････････ 18
けんこうほけん･･････ 23	こうじゅつ(する)････ 24	こくれん
げんこう････････････ 29	こうじょ(する)･･････ 32	／こくさいれんごう･･･ 18
げんこく････････････ 20	こうしょう(する)････ 24	こける･････････････ 2-11
けんじ･･･････････13、20	こうしん(する)････ 2-20	ここ･･････････････ 2-14
けんじつ(な)･････ 2-15	こうしんりょう･･･････ 3	ここちいい･････････ 44

こころえ･････････ 2-11	こる･･････････････ 2-11	さしつかえる････ 2-7、2-14
こころえる･･･････ 2-11	ころぶ･･････････････ 2-11	さしひく･･･････････ 2-5
こころがけ･････････ 2-7	こんき････････････ 43	さじをなげる･･････ 2-8
こころがける･･･････ 2-7	こんきょ･･････････ 2-14	さす･････････････ 2-11
こころがまえ････････ 43	こんげん･･････････ 2-3	さする･･･････････ 2-11
こころくばり･･･････ 44	コンサルタント･･････ 13	ざせつ(する)･･････ 2-12
こころざし････････ 44	コンスタント･･････ 2-18	さだまる･････････ 2-13
こころざす････････ 44	コンセンサス･･････ 2-18	さだめる･････････ 2-13
こころづよい･･････ 44	こんちゅう････････ 9	ざつ(な)･････････ 2-15
こころにきざむ･････ 44	コンテンツ･･････ 2-18	さっか･･････････ 11
こころのこり･････ 44	こんどう(する)･････ 36	さっきゅう･･････････ 1
こころぼそい･････ 44	こんぽん･･････････ 2-14	さっしん(する)･･････ 2-12
こころみ･･････････ 2-11	こんぽんてき(な)	さっする･･･････････ 42
こころみる････････ 2-11	････････ 2-14、2-15	ざつだん(する)･･････ 24
こころよい････････ 44	こんぽんてきに･････ 2-14	さっぱり(する)･･････ 2-17
こころをうばわれる･･･ 44		さとり･･････････････ 9
ごさ････････････ 36	**さ**	さとる･･････････ 40、2-7
こじ･･･････････ 37	さいあく･･････････ 2-19	さべつ(する)･･････ 2-12
こしがひくい･･････ 43	ざいかい･･････････ 2-3	さべつか(する)･････ 2-12
こしつ･････････････ 5	さいきどう(する)････ 47	サポート(する)･････ 38
こじらせる････････ 6	サイクル･･････････ 2-18	さほど〜ない･･････ 45
こせい･･････････ 37	さいけん･･････････ 7	さむけ･･･････････ 6
こせいてき(な)･････ 37	さいげん･･････････ 7	さむらい･････････ 2-20
こせき･････････ 32	さいさん[再三]･････ 33	さよう(する)･･････ 2-12
こだい･････････････ 1	さいさん[採算]･････ 22	さらう･･････････ 48
こちょう(する)････ 24	さいしょう････････ 2-19	さんか(する)････ 26
こっこう････････ 18	ざいせい････････ 17	さんぎいん･････････ 17
こつこつ(と)･･････ 2-17	さいせい(する)････ 2-12	ざんげ(する)･･････ 27
こってり･･････････ 3	さいぜん････････ 2-19	ざんこく(な)･･････ 2-15
こてい(する)･････ 2-12	さいだい････････ 2-19	さんじ･･････････ 48
こてん･･････････ 11	さいたく(する)････ 45	さんしゅつ(する)･･ 14
ことがら････････ 2-14	ざいだんほうじん･･･ 21	さんしょう(する)･･ 39
こどく(な)･･････ 2-15	さいてき(な)････ 45	さんせい･･････････ 26
ことによると･････ 2-16	さいばんかん･･･ 13、20	ざんだか･･･････････ 7
こなす････････ 2-11	さいむ･････････････ 7	
こね･･････････ 38	さえぎる････････ 2-11	**し**
このましい･････ 45	さえる･･････････ 2-11	し〜････････････ 2-2
こばむ･･････････ 2-20	さきごろ･･････････ 1	しあがり････････ 2-5、2-7
ごまかし････････ 2-7	さきに･････････････ 1	しあがる･････････ 2-5
ごまかす･････ 2-7、2-11	さきのばし･･･････ 1	しあげ･････････ 2-5
ごますり････････ 2-7	さきみだれる･････ 9	しあげる･････････ 2-5
ごまをする･････ 38、2-7	さきゆき･･････････ 1	しいく(する)････ 9
こみみにはさむ･････ 2-9	さく･･････････ 2-14	しいて･････････ 2-16
こゆう････････ 2-14	さくせん･････ 12、2-14	しいる･････････ 2-11
こゆうめいし･･････ 2-14	ささい(な)･････ 2-19	しいれ･････････ 23
こよう(する)････ 13	さしかえる･････ 2-5	しいれる･････････ 23
コラム･･････････ 16	さしず(する)･････ 38	しいん･･････････ 2-19
こりつ(する)････ 38	さしだしにん････ 2-14	シーン･･････････ 11
こりる･･････････ 44	さしつかえ････ 2-7、2-14	しえん(する)････ 2-12

339

しお・・・・・・・・・・・・・・・ 8	じつぎ・・・・・・・・・・・・・・・ 10	しや・・・・・・・・・・・・・・・ 2-14
じが・・・・・・・・・・・・・・・ 37	しつぎ(する)・・・・・・・・・・ 24	しゃかいしゅぎ・・・・・・・・ 17
しがいせん・・・・・・・・・・・・ 8	しつぎおうとう・・・・・・・・ 24	しゃかいじん・・・・・・・・・・ 37
しかし・・・・・・・・・・・・・ 2-16	しつぎょう(する)・・・・・ 2-19	しゃかいほけん・・・・・・・・ 23
じかんじく・・・・・・・・・ 2-14	じつぎょうか・・・・・・・・・・ 13	じゃき・・・・・・・・・・・・・・ 2-3
じき(に)・・・・・・・・・・・・・・ 1	じっくり・・・・・・・・・・・ 2-16	じゃくにくきょうしょく2-10
しきゅう(する)・・・・・・ 2-20	しつけ・・・・・・・・・・・・・・ 2-7	しゃくめい(する)・・・・・・ 24
しきり・・・・・・・・・・・・・・ 2-7	しつける・・・・・・・・・・・・ 2-7	しゃざい(する)・・・・・・・・ 48
しきる・・・・・・・・・ 2-5、2-7	しつげん・・・・・・・・・・・・・ 46	しゃそう・・・・・・・・・・・・・・ 4
じく・・・・・・・・・・・・・・・ 2-14	じつげん(する)・・・・・・ 2-20	しゃめん・・・・・・・・・・・・・ 28
しくじる・・・・・・・・・・・・・ 48	じっこう(する)・・・・・・・・ 20	しゃりょう・・・・・・・・・・・・ 4
しくみ・・・・・・・・・・・ 15、2-7	じつじょう・・・・・・・・・ 2-14	ジャンル・・・・・・・・・・・・・ 29
しくむ・・・・・・・・・・・・・・ 2-7	じっしょう(する)・・・・・・ 10	しゅうえき・・・・・・・・・ 2-19
しけい・・・・・・・・・・・・・・・ 20	しっしん(する)・・・・・・・・・ 6	しゅうかんし・・・・・・・・ 2-3
しけん[私見]・・・・・・・・ 2-2	しっせき・・・・・・・・・・・・・ 45	しゅうぎいん・・・・・・・・・ 17
じこ・・・・・・・・・・・・・・・・・ 37	じっせんてき(な)・・・・・ 2-15	しゅうぎょう(する)[就業]
しご[死語]・・・・・・・・・・・ 46	しっそ(な)・・・・・・・・・ 2-19	・・・・・・・・・・・・・・・・・・・ 22
しご[私語]・・・・・・ 46、2-2	じったい・・・・・・・・・・・ 2-14	しゅぎょう(する)[修業]
じこう・・・・・・・・・・・・・・・ 30	じっちゅうはっく・・・・・ 2-10	・・・・・・・・・・・・・・・・ 2-12
しこう(する)・・・・・・・・・ 19	じっちょく(な)・・・・・・・・ 43	しゅうけい(する)・・・・・・ 10
しこうさくご(する)・・・ 2-10	しっと(する)・・・・・・ 38、44	じゅうし(する)・・・・・・ 2-19
じごく・・・・・・・・・・・・・ 2-19	しっとしん・・・・・・・・・・・ 44	じゅうじ(する)・・・・・・・・ 22
じこしゅちょう・・・・・・・・ 43	ジッパー・・・・・・・・・・・・・・ 2	しゅうし[収支]・・・・・・・・ 7
じさ・・・・・・・・・・・・・・・・・ 4	じっぴ・・・・・・・・・・・・・・・・ 7	しゅうし[終始]・・・・・・・・ 1
じさ(する)・・・・・・・・・ 2-12	じつむ・・・・・・・・・・・・・・・ 22	しゅうしゅう(する)・・・ 2-12
しさつ(する)・・・・・・・・・ 39	しつれん(する)・・・・・・ 2-12	しゅうしゅく(する)・・・・・ 35
じさぼけ・・・・・・・・・・・・・ 4	してき(する)・・・・・・・・ 2-12	じゅうしょう・・・・・・・・・・ 6
しさん・・・・・・・・・ 7、2-19	してき(な)・・・・・・・・・ 2-15	じゅうしょく・・・・・・・・・・ 27
じしゅ(する)・・・・・・・・・ 20	してん・・・・・・・・・・・ 10、39	しゅうしょく(する)・・・ 2-19
しじゅう・・・・・・・・・・・・・・ 1	じてん・・・・・・・・・・・・・・・・ 1	しゅうせい(する)・・・・・ 2-20
じしょく(する)・・・・・・ 2-20	しなかず・・・・・・・・・・・・・ 23	じゅうだい(な)・・・・・・ 2-19
しずむ・・・・・・・・・・・・・ 2-20	シナリオ・・・・・・・・・・・・・ 11	しゅうちゃく(する)・・・・・ 43
しせいかつ・・・・・・・・・・ 2-2	じにん(する)・・・・・・・・ 2-20	しゅうてん・・・・・・・・・・ 2-3
しぜんとうた(する)・・・ 2-10	しのぎ・・・・・・・・・・・・・・ 2-7	じゅうなん(な)・・・・・・・・ 43
じぞく(する)・・・・・・・・ 2-20	しのぐ・・・・・・・・・ 2-7、2-11	しゅうのう・・・・・・・・・・・・ 5
じぞくてき(な)・・・・・・ 2-20	しばし・・・・・・・・・・・・・・・・ 1	しゅうふく(する)・・・・・ 2-20
じそんしん・・・・・・・・・・・ 44	しばしば・・・・・・・・・・・・・ 33	じゅうようし(する)・・・・ 2-3
じたい(する)・・・・・・・・・ 38	しひょう・・・・・・・・・・・ 2-14	じゅうらい・・・・・・・・・・・・ 1
しだいに・・・・・・・・・・・ 2-16	しびれ・・・・・・・・・・・・・・・・ 6	じゅうりょく・・・・・・・・・・ 26
したう・・・・・・・・・・・・・・・ 38	しぶつ・・・・・・・・・・・・・・ 2-2	しゅかん・・・・・・・・・・・・・ 42
したうけ(する)・・・・・・・・ 22	しほう・・・・・・・・・・・・・・・ 20	しゅかんてき(な)・・・・・・ 42
したしみ・・・・・・・・・・・・ 2-7	しぼう・・・・・・・・・・・・・・・・ 3	しゅぎょう(する)・・・・・ 2-12
したしむ・・・・・・・・・・・・ 2-7	しほんしゅぎ・・・・・・・・・ 17	しゅくじ・・・・・・・・・・・・・ 24
したまわる・・・・・・・・・・・ 35	しまつ(する)・・・・・・・・ 2-12	しゅくしょう(する)・・・・・ 35
したをまく・・・・・・・・・・・ 45	しみ・・・・・・・・・・・・・・・ 2-11	じゅくどく(する)・・・・・・ 24
じち・・・・・・・・・・・・・・・・・ 17	じみち(な)・・・・・・・・・ 2-15	じゅこう(する)・・・・・・・・ 10
じちたい・・・・・・・・・・・・・ 17	しみる・・・・・・・・・・・・・ 2-11	しゅざい(する)・・・・・・・・ 16
しちょう(する)・・・・・・・・ 24	しめい・・・・・・・・・・・・・・・ 22	しゅし・・・・・・・・・・・・・・・ 24
じっかん(する)・・・・・・・・ 44	じめい・・・・・・・・・・・・・ 2-14	しゅじゅ・・・・・・・・・・・ 2-14

しゅしょく・・・・・・・・・・・・ 3	しょうする・・・・・・・・・・ 2-11	しょゆう(する)・・・・・・ 2-12
じゅしん(する)・・・・・・・ 2-19	じょうせい・・・・・・・・・・ 2-14	しりぞく・・・・・・・・・・・・ 2-11
しゅじんこう・・・・・・・・・・ 11	しょうそく・・・・・・・・・・・・ 37	じりつ(する)・・・ 2-12、2-19
しゅたい・・・・・・・・・・・・ 2-14	しょうたい・・・・・・・・・・・・ 37	しるす・・・・・・・・・・・・・・・・ 24
しゅだい・・・・・・・・・・・・・・ 24	しょうだく(する)	じれい・・・・・・・・・・・・・・ 2-14
しゅだいか・・・・・・・・・・・・ 24	・・・・・・・・・・・・・・・ 22、2-20	しろくじちゅう・・・・・・ 2-10
しゅたいせい・・・・・・・・ 2-14	しょうち(する)・・・・・・・・ 40	しんか(する)・・・・・・・・ 2-19
しゅたいてき(な)・・・・ 2-14	じょうちょ・・・・・・・・・・ 2-14	しんがい(する)・・・・・・・・ 19
しゅつえん(する)・・・・・・ 11	しょうちょう(する)・・・・ 2-12	じんかく・・・・・・・・・・・・・・ 43
しゅっか(する)・・・・・・ 2-12	しょうちょうてき(な)	しんぎ(する)・・・・・・・・・・ 45
しゅっしゃ(する)・・・・・・ 22	・・・・・・・・・・・・・・・・・・ 2-12	しんき・・・・・・・・・・・・・・・・ 22
しゅっしょうりつ	じょうちょてき(な)・・・ 2-14	じんけん・・・・・・・・・・・・・・ 19
／しゅっせいりつ・・・・ 2-14	しょうてん・・・・・・・・・・ 2-14	しんこう・・・・・・・・・・・・・・ 38
しゅつだい(する)・・・・・・ 10	しょうにん・・・・・・・・・・・・ 20	しんこう(する)[信仰]・・・ 27
しゅつりょく(する)・・・・・ 15	しょうにん(する)・・・・・ 2-12	しんこう(する)[振興]・2-20
しゅどう(する)・・・・・・・・ 38	じょうほうげん・・・・・・・ 2-3	じんこうえいせい・・・・・・・・ 8
しゅどうけん・・・・・・・・・・ 38	じょうほ(する)・・・・・・・・ 38	しんこうしん・・・・・・・・・・ 27
しゅどうてき(な)・・・・・・ 38	しょうみ(する)・・・・・・ 2-12	しんこく(する)・・・・・・ 2-12
じゅどうてき(な)・・・・ 2-19	しょうみきげん・・・・・・・・・ 3	しんさ(する)・・・・・・・・・・ 45
しゅにん・・・・・・・・・・・・・・ 13	しょうめい・・・・・・・・・・・・・・ 5	じんざい・・・・・・・・・・・・・・ 48
しゅのう・・・・・・・・・・・・・・ 18	じょうやく・・・・・・・・・・・・ 19	じんざい・・・・・・・・・・・・・・ 13
しゅび・・・・・・・・・・・・・・・・ 12	しょうよ・・・・・・・・・・・・・・・・ 7	しんさいん・・・・・・・・・・・・ 45
しゅほう・・・・・・・・ 10、2-20	しょうり(する)・・・・・・・・ 12	しんし(な)・・・・・・・・・・・・ 43
じゅもく・・・・・・・・・・・・・・・・ 9	じょうりゅう・・・・・・・・・・・・ 8	しんじつ・・・・・・・・・・・・ 2-14
しゅやく・・・・・・・・・・・・・・ 11	じょうれい・・・・・・・・・・ 2-19	しんじゃ・・・・・・・・・・・・・・ 27
しゅよう・・・・・・・・・・・・・・・・ 6	しょうれい(する)・・・・・ 2-20	じんしゅさべつ・・・・・・ 2-12
しゅよく・・・・・・・・・・・・・・・・ 9	じょうれん・・・・・・・・・・・・ 37	しんしゅつ(する)・・・・・ 2-12
しゅん・・・・・・・・・・・・・・・・・・ 1	じょがい(する)・・・・・・ 2-12	しんじょう・・・・・・・・・・・・ 44
じゅん〜 [純]・・・・・・・・ 2-2	しょき・・・・・・・・・・・・・・・・・・ 1	しんせい(する)・・・・・・・・ 32
じゅんあい・・・・・・・・・・・・ 2-2	しょくにん・・・・・・・・・・・・ 13	しんせい(な)・・・・・・・・・・ 27
じゅんきん・・・・・・・・・・・・ 2-2	しょくみんち・・・・・・・・・・ 18	じんせいかん・・・・・・・・・ 2-3
じゅんけっしょう・・・・・・ 12	しょくむ・・・・・・・・・・・・・・ 22	しんぜん・・・・・・・・・・・・・・ 38
じゅんれい(する)・・・・・・ 27	じょげん(する)・・・・・・ 2-20	じんぞく(な)・・・・・・・・ 2-12
しよう(する)・・・・・・・・・・ 2-2	じょこう(する)・・・・・・・・・・ 4	しんそつ・・・・・・・・・・・・・・ 13
しょう・・・・・・・・・・・・・・・・ 25	じょしょう・・・・・・・・・・・・ 25	じんたい・・・・・・・・・・・・・・ 2-4
しょうエネルギー・・・・・・ 15	しょぞく(する)・・・・・・・・ 13	しんちょう(な)・・・・・・・・ 45
しょうがい・・・・・・・・・・・・ 37	しょち(する)・・・・・・・・・・・ 6	しんてい(する)・・・・・・ 2-12
しょうきょ(する)・・・・・ 2-12	じょちょう(する)・・・・・ 2-12	しんてん(する)・・・・・・ 2-20
じょうきん(する)・・・・・・ 13	しょっちゅう・・・・・・・・・・ 33	しんとう(する)・・・・・・ 2-12
しょうげき・・・・・・・・・・ 2-20	しょてい・・・・・・・・・・・・・・ 19	しんどう(する)・・・・・・ 2-12
しょうげきてき(な)・・・ 2-20	しょとく・・・・・・・・・・・・・・・・ 7	しんねん・・・・・・・・・・・・・・ 44
しょうげん(する)・・・・・ 2-20	しょばつ(する)・・・・・・・・ 19	しんぱん(する)・・・・・・・・ 45
しょうこ・・・・・・・・・・・・・・ 20	しょはん・・・・・・・・・・・・・・ 25	しんぴん・・・・・・・・・・・・ 2-19
しょうごう(する)・・・・・・ 32	しょひょう・・・・・・・・・・・・ 25	しんぷ[新婦]・・・・・・ 2-19
じょうざい・・・・・・・・・・・・・・ 6	しょぶん(する)・・・・・・・・ 19	しんぷ[神父]・・・・・・・・ 27
じょうじ・・・・・・・・・・・・・・・・ 1	しょほう(する)・・・・・・・・・ 6	じんぼう・・・・・・・・・・・・・・ 43
じょうじゅ(する)・・・・・ 2-20	しょほうせん・・・・・・・・・・・ 6	しんみつ(な)・・・・ 38、2-19
じょうしょう(する)・・・・・ 35	しょみん・・・・・・・・・・・・・・ 13	しんりゃく(する)・・・・・・ 18
しょうすう・・・・・・・・・・・・ 49	しょもつ・・・・・・・・・・・・・・ 25	しんりょう(する)・・・・・・・・ 6

しんろ･････････････ 10
しんろう･･････････ 2-19

す

すいい(する)･･････ 2-20
すいげん･･････････ 2-3
ずいじ･････････････ 1
すいしん(する)････ 2-20
すいせい･････････････ 8
ずいひつ････････････ 25
すえる････････････ 2-11
すき･･････････････ 2-14
すこやか(な)･･･････ 6
すさまじい･････ 49、2-15
ずさん(な)････････ 2-15
すじ･････････････ 2-6
すすめ････････････ 2-7
すそ･･････････････ 2
スタジオ････････････ 5
スタンド････････････ 5
ステップ･･･････････ 2-18
ストーカー･･････････ 48
すばやい･････････ 2-20
スマホ／スマートフォン
･･････････････････ 47
すみやか(な)･･････ 1
すらすら･･････････ 2-17
ずれ･･････････････ 36
ずれる････････････ 36
すんだ････････････ 34

せ

せい･･････････････ 43
せいえん(する)･････ 12
せいか････････････ 22
せいかい･･････････ 2-3
せいき････････････ 22、30
せいぎょ(する)･････ 15
せいけい･･････････ 7
せいけん･･････････ 17
せいこう(な)･･･････ 34
ぜいこみ･････････････ 7
せいさい(する)･････ 19
せいさく(する)[制作]
･･････････････････ 2-20
せいさく(する)[製作]
･･････････････････ 2-20
せいさく[政策]･････ 17
せいさん(する)･････ 7

せいじゅく(する)･･･ 2-12
せいしょ･････････････ 27
せいじょう(な)･････ 2-19
せいする････････････ 12
せいぞん(する)･････ 2-12
せいぞんりつ･･･････ 2-12
ぜいたく(する)･････ 2-19
ぜいたく(な)･･･････ 2-19
せいてい(する)･････ 19
せいてん･････････････ 8
せいとう(な)････45、48
せいとうか(する)･････ 45
ぜいぬき･････････････ 7
せいび(する)･･････ 22
せいべつ･････････････ 37
せいほうけい･･････ 34
ぜいむしょ･････････ 17
せいめい･････････････ 42
せいめいほけん･････ 23
せいやく(する)･････ 19
せいり･･････････････ 6
せいりつ(する)････ 2-20
せいりょく･･･････ 2-4
せかす････････････ 38
せがむ････････････ 38
セキュリティー････ 2-18
セクハラ(セクシャル
・ハラスメント)･････ 48
ぜせい(する)･････ 2-20
せたい････････････ 21
せつ･･････････････ 25
せっかち(な)･･････ 43
せっきょう(する)･････ 38
ぜっこう･････････････ 45
ぜっこうちょう(な)･･･ 45
せつじつ(な)･･････ 44
せったい(する)･････ 38
ぜつだい(な)･･････ 49
ぜったいてき(な)･･ 2-15
せっち(する)･････ 2-12
せってい(する)････ 2-20
せってん･･････････ 2-3
せっとく(する)･･･ 24
せっとくりょく･･････ 24
せつない･･････････ 44
せつりつ(する)････ 22
セミナー･･････ 10、2-18
せりふ････････････ 11
セレブ･･･････････ 2-18

セレモニー････････ 2-18
せろん････････････ 16
せわをやく･･･････ 2-8
せんい････････････ 14
ぜんい･･･････ 44、2-19
せんげん(する)･････ 41
せんこう(する)･･ 10、31
せんさい(な)･･････ 43
ぜんじゅつ(する)･･･ 24
せんじん･･････････ 37
ぜんしん(する)･････ 35
せんしんこく･･････ 18
せんせい(する)･････ 41
ぜんそく････････････ 6
せんだって･･･････････ 1
せんたん･･････････ 28
せんたんぎじゅつ･･･ 15
ぜんてい･･････････ 2-14
ぜんと･･････････････ 1
ぜんとたなん･･･････ 1
せんぼう･･････････ 37
ぜんぼう･･････････ 28
せんめい(な)･･････ 34
ぜんめつ(する)････ 2-20
せんよう･･････････ 29
せんりゃく････････ 2-20
ぜんりょう(な)･････ 43
せんりょく････････ 2-4

そ

そあく(な)････････ 45
そう[沿う]････････ 36
そう[僧]･････････ 2-20
そうかん(する)･････ 2-3
そうきゅう･･･････････ 1
そうごう(する)･････ 36
そうさ(する)･･････ 48
そうさく(する)[創作]･･ 11
そうさく(する)[捜索]･･ 48
そうしょく(する)･･ 2-12
そうしょくひん････ 2-12
そうぞう(する)････ 2-20
そうぞく(する)････ 2-12
そうだい(な)･････ 2-15
そうたいてき(な)･･ 2-15
そうてい(する)････ 42
ぞうてい(する)･･･ 2-12
そうなん(する)･････ 48
そうほう･････････ 2-19

そえる ・・・・・・・・・・・・・・・ 36	たいしゃ(する) ・・・・・・・・ 22	たほう ・・・・・・・・・・・・・ 2-14
そえん(な) ・・・・・・・・・・ 2-19	たいしょ(する) ・・・・・・ 2-12	だまし ・・・・・・・・・・・・・・ 2-7
ぞくご ・・・・・・・・・・・・・・・ 46	たいしょう(する) ・・・・・・ 36	ためらい ・・・・・・・・・・・・ 2-7
そくざに ・・・・・・・・・・・・・・ 1	たいしょうてき(な) ・・・・・ 36	たもつ ・・・・・・・・・・・・・ 2-20
そくする ・・・・・・・・・・・・・ 36	たいせい ・・・・・・・・・・・ 2-14	たよりない ・・・・・・・・・・ 2-8
そくばく(する) ・・・・・・・・ 38	だいたすう ・・・・・・・・・・・ 49	だらだら(する) ・・・・・・ 2-17
そくほう ・・・・・・・・・・・・・ 16	たいだん ・・・・・・・・・・・・・ 24	たりょう ・・・・・・・ 2-20、49
そくめん ・・・・・・・・・・・・・ 28	だいたん(な) ・・・・・・・ 2-15	たんか ・・・・・・・・・・・・・・・ 11
そこそこ ・・・・・・・・・・・・・ 49	たいちょうをくずす ・・・・・ 6	たんき[短期] ・・・・・・・・・・・ 1
そこなう ・・・・・・・・・・・ 2-11	たいとう(する) ・・・・・・ 2-12	たんきゅう(する) ・・・・・・ 10
そこをつく ・・・・・・・・・・ 2-8	たいとう(な) ・・・・・・・・・ 36	だんけつ(する) ・・・・・・・ 38
そし(する) ・・・・・・・・・ 2-12	たいひ(する) ・・・・・・・・・ 36	だんげん(する) ・・・・・・・ 42
そしょう ・・・・・・・・・・・・・ 20	だいひょうとりしまりやく	たんさく(する) ・・・・・・ 2-12
そち ・・・・・・・・・・・・・・ 2-14	・・・・・・・・・・・・・・・・・・・ 13	たんしゅく(する)
そっけない ・・・・・・・・・・・ 43	だいべん(する) ・・・・・・・ 42	・・・・・・・・・・・・・・ 35、2-19
ぞっこう(する) ・・・・・・ 2-20	たいほ(する) ・・・・・・・・・ 20	たんじゅんめいかい ・・・ 2-15
そっこく ・・・・・・・・・・・・・・ 1	だいほん ・・・・・・・・・・・・・ 11	たんしんふにん ・・・・・・・・ 22
そっせん(する) ・・・・・・ 2-12	たいまん(な) ・・・・・・・・・ 43	だんぜん ・・・・・・・・・・・・・ 36
そなえ ・・・・・・・・ 2-7、2-20	ダイヤ ・・・・・・・・・・・・・・・・ 4	だんてい(する) ・・・・・・ 2-20
そなえつける ・・・・・・・・ 2-5	たいようけい ・・・・・・・・・・ 8	たんどく ・・・・・・・・・・・ 2-14
そなわる ・・・・・・・・・・・ 2-11	たいようこうはつでん ・・・ 15	だんトツ ・・・・・・・・・・・ 2-14
ソフト(な) ・・・・・・・・・・・ 34	たいりょう ・・・・・・・・・・ 2-20	だんどり ・・・・・・・・・・・・・ 31
そぼく(な) ・・・・・・・・・・・ 43	ダイレクト(な) ・・・・・・ 2-18	たんぱく(な) ・・・・・・・・ 2-19
そむく ・・・・・・・・・・・・・ 2-11	ダウン(する) ・・・・・・・・ 2-18	たんぱくしつ ・・・・・・・・・ 26
そもそも ・・・・・・・・・・・ 2-16	たえる ・・・・・・・・・・・・・ 2-11	たんぺん ・・・・・・・・・・・・・ 25
そらす[逸らす] ・・・・・・ 2-11	だかい(する) ・・・・・・・ 2-12	
そらす[反らす] ・・・・・・ 2-13	たかしお ・・・・・・・・・・・・・・ 8	**ち**
そる ・・・・・・・・・・・・・・ 2-13	だきょう(する) ・・・・・・・ 38	チームワーク ・・・・・・・・ 2-18
それとなく ・・・・・・・・・・ 2-8	たくはい(する) ・・・・・・ 2-20	チェンジ(する) ・・・・・・ 2-18
ぞろぞろ ・・・・・・・・・・・ 2-17	たくましい ・・・・・・・・・・・・ 6	ちかづく ・・・・・・・・・・・ 2-19
そわそわ(する) ・・・・・・ 2-17	たくみ(な) ・・・・・・・・・ 2-15	ちかづける ・・・・・・・・・ 2-19
そんしつ ・・・・・・・・・・・ 2-19	たさい(な) ・・・・・・・・・ 2-15	ちくせき(する) ・・・・・・ 2-12
そんぞく(する) ・・・・・・ 2-12	だす ・・・・・・・・・・・・・・・ 2-6	ちせい ・・・・・・・・・・・・・・・ 45
そんちょう(する) ・・・・・ 2-20	たすう ・・・・・・・・・・・・・・・ 49	ちせいてき(な) ・・・・・・・ 45
	たすうけつ ・・・・・・・・・・・ 32	ちそう ・・・・・・・・・・・・・ 2-3
た	たずさわる ・・・・・・・・・・・ 22	ちぢまる ・・・・・・・・・・・・・ 35
たいい[大意] ・・・・・・・・・ 25	ただい(な) ・・・・・・・・・・・ 49	ちぢめる ・・・・・・・・・・・・・ 35
たいか(する) ・・・・・・・ 2-19	たたえる ・・・・・・・・・・・・・ 45	ちぢれる ・・・・・・・・・・・・・ 35
だいかんしゅう ・・・・・・・・ 37	ただちに ・・・・・・・・・・・・・・ 1	ちつじょ ・・・・・・・・・・・・・ 19
たいき ・・・・・・・・・・・・・・・ 8	ただよう ・・・・・・・・・・・ 2-11	ちてき(な) ・・・・・・・・・・・ 45
たいきおせん ・・・・・・・・・ 48	たちよる ・・・・・・・・・・・・ 2-5	ちのう ・・・・・・・・・・・・・・・ 45
だいく ・・・・・・・・・・・・・・・ 13	たつ[断つ] ・・・・・・・・・ 2-11	ちみつ(な) ・・・・・・・・・ 2-15
たいぐう ・・・・・・・・・・・・・ 22	だっする ・・・・・・・・・・・・・ 48	ちゃくしゅ(する) ・・・・・ 2-12
たいけん(する) ・・・・・・ 2-12	たてまえ ・・・・・・・・・・・・・ 42	ちゃくしん ・・・・・・・・・・・ 47
たいけんだん ・・・・・・・・ 2-12	たどりつく ・・・・・・・・・・ 2-5	ちゃくもく(する) ・・・・・・ 39
たいこう(する) ・・・・・・・ 38	たのしみ ・・・・・・・・・・・・ 2-7	ちゃくりく(する) ・・・・・・・ 4
だいごみ ・・・・・・・・・・・・ 2-3	たばねる ・・・・・・・・・・・ 2-11	ちゃっこう(する) ・・・・・ 2-12
たいさく ・・・・・・・・・・・ 2-20	だぶだぶ ・・・・・・・・・・・・・・ 2	ちゅういほう ・・・・・・・・・ 16
たいじ ・・・・・・・・・・・・・・・ 37	タブレット ・・・・・・・・・・・ 47	ちゅうけい(する) ・・・・・・ 16

ちゅうけん・・・・・・・・・・・・ 13	ついらく(する)・・・・・・・・ 48	つよみ・・・・・・・・・・・・・・・ 2-7
ちゅうこ・・・・・・ 2-14、2-19	つうかん(する)・・・・・・・ 44	つらなる・・・・・・・・・・・・ 2-11
ちゅうこく(する)・・・・・・ 42	つうじょう・・・・・・・・・・ 2-14	つらぬく・・・・・・・・・・・・ 2-11
ちゅうし(する)・・・・・・・・ 2-3	つうしんはんばい・・・・・・ 23	つりあい・・・・・・・・・・・・・ 2-7
ちゅうじつ(な)・・・・・・・・・ 43	つうち(する)・・・・・・・・ 2-12	
ちゅうしゃく(する)・・・・・ 10	つうはん・・・・・・・・・・・・・・ 23	**て**
ちゅうしょう(する)・・・・・ 38	つうほう(する)・・・・・・ 2-20	ていか(する)・・・・・・・・・・ 35
ちゅうしょうてき(な) 2-15	つうわ(する)・・・・・・・・・ 47	ていぎ(する)・・・・・・・・・・ 10
ちゅうせい・・・・・・・・・・・・・ 1	つえ・・・・・・・・・・・・・・・ 2-14	ていけい(する)・・・・・・・・ 22
ちゅうせん(する)・・・・・ 2-12	つかいこなす・・・・・・・・・ 2-5	ていげん(する)・・・・・・・・ 42
ちゅうだん(する)・・・・・ 2-20	つかいをたのむ・・・・・・・ 22	ていこく[帝国]・・・・・・ 2-14
ちゅうりつ・・・・・・・・・・ 2-14	つかさどる・・・・・・・・・ 2-11	ていさい・・・・・・・・・・・・・ 30
ちゅうりん(する)・・・・・・・ 4	つかのま・・・・・・・・・・・・・・ 1	ていし(する)・・・・・・・・ 2-20
ちょう・・・・・・・・・・・・・・・・ 6	つかる・・・・・・・・・・・・・ 2-11	ていじ(する)・・・・・・・・・・ 39
ちょういん(する)・・・・・・ 18	ツキ・・・・・・・・・・・・・・・ 2-14	ていしょう(する)・・・・・・ 42
ちょうえき(けい)・・・・・・ 20	つきあたり・・・・・・・・・・・ 2-7	ていせい(する)
ちょうき・・・・・・・・・・・・・・ 1	つきそう・・・・・・・・・・・・ 2-5	・・・・・・・・・・・・ 2-12、2-20
ちょうこう(する)・・・・・・ 10	つきとめる・・・・・・・・・・ 48	ていたい(する)・・・・・・ 2-20
ちょうこうせい・・・・・・・・ 10	つきる・・・・・・・・・・・・・ 2-13	ていちょう・・・・・・・・・・ 2-20
ちょうしゅう(する)・・・・・ 7	つくす・・・・・・・・・・・・・ 2-13	ていねん・・・・・・・・・・・・・ 22
ちょうじょう・・・・・・・・・・ 8	つくづく・・・・・・・・・・・ 2-16	ていめい(する)・・・・・・ 2-12
ちょうしょう(する)・・・・・ 38	つぐない・・・・・・・・・・・・ 2-7	テーマ・・・・・・・・・・・・・・ 24
ちょうせい(する)・・・・・ 2-20	つぐなう・・・・・・・・ 48、2-7	てがける・・・・・・・・・・・・・ 22
ちょうへん・・・・・・・・・・・・ 25	つけかえる・・・・・・・・・・ 2-5	てがこむ・・・・・・・・・・・・ 2-9
ちょうわ(する)・・・・・・・・ 36	つけくわえる・・・・・・・・ 2-5	てがつけられない・・・・・ 2-9
ちょく～[直]・・・・・・・・ 2-2	つげる・・・・・・・・・・・・・・ 41	てがでない・・・・・・・・・・ 2-9
ちょくえいてん・・・・・・・ 2-2	つじつまがあう・・・・・・・ 2-8	てがとどく・・・・・・・・・・ 2-9
ちょくし(する)・・・・・・・ 2-2	つたない・・・・・・・・・・・・ 2-6	てがまわらない・・・・・・・ 2-9
ちょくぜん・・・・・・・・・・・・・ 1	つく／つっつく・・・・・ 2-11	てきおう(する)・・・・・・・ 36
ちょくちょく・・・・・・・・・ 33	つつしむ[謹む]・・・・・・ 43	てきかく(な)・・・・・・・・・ 45
ちょくつう・・・・・・・・・・・ 2-2	つつしむ[慎む]・・・・・ 2-11	てきぎ・・・・・・・・・・・・・・・・ 1
ちょさくけん・・・・・・・・・ 25	つとめて・・・・・・・・・・・ 2-16	てきせい(な)・・・・・・・・・ 45
ちょしょ・・・・・・・・・・・・・ 25	つのる・・・・・・・・・・・・・ 2-11	てぎわ・・・・・・・・・・・・・・ 22
ちょぞう(する)・・・・・・ 2-12	つばさ・・・・・・・・・・・・・・・ 9	てぐち・・・・・・・・・・・・・・ 48
ちょっかん[直感]・・・・・ 2-2	つぶやき・・・・・・・・・・・・ 2-7	てくてく・・・・・・・・・・・ 2-17
ちょっかん[直観]・・・・・ 2-2	つぶやく・・・・・・・・ 41、2-7	テクノロジー・・・・・・・・・ 15
ちょめい(な)・・・・・・・・・ 37	つまさき・・・・・・・・・・・・・・ 6	てさぎょう・・・・・・・・・・・ 22
ちんぎん・・・・・・・・・・・・・・ 7	つまずく／つまづく・・・ 2-11	デジタル・・・・・・・・・・・ 2-18
ちんたい・・・・・・・・・・・・・・ 5	つまみ・・・・・・・・・・・・・ 2-7	てじな・・・・・・・・・・・・・ 2-14
ちんもく(する)・・・・・・・ 24	つまむ・・・・・・・・ 2-11、2-7	てじゅん・・・・・・・・・・・・・ 31
ちんれつ(する)・・・・・・・ 23	つまり・・・・・・・・・・・・・・ 2-7	てすう・・・・・・・・・・・・・・ 22
	つみかさね・・・・・・・・・・ 2-7	てすうりょう・・・・・・・・ 22
つ	つみかさねる・・・・・・・・ 2-7	てすり・・・・・・・・・・・・・・・ 5
ついきゅう(する)[追及]	つめ[詰め]・・・・・・・・・ 2-7	てだて・・・・・・・・・・・・・ 2-20
・・・・・・・・・・・・・・・・・ 2-12	つめかえ・・・・・・・・・・・・ 2-7	てつがく・・・・・・・・・・・ 2-14
ついている・・・・・・・・・ 2-14	つめかえる・・・・・・ 2-5、2-7	てっきょ(する)・・・・・・ 2-12
ついとつ(する)・・・・・・・ 48	つよい・・・・・・・・・・・・・・ 2-6	てっきり・・・・・・・・・・・ 2-16
ついほう(する)・・・・・・ 2-12	つよがる・・・・・・・・・・・・ 44	てっこう・・・・・・・・・・・・・ 14
ついやす・・・・・・・・・・・ 2-11	つよき(な)・・・・・・・・・・ 2-3	デッサン(する)・・・・・・・ 11

てったい(する)‥‥‥ 2-12
てどり‥‥‥‥‥‥‥‥ 7
てにあまる‥‥‥‥‥ 2-9
てのひら‥‥‥‥‥‥ 6
てはい(する)‥‥‥‥ 22
てはず‥‥‥‥‥‥‥ 31
てびき‥‥‥‥‥‥ 2-14
てびきしょ‥‥‥‥ 2-14
デビュー(する)‥‥ 2-18
デフレ
／デフレーション‥‥ 2-19
てまわし‥‥‥‥‥ 22
デメリット‥‥‥‥ 45
デモ‥‥‥‥‥‥‥ 2-18
デモ
／デモンストレーション‥ 2-18
てもと‥‥‥‥‥‥ 28
デリケート(な)‥‥‥ 43
でる‥‥‥‥‥‥‥ 2-6
てれる‥‥‥‥‥‥ 2-11
てわたす‥‥‥‥‥ 2-20
てをうつ‥‥‥‥‥ 2-9
てをきる‥‥‥‥‥ 2-9
てをつくす‥‥‥‥ 2-9
てをひく‥‥‥‥‥ 2-9
てをやく‥‥‥‥‥ 2-9
でんあつ‥‥‥‥‥ 2-14
てんか(する)‥‥‥ 2-20
てんかぶつ‥‥‥‥ 2-20
てんかん(する)‥‥ 2-20
てんけん(する)‥‥ 2-12
てんごく‥‥‥‥‥ 2-19
てんさい‥‥‥‥‥ 48
てんし‥‥‥‥‥‥ 2-19
でんし‥‥‥‥‥‥ 26
テンション‥‥‥‥ 44
でんせつ‥‥‥‥‥ 27
でんせん(する)‥‥‥ 6
でんせんびょう‥‥‥ 6
でんたい‥‥‥‥‥ 8
でんたつ(する)‥‥ 2-12
てんねん‥‥‥‥‥ 2-14
てんのう‥‥‥‥‥ 2-20
でんぴょう‥‥‥‥ 23
でんぶん‥‥‥‥‥ 26
てんぼう(する)‥‥ 39
てんぼうだい‥‥‥ 39

と

どうい(する)‥‥‥ 42
どういつ‥‥‥‥‥ 36
どうが‥‥‥‥‥‥ 47
とうかい(する)‥‥ 2-20
どうかん(する)‥‥ 42
とうき‥‥‥‥‥‥ 2-14
どうき‥‥‥‥‥‥ 44
とうげい‥‥‥‥‥ 11
とうけい(する)‥‥ 10
どうこう‥‥‥‥‥ 2-14
とうこう(する)‥‥ 47
どうごう(する)‥‥ 36、2-19
どうこうかい‥‥‥ 21
とうし(する)[凍死]‥‥ 48
どうじょう[同上]‥‥ 30
とうじょうじんぶつ‥‥ 11
どうしようもない‥‥ 2-8
どうせい‥‥‥‥‥ 2-19
とうち(する)‥‥‥ 17
とうてん‥‥‥‥‥ 24
とうとい‥‥‥ 2-15、2-20
とうとさ‥‥‥‥‥ 2-15
どうにゅう(する)‥‥ 2-12
とうにん‥‥‥‥‥ 37
どうふう(する)‥‥ 2-20
どうやら‥‥‥‥‥ 2-16
どうよう[童謡]‥‥ 11、2-20
どうよう(する)[動揺]‥‥ 11
どうり‥‥‥‥‥‥ 2-14
とうろん(する)‥‥ 24
とおざかる‥‥‥ 2-13、2-19
とおざける‥‥‥ 2-13、2-19
トータル(な)‥‥‥ 2-18
とおまわし‥‥‥‥ 2-8
とがめる‥‥‥‥‥ 2-11
ときおり‥‥‥‥‥ 1、33
どきっと(する)‥‥ 2-17
とぎれる‥‥‥‥‥ 2-11
とく[説く]‥‥‥‥ 24
とくいさき‥‥‥‥ 22
とくぎ‥‥‥‥‥‥ 45
どくさい(する)‥‥ 17
とくさん‥‥‥ 2-3、2-14
どくじ‥‥‥‥‥‥ 2-14
とくしゅう(する)‥‥ 16
とくてん‥‥‥‥‥ 23
とくめい‥‥‥‥‥ 2-14
とくゆう‥‥‥‥‥ 2-14

ところどころ‥‥‥‥ 28
どしゃ‥‥‥‥‥‥ 2-14
どしゃぶり‥‥‥‥‥ 8
とじょうこく‥‥‥ 18
どせい‥‥‥‥‥‥‥ 8
どだい‥‥‥‥‥‥‥ 5
とだえる‥‥‥‥‥ 2-11
とっか(する)‥‥‥ 2-12
とっきょ‥‥‥‥‥ 22
とつじょ‥‥‥‥‥‥ 1
どて‥‥‥‥‥‥‥‥ 8
とどけで‥‥‥‥‥ 2-7
とどけでる‥‥‥‥ 2-7
となえる‥‥‥‥‥ 42
どなる‥‥‥‥‥‥ 2-11
とぼける‥‥‥‥‥ 2-11
とぼしい‥‥‥‥‥ 49
ともかせぎ‥‥‥‥ 22
ともばたらき‥‥‥ 22
トライ(する)‥‥‥ 2-18
とらえる‥‥‥‥‥ 2-11
とりい‥‥‥‥‥‥ 27
とりいそぎ‥‥‥‥ 2-16
とりかえしがつかない
‥‥‥‥‥‥‥‥‥ 2-8
とりかえす‥‥‥‥ 2-5
とりかえる‥‥‥‥ 2-5
とりかかる‥‥‥‥ 2-5
とりくみ‥‥‥ 2-5、2-7
とりくむ‥‥‥‥‥ 2-7
とりさげる‥‥‥‥ 2-20
とりしまり‥‥‥‥ 48
とりしまりやく‥‥ 13
とりしまる‥‥‥‥ 19
とりつぎ‥‥‥‥‥ 2-7
とりつぐ‥‥‥‥‥ 2-7
とりまく‥‥‥‥‥ 2-5
とりもどす‥‥‥‥ 2-5
とりよせ‥‥‥‥‥ 2-5
とりよせる‥‥‥‥ 2-5
ドリル‥‥‥‥‥‥ 2-18
とりわけ‥‥‥‥‥ 49
とるにたりない‥‥ 2-8
とろける‥‥‥‥‥ 34
どんかん(な)‥‥‥ 2-15

な

ないかく‥‥‥‥‥ 17
ないしょ‥‥‥‥‥ 24

ないしん・・・・・・・・・・・・・ 44
ないせん・・・・・・・・・・・・・ 18
ないぞう・・・・・・・・・・・・・・ 6
ないてい・・・・・・・・・・・・・ 13
ないぶ・・・・・・・・・・・・・・・ 28
ないりく・・・・・・・・・・・・・・ 8
なおさら・・・・・・・・・・・・ 2-16
ながいめでみる・・・・・・・ 2-9
ながらく・・・・・・・・・・・・・・ 1
ながれる・・・・・・・・・・・・ 2-6
なげき・・・・・・・・・・・・・・ 2-7
なげく・・・・・・・ 2-11、2-7
なげだす・・・・・・・・・・・・ 2-5
なさけ・・・・・・・・・・・・・・ 43
なさけない・・・・・・・・・・ 2-8
なさけぶかい・・・・・・・・・ 43
なだかい・・・・・・・・・・・・ 45
なつく・・・・・・・・・・・・・ 2-11
なつバテ・・・・・・・・・・・・・ 6
なにかと・・・・・・・・・・・・ 2-1
なにがなんでも・・・・・・・ 2-1
なにとぞ・・・・・・・・・・・・ 2-1
なにぶん・・・・・・・・・・・・ 2-1
なにも・・・・・・・・・・・・・・ 2-1
なにもかも・・・・・・・・・・ 2-1
なにやら・・・・・・・・・・・・ 2-1
なにより・・・・・・・・・・・・ 2-1
なま〜・・・・・・・・・・・・・・ 2-2
なまぐさい・・・・・・・・・・ 2-2
なまけ・・・・・・・・・・・・・ 2-7
なまける・・・・・・・・・・・・ 2-7
なまぬるい・・・・・・・・・・ 2-2
なまほうそう・・・・・・・・ 2-2
なまみ・・・・・・・・・・・・・・ 2-2
なまもの・・・・・・・・・・・・ 2-2
なまり[鉛]・・・・・・・・・・・ 14
なまり[訛り]・・・・・・・・・ 24
なめる・・・・・・・・・・・・・・・ 3
なやましい・・・・・・・・・・ 44
なやます・・・・・・・・・・・・ 48
ならう[倣う]・・・・・・・・ 2-11
ならす・・・・・・・・・・・・・ 2-11
ならびに・・・・・・・・・・・ 2-16
なりたち・・・・・・・・・・・・ 2-7
なりたつ・・・・・・ 2-7、2-11
なれなれしい・・・・・・・・・ 43
なんかい(な)・・・・・ 45、2-19
なんだかんだ・・・・・・・・ 2-1
なんでもかんでも・・・・・ 2-1

なんなり・・・・・・・・・・・・ 2-1
なんみん・・・・・・・・・・・・ 18

に
ニーズ・・・・・・・・・・・・・・ 23
ニート・・・・・・・・・・・・・・ 13
にげだす・・・・・・・・・・・・ 2-5
にごった・・・・・・・・・・・・ 34
にちや・・・・・・・・・・・・・・・ 1
になう・・・・・・・・・・・・・ 2-11
にやにや(する)・・・・・・ 2-17
ニュアンス・・・・・・・・・・ 46
にゅうか(する)・・・・・・・ 23
にゅうしゅ(する)・・・・・ 2-12
にゅうりょく(する)・・・・ 15
にんい・・・・・・・・・・・・・ 2-14
にんしき(する)・・・・・・ 2-12
にんじょう・・・・・・・・・・ 43
にんじょうみ・・・・・・・・・ 43
にんてい(する)・・・・・・ 2-20
にんむ・・・・・・・・・・・・・・ 22

ぬ
ぬけだす・・・・・・・・・・・・ 2-5

ね
ねいろ・・・・・・・・・・・・・・ 24
ねぎる・・・・・・・・・・・・・・ 23
ねじる・・・・・・・・・・・・・ 2-11
ねじれ・・・・・・・・・・・・・ 2-7
ねじれる・・・・・・・ 2-11、2-7
ねたみ・・・・・・・・・・・・・・ 2-7
ねたむ・・・・・・・・・・ 38、'2-7
ねだる・・・・・・・・・・・・・・ 38
ねつい・・・・・・・・・・・・・・ 43
ネック・・・・・・・・・・・・・ 2-18
ねっとう・・・・・・・・・・・・・ 3
ねばり・・・・・・・・・・・・・ 2-7
ねばる・・・・・・・・ 2-19、2-7
ねびき(する)・・・・・・・・ 23
ねまわし(する)・・・・・・・ 22
ねる・・・・・・・・・・・・・・ 2-11
ねんがん・・・・・・・・・・・・ 44
ねんしょう(する)・・・・・ 2-12

の
ノイローゼ・・・・・・・・・・・ 6
のうこう(な)・・・・・・・ 2-19
のうどうてき(な)・・・・・ 2-19

のうにゅう(する)・・・・ 2-12
のがれる・・・・・・・・・・・ 2-11
のきなみ・・・・・・・・・・・ 2-16
のぞく[覗く]・・・・・・・・・ 39
のぞむ[臨む]・・・・・・・・ 2-11
のどか(な)・・・・・・・・・・ 44
のむ・・・・・・・・・・・・・・・ 2-6
のりつぎ・・・・・・・・・・・ 2-7
のりつぐ・・・・・・・・・・・ 2-7
のる・・・・・・・・・・・・・・・ 2-6
ノルマ・・・・・・・・・・・・・・ 22

は
はあく(する)・・・・・・・・ 2-12
はいえん・・・・・・・・・・・・・ 6
バイオテクノロジー・・・・ 15
はいきガス・・・・・・・・・・ 48
はいきゅう(する)・・・・ 2-20
ばいきん・・・・・・・・・・・・・ 6
はいぐうしゃ・・・・・・・・・ 37
はいし(する)・・・・・ 19、2-12
はいじょ(する)・・・・・・ 2-12
ばいしょう(する)・・・・・ 20
はいそう(する)・・・・・・・ 23
ばいぞう(する)・・・・・・・ 35
はいぞく(する)・・・・・・・ 13
はいたい(する)・・・・・・・ 12
はいふ(する)・・・・・・・ 2-20
はいぶん(する)・・・・・・ 2-12
はいぼく(する)・・・・・・・ 12
はいりょ(する)・・・・・・・ 44
パイロット・・・・・・・・・・ 13
はえる[映える]・・・・・・ 2-11
はかい(する)・・・・・・・・ 48
はかいてき(な)・・・・・・・ 48
はかどる・・・・・・・・・・・・ 22
はかる[図る]・・・・・・・・ 2-11
はがれる・・・・・・・・・・・ 2-11
はき(する)・・・・・・・・・・ 19
はくがい(する)・・・・・・・ 48
はぐくむ・・・・・・・・・・・ 2-11
はくじょう(する)・・・・・ 41
ばくだい(な)・・・・・・・ 2-20
ばくだん・・・・・・・・・・・・ 48
ばくは(する)・・・・・・・・ 48
はくりょく・・・・・・・・・ 2-20
ばくろ(する)・・・・・・・ 2-12
はげみ・・・・・・・・・・・・・ 2-7
はげむ・・・・・・・・ 2-11、'2-7

ばけもの・・・・・・・・・・・・・・27	ばんのう(な)・・・・・・・・2-15	ひとがら・・・・・・・・・・・・・・43
はじく・・・・・・・・・・・・・・・2-11	はんぱ(な)・・・・・・・・・・・・49	ひとけ・・・・・・・・・・・・・・・2-4
はしゃぐ・・・・・・・2-11、2-7	はんばいそくしん・・・・・・23	ひところ・・・・・・・・・・・・・・・1
はじる・・・・・・・・・・・・・・・・44	はんばつ(する)・・・・・・・・44	ひとじち・・・・・・・・・・・・・・48
はじをかく・・・・・・・・・・・・44	はんめい(する)・・・・・・・・40	ひとすじ・・・・・・・・・・・・・2-4
はそん(する)・・・・・・・・・48	はんろん(する)・・・・・・・・42	ひとちがい・・・・・・・・・・・2-3
はたす・・・・・・・・・・・・・・・2-11		ひとなつっこい・・・・・・・2-11
はたん(する)・・・・・・・・2-12	## ひ	ひとなみ・・・・・・・・・・・・・2-3
バック・・・・・・・・・・・・・・・2-18	ひいては・・・・・・・・・・・・・2-16	ひとめ・・・・・・・・2-4、2-14
バック(する)・・・・・・・・・2-18	ヒーロー・・・・・・・・・・・・・2-18	ひとめぼれ・・・・・・・・・・・・44
パック(する)・・・・・・・・・2-18	ひかえ・・・・・・・・・・・・・・・2-14	ひどり・・・・・・・・・・・・・・・・・1
はっくつ(する)・・・・・・・・10	ひかえしつ・・・・・・・・・・・・・5	ひとりごと・・・・・・・・・・・・46
バックツアー・・・・・・・・・2-18	ひかげ・・・・・・・・・・・・・・・・28	ひな・・・・・・・・・・・・・・・・・・9
パッケージ・・・・・・・・・・・2-18	ひかんてき(な)・・・・・・・・42	ひなた・・・・・・・・・・・・・・・・28
ばっさい(する)・・・・・・・2-12	ひきいる・・・・・・・・・・・・・2-11	ひなん(する)[非難]・・・・42
はっしん(する)・・・・・・・2-19	ひきおこす・・・・・・・・・・・2-5	ひにひに・・・・・・・・・・・・・・・1
はってんとじょうこく	ひきおとし・・・・・・・・・・・2-7	びねつ・・・・・・・・・・・・・・・・6
・・・・・・・・・・・・・・・・・・・・・18	ひきおとす・・・・・・・・・・・2-7	ひび・・・・・・・・・・・・・・・・2-14
はっぽうスチロール・・・・14	ひきかえ・・・・・・・・・・・・・2-7	びひん・・・・・・・・・・・・・・・2-14
はっぽうびじん・・・・・・・・43	ひきかえす・・・・・・・・・・・2-5	ひやひや(する)・・・・・・・2-17
はてしない・・・・・・・・・・・2-8	ひきかえる・・・・・・・・・・・2-7	ひょうき(する)・・・・・・・2-20
ばてる・・・・・・・・・・・・・・・・6	ひきさげ・・・・・・・・・・・・・2-7	ひょうざんのいっかく
はなしことば・・・・・・・・・・46	ひきさげる・・・・・・・・・・・2-7	・・・・・・・・・・・・・・・・・・・・2-8
はなにかける・・・・・・・・・2-9	ひきずる・・・・・・・・・・・・・2-5	ひょうじ(する)・・・・・・・2-20
はなやか(な)・・・・・・・・2-15	ひきだし・・・・・・・・・・・・・2-7	ひょうしき・・・・・・・・・・・・・4
パニック・・・・・・・・・・・・・2-18	びくびく(する)・・・・・・・2-17	びょうしゃ(する)・・・・・・24
はばむ・・・・・・・・・・・・・・・2-11	ひぐれ・・・・・・・・・・・・・・・2-11	ひょうめい(する)・・・・・・42
ハプニング・・・・・・・・・・・2-18	ひけつ(する)・・・・・・・・2-19	ひらたい・・・・・・・・・・・・・・34
はまべ・・・・・・・・・・・・・・・・・8	ひこく・・・・・・・・・・・・・・・・20	ひらべったい・・・・・・・・・・34
はまる・・・・・・・・・・・・・・・2-11	ひごろ・・・・・・・・・・・・・・・・・1	ひりつ・・・・・・・・・・・・・・・・36
はめつ(する)・・・・・・・・2-20	ひさい(する)・・・・・・・・・48	ひりょう・・・・・・・・・・・・・・14
はもんをよぶ・・・・・・・・・2-8	ひさいしゃ・・・・・・・・・・・・48	びりょう・・・・・・・・・・・・・・49
はやり・・・・・・・・・・・・・・・2-7	ひさしい・・・・・・・・・・・・・・1	ヒロイン・・・・・・・・・・・・・2-18
バラエティー(な)・・・・・2-18	ひしひし(と)・・・・・・・・2-17	ひろう(する)・・・・・・・・・39
ばらす・・・・・・・・・・・・・・・2-11	ひじょうきん・・・・・・・・・・13	ひろう[疲労]・・・・・・・・・・6
はらはら(する)・・・・・・・2-17	ひじょうぐち・・・・・・・・・・・5	ひをみとめる・・・・・・・・・2-8
はらをきめる・・・・・・・・・2-9	ひせいき・・・・・・・・・・・・・・22	ひんけつ・・・・・・・・・・・・・・・6
はらをわる・・・・・・・・・・・2-9	びせいぶつ・・・・・・・・・・・・9	ひんしつ・・・・・・・・・・・・・・23
バランス・・・・・・・・・・・・・・36	ひそか(な)・・・・・・・・・・2-15	ひんじゃく(な)・・・・・・・・6
ばれる・・・・・・・・・・・・・・・2-11	ひたす・・・・・・・・・・・・・・・2-11	ひんしゅくをかう・・・・・2-8
はんえい(する)・・・・・・・2-12	ひたすら・・・・・・・・・・・・・2-16	ピント・・・・・・・・・・・・・・・2-14
はんが・・・・・・・・・・・・・・・・11	ひっこむ・・・・・・・・・・・・・2-5	ひんぱん(な)・・・・・・・・・33
はんかんをかう・・・・・・・2-8	ひっしゅう(する)・・・・・・10	
はんげき(する)・・・・・・・・12	ひつぜん・・・・・・・・・・・・・2-19	## ふ
はんげん(する)・・・・・・・・35	ぴったり(する)・・・・・・・2-17	ぶあいそう(な)・・・・・・・・43
はんそく(する)[反則]・・12	ひっつく・・・・・・・・・・・・・・36	ファスナー・・・・・・・・・・・・・2
はんそく(する)[販促]・・23	ひっつける・・・・・・・・・・・・36	ふいに・・・・・・・・・・・・・・・・1
はんてい(する)・・・・・・・2-12	ひといきいれる・・・・・・・2-8	フィルター・・・・・・・・・・・・15
ばんねん・・・・・・・・・・・・・・37	ひといきつく・・・・・・・・・2-8	ふうしゅう・・・・・・・・・・・2-14

ふうぞく	2-14	
ふうぞくてん	2-14	
ふうど	2-14	
ふうひょう	2-14	
フェア	2-18	
フォーム	2-18	
フォロー(する)	2-18	
ふか(する)	9	
ふかい(な)	44	
ふかぶか(と)	2-17	
ふかんぜんねんしょう	2-12	
ふきつ(な)	27	
ふきとる	2-5	
ふくごう	36	
ふくごうてき(な)	36	
ふくさよう	6	
ふくし	17	
ふくしゃ	32	
ふくせい	2-20	
ふくよう	6	
ふくりこうせい	22	
ふける(夜が)	1	
ふさい	2-19	
ぶし	2-20	
ぶしゅ	24	
ぶしょ	21	
ぶじょく(する)	38	
ふじん	37	
ふじんか	37	
ふしん(な)[不審]	48	
ふしん(な)[不振]	48	
ふしんしゃ	48	
ふだんぎ	2	
ふち	28	
ふちょう(な)	45、48	
ふっかつ(する)	2-12	
ぶつぎをかもす	2-8	
ぶっけん	5	
ふつごう(な)	2-15	
ぶっし	2-14	
ぶっしつ	26	
ぶつぞう	27	
ぶったい	26	
ふってん	2-3	
ふてぎわ	48	
ふとう(な)	45、48	
ぶなん(な)	2-4	
ふにん(する)	22	
ふはい(する)	48
ふび	48
ふひょう(な)	45
ふまえる	2-11
ふむ	32
ふめい(な)	2-15
ふめいりょう(な)	2-15
ふみいろ(な)	43
ぶもん	21
ふよう(する)	2-12
ふようぎむ	2-12
ふらりと／ふらっと	2-17
ふりこみ	2-7
ふりこむ	2-7
ふりょう(な)	48
ぶりょく	2-14
ふるぎ	2
ふるまい	2-7
プレー(する)	12
ふろく	25
プロセス	31
ふんか(する)	8
ぶんかい(する)	2-12
ぶんかつ(する)	2-12
ぶんかつばらい	2-12
ぶんけい	10
ぶんげい	25
ぶんご	46、2-19
ぶんさん(する)	22
ぶんし	26
ぶんせき(する)	10
ふんそう	18
ぶんたん(する)	22
ふんだんに	2-16
ぶんぱい(する)	2-12
ぶんめい	2-14
ぶんれつ(する)	2-19

へ

へいい(な)	2-19
へいこう(する)	31
へいし	2-14
へいじょう	1
へいねん	1
へいたい	2-14
ベース	2-18
へこむ	2-11
ベスト(な)	2-18

ベストセラー	25
べたべた(する)	2-17
べつじん	37
へりくだる	43
へる[経る]	1
べんかい(する)	42
べんぎ	2-14
べんこ(する)	20
へんどう(する)	2-20
べんぴ	6

ほ

ボイコット	2-18
ぼいん	2-19
ほうあん	19
ぼうえんきょう	8
ほうかい(する)	2-12、2-20
ぼうがい(する)	48
ほうき(する)	2-12
ほうけんしゃかい	2-20
ほうさく	2-20
ほうしき	30
ほうしゃのう	15
ほうしゅう	7
ほうじる	16
ほうじん	21
ぼうぜん	44
ほうそく	26
ぼうだい(な)	2-20
ほうち(する)	2-12
ぼうちょう(する)	35
ぼうっと(する)	2-17
ほうてい	20
ほうてき(な)	19
ぼうとう	11
ほうどう(する)	16
ぼうどう(する)	48
ほうにん(する)	2-19
ほうむしょう	2-3
ぼうらく(する)	35
ほうりだす	2-5
ボーナス	7
ほきゅう(する)	2-4
ぼくし	27
ぼくちく	2-14
ほけつ	2-4
ぼける	2-11
ほけん[保険]	23

ぼご・・・・・・・・・・・・・・・ 46	まえだおし(する)・・・・・・・ 31	みぞ・・・・・・・・・・・・・・・ 28
ほこうしゃ・・・・・・・・・・・・ 4	まえむき(な)・・・・・・・ 2-20	みだし・・・・・・・・・・・・ 2-14
ぼこく・・・・・・・・・・・・・・・ 18	まかなう・・・・・・・・・・・ 2-11	みたす・・・・・・・・・・・・・・ 49
ぼこくご・・・・・・・・・・・・ 46	まぎわ・・・・・・・・・・・・・・・ 1	みだれ・・・・・・・・・・・・・ 2-7
ほこり・・・・・・・・・・・・・ 2-7	まく[巻く]・・・・・・・・・ 2-11	みだれる・・・・・・・・・・・ 2-7
ほこる・・・・・・・・・・・・・ 2-7	まける・・・・・・・・・・・・・・ 23	みち・・・・・・・・・・・・・・ 2-4
ほしゅ・・・・・・・・・・・・・・ 17	まじえる・・・・・・・・・・・ 2-11	みぢか(な)・・・・・・・・・ 2-15
ほしゅう(する)[補習]	まして・・・・・・・・・・・・ 2-16	みちなり・・・・・・・・・・・・ 28
・・・・・・・・・・・・・・・・・ 2-20	ますい・・・・・・・・・・・・・・ 6	みちびき・・・・・・・・・・・ 2-7
ほじゅう(する)・・・・・・ 2-4	まずい・・・・・・・・・・・・・ 2-6	みちびく・・・・・・ 2-11、2-7
ほしゅてき(な)・・・・・・・ 17	まずまず・・・・・・・・・・ 2-16	みつ〜 [密]・・・・・・・・ 2-2
ほじょ(する)・・・・・・・ 2-4	マスメディア・・・・・・・・・ 16	みっかい(する)・・・・・・ 2-2
ほしょう(する)[保障]	またたくまに・・・・・・・ 1、6	みっかぼうず・・・・・・・ 2-10
・・・・・・・・・・・・・・・・・・・ 19	まちあいしつ・・・・・・・・・ 4	みっしつ・・・・・・・・・・・ 2-2
ほしょう(する)[補償]	まちなみ・・・・・・・・・・・ 2-3	みっしゅう(する)・・・・・ 2-2
・・・・・・・・・・・・・・・・・・・ 23	まちのぞむ・・・・・・・・・ 2-5	みっせつ(な)・・・・・・・・ 36
ポスト・・・・・・・・・・・・・・ 13	まちまち・・・・・・・・・・・・ 36	みつど・・・・・・・・・・・・・ 34
ほそく(する)・・・・・・・ 2-4	まとも(な)・・・・・・・・・ 2-15	みつもり・・・・・・・・・・・ 2-7
ぼちぼち・・・・・・・・・・ 2-17	まどり・・・・・・・・・・・・・・ 5	みつもる・・・・・・・・・・・ 2-7
ほっさ・・・・・・・・・・・・・・ 6	マネージャー・・・・・・・・・ 13	みつやく(する)・・・・・・ 2-2
ほっそく(する)・・・・・ 2-12	まばたき・・・・・・・・・・・・ 6	みつゆ(する)・・・・・・・ 2-2
ほったん・・・・・・・・・・ 2-20	まひ・・・・・・・・・・・・・・・ 6	みつりん・・・・・・・・・・・ 2-2
ほどうきょう・・・・・・・・・ 4	まめ(な)・・・・・・・・・・・・ 43	みとおし・・・・・・・・・・ 2-14
ほどく・・・・・・・・・・・・ 2-11	まる〜・・・・・・・・・・・・・ 2-2	みなおし・・・・・・・ 2-5、2-7
ほどける・・・・・・・・・・ 2-11	まるごと・・・・・・・・・・・ 2-2	みなおす・・・・・・・ 2-5、2-7
ほどこす・・・・・・・・・・ 2-11	まるみえ・・・・・・・・・・・ 2-2	みなみはんきゅう・・・・・・ 8
ほにゅうるい・・・・・・・・・ 9	まわりくどい・・・・・・・ 2-15	みなもと・・・・・・・・・・ 2-14
ほねがおれる・・・・・・・ 2-9	まんいち	みならい・・・・・・・・・・・ 2-7
ほのめかす・・・・・・・・ 2-11	/まんにひとつ・・・・・ 2-16	みならう・・・・・・・ 2-5、2-7
ぼやく・・・・・・・・・・・・ 2-11	まんせい・・・・・・・・・・・・ 6	みなり・・・・・・・・・・・・・・ 2
ぼやける・・・・・・・・・・ 2-11	まんてん・・・・・・・・・・・ 2-3	みのうえ・・・・・・・・・・・・ 37
ほりゅう(する)・・・・・ 2-20	まんぷく・・・・・・・・・・・・ 3	みのる・・・・・・・・・・・・ 2-20
ほろびる・・・・・・・・・・ 2-13		みはからう・・・・・・・・・ 2-5
ほろぶ・・・・・・・・・・・・ 2-13	**み**	みみをかたむける・・・・・ 2-9
ほろぼす・・・・・・・・・・ 2-13	みあわせ・・・・・・・・・・・ 2-7	みめい・・・・・・・・・・・・・・ 1
ほんかく・・・・・・・・・・・・ 30	みあわせる・・・・・・・ 2-5、2-7	みもと・・・・・・・・・・・・・・ 37
ほんかくてき(な)・・・・・・ 30	みいだす・・・・・・・・・・・ 2-5	ミュージシャン・・・・・・・ 13
ほんしつ・・・・・・・・・・ 2-14	みうち・・・・・・・・・・・・・・ 37	みるめがある・・・・・・・ 2-9
ほんしつてき(な)・・・・ 2-14	みおくる・・・・・・・・・・・ 2-5	みれん・・・・・・・・・・・・・ 2-4
ぼんじん・・・・・・・・・・・・ 37	みおとし・・・・・・・・・・・ 2-5	みんか・・・・・・・・・・・・・・ 5
ほんだい・・・・・・・・・・・・ 24	みおとす・・・・・・・・・・・ 2-5	みんよう・・・・・・・・・・・・ 11
ほんにん・・・・・・・・・・・・ 37	みかく・・・・・・・・・・・・・・ 3	
ほんね・・・・・・・・・・・・・・ 42	みがる(な)・・・・・・・・・ 2-15	**む**
ほんば・・・・・・・・・・・・ 2-14	みぐるしい・・・・・・・・・ 2-5	むえき(な)・・・・・・・・・ 2-19
ほんばん・・・・・・・・・・・・ 11	みこみ・・・・・・・・・・・・・ 42	むがい(な)・・・・・ 48、2-19
	みこむ・・・・・・・・・・・・・ 42	むかつく・・・・・・・・・・ 2-17
ま	みさき・・・・・・・・・・・・・・ 8	むかむか(する)・・・・・ 2-17
まいど・・・・・・・・・・・・・・ 1	みずけ・・・・・・・・・・・・・・ 3	むくち・・・・・・・・・・・・・・ 24
まえおき・・・・・・・・・・・・ 24	みぜんに・・・・・・・・・・・・ 1	むげん・・・・・・・・・・・・ 2-19

むこう(な)・・・・・・・・・ 32	めにあまる・・・・・・・・・ 2-9	やしん・・・・・・・・・・・・・・ 44
むごん・・・・・・・・・・・・・・ 24	めにする・・・・・・・・・・・ 2-9	やせい・・・・・・・・・・・・・・・ 9
むざい・・・・・・・・・・・・・・ 20	めにとまる・・・・・・・・・ 2-9	やたら(と・に)・・・・・・ 2-16
むじつ・・・・・・・・・・・・・・ 20	めのいろをかえる・・・・・・ 2-9	やつあたり・・・・・・・・・・ 2-8
むじゃき(な)・・・・・・・・ 2-4	めのまえ・・・・・・・・・・・ 2-9	やっかい(な)・・・・・・・ 2-15
むしょう・・・・・・・・・・・・・ 7	メリット・・・・・・・・・・・・ 45	やとう・・・・・・・・・・・・・・ 17
むじん・・・・・・・・・・・・・ 2-4	めをうばう・・・・・・・・・ 2-9	やぶれる・・・・・・・・・・・・ 12
むじんとう・・・・・・・・・ 2-4	めをそむける・・・・・・・・ 2-9	やみ・・・・・・・・・・・・・・ 2-14
むすう・・・・・・・・・・・・ 2-20	めをつける・・・・・・・・・ 2-9	やむ[病む]・・・・・・・・・・ 6
むすびつき・・・・・・・・・ 2-7	めんえき・・・・・・・・・・・・・ 6	やりがい・・・・・・・・・・・ 2-3
むすびつく・・・・・・ 2-5、2-7	めんじょ(する)・・・・・・ 32	やりくり(する)・・・・・・ 2-12
むすびつける・・・・・・・・ 2-5	めんどうをみる・・・・・・ 2-8	やりとげる・・・・・・・・・・ 2-5
むせん・・・・・・・・・・・・ 2-19		やわらぐ・・・・・・・・・・ 2-13
むちゃ(な)・・・・・・・・・ 2-4	**も**	やわらげる・・・・・・・・ 2-13
むっと(する)・・・・・・・ 2-17	もう～[猛]・・・・・・・・・ 2-2	
むなさわぎがする・・・・・・ 44	もうしで・・・・・・・・・・・ 41	**ゆ**
むなしい・・・・・・・・・・・・ 44	もうしでる・・・・・・・・・ 41	ゆいごん・・・・・・・・・・・・ 46
むね・・・・・・・・・・・・・・ 2-14	もうしぶん(が)ない・・・ 2-8	ゆうえき(な)・・・ 2-4、2-19
むねにきざむ・・・・・・・ 2-9	もうじゅう・・・・・・・・・ 2-2	ゆうかい(する)・・・・・・ 48
むねをなでおろす・・・・・ 2-9	もうしょ・・・・・・・・・・ 2-2	ゆうがい(な)・・・・・ 48、2-19
むねをはる・・・・・・・・・ 2-9	もうてん・・・・・・・・・・ 2-3	ゆうかん(な)・・・・・・・・ 43
むねん(な)・・・・・・・・・ 44	もうれつ(な)・・・・・・ 2-20	ゆうかん[夕刊]・・・・・・ 2-3
むやみに・・・・・・・・・ 2-16	もがく・・・・・・・・・・・ 2-11	ゆうき[有機]・・・・・・・・ 26
むろん・・・・・・・・・・・・ 2-4	もくせい・・・・・・・・・・・・ 8	ゆうきゅうきゅうか・・・・ 22
	もさく(する)・・・・・・ 2-12	ゆうぐれ・・・・・・・・・ 2-11
め	もしくは・・・・・・・・・ 2-16	ゆうげん・・・・・・・・・ 2-19
めいかい(な)・・・・・・・ 2-15	もたらす・・・・・・・・・ 2-11	ゆうごう(する)・・・・・・ 36
めいげん・・・・・・・・・・・・ 46	もたれ・・・・・・・・・・・・ 2-7	ゆうこう(な)・・・・・・・・ 32
めいさん・・・・・・・・・・ 2-3	もたれる・・・・・・・・・・ 2-7	ユーザー・・・・・・・・・・・・ 47
めいじ(する)・・・・・・・ 39	モチーフ・・・・・・・・・ 2-18	ゆうざい・・・・・・・・・・・・ 20
めいじる・・・・・・・・・・・ 38	もちはこび・・・・・・・・ 2-14	ゆうし(する)・・・・・・・・・ 7
めいはく(な)・・・・・・ 2-15	もっか・・・・・・・・・・・・・ 1	ゆうじゅうふだん(な)
めいぼ・・・・・・・・・・・・・ 30	もっぱら・・・・・・・・・ 2-16	・・・・・・・・・・・・・・・ 43
めいよ・・・・・・・・・・・・・ 45	もつれる・・・・・・・・・ 2-11	ゆうじん[有人]・・・・・・ 2-4
めいりょう(な) 2-15、2-19	もてなし・・・・・・・・・・ 2-7	ゆうする・・・・・・・・・・ 2-11
めいれい(する)・・・・・・ 2-12	もてなす・・・・・・ 2-11、2-7	ゆうせん・・・・・・・・・ 2-19
めいろう(な)・・・・・・・ 43	もはや～ない・・・・・・・ 2-16	ゆうづう(する)・・・・・ 2-12
メイン・・・・・・・・・・・ 2-18	もはん・・・・・・・・・・・・ 45	ゆうどう(する)・・・・・ 2-12
めがかすむ・・・・・・・・・・・ 6	もりあがり・・・・・・・・・ 2-5	ゆうどく(な)・・・・・・・ 2-4
めがたかい・・・・・・・・・ 2-9	もりあがる・・・・・・・・・ 2-5	ゆうびんうけ・・・・・・・・・ 5
めがとどく・・・・・・・・・ 2-9	もれ・・・・・・・・・・・・・ 2-7	ゆうぼう(な)・・・・・・・ 2-4
めぐみ・・・・・・・・・・・ 2-14	もれる・・・・・・・・・・・ 2-7	ゆうゆう(と)・・・・・・ 2-16
めぐり・・・・・・・・・・・・ 2-7	もろい・・・・・・・・・・・・ 34	ゆがみ・・・・・・・・・・・ 2-13
めくる・・・・・・・・・・・ 2-11		ゆがむ・・・・・・・・・・・ 2-13
めさき・・・・・・・・・・・ 2-14	**や**	ゆがめる・・・・・・・・・ 2-13
めざましい・・・・・・・・ 2-15	やきもち・・・・・・・・・・・ 44	ゆたかさ・・・・・・・・・・ 2-7
メディア・・・・・・・・・ 16、47	やくしょく・・・・・・・・・・ 13	ゆだねる・・・・・・・・・ 2-20
めど・・・・・・・・・・・・・・ 22	やしき・・・・・・・・・・・・・ 5	ゆとり・・・・・・・・・・・・ 2-14
めとはなのさき・・・・・・ 28	やしなう・・・・・・・・・ 2-11	ゆるし・・・・・・・・・・・・ 2-7

ゆるみ・・・・・・・・・・・・・・・ 2-7
ゆるむ・・・・・・・・・・・・・・・ 2-7

よ
ようがん・・・・・・・・・・・・・・・ 8
ようき(な)・・・・・・・・・・・・ 2-3
ようぎしゃ・・・・・・・・・・・・・ 20
ようご(する)・・・・・・ 38、42
ようご[用語]・・・・・・・・・・ 46
ようしき・・・・・・・・・・・・・・ 30
ようじんぶかい・・・・・・・・ 43
ようする・・・・・・・・・・・・ 2-11
ようせい(する)[要請]
・・・・・・・・・・・・・・・・・・・・ 2-12
ようせい(する)[養成]
・・・・・・・・・・・・・・・・・・・・・・ 10
ようてん・・・・・・・・・・・・・ 2-3
ようやく・・・・・・・・・・・・ 2-16
ようやく(する)・・・・・・・・ 24
よくしつ・・・・・・・・・・・・・・・ 5
よくせい(する)・・・・・・ 2-12
よこす・・・・・・・・・・・・・・ 2-11
よしあし・・・・・・・・・・・・・ 2-8
よせい・・・・・・・・・・・・・・・ 37
よそうがい・・・・・・・・・・・ 42
よち・・・・・・・・・・・・・・・ 2-14
よとう・・・・・・・・・・・・・・・ 17
よび・・・・・・・・・・・・・・・ 2-20
よびこう・・・・・・・・・・・・・・ 10
よびとめる・・・・・・・・・・・ 2-5
よみかえす・・・・・・・・・・・ 2-5
よみとる・・・・・・・・・・・・・ 2-5
よむ・・・・・・・・・・・・・・・・ 2-6
より・・・・・・・・・・・・・・・・・ 36
よりかかる・・・・・・・・・・・ 2-5
よろん・・・・・・・・・・・・・・・ 16
よわき(な)・・・・・・・ 43、2-3

ら
らいう・・・・・・・・・・・・・・・・ 8
ライブ・・・・・・・・・・・・・・・ 11
らくのう・・・・・・・・・・・・ 2-14
らくのうか・・・・・・・・・・ 2-14
らっかん(する)・・・・・・・・ 42
らっかんてき(な)・・・・・・ 42
ラフ(な)・・・・・・・・・・・ 2-18

り
リアル(な)・・・・・・・・・ 2-18

りがい・・・・・・・・・・・・・ 2-14
りけい・・・・・・・・・・・・・・・ 10
りこん(する)・・・・・・・ 2-20
りし・・・・・・・・・・・・・・・・・ 7
りそく・・・・・・・・・・・・・・・・ 7
りったい・・・・・・・・・・・・・ 30
りっぽう・・・・・・・・・・・・・ 17
りてん・・・・・・・・・・・・・・・ 45
りねん・・・・・・・・・・・・・・・ 42
りゃくご・・・・・・・・・・・・・ 46
りゃくだつ(する)・・・・・ 2-12
りゅうつう(する)・・・・・・ 23
りょう[両]・・・・・・・・・・・・ 4
りょういき・・・・・・・・・・・ 29
りょうかい・・・・・・・・・・・ 18
りょうしき・・・・・・・・・・・ 43
りょうしゃ・・・・・・・・・・・ 38
りょうしょう(する)・・・・ 40
りょうど・・・・・・・・・・・・・ 18
りょうはんてん・・・・・・・ 23
りょうりつ(する)・・・・・・ 36
りょうりにん・・・・・・・・・ 13
りょかっき・・・・・・・・・・・・ 4
りりく(する)・・・・・・・・・・ 4
りれき・・・・・・・・・・・・・・・ 47
りろん・・・・・・・・・・・・・・・ 10
りろんてき(な)・・・・・・・・ 10
りんごく・・・・・・・・・・・・・ 18
りんり・・・・・・・・・・・・・ 2-14

る
るいじ(する)・・・・・・・・・ 36

れ
れいねん・・・・・・・・・・・・・・ 1
れいはい(する)・・・・・・・ 27
れいはいどう・・・・・・・・・ 27
レジュメ・・・・・・・・・・・・・ 10
れっとうかん・・・・・・・・・ 44
れんきゅう・・・・・・・・・・・・ 1
れんけい(する)・・・・・・・ 36
れんごう・・・・・・・・・・・・・ 21
れんさい(する)・・・・・・・ 16
れんじつ・・・・・・・・・・・・・・ 1
れんたい(する)・・・・・・・ 36
れんめい・・・・・・・・・・・・・ 21

ろ
ろうどく(する)・・・・・・・・ 24

ろうひ(する)・・・・・・・・・・ 7
ろうほう・・・・・・・・・・・・ 2-14
ローカルせん・・・・・・・・・・ 4
ログイン・・・・・・・・・・・・・ 47
ログオフ・・・・・・・・・・・・・ 47
ろこつ(な)・・・・・・・・・ 2-15
ろじ・・・・・・・・・・・・・・・ 2-14

わ
わかい(する)・・・・・・・・・ 20
わかて・・・・・・・・・・・・・・・ 37
わき・・・・・・・・・・・・・・・・・ 28
わきあがる・・・・・・・・・・・ 2-5
わきおこる・・・・・・・・・・・ 2-5
わきまえる・・・・・・・・・ 2-11
わきやく・・・・・・・・・・・・・ 11
わく[枠]・・・・・・・・・・・・・ 29
わく[沸く・湧く]・・・・・ 2-6
わくせい・・・・・・・・・・・・・・ 8
わけ・・・・・・・・・・・・・・・・・ 40
わざわい・・・・・・・・・・・・・ 27
わずらわしい・・・・・・・・・ 44
わめく・・・・・・・・・・・・・ 2-11
ワンパターン(な)・・・・・ 2-18

● 著者

倉品さやか（くらしな さやか）

筑波大学日本語・日本文化学類卒業、広島大学大学院日本語教育学修士課程修了。スロベニア・リュブリャーア大学、福山YMCA国際ビジネス専門学校、仙台イングリッシュセンターで日本語講師を務めた後、現在は国際大学言語教育研究センター講師。

レイアウト・DTP	ポイントライン／朝日メディアインターナショナル／オッコの木スタジオ
カバーデザイン	滝デザイン事務所
翻訳	Jenine Heaton／Darryl Jingwen Wee／Chinatsu Kadota／Ako Fukushima／王雪／崔明淑／司馬黎
編集協力	高橋尚子

日本語単語スピードマスター　ADVANCED 2800

平成24年（2012年）　12月10日　初版第1刷発行
令和2年（2020年）　3月10日　　第5刷発行

著　者　倉品さやか
発行人　福田富与
発行所　有限会社　Jリサーチ出版
　　　　〒166-0002 東京都杉並区高円寺北2-29-14-705
　　　　電話 03(6808)8801(代)　FAX 03(5364)5310
　　　　編集部 03(6808)8806
　　　　http://www.jresearch.co.jp
印刷所　株式会社シナノ パブリッシング プレス

ISBN 978-4-86392-124-5　禁無断転載。なお、乱丁、落丁はお取り替えいたします。
©2012 Sayaka Kurashina All rights reserved. Printed in Japan